DAS DICKE WEIHNACHTSBUCH

Das dicke Weihnachtsbuch

Herausgegeben
von
Margarete Drachenberg

EULENSPIEGEL VERLAG

Illustriert von Hans-Eberhardt Ernst

ISBN 3-359-01600-9

© Eulenspiegel · Das Neue Berlin Verlagsgesellschaft mbH & Co. KG
Rosa-Luxemburg-Str. 39, 10178 Berlin
Rechtenachweis auf der letzten Seite.
Umschlag und Gestaltung: Hans-Eberhardt Ernst
Druck und Bindung: Salzland Druck Staßfurt

Die Bücher des Eulenspiegel Verlags erscheinen in der Eulenspiegel Verlagsgruppe.

www.eulenspiegel-verlag.de

Inhaltsverzeichnis

Rainer Maria Rilke

Es treibt der Wind ...

Es treibt der Wind im Winterwalde
die Flockenherde wie ein Hirt,
und manche Tanne ahnt, wie balde
sie fromm und lichterheilig wird,
und lauscht hinaus. Den weißen Wegen
streckt sie die Zweige hin – bereit,
und wehrt dem Wind und wächst entgegen
der einen Nacht der Heiligkeit.

Karl Heinrich Waggerl

Die stillste Zeit im Jahr

Immer am zweiten Sonntag im Advent stieg der Vater auf den Dachboden und brachte die große Schachtel mit dem Krippenzeug herunter. Ein paar Abende lang wurde dann fleißig geleimt und gemalt, etliche Schäfchen waren ja lahm geworden, und der Esel mußte einen neuen Schwanz bekommen, weil er ihn in jedem Sommer abwarf wie ein Hirsch sein Geweih. Aber endlich stand der Berg wieder wie neu auf der Fensterbank, mit glänzendem Flitter angeschneit, die mächtige Burg mit der Fahne auf den Zinnen und darunter der Stall. Das war eine recht gemütliche Behausung, eine Stube eigentlich, sogar der Herrgottswinkel fehlte nicht und ein winziges ewiges Licht unter dem Kreuz. Unsere Liebe Frau kniete im seidenen Mantel vor der Krippe, und auf der Strohschütte lag das rosige Himmelskind, leider auch nicht mehr ganz heil, seit ich versucht hatte, ihm mit der Brennschere neue Locken zu drehen. Hinten standen Ochs und Esel und bestaunten das Wunder. Der Ochs bekam sogar ein Büschel Heu ins Maul gesteckt, aber er fraß es ja nie. Und so ist es mit allen Ochsen, sie schauen nur und schauen und begreifen rein gar nichts.

Weil der Vater selber Zimmermann war, hielt er viel darauf, daß auch sein Patron, der heilige Joseph, nicht nur so herumlehnte, er dachte sich in jedem Jahr ein anderes Geschäft für ihn aus. Joseph mußte Holz hacken oder die Suppe kochen oder mit der Laterne die Hirten einweisen, die von überallher gelaufen kamen und Käse mitbrachten oder Brot oder was sonst arme Leute zu schenken haben.

Es hauste freilich ein recht ungleiches Volk in unserer Krippe, ein Jäger, der zwei Wilddiebe am Strick hinter sich herzog, aber auch etliche Zinnsoldaten und der Fürst Bismarck und überhaupt alle Bestraften aus der Spielzeugkiste.

Ganz zuletzt kam der Augenblick, auf den ich schon tagelang lauerte. Der Vater klemmte plötzlich meine Schwester zwischen die Knie, und ich durfte ihr das längste Haar aus dem Zopf ziehen, ein ganzes Büschel mitunter, damit man genügend Auswahl hatte, wenn dann ein golden gefiederter Engel darangeknüpft und über der Krippe aufgehängt wurde, damit er sich unmerklich drehte und wachsam umherblickte.

Das Gloria sangen wir selber dazu. Es klang vielleicht ein bißchen grob in unserer breiten Mundart, aber Gott schaut seinen Kindern ja ins Herz und nicht in den Kopf oder aufs Maul. Und es ist auch gar nicht so, daß er etwa nur Latein verstünde.

Mitunter stimmten wir auch noch das Lieblingslied der Mutter an, das vom Tannenbaum. Sie beklagte es ja oft, daß wir so gar keine musikalische Familie waren. Nur sie selber konnte gut singen, hinreißend schön für meine Begriffe, sie war ja auch in ihrer Jugend Kellnerin gewesen. Wir freilich kamen nie über eine Strophe hinaus. Schon bei den ersten Tönen fing die Schwester aus übergroßer Ergriffenheit zu schluchzen an. Der Vater hielt ein paar Takte länger aus, bis er endlich merkte, daß seine Weise in ein ganz anderes Lied gehörte, etwa in das von dem Kanonier auf der Wacht. Ich selber aber konnte in meinem verbohrten Grübeln, wieso denn ein Tannenbaum zur Winterzeit grüne Blätter hatte, die zweite Stimme nicht halten. Daraufhin brachte die Mutter auch mich mit einem Kopfstück zum Schweigen und sang das Lied als solo zu Ende, wie sie es gleich hätte tun sollen.

Advent, sagt man, sei die stillste Zeit im Jahr. Aber in meinem Bubenalter war es keineswegs die stillste Zeit. In diesen Wochen lief die Mutter mit hochroten Wangen herum, wie mit Sprengpulver geladen, und die Luft in der Küche war sozusagen geschwängert mit Ohrfeigen. Dabei roch die Mutter so unbeschreiblich gut, überhaupt ist ja der Advent die Zeit der köstlichen Gerüche. Es duftet nach Wachslichtern, nach angesengtem Reisig, nach Weihrauch und Bratäpfeln. Ich sage ja nichts gegen Lavendel und Rosenwasser,

8

aber Vanille riecht doch eigentlich viel besser, oder Zimt und Mandeln.

Mich ereilten dann die qualvollen Stunden des Teigrührens. Vier Vaterunser das Fett, drei die Eier, ein ganzer Rosenkranz für Zucker und Mehl. Die Mutter hatte die Gewohnheit, alles Zeitliche in ihrer Kochkunst nach Vaterunsern zu bemessen, aber die mußten laut und sorgfältig gebetet werden, damit ich keine Gelegenheit fände, den Finger in den köstlichen Teig zu tauchen. Wenn ich nur erst den Bubenstrümpfen entwachsen wäre, schwor ich mir damals, dann wollte ich eine ganze Schüssel voll Kuchenteig aufessen, und die Köchin sollte beim geheizten Ofen stehen und mir dabei zuschauen müssen! Aber leider, das ist einer von den Knabenträumen geblieben, die sich nie erfüllt haben.

Am Abend nach dem Essen wurde der Schmuck für den Christbaum erzeugt. Auch das war ein unheilschwangeres Geschäft. Damals konnte man noch ein Buch echten Blattgoldes für ein paar Kreuzer beim Krämer kaufen. Aber nun galt es, Nüsse in Leimwasser zu tauchen und ein hauchdünnes Goldhäutchen herumzublasen. Das Schwierige bei der Sache war, daß man vorher nirgendwo Luft von sich geben durfte. Wir saßen alle in der Runde und liefen braunrot an vor Atemnot, und dann geschah es eben doch, daß jemand plötzlich niesen mußte. Im gleichen Augenblick segelte eine Wolke von glänzenden Schmetterlingen durch die Stube. Einerlei, wer den Zauber verschuldet hatte, das Kopfstück bekam jedenfalls ich, obwohl es nur bewirkte, daß sich der goldene Unsegen von neuem in die Lüfte hob. Ich wurde dann in die Schlafkammer verbannt und mußte Silberpapier um Lebkuchen wickeln, um ungezählte Lebkuchen.

Kurz vor dem Fest, sinnigerweise am Tag des ungläubigen Thomas, mußte der Wunschzettel für das Christkind geschrieben werden, ohne Kleckse und Fehler, versteht sich, und

mit Farben sauber ausgemalt. Zuoberst verzeichnete ich anstandshalber, was ja ohnehin von selber eintraf, die Pudelhaube oder jene Art von Wollstrümpfen, die so entsetzlich bissen, als ob sie mit Ameisen gefüllt wären. Darunter aber schrieb ich Jahr für Jahr mit hoffnungsloser Geduld den kühnsten meiner Träume, den Anker-Steinbaukasten, ein Wunderwerk nach allem, was ich davon gehört hatte. Ich glaube ja heute noch, daß sogar die Architekten der Jahrhundertwende ihre Eingebungen von dorther bezogen haben.

Aber ich selber bekam ihn ja nie, wahrscheinlich wegen der ungemein sorgfältigen Buchhaltung im Himmel, die alles genau verzeichnete, gestohlene Zuckerstücke und zerbrochene Fensterscheiben und ähnliche Missetaten, die sich durch ein paar Tage auffälliger Frömmigkeit vor Weihnachten auch nicht mehr abgelten ließen.

Wenn mein Wunschzettel endlich fertig vor dem Fenster lag, mußte ich aus brüderlicher Liebe auch noch den für meine Schwester schreiben. Ungemein zungenfertig plapperte sie von einer Schlafpuppe, einem Kramladen, lauter albernes Zeug. Da und dort schrieb ich wohl ein heimliches „Muß nicht sein" dazu, aber vergeblich. Am Heiligen Abend konnte sie doch eine Menge von Früchten ihrer Unverschämtheit ernten.

Der Vater, als Haupt und Ernährer unserer Familie, brauchte natürlich keinen Wunschzettel zu liefern. Für ihn dachte sich die Mutter in jedem Jahr etwas Besonderes aus. Ich erinnere mich noch an ein Sitzkissen, das sie ihm einmal bescherte, ein Wunderwerk aus bemaltem Samt, mit einer Goldschnur eingefaßt. Er bestaunte es auch sehr und lobte es überschwenglich, aber eine Weile später schob er es doch heimlich wieder zur Seite. Offenbar wagte es nicht einmal er, auf einem röhrenden Hirschen zu sitzen, mitten im Hochgebirge.

Für uns Kinder war es hergebracht, daß wir nichts schenken durften, was wir nicht selber gemacht hatten. Meine Schwester konnte sich leicht helfen, sie war ja immerhin ein Frauenzimmer und verstand sich auf die Strickerei oder sonst eine von diesen hexenhaften Weiberkünsten, die mir zeitlebens unheimlich gewesen sind. Einmal nun dachte auch ich etwas Besonderes zu tun. Ich wollte den Nähsessel der Mutter mit Kufen versehen und einen Schaukelstuhl daraus machen, damit sie ein wenig Kurzweil hätte, wenn sie am Fenster sitzen und meine Hosen flicken mußte. Heimlich sägte ich also und hobelte in der Holzhütte, und es geriet mir auch alles vortrefflich. Auch der Vater lobte die Arbeit und meinte, es sei eine großartige Sache, wenn es uns nur auch gelänge, die Mutter in diesen Stuhl hineinzulocken.

Aber aufgeräumt, wie sie am Heiligen Abend war, tat sie mir wirklich den Gefallen. Ich wiegte sie, sanft zuerst und allmählich ein bißchen schneller, und es gefiel ihr ausnehmend wohl. Niemand merkte jedenfalls, daß die Mutter immer stiller und blasser wurde, bis sie plötzlich ihre Schürze an den Mund preßte – es war durchaus kein Gelächter, was sie damit ersticken mußte. Lieber, sagte sie hinterher, weit lieber wollte sie auf einem wilden Kamel durch die Wüste Sahara reiten, als noch einmal in diesem Stuhl sitzen! Und tatsächlich, noch auf dem Weg zur Mette hatte sie einen glasigen Blick, etwas seltsam Wiegendes in ihrem Schritt.

2. Dezember

Theodor Fontane

Verse zum Advent

Noch ist Herbst nicht ganz entflohn,
Aber als Knecht Ruprecht schon
Kommt der Winter hergeschritten,
Und alsbald aus Schnees Mitten
Klingt des Schlittenglöckleins Ton.

Und was jüngst noch, fern und nah,
Bunt auf uns herniedersah,
Weiß sind Türme, Dächer, Zweige,
Und das Jahr geht auf die Neige,
Und das schönste Fest ist da.

Tag du der Geburt des Herrn,
Heute bist du uns noch fern,
Aber Tannen, Engel, Fahnen
Lassen uns den Tag schon ahnen,
Und wir sehen schon den Stern.

Anton Tschechow

Wanka

Wanka Shukow, ein neunjähriger Junge, den man vor drei Monaten zu dem Schuster Aljachin in die Lehre gegeben hatte, legte sich in der Weihnachtsnacht nicht schlafen. Er wartete ab, bis die Meistersleute mit den Gesellen zur Frühmesse gegangen waren, und holte dann aus dem Schrank des Meisters ein Fläschchen mit Tinte und einen Federhalter mit einer verrosteten Feder. Dann breitete er ein zerknittertes Blatt Papier vor sich aus und begann zu schreiben. Bevor er den ersten Buchstaben malte, schaute er sich mehrmals ängstlich nach der Tür und dem Fenster um, schielte nach dem dunklen Heiligenbild, zu dessen beiden Seiten sich Regale mit Schuhleisten hinzogen, und seufzte tief. Das Papier lag auf der Bank, er selbst kniete davor.

„Lieber Großvater Konstantin Makarytsch!" schrieb er. „Ich schreibe Dir einen Brief. Ich gratuliere Euch zu Weihnachten und wünsche Dir vom lieben Gott alles Gute. Ich habe ja keinen Vater und keine Mutter mehr, nur Du allein bist mir geblieben."

Wanka ließ den Blick zu dem dunklen Fenster schweifen, in dem sich der Schein der Kerze spiegelte, und stellte sich lebhaft seinen Großvater Konstantin Makarytsch vor, der bei den Herrschaften als Nachtwächter in Diensten steht.

Er ist ein kleiner, hagerer, aber ungewöhnlich beweglicher Greis von fünfundsechzig Jahren, hat ein ewig lachendes Gesicht und die Augen eines Trinkers. Tagsüber schläft er in der Gesindeküche oder schäkert mit den Köchinnen herum, nachts aber geht er, in einen weiten Bauernpelz gehüllt, um den Gutshof herum und schlägt an sein Klopfholz. Hinter ihm trotten mit gesenktem Kopf die alte Hündin Kastanka und der junge Rüde Wjun, der ein ganz schwarzes Fell hat und dessen Körper so lang wie der eines Wiesels ist. Dieser Wjun benimmt sich ungewöhnlich respektvoll und freundlich, und er schaut die

eigenen Leute ebenso lieb an wie die Fremden, aber er genießt keinen guten Ruf. Hinter seiner Ergebenheit und Demut verbirgt sich eine ausgesprochen jesuitische Tücke. Niemand vermag sich besser anzuschleichen und einen am Bein zu packen, in den Erdkeller einzudringen oder einem Bauern ein Huhn zu stibitzen als er. Man hat ihm schon mehrmals fast die Hinterbeine entzweigeschlagen, zweimal hat man ihn aufgehängt, jede Woche halb totgeprügelt, aber immer wieder ist er auf die Beine gekommen.

Jetzt steht der Großvater wohl am Tor, blinzelt zu den grellroten Fenstern der Dorfkirche hinüber und schwatzt mit dem Hofgesinde, wobei er in seinen Filzstiefeln von einem Bein aufs andere tritt. Sein Klopfholz hat er an den Gürtel gebunden. Er klatscht in die Hände, kichert greisenhaft und zwickt bald das Stubenmädchen, bald die Köchin.

„Wollen wir nicht ein bißchen Tabak schnupfen?" sagt er und hält den Frauen seine Tabaksdose hin.

Die Frauen nehmen eine Prise und niesen. Der Großvater gerät in unbeschreibliches Entzücken, schüttelt sich vor Lachen, und schreit: „Reiß ab, sonst friert's an!"

Man läßt auch die Hunde Tabak schnuppern. Kastanka niest, verzieht die Schnauze und geht beleidigt weg. Wjun jedoch niest aus Ehrerbietung nicht und wedelt mit dem Schwanz.

Das Wetter ist prächtig, die Luft still, durchsichtig und frisch. Die Nacht scheint dunkel, aber man sieht das ganze Dorf mit seinen weißen Dächern und den Rauchfahnen, die aus den Schornsteinen emporsteigen, die vom Reif versilberten Bäume, die Schneewehen. Der ganze Himmel ist besät mit fröhlich blinkenden Sternen, und die Milchstraße zeichnet sich so deutlich ab, als habe man sie vor dem Fest gewaschen und mit Schnee abgerieben.

Wanja seufzte auf, tauchte die Feder ein und schrieb weiter:

„Gestern hab ich Prügel bekommen. Der Meister hat mich an den Haaren auf den Hof gezerrt und mich mit dem Spannriemen ver-

12

prügelt, weil ich nämlich sein Kind in der Wiege schaukeln sollte und dabei eingeschlafen bin. Und vorige Woche befahl mir die Frau, einen Hering zu putzen, da habe ich am Schwanzende angefangen, da hat sie den Hering genommen und ihn mir in den Mund gestopft. Die Gesellen necken mich immer, sie schicken mich in die Kneipe nach Wodka und verlangen von mir, daß ich der Meisterin Gurken stehle, und der Meister schlägt mit allem zu, was ihm gerade in die Hände kommt. Das Essen ist auch nichts. Morgens gibt es Brot, zu Mittag Grütze und zum Abend ebenfalls Brot, und was Tee ist oder Kohlsuppe, die essen die Meistersleute selber. Schlafen muß ich auf dem Flur, und wenn das Kind weint, kann ich gar nicht schlafen, da muß ich die Wiege schaukeln. Lieber Großvater, sei um Gottes willen so gut und hol mich wieder nach Hause ins Dorf, hier kann ich es nicht aushalten ... Ich bitte Dich auf den Knien, ewig will ich für Dich zu Gott beten, hol mich fort von hier, sonst sterbe ich ..."

Wanka verzog den Mund, rieb sich mit seiner schwarzen Faust die Augen und schluchzte.

„Ich will für Dich Tabak reiben", fuhr er fort, „ich will zu Gott beten, und wenn was ist, dann kannst du mich windelweich schlagen. Und wenn Du denkst, ich habe keine Stelle, dann will ich um Christi willen den Verwalter bitten, daß ich ihm die Stiefel putzen darf, oder ich will für Fedka als Hirtenjunge gehen. Lieber Großvater, hier kann ich es nicht aushalten, es ist einfach mein Tod. Ich würde ja zu Fuß ins Dorf laufen, aber ich habe keine Schuhe, und ich fürchte mich vor dem Frost. Aber wenn ich groß bin, dann will ich dafür Dich ernähren, und keiner darf Dich beleidigen, und wenn Du stirbst, will ich für Dein Seelenheil beten, genauso wie für mein Mütterchen Pelageja.

Moskau ist eine große Stadt. Die Häuser sind alle herrschaftlich, und Pferde sind viele da, aber Schafe gibt es keine, und die Hunde sind nicht böse. Mit dem Stern gehen die Kinder hier nicht, und keinen läßt man im Kirchenchor singen, und einmal sah ich in einem Laden im Fenster Haken für alle Arten Fische, gleich mit der Angelschnur, sehr nützlich, und ein solcher Haken hält einen Wels von einem Pud aus. Dann hab ich Läden gesehen, wo es allerlei Flinten gibt, wie die Herren welche haben, so für hundert Rubel das Stück ... Und in den Fleischerläden sind Birkhühner und Haselhühner und Hasen, aber wo sie geschossen werden, davon erzählen die Verkäufer nichts.

Lieber Großvater, wenn die Herrschaften einen Tannenbaum mit Naschwerk haben, dann nimm für mich eine vergoldete Nuß und leg sie in den grünen Kasten. Bitte das Fräulein Olga Ignatjewna und sag, es ist für Wanka."

Wanka seufzte krampfhaft und starrte wieder zum Fenster. Ihm fiel ein, daß der Großvater ihn immer mitgenommen hatte, wenn er nach einem Tannenbaum für die Herrschaften in den Wald gegangen war. Das war eine lustige Zeit! Der Großvater ächzte, der Frost ächzte, und wenn Wanka das so sah, ächzte er auch. Bevor der Großvater die Tanne umlegte, rauchte er ein Pfeifchen, schnupfte ausgiebig Tabak, und er lachte den verfrorenen Wanka aus ... Die jungen reifbedeckten Tannen standen regungslos und warteten darauf, welche von ihnen sterben mußte. Ehe man sich's versah, sauste ein Hase wie ein Pfeil durch die Schneewehen ... Der Großvater konnte nicht anders, er mußte schreien:

„Halt ihn, halt ihn fest! Ach, dieser kurzschwänzige Teufel!"

Der Großvater schleppte die geschlagene Tanne in das herrschaftliche Haus, wo man sich daran machte, sie zu schmücken ... Am meisten hatte das Fräulein Olga Ignatjewna zu tun, Wankas Liebling. Als Wankas Mutter Pelageja noch lebte und bei den Herrschaften Stubenmädchen war, da fütterte Olga Ignatjewna Wanka mit Kandiszucker, und aus Langeweile brachte sie ihm Lesen und Schreiben bei, lehrte ihn bis hundert zählen und sogar Quadrille tanzen. Als aber Pelageja starb, wurde die Waise Wanka zum Großvater in die Gesindeküche abgeschoben und aus der Küche dann zum Schuster Aljachin nach Moskau ...

14

„Komm, lieber Großvater", schrieb Wanka weiter, „ich bitte Dich um Christi willen, nimm mich fort von hier. Hab Mitleid mit mir unglücklichem Waisenkind, sonst haut man mich bloß immer, und ich möchte gern richtig essen, und ich habe solche Sehnsucht, daß man es gar nicht sagen kann, und ich weine immerzu. Neulich hat mich der Meister mit dem Schuhleisten auf den Kopf geschlagen, so daß ich hingefallen und nur mit Mühe wieder zu mir gekommen bin. Mein Leben ist hin, ich lebe schlimmer als jeder Hund ... Und grüße noch Alena und den einäugigen Jegorka und den Kutscher, und gib niemandem meine Harmonika. Immer Dein Enkel Iwan Shukow, komm doch, lieber Großvater."

Wanka faltete das beschriebene Blatt viermal und steckte es in den Umschlag, den er am Vortag für eine Kopeke gekauft hatte ... Er überlegte einen Augenblick, tauchte die Feder ein und schrieb als Adresse: „An den Großvater im Dorf." Darauf kratzte er sich, dachte nach und fügte hinzu: „Konstantin Makarytsch."

Zufrieden, daß man ihn beim Schreiben nicht gestört hatte, setzte er seine Mütze auf, und ohne sein Pelzmäntelchen überzuwerfen, rannte er, nur im Hemd, auf die Straße ...

Die Verkäufer aus dem Fleischerladen, die er am Vortag danach fragte, hatten ihm gesagt, daß man Briefe in Briefkästen steckt, von wo aus sie in Posttroikas mit betrunkenen Kutschern und klingenden Glöckchen über die ganze Erde verteilt würden.

Wanka rannte bis zum ersten Briefkasten und steckte den kostbaren Brief durch den Schlitz.

Von süßen Hoffnungen gewiegt, schlief er eine Stunde später bereits fest ... Er träumte von einem Ofen, darauf saß der Großvater, baumelte mit den nackten Beinen und las den Köchinnen den Brief vor. Vor dem Ofen lief Wjun auf und ab und wedelte mit dem Schwanz.

Aus dem Russischen von Gerhard Dick

3. Dezember

Heinrich Seidel

Der Wunschzettel

„Das Weihnachtsfest naht schon heran" –
der Hansel sagt's beim Essen –,
„die Wünsche meld ich euch jetzt an,
ihr dürft sie nicht vergessen!

Um Ski und Schlittschuh möchte ich
euch ganz besonders bitten;
auch fehlt, ihr wißt es sicherlich,
mir noch ein neuer Schlitten.

Drei dicke Bücher wünsch ich mir,
Briefmarken auch daneben,
dazu ein Album und Papier,
um sie schön einzukleben.

Ein Domino, ein Schachbrettspiel,
ein Kasperletheater –
und einen neuen Peitschenstiel
vergiß nicht, lieber Vater!

und viele Tiere auch von Holz
und andere aus Pappe,
Indianerfederkopfschmuck stolz
und eine neue Mappe.

Ein Brennglas, eine Kamera,
ein Blitzlicht für die Nacht; –
ich knipse dann von fern und nah,
wie sich's gerade macht.

Und einen großen Tannenbaum,
dran hundert Lichter glänzen,
mit Marzipan und Zuckerschaum
und Schokoladenkränzen.

Doch scheint euch dies ein wenig viel,
so könnt ihr daraus wählen.
Es könnte wohl der Peitschenstiel
und auch die Mappe fehlen!"

Als Hansel so gesprochen hat,
sieht man die Eltern lachen.
„Was willst du, kleiner Nimmersatt,
mit all den vielen Sachen?"

„Wer soviel wünscht", der Vater spricht,
„bekommt auch nicht ein Achtel.
Er kriegt ein ganz klein wenig Nix
in einer Pfennigschachtel."

Ditte Clemens

Scherben bringen Glück

Jeder mußte sie einmal nehmen. Dieses Jahr Weihnachten waren wir an der Reihe. Als sie uns auf dem Bahnsteig entdeckte, schwenkte sie ihr Handtäschchen wie ein Lasso über ihrem grauen Lockenkopf und rief mit Sopranstimme: „Hier bin ich, hier ist Tante Else."

Bevor wir sie umarmen konnten, hatte sie mit ihrer Tasche einem Angestellten von der Bahn die Dienstmütze vom Kopf gefegt.

„Ojemine", sagte Else und küßte mich vor lauter Verwirrung auf die Nase. Es beruhigte uns ungemein, daß der Zug, mit dem Tante Else gekommen war, weiterfuhr. Sie hatte also diesmal nicht zur Notbremse, statt nach ihrem Mantel, gegriffen.

Mein Mann und ich hakten Else links und rechts unter, als wir die Treppen des Bahnhofgebäudes hinuntergingen. Wir wollten Else ohne Gips über die Festtage bringen und Heiligabend nicht mit ihr in der Notaufnahme unseres Krankenhauses landen. Alle Gefahrenquellen hatten wir zu Hause bereits aus dem Weg geräumt. Die Vasen, die Pyramide und die Weihnachtsgestecke standen in solcher Höhe, daß Else selbst dann, wenn sie aus irgendeinem Grunde Luftsprünge machen sollte, sie nicht mehr erreichen konnte. Trotzdem fuhr uns seit gestern immer wieder der Schreck in die Glieder, wenn im Radio das Lied erklang „Morgen, Kinder, wird's was geben".

Der Weihnachtsbaum war geschmückt. Vorsorglich hatten wir ein Abschleppseil von der Mitte des Stammes zum Griff der Balkontür gelegt. Wenn während des Festes die Tür verschlossen blieb, müßte es ihr unmöglich sein, wieder einmal eine Tanne zum Fallen zu bringen.

Abgesprochen war auch, daß sie auf der Fahrt nach Hause im Auto hinten sitzt. Aber Else bettelte: „Vorne sieht man doch viel mehr."

Wir gaben nach, und Elses Augen strahlten wie Tannenbaumlichter. Nach wenigen Minuten Fahrt war sie bei ihrem Lieblingsthema.

Ein Jahr hatte sie um ihren verstorbenen Mann getrauert. Nun zog sie wieder rosa Pullover und weiße Rüschenblusen an und schrieb neuerdings auf Annoncen.

„Ach, Kinder", stöhnte sie, „anständige Männer sind so selten wie eine weiße Weihnacht. Stellt euch vor, da hat doch neulich einer annonciert ‚Gestiefelter Kater sucht vollbusige Katze.' Das kann doch nur ein Ferkel sein, oder nicht?"

Aber Tante Else versicherte uns auch, daß sie ihre Suche noch nicht aufgegeben hätte, schon gar nicht in der Adventszeit. „Advent heißt doch Ankunft des Erlösers, oder nicht?"

Wir kamen gar nicht zum Antworten, denn unser Auto machte schon seit längerer Zeit seltsame Geräusche. Und außerdem gaben uns zwei Kinder durch die Rückscheibe ihres Wagens eigenartige Zeichen. Es sah aus, als ob sie sich bekreuzigen würden, und dann bewegten sie ihre Arme wie fliegende Engel.

„Irgend etwas stimmt bei uns nicht", sagte mein Mann.

„Ja," meinte Tante Else, „hört sich an, als würden wir gesteinigt werden." Doch dann rief sie plötzlich: „Ojemine" und öffnete während der Fahrt die Autotür.

Mein Mann machte eine Vollbremsung. Mein Herz schlug so schnell, wie ich es nur aus meinen frühesten Kindertagen kannte, wenn mich wild flackernde Weihnachtsmannaugen aus einer zerknautschten Larve anstarrten. Der Wagen hinter uns blieb daumennageldick vor unserem stehen. Die Lippen der Fahrerin waren zu einem lautlosen „Oh!" geformt. Die Frau blickte so verstört wie der Porzellanengel, den Tante Else uns vor drei Jahren in vielen Einzelteilen zum Weihnachtsfest geschenkt hatte.

„Mußt doch nicht extra anhalten, wenn ich nur mal kurz den Sicherheitsgurt einhole", sagte Else zu meinem Mann, der die Farbe eines Schneemannes angenommen hatte. Den Rest der Fahrt sprach er kein Wort mehr. Dafür redete Else ohne Pause. „Neulich", sagte sie, „hat ein Kaktus eine Lotusblume gesucht. Klingt ja erst mal gut, oder nicht? Aber das war vielleicht einer, dickfleischig, bedürfnislos und unrasiert." Und weil Else noch vor der Wohnungstür klagte, daß die meisten Männer heutzutage keine Manieren mehr haben, versuchte mein Mann, ihr in der Wohnung aus dem Mantel zu helfen. Zuerst sah es noch wie eine kleine Rangelei aus, dann jedoch wie ein Boxkampf.

Als er es geschafft hatte, Tante Else von ihrem Mantel zu befreien, rann ihm eine dünne Blutspur von der Nase bis zur Oberlippe. „Ojemine", jammerte Else. Sie hatte nichts dagegen, daß mein Mann sich einen Augenblick hinlegen wollte.

Tante Else und ich tranken allein Kaffee. Ihre mitgebrachten wohlriechenden Pfeffernüsse aßen wir mit Teelöffeln aus Müsslischalen. „Hab mich wohl aus Versehen im Zug draufgesetzt", sagte sie lächelnd. „Stell dir vor", flüsterte sie mir zu, „da hat doch jetzt einer annonciert ‚Krümelmonster sucht Keks zum Vernaschen', da weiß man wenigstens gleich, was einen erwartet."

Wir diskutierten das nicht aus, weil mein Mann inzwischen wieder unter uns weilte. Aber er war gewiß nicht der Grund, daß Tante Else immer aufgeregter wurde. Mit ihrer Sopranstimme sang sie: „Aber Heidschi Bombeidschi", und besonders laut war von ihr zu hören „wirst sehen, wie schnell alle Sorgen vergehen ..."

Mein Mann und ich trugen das Kaffeegeschirr hinaus und baten Else, sich nicht von der Stelle zu rühren. „Laß dich mal richtig verwöhnen", sagten wir. „Aber den Abwasch, Kinder, den mach ich nachher", rief sie uns nach.

Kurz vor 16.00 Uhr wurde Tante Else immer nervöser. Sie nötigte uns regelrecht, das Geschenk, das wir doch ganz bestimmt für sie hätten, rauszurücken. Dann bat sie um einen Plastebeutel und legte ihre Geschenke dazu.

„Was soll das?" fragten wir. „Gleich kommt der Weihnachtsmann", antwortete Else.

Mein Mann schüttelte den Kopf: „Ganz bestimmt nicht."

„Ich höre ihn schon", ließ uns Tante Else wissen und strahlte, als es wenige Minuten danach klingelte.

Mein Mann ging zur Tür und kam mit verdutztem Gesicht und einem Weihnachtsmann zurück. Mit zackigem Schritt ging der Weihnachtsmann auf den geschmückten Baum zu, machte eine Kehrtwende und sagte: „Wir singen: O Tannenbaum."

Es klang fast wie ein Befehl. Mit einem Tempo, als wäre ein Rudel Wölfe hinter ihm her, sang der sehnig wirkende Alte. Else versuchte ihm mit ihrer Sopranstimme zu folgen. Mein Mann und ich kamen überhaupt nicht hinterher. Unser Lied klang wie ein vielstimmiger Kanon. Der Weihnachtsmann war der erste, der fertig war.

„Sehr gut, setzen", sagte er, nachdem auch mein Mann endlich ausgesungen hatte. Else überreichte ihm den Plastebeutel mit den Geschenken. Und während ich noch überlegte, warum sie den Beutel nicht loslassen wollte, eilte mein Mann ihr zur Hilfe. Er riß den Griff vom Beutel durch, der sich wie eine Schlingpflanze um Elses Ringfinger gelegt hatte. Mit weitausgestreckten Armen hielt der Weihnachtsmann die Geschenke und las unsere Namen vor. Kaum war der Beutel geleert, wünschte er uns ein frohes Fest. Im Paradeschritt verließ er die Wohnung.

„Das war ja wohl nichts", sagte Tante Else, „aber vielleicht ist der nächste besser."

Wir blickten uns entsetzt an.

„Kommen etwa noch mehr?"

„Keine Angst, nur noch einer", tröstete uns Else. Mit Bedauern fügte sie hinzu: „Bei der Vermittlung hatten sie leider nur zwei, die in meinem Alter und außerdem noch alleinstehend sind."

Eifrig sammelte sie die Geschenke wieder ein, um sie erneut im Plastebeutel verschwinden zu lassen.

Es klingelte. Wir erhofften einen ebenso kurzen Auftritt, aber es kam ganz anders. Der zweite Weihnachtsmann klopfte energisch gegen die Tür. Mit Hilfe von Tante Else schaffte es jeder von uns, ihm ein Gedicht aufzusagen.

„Haben sie etwas gegen Schillers Glocke?"

fragte Else schüchtern. „Oh, nein, ganz im Gegenteil", sagte der Weihnachtsmann. „Ich verehre diesen Dichter." Bei den 27 Strophen mußte er Else nur zweimal weiterhelfen.

Als er die Geschenke verteilte, hatten wir das Gefühl, er habe sie eigens für uns ausgesucht und verpackt. Von dem Lied, das er anschließend anstimmte, konnten wir zwar nur die erste Strophe, aber es war angenehm, ihm und Else zu lauschen. Nach dem dritten Weihnachtslied fragte mein Mann: „Wollen Sie nicht noch einen Moment Ihren Bart ablegen und ein Gläschen Glühwein mit uns trinken?"

Später brachte Tante Else ihn zur Tür. Als sie wieder hereinkam, leuchteten ihre Wangen wie kandierte Äpfel, und auf ihrem rosa Pullover waren außer Glühweinflecken nun auch weiße Wattebarthaarflocken.

Bei leiser Musik packten wir die Geschenke aus. Über Elses Wangen kullerten ein paar Tränen. Das angerauhte Nachthemd, das wir ihr geschenkt hatten, konnte nicht der Grund für diesen Gefühlsausbruch sein, denn sie hatte es noch nicht ausgepackt. Sie hielt einen kleinen Zettel in der Hand und ließ uns strahlend wissen: „Ich hab die Nummer vom Weihnachtsmann." Erneut kullerten Tränen.

Laß sie mal einen Moment allein, flüsterte mir mein Mann zu, als Else hinausging. Er legte den Arm um mich und sagte: „Hör mal, die Glocken, aber irgendwie klingen sie in diesem Jahr ganz anders."

„Das sind nicht die Glocken", antwortete ich, „das ist Tante Else, die macht – wie sie es versprochen hat – den Abwasch."

Und wir wünschten beide sehr, daß ihr die Scherben demnächst Glück bringen.

Plätzchen backen

Isabella Braun

Hutzelbrot

Weinbeer, Mandeln, Sultaninen,
süße Feigen und Rosinen,
welsche Nüsse – fein geschnitten,
Zitronat auch – muß ich bitten! –
Birnenschnitze doch zumeist
und dazu den Kirschengeist;
wohl geknetet mit der Hand
alles tüchtig durcheinander
und darüber Teig gewoben –
wirklich, das muß ich mir loben!

Solch ein Brot kann's nur im Leben
jedesmal zur Weihnacht geben!

Eier, Zucker und viel Butter
schaumig rührt die liebe Mutter;
kommt am Schluß das Mehl daran,
fangen wir zu helfen an.
In den Teig so glatt und fein
stechen unsre Formen ein:
Herzen, Vögel, Kleeblatt, Kreise –
braune Plätzchen, gelbe, weiße
sieht man bald – welch ein Vergnügen –
auf dem Blech im Ofen liegen.
Knusprig kommen sie heraus,
duften durch das ganze Haus.

Solchen Duft kann's nur im Leben
jedesmal zur Weihnacht geben!

Spekulatius

300 g Zucker
250 g Butter
2 Eier
500 g Mehl
je eine Messerspitze
gemahlene Nelken
und gemahlener Karda-
mom
ein halber Teelöffel Zimt
Mandelblättchen
Prise Salz

Den Zucker mit der zim-
merwarmen Butter ver-
mengen und gut rühren.
Die beiden Eier hin-
zugeben und alles cremig-
schaumig schlagen. Nun
die Gewürze hinzu sowie
das Mehl, von dem vorher
3 bis 5 Eßlöffel abgenom-
men werden, um später
das Blech, die Formen und
den Teig einzumehlen.
Den gutgewalkten Teig
mit Mehl bestäuben und
über Nacht stehen lassen.
Dann werden die Figuren
ausgestochen oder mit
„Modeln" (Holzbretter
mit eingeschnitzten Figu-
ren) geformt und auf das
gemehlte Blech gelegt.
Die Teigstücke mit Man-
delblättchen belegen und
etwa 10 Minuten lang bei
200 Grad backen.

Anisplätzchen

250 g Staubzucker
2 Eier
1 Eßlöffel Milch
$1/_2$ Teelöffel Hirschhornsalz
$1/_2$ Teelöffel Anispulver
300 g Mehl

Staubzucker, Eier und Milch gut verrühren. Unter die cremige Masse das in einem Eßlöffel Wasser aufgelöste Hirschhornsalz, das Anispulver und nach und nach das gesiebte Mehl rühren. Den gekneteten Teig mit Mehl bestäuben und etwa 1 cm stark ausrollen.
Mit dem Modelholz einteilen oder kleine Rechtecke ausschneiden. Über Nacht kaltstellen und trocknen lassen. Auf einem gefetteten Blech bei mäßiger Hitze etwa 25 Minuten backen. Die zunächst harten Plätzchen mit einem Tuch bedecken und eine Woche stehenlassen, danach im geschlossenen Gefäß aufbewahren.

Honigkuchenplätzchen

500 g Kunsthonig
350 g Zucker
50 g Butter
1000 g Mehl
Prise Salz
Prise Zimt
1 Teelöffel gemahlene Gewürznelken
125 g gemahlene Mandeln
Abrieb einer Zitrone
100 g feingewürfeltes Zitronat
1 Ei
10 g Hirschhornsalz
3 Eßlöffel Rum
Für die Glasur:
5 Eßlöffel Puderzucker
3 Eßlöffel Rum

Kunsthonig, Zucker und Butter werden in einen Topf gegeben und vorsichtig erwärmt. Das Mehl, die Gewürze und das Zitronat in einer Schüssel mischen. Die nicht zu heiße Honigmasse darübergeben, dann das Ei und das in Rum aufgelöste Hirschhornsalz hinzufügen. Den glatten Teig 24 Stunden ruhen lassen. Dann Teig gleichmäßig ausrollen und mit Formen Plätzchen ausstechen. Bei 175 Grad auf einem gefetteten Blech nicht zu stark backen. Die noch warmen Plätzchen mit Rumglasur bestreichen. Sollen die Plätzchen mehrere Wochen – am besten in einem Steintopf – aufbewahrt werden, pro 500 g Mehl 100 g mehr Butter hinzugeben.

Gewürzplätzchen

250 g Mehl
1 Päckchen Puddingpulver (Vanille- oder Mandelgeschmack)
$1/_2$ Päckchen Backpulver
1 $1/_2$ Teelöffel Pfefferkuchengewürz
3 Eßlöffel Sahne
1 Ei
80 g Zucker
Prise Salz
30 g geraspeltes Zitronat
50 g gehackte Mandeln
5 bittere Mandeln
125 g Margarine
Korinthen
Zuckerglasur

Mehl, Pudding, Packpulver und Pfefferkuchengewürz zusammen sieben, alle übrigen Zutaten unterarbeiten. Nicht zu dünn ausrollen und beliebig ausstechen. Bei Mittelhitze auf gefettetem Blech backen und mit Zuckerglasur überziehen.

4. Dezember

Wilhelm Busch

Der Stern

Hätt einer auch fast mehr Verstand
als wie die drei Weisen aus Morgenland
und ließe sich dünken, er wär wohl nie
dem Sternlein nachgereist wie sie;
dennoch, wenn nun das Weihnachtsfest
seine Lichtlein wonniglich scheinen läßt,
fällt auch auf sein verständig Gesicht,
er mag es merken oder nicht,
ein freundlicher Strahl
des Wundersternes von dazumal.

Horst von Tümpling

Morgen geht
mein Weihnachtsmann

Morgen geht mein Weihnachtsmann. Fast ein Jahr lang hatte er es mit uns, hatten wir es mit ihm ausgehalten. Dann kündigte er, und morgen wird er mich verlassen.

Ich hatte damals überhaupt nicht mit ihm gerechnet. Plötzlich war er dagewesen. Hatte an unserer Wohnungstür geklingelt, war eingetreten, hatte sich im Flur den Matsch von den Stiefeln gestampft (es war ein sehr regnerisches Weihnachten) und hatte endlich aus seinem Sack einen Trockenrasierer nebst einem freundlichen Gruß von meiner Großtante gefischt.

„Nikolaus", stellte er sich dabei etwas verlegen vor.

„Ruprecht Nikolaus, Geschenkkundendienst vom Konsum Camburg an der Saale –", und ob er mal seinen roten Webpelz irgendwo bei uns trocknen könne, desgleichen vielleicht auch seinen Bart.

Während sich nun am wärmesprühenden Ofen der rote Mantel seiner Feuchtigkeit entledigte, half mir der freundliche Nikolaus R., den Defekt an unserer elektrischen Weihnachtsbaumbeleuchtung zu beheben. Kerzen seien gemütlicher, fand er.

Nun, beheben konnten wir den Schaden zwar nicht, doch wenigstens finden. Da sich aber am Ende weder eine brauchbare Sicherung noch eine Haushaltskerze bei uns finden ließen, erwarteten der Weihnachtsmann und ich meine Familie beim trauten Schein einer Taschenlampe. Denn meine Frau weilte mit unseren Söhnen noch immer auf der vorläufig letzten von insgesamt achtzehn Weihnachtsfeiern.

Wir zwei Männer behalfen uns indes mit einigen Flaschen Stierblut, denn die durch den dampfenden Pelz verursachte Luftfeuchtigkeit verlangte nach innerem Ausgleich.

Irgendwie überstanden wir sodann auch noch den familiären Teil des Lichterfestes.

Als ich mich aber am nächsten Tag etwas genauer in unserem Heim umsah, da zeigte sich's, daß unser Gast auch die Nacht bei uns verbracht hatte. Nun aber traf ich ihn bereits in der Küche, gehörig vermummt in Pelz, Bart, Kapuze und Stiefeln, und er hatte sich bereits mit Abwaschen und anderen häuslichen Verrichtungen nützlich gemacht.

Nein, heute müsse er nicht zur Arbeit, Weihnachten sei ja im Prinzip vorbei und – ja, es gefiele ihm ganz gut bei uns, und ob er noch bleiben dürfe. Er sei Junggeselle.

Natürlich wiederholte ich als höflicher Mensch in den folgenden Tagen zuweilen noch meinen Wunsch, ihn nicht aufhalten zu wollen, aber inzwischen hatten sich meine Söhne und später auch meine Frau recht herzlich mit ihm angefreundet. Da tat es mir denn leid, das schöne Idyll durch überflüssige Förmlichkeiten zu stören. Und Herr Ruprecht war ja auch eigentlich nicht im Wege. Im Gegenteil, er machte sich nützlich; kochte, beaufsichtigte die Schulaufgaben unserer Söhne, beriet meine Frau in Modefragen. Er war auch sonst manierlich und still, nur einkaufen wollte er nicht gehen. Er fürchtete wohl – und wahrscheinlich zu Recht – in der Öffentlichkeit Aufsehen zu erregen.

So ging der Januar ins Land, Februar, März. Letzte Nachtfröste im April, blühende Töpfe auf dem Balkon im Mai. Und unser Weihnachtsmann gehörte schon ganz zur Familie. Still ging er uns zur Hand, war fröhlich mit uns und auch traurig – zum Beispiel, als im Juni die Badewanne überlief und wir nicht versichert waren. Übrigens hatte ich es längst aufgegeben, unserem Gast für seine Dienste Geld aufzunötigen.

Im Sommer fuhren wir auf Urlaub, aber nichts in der Welt brachte ihn dazu mitzufahren.

So schrieb er uns denn manchmal eine Karte, daß zu Hause alles in Ordnung und wie das Wetter sei. Und wir schrieben ihm zurück, daß es uns gut geht, und ob er auch immer mal an die Geranien denke.

Als wir dann nach dem Urlaub etwas knapp bei Kasse waren, erbot sich unser Weihnachtsmann sogar, sich zu unseren Gunsten für Geld sehen zu lassen – zweifellos ein gutes Geschäft im Spätsommer –, oder er war bereit, auch in der URANIA Vorträge zu halten. Über Nächstenliebe, über etruskische Fruchtbarkeitsriten oder überhaupt ganz all-

gemein über das poetische Prinzip im menschlichen Leben.

Aber wir lehnten das ab. Nein, wir wollten ein solches Anerbieten nicht annehmen. Unsere Gastgebermoral verbot uns geradezu, die große Hilfsbereitschaft unseres Freundes zu mißbrauchen. Seitdem zeigte sich ein winziger Sprung, ein Mißklang in unserem früher so harmonischen Verhältnis. Er fing an, beim Abwaschen Geschirr fallen zu lassen; mir passierte das Mißgeschick, mit meiner Zigarette seinen Bart zu versengen. Dann vergriff er sich gegenüber meiner Frau im Ton, und auch meine Söhne begannen, Herrn Ruprecht heimlich zu foppen.

Als im Spätherbst die Kohlen kamen, betrank er sich furchtbar mit den Sackträgern, taumelte dunkel staubend in der Wohnung umher und führte unflätige Redensarten im Munde. Seitdem fiel nichts mehr vor, ja in letzter Zeit schien es gar, als sei die Krise glücklich überwunden.

Da aber legte er mir vor zwei Wochen plitzplatz die Kündigung auf den Tisch. Morgen geht mein Weihnachtsmann. Er geht, und wir verlieren – nehmt alles nur in allem – einen Hausgenossen, einen Freund, ja einen Bruder. Vor meiner Familie werde ich diese Wendung der Dinge kaum verantworten können. Denn ich bin schuld. Ich weiß es, aber ich kann es nicht ändern. So muß ich diese Kündigung als einen schweren, aber gerechten Vorwurf auf mir sitzen lassen. Ich kann meinen Gast nicht mehr umstimmen, ja ich werde es nicht einmal versuchen. Weil es zwecklos ist.

Ich glaube nun mal nicht mehr an den Weihnachtsmann ...

24

Joachim Ringelnatz

Vorfreude
auf Weihnachten

Ein Kind – von einem Schiefertafel-Schwämmchen
Umhüpft – rennt froh durch mein Gemüt.
Bald ist Weihnacht! Wenn der Christbaum blüht,
Dann blüht er Flämmchen.
Und Flämmchen heizen. Und die Wärme stimmt
Uns mild. Es werden Lieder, Düfte fächeln –
Wer nicht mehr Flämmchen hat,
wem nur noch Fünkchen glimmt,
Wird dann doch gütig lächeln.
Wenn wir im Traume eines ewigen Traumes
Alle unfeindlich sind – einmal im Jahr!
Uns alle Kinder fühlen eines Baumes
Wie es sein soll, wie's allen einmal war.

Françoise Sagan

Eine Hundenacht

Monsieur Ximenestre hatte viel Ähnlichkeit mit einer Zeichnung von Chaval: Er war korpulent und sah etwas schwachsinnig, aber im übrigen sympathisch aus. Doch jetzt, Anfang Dezember, trug er einen so bekümmerten Ausdruck zur Schau, daß jeder Vorübergehende, der ein Herz besaß, das törichte Verlangen verspürte, ihn anzusprechen. Der Grund für seinen Kummer waren die bevorstehenden Feiertage, denen Monsieur Ximenestre, sonst ein guter Christ, in diesem Jahr voll Abscheu entgegensah, denn er hatte keinen Pfennig, um Madame Ximenestre zu beschenken, die indes sehr erpicht darauf war, sowie seinen Sohn Charles, einen Nichtsnutz, und seine Tochter Augusta, eine vortreffliche Calypsotänzerin. Nicht einen Pfennig, so war die Lage. Und weder stand eine Gehaltserhöhung in Aussicht, noch kam eine Kreditaufnahme in Frage. Die eine hatte er schon erhalten, die andere war bereits in Anspruch genommen, ohne daß Madame Ximenestres und die Kinder es wußten, und zwar, um dem neuen Laster desjenigen zu frönen, der doch ihr Ernährer hätte sein sollen: der unheilvollen Spielleidenschaft von Monsieur Ximenestre.

Es war nicht das gewöhnliche Spiel, bei dem das Gold auf dem grünen Filz des Spieltischs rollt, auch nicht jenes, bei dem Pferde auf der grünen Rasenmatte keuchen, sondern ein in Frankreich noch unbekanntes Spiel, das leider in einem Café des XVII. Arrondissements in Schwange war, wo sich Monsieur Ximenestre jeden Abend einen roten Martini genehmigte, ehe er nach Hause ging: Es wurde mit kleinen Pfeilen, einem Blasrohr und Tausendfrancscheinen gespielt. Alle Stammgäste waren ganz wild darauf, abgesehen von einem, der aufhören mußte, weil er Herzgeräusche hatte. Dieses spannende Spiel, von einem im Stadtviertel unbekannten Australier eingeführt, hatte rasch die Gründung eines sozusagen geschlossenen Klubs zur

Folge gehabt, der im Hinterzimmer tagte, wo der begeisterte Wirt das kleine Billard geopfert hatte.

Kurz, Monsieur Ximenestre hatte sich dabei ruiniert, und das nach vielversprechenden Anfängen. Was tun? Wo könnte er noch Geld pumpen, um die Handtasche, das kleine Moped und den Plattenspieler zu bezahlen, die zu schenken er sich nach einigen sehr präzisen Andeutungen bei Tisch, wie er sehr wohl wußte, verpflichtet hatte? Die Tage verstrichen, ringsum leuchteten die Augen voll Vorfreude, und der Schnee begann fröhlich zu fallen. Monsieur Ximenestres Teint wurde gelb, und er wünschte, er würde krank werden. Vergeblich.

Am Morgen des 24. Dezember verließ Monsieur Ximenestre das Haus, gefolgt von drei beifälligen Blicken, denn die täglich von Madame Ximenestre durchgeführte Durchsuchung der Wohnung hatte noch nicht zur Entdeckung der erwarteten kostbaren Pakete geführt. „Er macht sich noch rechtzeitig dran", dachte sie mit einiger Verbitterung, aber ohne die geringste Beunruhigung.

Auf der Straße wickelte sich Monsieur Ximenestre seinen Schal dreimal ums Gesicht, und diese Geste ließ ihn einen Moment einen Raubüberfall ins Auge fassen. Ein Gedanke, den er zum Glück rasch verwarf. Er setzte sich in Marsch mit dem Gang eines Bären, schleppend und gutmütig, und landete auf einer Bank, auf der ihn der Schnee rasch in einen Eisberg verwandelte. Der Gedanke an die Pfeife, die lederne Aktentasche und die rote Krawatte (im übrigen untragbar), von der er wußte, daß sie ihn zu Hause erwarteten, machte das Maß seiner Trostlosigkeit voll.

Einige Passanten, erhitzt und tänzelnd, Bindfäden und Pakete an jedem Finger, kurzum Familienväter, die dieses Namens würdig waren, kamen vorbei. Zwei Schritte von Monsieur Ximenestre entfernt hielt eine Limousine; eine Traumgestalt, gefolgt von zwei kleinen Hündchen, stieg aus. Monsieur Ximenestre, wenngleich dem schönen Geschlecht sehr zugetan, betrachtete sie ohne den geringsten Hintergedanken. Dann fiel sein Blick auf die Hunde, und seine Augen leuchteten plötzlich auf. Er schüttelte den Haufen Schnee ab, der sich auf seinem Schoß angesammelt hatte, stand eilig auf und stieß einen Ruf aus, den der ihm von seinem Hut in die Augen und auf den Hals fallende Schnee erstickte.

„Ins Tierheim", waren seine Worte. Das Tierheim war ein recht düsterer Ort voll trauriger oder aufgeregter Hunde, die Monsieur Ximenestre ein wenig erschreckten. Er entschied sich schließlich für ein ziemlich undefinierbares Tier, was die Rasse und die Farbe betraf, das aber, nach dem Ausdruck der Augen zu urteilen, sanftmütig war. Und Monsieur Ximenestre ahnte, daß es unendlicher Sanftmut bedurfte, um eine Handtasche, einen Plattenspieler und ein Moped zu ersetzen. Er taufte seinen Hund sofort Médor, nahm ihn an die Strippe und ging auf die Straße.

Médors Freude äußerte sich in einer Raserei, die sich unwillkürlich auf Monsieur Ximenestre übertrug, der erstaunt war über die hündische Kraft. Er wurde einige hundert Meter in vollem Trab mitgezogen (denn der Ausdruck „Galoppieren" ließ sich schon lange nicht mehr auf Monsieur Ximenestre anwenden) und stieß schließlich mit einem Passanten zusammen, der etwas von „dreckigen Viechern" brummte. Wie ein Wasserskifahrer dachte Monsieur Ximenestre, daß es vielleicht besser wäre, die Strippe loszulassen und nach Hause zu gehen. Aber Médor sprang kläffend und fröhlich an ihm hoch, sein gelbliches und schmutziges Fell voller Schnee, und Monsieur Ximenestre schoß der Gedanke durch den Kopf, daß er schon lange nicht mehr so angeschaut worden war. Es gab ihm einen Stich ins Herz. Seine blauen Augen versenkten sich in Médors braune Augen, sie erlebten eine Sekunde unsagbarer Süße.

Médor faßte sich als erster. Er machte sich wieder auf den Weg, und das Wettrennen ging weiter. Monsieur Ximenestre dachte flüchtig an den anämischen Basset, der Médors Nachbar gewesen war und den er nicht einmal in Betracht gezogen hatte, weil er der Meinung war, ein Hund müsse dick sein. Jetzt rannte er

buchstäblich in fliegender Eile nach Hause. Es gab nur einen Aufenthalt in einem Café, wo Monsieur Ximenestre drei Grogs zu sich nahm und Médor drei Stück Zucker, die ihm die mitleidige Wirtin anbot: „Und bei diesem Wetter, das arme Tier hat ja nicht einmal ein Mäntelchen!" Monsieur Ximenestre schnaufte und antwortete nicht.

Der Zucker hatte eine belebende Wirkung auf Médor ausgeübt, aber es war ein Gespenst, das bei den Ximenestres läutete. Madame Ximenestre öffnete die Tür, Médor stürzte hinein, und Monsieur Ximenestre, vor Müdigkeit schluchzend, sank seiner Frau in die Arme.

„Aber was ist denn das?" Dieser Schrei entrang sich der Brust von Madame Ximenestre.

„Das ist Médor", sagte Monsieur Ximenestre, und mit dem Mut der Verzweiflung fügte er hinzu: „Fröhliche Weihnachten, meine Liebe!"

„Fröhliche Weihnachten? Fröhliche Weihnachten?" Ihr versagte die Stimme. „Was willst du damit sagen?"

„Heute ist doch der 24. Dezember?" rief Monsieur Ximenestre, den die Wärme und die Sicherheit wieder zu sich brachten. „Nun ja, zu Weihnachten schenke ich dir, schenke ich euch", verbesserte er sich, denn seine Kinder kamen mit weitaufgerissenen Augen aus der Küche, „schenke ich euch Médor. Da ist er!"

Entschlossenen Schrittes ging er in sein Zimmer. Aber er sank gleich auf sein Bett und griff nach seiner Pfeife, einer Pfeife aus dem Krieg 1914/1918, von der er zu sagen pflegte, daß sie „einiges mitgemacht" habe. Mit zitternder Hand stopfte er sie, zündete sie an, steckte die Beine unter die Steppdecke und wartete auf den Angriff.

Bleich, angsterregend bleich, dachte Monsieur Ximenestre bei sich, betrat Madame Ximenestre sein Zimmer. Seine erste Reaktion war eine Schützengrabenreaktion: Er versuchte, ganz unter die Steppdecke zu kriechen. Nur noch einige seiner wenigen Haarsträhnen und der Rauch seiner Pfeife waren zu sehen. Aber das genügte für den Zorn von Madame

Ximenestre: „Kannst du mir sagen, was das für ein Hund ist?"

„Das ist eine Art flandrischer Schäferhund, glaube ich", ließ sich schwach die Stimme von Monsieur Ximenestre vernehmen.

„Eine Art flandrischer Schäferhund?" Ihre Wut steigerte sich um eine Tonlage. „Und weißt du, was dein Sohn zu Weihnachten erwartet? Und deine Tochter? Was mich betrifft, so weiß ich, daß ich nicht zähle ... Aber sie! Und du bringst ihnen dieses schreckliche Tier!"

Médor kam gerade herein. Er sprang auf Monsieur Ximenestres Bett und legte sich neben ihn, Kopf an Kopf. Zärtliche Tränen, zum Glück durch die Steppdecke verborgen, traten seinem Freund in die Augen.

„Das ist ein starkes Stück", fand Madame Ximenestre. „Bist du überhaupt sicher, daß das Tier keine Tollwut hat?"

„In diesem Fall wärt ihr zwei", erwiderte Monsieur Ximenestre kühl.

Diese abscheuliche Antwort bewirkte, daß Madame Ximenestres verschwand. Médor leckte seinen Herrn und schlief ein. Um Mitternacht gingen die Ehefrau und die Kinder von Monsieur Ximenestre, ohne ihn zu verständigen, zur Mitternachtsmesse. Ein leichtes Unbehagen überkam ihn, und um Viertel vor eins beschloß er, mit Médor fünf Minuten Gassi zu gehen. Er wickelte sich seinen dicken Schal um und begab sich langsamen Schrittes zur Kirche, während Médor an allen Haustüren schnüffelte.

Die Kirche war gerammelt voll, und Monsieur Ximenestre versuchte vergeblich, die Tür zu öffnen. Er wartete also vor der Vorhalle, den Schal bis unter die Augen gezogen, und die Choräle der guten Christen hallten in seinen Ohr wider. Médor zog so fest an der Strippe, daß er sich schließlich hinsetzte und die Strippe an seinen Fuß band. Die Kälte und die Aufregungen hatten seine schon verwirrten Sinne allmählich abgestumpft, so daß er nicht mehr genau wußte, was er da eigentlich machte.

So kam es, daß er von dem Strom der ausgehungerten Gläubigen überrascht wurde, die

eilig die Kirche verließen. Er hatte nicht mehr Zeit gehabt, aufzustehen und die Strippe aufzuknoten, als schon eine junge Stimme rief: „Oh, der hübsche Hund! Oh, der arme Mann! Warte einen Augenblick, Jean Claude."

Und ein Fünffrancstück fiel dem verstörten Monsieur Ximenestre auf den Schoß. Er stand auf, und der als Jean Claude Angeredete gab ihm, gerührt, ebenfalls eine Münze und wünschte ihm fröhliche Weihnachten.

„Aber", stammelte Monsieur Ximenestre, „aber hören Sie mal ..."

Man weiß, wie ansteckend die Barmherzigkeit sein kann. Alle oder fast alle Gläubigen, die die Kirche durch den rechten Ausgang verließen, gaben Monsieur Ximenestre und Médor ihr Scherflein. Schneebedeckt, verstört, versuchte Monsieur Ximenestre vergeblich, es ihnen auszureden.

Madame Ximenestre und ihre Kinder hatten die Kirche durch den linken Ausgang verlassen und kehrten nach Hause zurück. Monsieur Ximenestre kam kurz danach, entschuldigte sich für seinen Scherz vom Nachmittag und überreichte jedem die Summe, die dem Geldwert seines Geschenks entsprach. Der Mitternachtsschmaus wurde sehr fröhlich. Dann ging Monsieur Ximenestre mit Médor ins Bett, der sich zur Genüge an Pute gütlich getan hatte, und sie schliefen beide den Schlaf der Gerechten.

Aus dem Französischen von Margaret Carroux

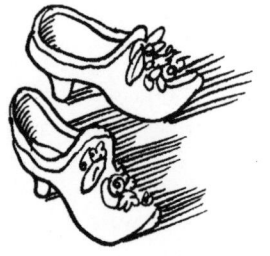

6. Dezember

Peter Hacks

Nikolaus erzählt

Als ich auf den Kalender sah,
Rief ich: Ei, der verhexte!
Die Stiefel her! Die Zeit ist da!
Heut ist ja schon der sechste!
Mein Schlitten brachte mich zum Pol
Und mein Mercedes Benz
Entlang die lange Küste wohl
Westskandinaviens.

Und als ich hinterher zu Schiff
Nach Deutschland reisen wollen,
Ein Mensch nach meinem Sacke griff:
Habn Sie was zu verzollen?
Da riß mir die Geduld geschwind,
Ich zog die Stirne kraus:
Mich kennt, du Schafskopf, jedes Kind.
Ich bin der Nikolaus.

Erwin Strittmatter

Der Weihnachtsmann in der Lumpenkiste

In meiner Heimat gingen am Andreastage, dem 30. November, die Ruprechte, das waren die Burschen des Dorfes, in Verkleidungen, wie sie die Bodenkammern und die Truhen der Altenteiler, der Großeltern, hergaben. Die rüden Burschen hatten bei diesen Dorfrundgängen nicht den Ehrgeiz, friedfertige Weihnachtsmänner zu sein.

Sie drangen in die Häuser wie eine Räuberhorde, schlugen mit Birkenruten um sich, warfen Äpfel und Nüsse, auch Backobst, in die Stuben und brummten wie alte Bären: „Können die Kinder beten?"

Die Kinder beteten, sie beteten vor Furcht kunterbunt: „Müde bin ich, geh zur Ruh ...

Komm, Herr Jesu, sei unser Gast ...

Der Mai ist gekommen ... „

Lange Zeit glaubte ich, daß das Eigenschaftswort „ruppig" von Ruprecht abgeleitet wäre.

Wenn die Ruprechthorde die kleine Dorfschneiderstube meiner Mutter verließ, roch es in ihr noch lange nach verstockten Kleidungsstücken, nach Mottenpulver und reifen Äpfeln. Meine kleine Schwester und ich waren vor Furcht unter den großen Schneidertisch gekrochen. Die Tischplatte schien uns ein besserer Schutz als unsere Gebetchen zu sein, und wir wagten lange nicht hervorzukommen, noch weniger das Dörrobst und die Nüsse anzurühren.

Die Verängstigung konnte wohl auch unsere Mutter nicht mehr mit ansehen, denn sie bestellte im nächsten Jahr die Ruprechte ab.

Oh, was hatten wir für eine mächtige Mutter! Sie konnte die Ruprechte abbestellen und dafür das Christkind einladen.

Jahrsdrauf erschien bei uns also das Christkind, um die Ruppigkeit der Ruprechte auszutilgen.

Das Christkind trug ein weißes Tüllkleid und ging in Ermangelung von heiligweißen Strümpfen – es war im Ersten Weltkrieg – barfuß in weißen Brautschuhen. Sein Gesicht war von einem großen Strohhut überschattet, dessen breite Krempe mit Wachswatte-Kirschen garniert war. Vom Rande der Krempe fiel dem Christkind ein weißer Tüllschleier übers Gesicht.

Das holde Himmelskind sprach mit piepsiger Stimme und streichelte uns sogar mit seinen Brauthandschuhhänden.

Als wir unsere Gebete abgerasselt hatten, wurden wir mit gelben Äpfeln beschenkt. Sie glichen den Goldparmänen, die wir als Wintervorrat auf dem Boden in einer Strohschütte liegen hatten. Das sollten nun Himmelsäpfel sein?

Wir bedankten uns trotzdem artig mit Diener und Knicks, und das Christkind stakte gravitätisch auf seinen nackten Heiligenbeinen in Brautstöckelschuhen davon.

Meine Mutter war zufrieden. „Habt ihr gesehn, wie's Christkind aussah?"

„Ja", sagte ich, „wie Buliks Alma, wenn sie hinter einer Gardine hervorlugt."

Buliks Alma war die etwa vierzehnjährige Tochter aus dem Nachbarhause. An diesem Abend sprachen wir nicht mehr über das Christkind.

Vielleicht kam die Mutter wirklich nicht ohne den Weihnachtsmann aus, wenn sie sich tagsüber die nötige Ruhe in der Schneiderstube erhalten wollte.

Jedenfalls erzählte sie uns nach dem mißglückten Christkindbesuch, der Weihnachtsmann habe nunmehr seine Werkstatt über dem Bodenzimmer unter dem Dach eingerichtet.

Das war eine dunkle, geheimnisvolle Ecke des Häuschens, in der wir noch nie gewesen waren. Eine Treppe führte nicht unter das Dach. Eine Leiter war nicht vorhanden. Die Mutter wußte geheimnisvoll zu berichten, wie sehr der Weihnachtsmann dort oben nachts, wenn wir schliefen, arbeitete, so daß uns das Umhertollen und Plappern vergingen, weil sich der Weihnachtsmann bei Tage ausruhen und schlafen mußte.

Eines Abends vor dem Schlafengehn hörten

31

wir den Weihnachtsmann auch wirklich in seiner Werkstatt scharwerken, und die Mutter war sicher dankbar gegen den Wind, der ihr beim Märchenmachen half.

„Soll der Weihnachtsmann Tag für Tag schlafen und Nacht für Nacht arbeiten, ohne zu essen?" Diese Frage stellte ich hartnäckig.

„Wenn ihr artig seid, ißt er vielleicht einen Teller Mittagessen von euch", entschied die Mutter.

Also erhielt der Weihnachtsmann am nächsten Tage einen Teller Mittagessen. Mutter riet uns, den Teller an der Tür des Bodenstübchens abzustellen. Ich gab meinen Patenlöffel dazu. Sollte der Weihnachtsmann mit den Fingern essen?

Bald hörten wir unten in der Schneiderstube, wie der Löffel im Teller klirrte. Oh, was hätten wir dafür gegeben, den Weihnachtsmann essen sehen zu dürfen! Allein, die gute Mutter warnte uns, den alten wunderlichen Mann zu vergrämen, und wir gehorchten.

Von nun an wurde der Weihnachtsmann täglich von uns beköstigt. Wir wunderten uns, daß Teller und Löffel, wenn wir sie am späten Nachmittag vom Boden holten, blink und blank waren, als wären sie durch den Abwasch gegangen.

Der Weihnachtsmann war demnach ein reinlicher Gesell, und wir bemühten uns, ihm nachzueifern. Wir schabten und kratzten nach den Mahlzeiten unsere Teller aus, und dennoch waren sie nicht so sauber wie der Teller des Heiligen Mannes auf dem Dachboden.

Nach dem Mittagessen hatte ich als Ältester, um meine Mutter in der nähfädelreichen Vorweihnachtszeit zu entlasten, das wenige Geschirr zu spülen, und meine Schwester trocknete es ab. Da der Weihnachtsmann sein Eßgeschirr in blitzblankem Zustande zurücklieferte, versuchte ich, ihm auch das Abwaschen unseres Mittagsgeschirrs zu übertragen.

Es glückte.

Ich ließ den Weihnachtsmann für mich abwaschen, und meine Schwester war nicht böse, wenn sie die zerbrechlichen Teller nicht abzutrocknen brauchte.

War's Forscherdrang, der mich zwackte, war's, um mich bei dem Alten auf dem Dachboden beliebt zu machen, ich begann ihm außerdem auf eigene Faust meine Aufwartungen zu machen.

Bald wußte ich, was ein Weihnachtsmann gern aß: Von einem Rest Frühstücksbrot, den ich ihm hinaufgetragen hatte, aß er nur die Margarine herunter. Der Großvater schenkte mir ein Zuckerstück, eine rare Sache in jener Zeit. Ich brachte das Naschwerk dem Weihnachtsmann.

Er verschmähte es. Oder mochte er es nur nicht, weil ich es schon angeknabbert hatte? Auch einen Apfel ließ er liegen, aber eine Maus aß er.

Dabei hatte ich ihm die tote Maus nur in der Hoffnung hingelegt, er würde sie wieder lebendig machen; hatte er nicht im Vorjahr einen neuen Schweif an mein altes Holzpferd wachsen lassen?

So, so, der Weihnachtsmann aß also Mäuse! Vielleicht würde er sich auch über Heringsköpfe freuen. Ich legte drei Heringsköpfe vor die Tür der Bodenstube, und da mein Großvater zu Besuch war, hatte ich sogar den Mut, mich hinter der Lumpenkiste zu verstecken, um den Weihnachtsmann bei seiner Heringskopfmahlzeit zu belauschen. Mein Herz pochte in den Ohren.

Lange brauchte ich nicht zu warten, denn aus der Lumpenkiste sprang – murr, marau – unsere schwarzbunte Katze. Ich schwieg über meine Entdeckung und ließ fortan meine Schwester den Teller Mittagessen allein auf den Boden bringen.

Bis zum Frühling bewahrte ich mein Geheimnis, aber als in der Lumpenkiste im Mai, da vor der Haustür der Birnbaum blühte, vier Kätzchen umherkrabbelten, teilte ich meiner Mutter dieses häusliche Ereignis so mit:

„Mutter, Mutter, der Weihnachtsmann hat Junge!"

Punsch und Bratäpfel

Adventspunsch

1 Liter Rotwein
2 Eßlöffel Rum
3 Eßlöffel Brombeersaft
(oder verdünnter Sirup)
2 Eßlöffel Kandiszucker
1 Orange
4 Gewürznelken
2 Stangen Zimt
2 Sternanis
1 Teelöffel Spekulatius-
Würzmischung
abgeriebene Schale einer
halben Zitrone

Den Rotwein zusammen
mit dem Rum und dem
Brombeersaft erhitzen,
nicht kochen! Kandis-
zucker darin auflösen.
Die Orange schälen und in
Stücke brechen. Ein paar
Scheiben für die Dekora-
tion zur Seite legen, den
Rest in den Rotwein ge-
ben, ebenso die Gewürze
und die abgeriebene Zitrone. Weiter kurz vor dem
Kochen halten und dabei
öfters umrühren. Nach 8
bis 10 Minuten das Ge-
tränk auf Gläser verteilen
und mit den Orangenschei-
ben dekorieren.

Eierpunsch

3 Eigelbe
$1/2$ Päckchen Vanillezucker
250 g Zucker
$1/8$ l Rum
$1/2$ l Milch
$1/2$ Flasche
halbtrockener Weißwein
$1/4$ l Weinbrand
abgeriebene Schale einer
halben Zitrone

Die Eigelbe, Zucker, Va-
nillezucker und Rum gut
verquirlen und unter stän-
digem Rühren erhitzen
(nicht kochen!). Dann unter
Rühren nacheinander
Milch, abgeriebene Zitro-
nenschale, Weißwein und
Weinbrand dazugießen.

Holunderpunsch

330 ml naturreiner
Holundersaft
200 g getrocknete
Aprikosen
50 g Rosinen
150 g Kandis
100 g abgezogene
Mandeln
3 Zitronen

Den Holundersaft mit ei-
nem halben Liter Wasser
erhitzen. Die Aprikosen
und Rosinen in einem Sieb
waschen und abtropfen
lassen. Zusammen mit dem
Kandiszucker und den
Mandeln in den Saft schüt-
ten und eine Weile kochen
lassen, ab und zu umrüh-
ren. Eine halbe Zitrone in
dünne Scheiben schneiden
und dazugeben, die restlichen Zitronen auspressen
und den Saft in den Punsch
rühren.

Bratäpfel
(für die Kleinen)

4 Äpfel
4 Teelöffel gemahlene
Haselnüsse
4 Teelöffel rote Marmelade
4 Teelöffel Rosinen
4 Stück Alufolie,
etwa 15 x 15 cm

Die Äpfel waschen und
abtrocknen, Gehäuse aus-
stechen oder ausschneiden.
Die Äpfel auf die Alufolie
legen und mit den Hasel-
nüssen, der Marmelade
und den Rosinen füllen.
Die Ecken der Alufolie
anheben und zusammen-
drehen. Die eingewickel-
ten Äpfel auf ein Back-
blech geben und im Ofen
bei etwa 250 Grad 35 bis
45 Minuten garen lassen.

Bratäpfel
(für die Großen)

4 säuerliche Apfel
Zitronensaft
25 g Pistazien
25 g Pinienkerne
125 g Marzipan
2 Eigelb
40 g Sahne
80 Rosinen,
in Rum eingelegt
2 Eßlöffel Butter
125 ml Weißwein
125 ml Marsala
65 ml Orangenlikör

Die Äpfel waschen, trockentupfen, halbieren, die Kerngehäuse herausschneiden und die Hälften mit dem Zitronensaft beträufeln. Den Ofen auf 180 Grad vorheizen. Pistazien und Pinienkerne hacken, mit Marzipan, Eigelb und Sahne glattrühren, die Rosinen daruntermischen. Eine feuerfeste Form ausfetten, die Äpfel hineinsetzen, mit dem Weißwein, dem Marsala und dem Orangenlikör übergießen und im Backofen etwa $1/4$ Stunde bei 180 Grad garen. Anschließend die Marzipanmasse auf die Äpfel geben und weitere etwa 6 bis 8 Minuten überbacken. Die Äpfel anrichten und mit der Sauce überziehen.

Äpfel im Schlafrock

3 bis 6 Äpfel
(je nach Größe)
4 Eier
1 Eßlöffel Rum
3 Eßlöffel Milch
Mehl
Schmalz
Vanillezucker

Die Eier mit dem Rum und der Milch gut verquirlen und unter Rühren so viel Mehl zugeben, daß ein nicht zu flüssiger Teig entsteht. Die Äpfel schälen, entkernen und in große Scheiben schneiden.
Die Scheiben werden in den Teig getaucht und in heißem Schmalz goldig gebacken. Auf einen Teller legen und mit Vanillezucker bestreuseln.

Weinbrandäpfel

eineinhalb Pfund Äpfel
2 Eier
2 doppelte Weinbrand
1 Eßlöffel Zucker
$1/4$ l Weißwein
2 Eßlöffel Puderzucker
40 g Johannisbeergelee

Johannisbeergelee auf schwacher Wärme schmelzen lassen und den Weißwein (vorher 3 Eßlöffel abnehmen) sowie den Zucker einrühren. Vom Feuer nehmen, abkühlen lassen und den Weinbrand zugeben. Die Äpfel schälen, Kerngehäuse entfernen, achteln und in die Flüssigkeit geben. Auf die Portionen verteilen.
Von den Eiern das Eigelb zusammen mit dem Puderzucker schaumig schlagen, dann noch 3 Eßlöffel Wein hinzugeben. Das Ganze auf das Feuer geben und langsam erwärmen, bis die ersten Kochblasen kommen, dabei immer heftig quirlen. Den Schaum noch warm über die Apfelportionen verteilen.

Marzipanäpfel mit Eierlikörsahne

4 Äpfel
Saft einer Zitrone
50 g flüssiges Butterschmalz
200 g Marzipanrohmasse
$1/2$ Telöffel Zimt
50 g Rosinen
50 g Mandelblätter
200 g Schlagsahne
70 ml Eierlikör

Die Äpfel waschen und halbieren, das Kerngehäuse großzügig herausschneiden. Äpfel in eine gefettete Auflaufform setzen und mit Zitronensaft beträufeln. Butterschmalz, grob geriebenes Marzipan und Zimt verrühren. Rosinen und Mandelblätter unter die Masse heben. Die Füllung auf die Apfelhälften verteilen und im Backofen bei ca. 200 Grad etwa 30 bis 40 Minuten braten. Die Sahne halbfest schlagen, den Eierlikör unterrühren und zu den Äpfeln servieren. Für Kinder eine warme oder kalte Vanillesoße dazu reichen.

Theodor Storm

Weihnachtslied

Vom Himmel in die tiefsten Klüfte
Ein milder Stern herniederlacht;
Vom Tannenwalde steigen Düfte
Und hauchen durch die Winterlüfte,
Und kerzenhelle wird die Nacht.

Mir ist das Herz so froh erschrocken,
Das ist die liebe Weihnachtszeit!
Ich höre fernher Kirchenglocken
Mich lieblich heimatlich verlocken
In märchenstille Herrlichkeit.

Ein frommer Zauber hält mich wieder,
Anbetend, staunend muß ich stehn;
Es sinkt auf meine Augenlider
Ein goldner Kindertraum hernieder,
Ich fühl's, ein Wunder ist geschehn.

Gianni Rodari

Ein Spielzeug
für Weihnachten

Es war einmal ein Herr, der war ausgegangen, um Spielsachen einzukaufen, die er seinen Kindern und Enkelkindern zu Weihnachten schenken wollte. Aber machen wir's nicht so lang – und umständlich: dieser Herr war ich, und ich wiederum bin gar kein Herr. Und so wandere ich also von Geschäft zu Geschäft, gehe seufzend von einem Schaufenster zum andern, immer unsicherer, immer konfuser. Losgegangen war ich mit dem stolzen Vorsatz, für die Kinder die Spielsachen zu kaufen, die ich mir selbst als Junge immer gewünscht und die ich nie geschenkt bekommen hatte.

Aber diese Spielsachen gab es jetzt überhaupt nicht mehr. Oder sie waren in die hintersten Winkel und Kellerverschläge gestopft worden, wo sie eine Staubschicht ansetzten. Im Vordergrund und in den vorderen Regalen aber standen neue Spielsachen, die für mich ein vollkommenes Rätsel waren. Ich begriff, nicht, was sie darstellten, wie sie funktionieren und Spaß bereiten mochten. Vielleicht hätte ich, ehe ich loszog, einen Kursus über das moderne, vorzugsweise elektronische Spielzeug besuchen müssen. Doch gibt es etwa eine derartige Schule, in der Eltern und Großeltern noch einmal lernen und sich über Geschmack und Vorlieben ihrer Kinder und Enkel informieren können, die im Atomzeitalter aufgewachsen und auf den Markt der internationalen Spielzeugindustrie versetzt worden sind?

„Kommen Sie näher", sagte da ein Stimmchen, „treten Sie ein, schauen Sie sich um, wachsen Sie doch nicht auf der Straße an."

Die Stimme rührte von einem Männlein her, das aus einem schmalen, niedrigen Lädchen ohne Schaufenster herausgetreten war. Wer weiß, wie lange ich nach Stunden nutzlosen Umherstreifens da gestanden hatte, wer weiß, wie lange mich das sonderbare Menschlein mit einem Lächeln hinter seiner Riesenbrille schon musterte, dieser Brille, die als einziger großer Gegenstand auf einem Gesichtchen saß, in dem alles klein war: Augen, Nase, Mund, Schnurrbart, schwarzes Kinnbärtchen.

„Ja, verkaufen Sie denn Spielzeug?" fragte ich skeptisch.

„Vielleicht", antwortete das Männchen. „Wenn es mir jemand abnimmt, verkaufe ich es."

„Na, dann zeigen Sie mal."

Ich trat ein in das Kabuff, in dem gerade genug Platz für zwei hölzerne Schemel und ein kleines Regal war, auf dem vier oder fünf winzige Schächtelchen standen.

„Pardon", sagte ich, „aber ich sehe kein Spielzeug."

„Gleich werden Sie's sehen."

Das Männchen öffnete eines der Schächtelchen und zog einen Apparat hervor, den ich auf den ersten Blick für eine normale Fernbedienung für Fernseher hielt, mit Drucktasten zum An- und Ausschalten, zum Umschalten der Kanäle, zur Einstellung der Lautstärke und der Farbe.

„Dieses Ding gibt es bereits in jedem Hause", brummte ich verdrießlich. „Sie meinen doch wohl nicht, daß das noch eine Überraschung für ein Kind sein könnte?"

„Glauben Sie?" Der kleine Mann lächelte.

„Dann drücken Sie doch mal auf eine dieser Tasten. Die 12 zum Beispiel."

Im selben Augenblick, als ich versuchsweise auf die angegebene Taste drückte, glaubte ich im Lächeln des Verkäufers etwas wahrzunehmen, das mich unheimlich anmutete ... Doch schon ...

... Doch schon waren das Männchen, das Lädchen, dieser Winkel von Rom, alles, was mich noch kurz vorher umgeben hatte, verschwunden. Ich saß noch immer, aber nicht mehr auf einem hölzernen Schemel, sondern auf einem Liegestuhl, und der stand auf dem Sonnendeck eines weißen Schiffes, und das Schiff glitt auf einem breiten feierlichen Strom zwischen bewaldeten Ufern dahin.

Sollte der Tiber auf einmal schiffbar geworden sein? fragte ich mich. Aber sogleich wurde mir klar, was für eine törichte Frage das war. An den Ufern des Tiber trifft man auf Kuppeln und Paläste, nicht auf Wälder. Ein Matrose kam auf mich zu, er trug ein Tablett, auf dem eine Flasche Mineralwasser und ein Glas thronten.

„Sind Sie sicher, Bürger, daß Sie nicht auch hundert Gramm Wodka möchten?" fragte mich der Matrose, während er das Tablett auf ein Tischchen stellte.

„Nein, danke, ich trinke nie Alkohol, gleich welcher Art", gab ich zur Antwort.

Und erst als ich geantwortet hatte, merkte ich auf einmal, daß mich der Matrose auf russisch angesprochen, daß auch ich russisch geantwortet hatte und daß an der Flasche das Etikett eines bekannten sowjetischen Mineralwassers klebte. Übrigens gehörten auch das bemalte Lacktischchen, auf dem das Tablett stand, und das Tablett selbst, mit großen bunten Blumen auf schwarzem Grund, zu jenen kleinen Schätzen des russischen Kunsthandwerks, wie man sie jetzt auch in den Kaufhäusern von Rom erstehen kann.

Wo war ich da hingeraten, Himmel und Hölle? Wie als Antwort auf meine Frage begann das linke, mit schwarzen Tannen und weißen Birken bewachsene Flußufer zu einem sanften Hügel anzusteigen, und auf der flachen Kuppe erhob sich zwischen Bäumen eine orthodoxe Kirche mit ihren charakteristischen Zwiebeltürmen. Nach der Kirche fiel der Hügel wieder langsam ab, vielleicht um einen Meter pro Kilometer, das Ufer machte eine Biegung, und eine sich lang hinstreckende Ansiedlung aus einstöckigen Holzhäuschen tauchte auf. Noch ein paar Minuten, und das Schiff fuhr, ohne anzulegen, an einer Schiffsstation vorüber, deren Name Myschkin lautete.

Myschkin? Hieß nicht der junge, treuherzige Fürst so, den der große Dostojewski zum Helden seines Romans „Der Idiot" gewählt hatte? Aber wenn es ein Dorf dieses Namens gab, so konnte es das nur in Rußland geben! Da, also befand ich mich. Und der Fluß, auf dem ich fuhr, war die Wolga.

So überlegte ich, verwirrt und erregt, als der Matrose, der das Mineralwasser gebracht hatte, wieder an mir vorüberkam. Das war für mich der Moment, meine spärlichen Kenntnisse der wunderschönen russischen Sprache zusammenzunehmen, um mehr zu erfahren.

„Wo legen wir als nächstes an?" fragte ich.

„In der Stadt Rybinsk", gab der Matrose Auskunft. „Und morgen sind wir in Kasan, übermorgen in Uljanowsk, früher Simbirsk. Noch drei Tage, und wir kommen nach Astrachan."

Aha, schlußfolgerte ich in Gedanken auf italienisch, zur Zeit befinden wir uns also auf

der nördlichen Wolga. Aber was dann mit mir geschehen wird, das brauche ich gar nicht erst zu fragen, weder den freundlichen Matrosen noch seinen Kapitän, noch die Soldaten, die auf dem unterm Deck singen, noch das hübsche Mädchen, welches durch ein Fernglas das Ufer betrachtet ...

„Haben Sie gesehen?" Das Männchen lächelte und rieb sich die Hände. Ich war wieder bei ihm, in seinem seltsamen Lädchen im barocken Rom. „Entschuldigen Sie, wenn ich Sie so schnell zurückgerufen habe. Nur, es täte mir leid, wenn Sie nicht alle Möglichkeiten des Spielzeugs ausprobieren würden, bevor Sie es kaufen."

„... was zum Teufel ist denn mit mir passiert?"

„Gar nichts Teuflisches, Signore. Sie haben nur den Kanal gewechselt. Möchten Sie jetzt mal ein anderes Kanälchen aufsuchen? Vielleicht Asien, oder lieber Afrika? Oder mögen Sie Australien? Wählen Sie nur selbst, bitte."

„Na gut", stammelte ich verstört, „welche Taste ist für New York?"

„Nummer sieben, Signore."

„Und für die Rückkehr, bin ich da immer auf Sie angewiesen?"

„Keineswegs! Schauen Sie, Sie brauchen nur hier zu drücken, auf dieses kleine R. Gute Reise, Signore."

Ja, und schon bin ich da und betrachte das Panorama New Yorks vom Empire State Building aus. Und nun bin ich wieder in Rom, sitze dem kleinen Mann gegenüber. Dann wieder bin ich in Singapur, in Buenos Aires, in Copacabana ...

„Ich habe verstanden", sagte ich zu dem Männchen, „mit der normalen Fernbedienung schalte ich die Kanäle auf dem Bildschirm und bleibe dabei hübsch in meinem Sessel daheim sitzen: mit diesem Gerät aber wechsle ich selber von einem Kanal zum andern, von einem Ort auf dem Erdball zum andern. Also das ist ... das ist ein Ding ... Wieso hab ich bloß noch nie davon gehört?"

„Ja, wissen Sie", sagte der kleine Mann, „zur Zeit bin ich der einzige, der dieses Spielzeug herstellt, und ich persönlich kann Reklame nicht leiden. Aber Sie werden sehen, die Japaner bauen es mir schon bald nach. Dann werden alle Schaufenster voll davon sein, so wie sie jetzt schon voll sind von elektronischem Spielzeug, ,made in Japan'."

„Möglich", sagte ich, „gut möglich. Aber lassen Sie sich jetzt schon sagen, daß Ihr Apparatchen da das reine Wunder ist. Bedenken Sie nur den praktischen Nutzen, den das Ding, abgesehen vom Spaß, für Kinder hat, die Erdkunde lernen sollen."

„Ja, wenn Sie das meinen, den hat es auch für die, die sich mit Geschichte befassen müssen ..."

„Sie wollen doch nicht behaupten, daß ..."

„Doch, doch, das behaupte ich. Oder vielmehr, ich zeige es Ihnen gleich. Bisher haben Sie sich nur auf den Raumkanälen fortbewegt. Wenn ich aber diesen kleinen Hebel rücke, so, dann ist der Apparat auf die Zeitkanäle eingestellt."

„Eine Zeitmaschine?"

„In gewissem Sinne. Wollen Sie's ausprobieren? In welche Epoche möchten Sie gern einen Abstecher machen?

„Hm", überlegte ich laut. „Bevor ich in Rente ging, wissen Sie, habe ich am Gymnasium Latein unterrichtet. Und wo ich den Kin-

39

dern nun so viel an den unsterblichen Texten des Julius Cäsar erläutert und zum Übersetzen aufgegeben habe, möchte ich Cäsar ganz gern einmal in Person vor mir sehen."

„Also, ich würde Horaz vorziehen, der verstand es, das Leben zu genießen. Aber wenn Sie Cäsar wollen, bitte, ganz nach Wunsch ..."

Ich will nicht haarklein erzählen, wie ich mich im alten Rom wiederfand, genau im Jahr, am Tag und zur Stunde, da jene berüchtigten hinterhältigen Fanatiker Cäsar die Königskrone anboten.

„Cäsar", schrie ich (auf lateinisch, versteht sich) mit aller Stimmgewalt, „kompromittier dich nicht! Lehn ab! Sie werden dich zugrunde richten!"

„Was will der da?" fragte Cäsar den Brutus, der bei ihm stand.

„Vielleicht will er die Krone für sich selbst", meinte Cassius mit tückischem Grinsen.

„Cäsar", schrie ich abermals, „gib acht, sie verraten dich. Sie haben schon die Dolche geschliffen. Sie warten nur auf die Iden des März."

„Was redet der bloß für Zeug? Und in was für einem seltsamen Latein?" knurrte Cäsar.

Als ich hörte, daß er mein Latein kritisierte, nachdem ich mich vierzig Jahre und mehr heiser geredet hatte, um es den Kindern beizubringen, versagte mir die Stimme, um dem Diktator Bescheid zu geben. Welcher sich übrigens lachend inmitten der Schar seiner Anhänger entfernte. Auf mich zu traten ein Centurio und drei oder vier Legionäre mit dem Schwert in der Hand.

„Du willst also die Krone? Willst König von Rom werden?" rief einer von ihnen aus. „Einverstanden, aber zuerst gibst du uns deinen Kopf, damit wir ihn krönen können."

Bei diesen Worten erhob er seinen Arm mit dem Schwert. Und mir blieb nichts anderes übrig, als die Taste für die Rückreise in unser Jahrhundert zu drücken.

„Ich sehe, Sie haben geschwitzt", sagte das Männchen. „War es heiß im alten Rom?"

„Ich kaufe es", sagte ich und stand auf. „Ich kaufe dieses Spielzeug und schwöre allem ab, was ich bis heute morgen gegen allzu ausgeklügelte Spielsachen gesagt habe. Ich schwöre dem Schaukelpferd ab und den Kasperlepuppen."

„Beruhigen Sie sich, bitte", sagte der kleine Mann. „Bevor Sie es kaufen, müssen Sie die Bedienung erlernen. Bisher haben Sie nur die Raumkanäle und die Geschichtskanäle ausprobiert. Wollen Sie nicht auch die Zukunftskanäle erkunden?"

„Na, das will ich meinen! Die gibt es also auch?"

„Jawohl, und außerdem noch die interplanetarischen. Ich gebe Ihnen das Heftchen mit der Bedienungsanleitung. Möchten Sie inzwischen nicht einen kurzen Abstecher auf die Venus oder den Mars machen? Interessieren Sie Goldrakes Reisen? Haben Sie eine besondere Vorliebe unter den Gestirnen?"

Ja, die hatte ich. Ich wollte mir den Antares aus der Nähe ansehen, den großen roten Stern, den ich als Junge zu meinem Beschützer erkoren hatte. Ein paar Minuten kreiste ich auf den Saturnringen. Ich gelangte bis ans Ende unserer Galaxis und warf einen Blick in die anderen Welten hinüber. Ich brauchte nur einen Knopf zu drücken, und die Lichtjahre glitten unter meinen Füßen davon wie ein Teppich.

Ja, und ich sah die Erde, so wie sie im Jahr 200000 sein wird, aber darüber werde ich

nichts erzählen: einem Krimileser verrät man ja auch nicht, wer der Mörder ist.

Nach der Rückkehr war ich ganz verschossen in dieses Fernbedienungsgerät, das so viele außergewöhnliche Kräfte in sich barg.

Wenn es nicht zu teuer ist, dachte ich, kaufe ich eins für Paole, eins für Cecilia, eins für Luca und eins für Monica ... Und eines für mich! Mit einem solchen Spielzeug kann auch ein pensionierter Lateinlehrer etwas anfangen!

„Los denn", sagte ich zu dem Männchen, „kommen wir auf den Kern. Ich meine auf den Preis."

„Einen Augenblick, mein Herr, da sind noch Schaltmöglichkeiten, die Sie nicht kennen."

„Wirklich? Unglaublich!"

„Vor allem eine möchte ich Ihnen vorführen."

„Ich stehe Ihnen zur Verfügung, mit Leib und Seele."

„Also, dann passen Sie auf. Sehen Sie die Fotozelle hier? Und diesen kleinen gelben Knopf unten links?"

„Da ist er. Gelb. Unten links."

„Jetzt richten wir die Zelle einmal auf ... das Bild da an der Wand."

Erst jetzt bemerkte ich das an der Rückwand des Ladens hängende Gemälde. Es war eigentlich gar kein Gemälde, sondern nur ein billiger Öldruck jener Art, auf denen man meist Opernszenen dargestellt findet.

„Was ist es, der ‚Troubadour'?" fragte ich.

„Nein, nein, der ‚Troubadour' hat nichts damit zu tun. Sehen Sie nicht, daß es der erste Akt von ‚Mephisto' ist?"

„Ach ja, Sie haben recht. Und nun?"

„Nun drücken wir darauf."

Das Männchen richtete das Fernbedie-nungsgerät auf das Bild, und der ‚Mephisto' verschwand von seinem Fleck und gab ein Stück vergilbten Putz frei.

„Ungeheuer", sagte ich, „aber können Sie es auch wieder herbeischaffen?"

„Sicher", antwortete das Männchen, „man braucht nur auf den grünen Knopf unten rechts zu drücken."

Er drückte darauf und das Bild erschien wieder.

„Großartig. Und wo ist es gewesen?"

„Was meinen Sie?"

„Ich meine: wo ist das Bild hingekommen, als es verschwunden war? Auf einen anderen Kanal?"

„Ich denke, ja", antwortete der kleine Mann, „aber was braucht mich das zu kümmern? Wenn ich es verschwinden lassen will, verschwindet es; wenn ich es wieder herbeischaffen will, taucht es auf."

„Hmm", murmelte ich verwirrt. „Und kann man das mit jedem Gegenstand machen?"

„Natürlich. Wozu wäre es sonst gut?"

„Und ...", fragte ich, etwas stockend, „kann man auch Menschen verschwinden lassen?"

„Sicher", das Männchen lachte, „das ist ja das Schöne dran."

„Ich verstehe, natürlich, ich verstehe: das ist das Schöne dran. Aber wissen Sie, es handelt sich immerhin um ein Spielzeug zum Verschenken an Kinder ..."

„Ja, und? Meinen Sie, Kinder hätten nie Lust, etwas oder jemanden verschwinden zu lassen?"

„Ja, wegen des ‚etwas' würde ich mir keine übermäßigen Sorgen machen. Allenfalls wird Paolo, wenn er keinen Appetit auf seinen Gemüseeintopf hat, ihn vom Tisch wegzaubern, ohne daß er dran denkt, ihn wieder herbeizuschaffen. Monica wird regelmäßig den

41

Spinat auf einen anderen Kanal schicken. Sie wissen sicherlich, daß Kinder in der Regel keinen Spinat mögen."

„Also dann: fort mit dem Spinat."

„Ja eben, fort mit dem Spinat. Und die Mama ..."

„Die Mama wird denken, daß Monica seit einiger Zeit ihren Spinat mit Überschallgeschwindigkeit aufißt, und sie wird sich freuen."

„Nein, ich meinte etwas anderes. Nehmen wir an, daß Monica auf die Mama wütend ist, und kaum hat diese den Rücken gewendet, läßt sie sie verschwinden."

„Na und? Sobald sie merkt, daß sie ihr fehlt, wird sie sie mit einem bloßen Druck ihres Fingers wieder herbeiholen."

„Und nehmen wir an", fuhr ich fort, „daß Lucas Vater seinem Sohn eine Kopfnuß verpaßt, wie das so vorkommen kann, und daß Luca als einzige Antwort darauf den gelben Knopf unten links drückt."

„Lucas Vater wird verschwinden", das Männchen lachte, „und Luca wird sagen: ‚Hopp!‘ Mochten Sie etwa die Kopfnüsse, die Ihnen Ihr Vater, zumeist ungerechterweise, verpaßte?"

„Dann", sagte ich, ohne auf seine Frage einzugehen, „wird Luca zur Schule gehen, und wenn ihn die Lehrerin ärgert, dann schickt er sie für ein Weilchen in die Verbannung auf einen anderen Kanal, bis er meint, sie wieder ertragen zu können."

„Ist Ihnen klar", gab der kleine Mann zurück, „wieviel unnützer Ärger den Kindern von allzu autoritären Erwachsenen bereitet wird, die sie unterdrücken?"

„Und ist Ihnen klar, daß Ihr Fernschaltgerät den Kindern eine terroristische Waffe ohnegleichen in die Hand geben würde?"

„Was denn für eine Waffe!" kreischte das Männchen und hämmerte mit der Faust gegen die Wand, „was für ein Terrorismus! Das Fernschaltgerät tötet nicht und verletzt nicht. Es ruft keine Quetschungen und Abschürfungen hervor, es tut nicht einmal so weh wie ein Mückenstich. Es macht verschwinden, nicht sterben. Und es holt die Verschwundenen mit der gleichen Leichtigkeit wieder herbei."

„Tod und Auferstehung garantiert", grinste ich.

„Für die Kinder wird das Fernschaltgerät allenfalls eine Waffe in Notwehr sein."

„Bravo!" rief ich, „und sie vergnügen sich damit, im Walde herumzustromern, in der Schule machen sie die ganze Zeit Pause, lassen Bücher und Wandtafeln, Lehrer und Hausmeister, Hefte und Klassenbücher mit den schlechten Betragenszensuren ins Nichts verschwinden."

„Und diese Aussicht behagt Ihnen nicht? Sind Sie etwa einer jener Pädagogen, die die Rückkehr zum Rohrstock und zur neunschwänzigen Katze herbeisehnen?"

„Lassen wir die Pädagogik beiseite", sagte ich. „Erklären Sie mir wenigstens, wo die Personen hinkommen, die das Fernschaltgerät, wenn auch nur zeitweilig und provisorisch, verschwinden läßt. Auf einen anderen Kanal, sagen Sie. Aber auf welchen? Innerhalb unseres Sonnensystems oder außerhalb? In unserer Zeit oder in barbarische Epochen, unter Kannibalen?"

„Ja, wenn Sie das meinen", sagte der kleine Mann etwas ruhiger, das ist kein unlösbares Problem. Kommen Sie mit."

Wir traten auf die Straße hinaus. Wir befanden uns in der Nähe des Pantheon. Wenige Meter von uns entfernt regelte ein Polizist den Verkehr.

„Da ist ein für uns geeignetes Subjekt",
sagte das Männchen.

Und ehe ich ihn daran hindern konnte, Experimente an Dritten ohne deren Einwilligung auszuführen, richtete er das Gerät auf den Polizisten und ließ ihn verschwinden.

„Sind Sie denn wahnsinnig!" schrie ich ihn an. „Wollen Sie eine Verkehrskatastrophe verursachen?"

„Ein paar Sekunden werden genügen. Da, nicht einmal fünfzehn Sekunden sind vergangen. Ich schaffe den Polizisten wieder herbei. Schauen Sie ihn an, er ist unversehrt wie vorher, auch Helm und Trillerpfeife sind da. Gehen Sie hin und fragen Sie ihn selbst, wo er in den fünfzehn Sekunden war, als er nicht auf seinem Tönnchen stand."

Ich rannte quer über die Straße, auf die Gefahr hin, unter einen Bus zu geraten, zupfte den Polizisten am Ärmel und fragte ihn keuchend: „Verzeihung, können Sie mir sagen, wo Sie grad eben gewesen sind?"

„Was?"

Ein paar Sekunden lang waren Sie nicht da. Auf welchen Kanal befanden Sie sich?"

„Also, nun reicht's mir aber. Ich stehe hier seit vier Stunden, weil die vergessen haben, mir eine Ablösung zu schicken, und Sie kommen an und reden von Fernsehen. Ziehen Sie ab, sonst kriegen Sie eine Ordnungsstrafe."

Es hatte keinen Sinn, mit ihm zu streiten.

„Vielleicht war sein Fernbleiben zu kurz", sagte ich zu dem kleinen Mann, während wir wieder sein Geschäft betraten, „nur so etwas wie ein momentanes Aussetzen des Bewußtseins, eine kleine Unterbrechung seiner Aufmerksamkeit. Er erinnert sich an nichts."

„Sehen Sie? Er hat es nicht einmal bemerkt, daß er weg war. Und Sie machen sich Sorgen wegen der Hausmeister in der Schule.

Daran sieht man, daß das von dem Fernschaltgerät bewirkte Verschwinden wie eine Unterbrechung im Ablauf von Zeit und Raum ist. Eine schmerz- und folgenlose Sache."

„Mag sein", brummte ich, „aber das Experiment erscheint mir nicht hundertprozentig beweiskräftig."

„Mein Gott, sind Sie ein Pedant! Na los, machen wir's noch mal."

„Da läßt uns der Polizist Strafe zahlen oder erstattet Anzeige."

„Wir brauchen weder Polizei noch Feuerwehr. Hier bin ich, nicht wahr? Sie lassen mich ein paar Minuten lang verschwinden, drei, fünf, nicht mehr, denn es wird allmählich spät. Dann holen Sie mich wieder herbei, und ich erzähle Ihnen haarklein, wo ich gewesen bin."

„Das ist ein faires Angebot, denke ich."

„Und dann können Sie ihr Spielzeug ohne Befürchtung kaufen. Einverstanden?"

„Einverstanden. Geben Sie mir den Apparat."

„Hier. Und verwechseln Sie nicht: die gelbe Taste für das Verschwinden, die grüne für die Rückkehr."

„Ich werde nichts verwechseln. Ich kenne das Gerät inzwischen wie meine Westentasche."

„Warten Sie, ich gebe Ihnen das Startzeichen. Erlauben Sie, daß ich mir vorher die Nase putze und mich kämme. Ich möchte da oben oder da unten nicht in unordentlichem Zustand ankommen. So, ich bin fertig. Sie auch? Eins, zwei, drei ..."

Bei „drei" drückte ich auf die Taste, und das Männlein verschwand. Da, wo es gestanden hätte, war nichts als der schäbige Laden.

In diesem Augenblick, während ich auf die leere Stelle starrte, brach sich in meinem Hirn unaufhaltsam der Gedanke Bahn, daß es jetzt

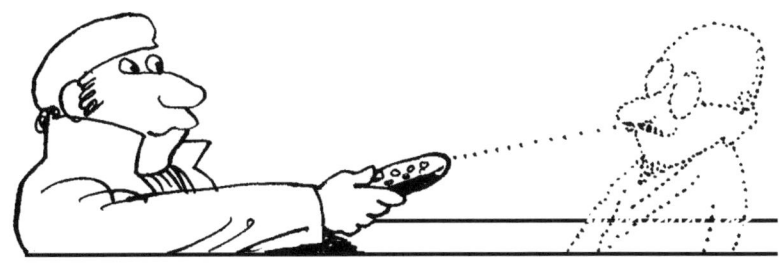

an mir war, daß es mir zukam, die Welt von den ihr drohenden dunklen Gefahren zu erlösen. Von mir hingen die Ruhe und Sicherheit von Tausenden, vielleicht Millionen Eltern und Großeltern, Tanten und Vettern, Spielkameraden oder Lehrern ab, denen ein unvermitteltes Verschwinden drohen würde, falls Kinder mit einem solchen Fernschaltgerät sie lästig oder auch nur unsympathisch finden sollten. Ich allein vermochte eine Unzahl Italienisch- und Mathematiklehrer, die von ihren Schülern einen Augenblick vor dem Aufrufen mit dem Fernschaltgerät aufs Korn genommen werden konnten, vor dem Verschwinden auf wer weiß welchen Kanal zu bewahren. Soundso vielen Schutzleuten, die hinter zu beschlagnahmenden Fußbällen oder gebührenpflichtig zu verwarnenden Mopeds her waren, konnte ich das Verbleiben auf dem Planeten sichern, ebenso friedfertigen Omnibusbenutzern, welche die Kinder ins Nichts befördern mochten, nur um einen Sitzplatz in der Linie 710 zu ergattern. Zwar würden sich, wenn ich dem verführerischen Gedanken nachgab, die kleinen und größeren Kinder weiterhin wehrlos mit einer Erwachsenwelt herumschlagen müssen, die kaum dazu bereit war, sie in ihren Phantasien und Bedürfnissen zu begreifen, ihnen beim Großwerden zu helfen, sie als Menschen und nicht als kopf- und rechtlose Grünschnäbel zu betrachten. Aber läßt sich das Leben etwa per Knopfdruck verändern, und sei es der Knopf eines elektronischen Geräts? Und ist die Welt etwa dadurch zu verbessern, daß man sie im Nichts verschwinden läßt? Dann bekämen ja die Atombomben recht.

In Blitzesschnelle war mein Beschluß gefaßt. Ich richtete die Fotozelle auf die Schächtelchen mit den gefährlichen Spielsachen und ließ sie auf den unsichtbaren Kanal verschwin-

den, wohin ihnen bereits ihr Erbauer vorausgeeilt war.

Und du, sprach ich in Gedanken zu dem Männchen, wo du jetzt bist, das weiß ich nicht. Ich hoffe, du fühlst dich wohl, so wie ich mich auf dem Schiff fühlte, das die Wolga hinabfuhr, oder in der Nähe meines Sterns Antares. Aber erwarte nicht, daß ich jetzt sofort die grüne Taste unten rechts drücke, um dich wieder herbeizuzaubern, damit du von neuem beginnen kannst, Dinge zu fabrizieren, die Wunderwerke und zugleich Teufelszeug sind. Bleib da, wo du bist, wenigstens für ein paar Jährchen. Sieh zu, daß du dich von der Mühe des Daseins einmal gründlich erholst. Ich hab dich nicht umgebracht: ich hab dich nur auf einen anderen Kanal geschickt. Mach's gut.

Ich schob das Gerät in meine Tasche, und zu Hause versteckte ich es an einem Platz, wo es ohne nähere Angaben von mir niemand finden kann. Am nächsten Tag machte ich mich mit Engelsgeduld abermals auf den Weg, Spielzeug einzukaufen. Aber ich ging nicht an dem Lädchen des seltsamen Männleins vorüber, um kein Risiko einzugehen. Denn mich überkommen leicht Skrupel, Gewissensbisse und Bedenken, und ich wollte nicht durch mein gutes Herz in Versuchung geraten, diesen kleinen Mephisto wieder auf unseren Kanal zu zaubern.

Aus dem Italienischen von Joachim Meinert

8. Dezember

Heinrich Hoffmann von Fallersleben

Der Traum

Ich lag und schlief; da träumte mir
ein wunderschöner Traum:
Es stand auf unserm Tisch vor mir
ein hoher Weihnachtsbaum.

Und bunte Lichter ohne Zahl,
die brannten ringsumher;
die Zweige waren allzumal
von goldnen Äpfeln schwer.

Und Zuckerpuppen hingen dran;
das war mal eine Pracht!
Da gab's, was ich nur wünschen kann
und was mir Freude macht.

Und als ich nach dem Baume sah
und ganz verwundert stand,
nach einem Apfel griff ich da,
und alles, alles schwand.

Da wacht' ich auf aus meinem Traum,
und dunkel war's um mich.
Du lieber, schöner Weihnachtsbaum,
sag an, wo find ich dich?

Da war es just, als rief er mir:
„Du darfst nur artig sein;
dann steh ich wiederum vor dir;
jetzt aber schlaf nur ein!

Und wenn du folgst und artig bist,
dann ist erfüllt dein Traum,
dann bringet dir der heil'ge Christ
den schönsten Weihnachtsbaum.

Hermann Löns

Der allererste Weihnachtsbaum

Der Weihnachtsmann ging durch den Wald. Er war ärgerlich. Sein weißer Spitz, der sonst immer lustig bellend vor ihm herlief, merkte das und schlich hinter seinem Herrn mit eingezogener Rute her.

Er hatte nämlich nicht mehr die rechte Freude an seiner Tätigkeit. Es war alle Jahre dasselbe. Es war kein Schwung in der Sache. Spielzeug und Eßwaren, das war auf die Dauer nichts. Die Kinder freuten sich wohl darüber, aber quieken sollten sie und jubeln und singen, so wollte er es, das taten sie aber nur selten.

Den ganzen Dezembermonat hatte der Weihnachtsmann schon darüber nachgegrübelt, was er wohl Neues erfinden könne, um einmal wieder eine rechte Weihnachtsfreude in die Kinderwelt zu bringen, eine Weihnachtsfreude, an der auch die Großen teilnehmen würden. Kostbarkeiten durften es auch nicht sein, denn er hatte soundsoviel auszugeben und mehr nicht.

So stapfte er denn auch durch den verschneiten Wald, bis er auf dem Kreuzweg war. Dort wollte er das Christkindchen treffen. Mit dem beriet er sich nämlich immer über die Verteilung der Gaben.

Schon von weitem sah er, daß das Christkindchen da war, denn ein heller Schein war dort. Das Christkindchen hatte ein langes weißes Pelzkleidchen an und lachte über das ganze Gesicht. Denn um es herum lagen große Bündel Kleeheu und Bohnenstiegen und Espen- und Weidenzweige, und daran taten sich die hungrigen Hirsche und Rehe und Hasen gütlich. Sogar für die Sauen gab es etwas: Kastanien, Eicheln und Rüben.

Der Weihnachtsmann nahm seinen Wolkenschieber ab und bot dem Christkindchen die Tageszeit. „Na, Alterchen, wie geht's?" fragte das Christkind. „Hast wohl schlechte Laune?" Damit hakte es den Alten unter und ging mit ihm. Hinter ihnen trabte der kleine Spitz, aber er sah gar nicht mehr betrübt aus und hielt seinen Schwanz kühn in die Luft.

„Ja", sagte der Weihnachtsmann, „die ganze Sache macht mir so recht keinen Spaß mehr. Liegt es am Alter oder an sonst was, ich weiß nicht. Das mit den Pfefferkuchen und den Äpfeln und Nüssen, das ist nichts mehr. Das essen sie auf, und dann ist das Fest vorbei. Man müßte etwas Neues erfinden, etwas, das nicht zum Essen und nicht zum Spielen ist, aber wobei alt und jung singt und lacht und fröhlich wird."

Das Christkindchen nickte und machte ein nachdenkliches Gesicht; dann sagte es: „Da hast du recht, Alter, mir ist das auch schon aufgefallen. Ich habe daran auch schon gedacht, aber das ist nicht so leicht."

„Das ist es ja gerade", knurrte der Weihnachtsmann, „ich bin zu alt und zu dumm dazu. Ich habe schon richtiges Kopfweh vom vielen Nachdenken, und es fällt mir doch nichts Vernünftiges ein. Wenn es so weitergeht, schläft allmählich die ganze Sache ein, und es wird ein Fest wie alle anderen, von dem die Menschen dann weiter nichts haben als Faulenzen, Essen und Trinken."

Nachdenklich gingen beide durch den weißen Winterwald, der Weihnachtsmann mit brummigem, das Christkindchen mit nachdenklichem Gesicht. Es war so still im Wald, kein Zweig rührte sich, nur wenn die Eule sich auf einen Ast setzte, fiel ein Stück Schneebehang mit halblautem Ton herab. So kamen die beiden, den Spitz hinter sich, aus dem hohen Holz auf einen alten Kahlschlag, auf dem große und kleine Tannen standen. Das sah wunderschön aus. Der Mond schien hell und klar, alle Sterne leuchteten, der Schnee sah aus wie Silber, und die Tannen standen darin, schwarz und weiß, daß es eine Pracht war. Eine fünf Fuß hohe Tanne, die allein im Vordergrund stand, sah besonders reizend aus. Sie war regelmäßig gewachsen, hatte auf jedem Zweig einen Schneestreifen, an den Zweigspitzen kleine Eiszapfen, und glitzerte und flimmerte nur so im Mondenschein.

Das Christkindchen ließ den Arm des Weihnachtsmannes los, stieß den Alten an, zeigte auf die Tanne und sagte: „Ist das nicht wunderhübsch?"

„Ja", sagte der Alte, „aber was hilft mir das?"

„Gib ein paar Äpfel her", sagte das Christkindchen, „ich habe einen Gedanken."

Der Weihnachtsmann machte ein dummes Gesicht, denn er konnte es sich nicht recht vorstellen, daß das Christkind bei der Kälte Appetit auf die eiskalten Äpfel hatte. Er hatte zwar noch einen guten alten Schnaps, aber den mochte er dem Christkindchen nicht anbieten.

Er machte sein Tragband ab, stellte seine riesige Kiepe in den Schnee, kramte darin herum und langte ein paar recht schöne Äpfel heraus. Dann faßte er in die Tasche, holte sein Messer heraus, wetzte es an einem Buchenstamm und reichte es dem Christkindchen.

„Sieh, wie schlau du bist", sagte das Christkindchen. „Nun schneid mal etwas Bindfaden in zwei Finger lange Stücke, und mach mir kleine Pflöckchen."

Dem Alten kam das alles etwas ulkig vor, aber er sagte nichts und tat, was das Christkind ihm sagte. Als er die Bindfadenenden und die Pflöckchen fertig hatte, nahm das Christkind einen Apfel, steckte ein Pflöckchen hinein, band den Faden daran und hängte den an einen Ast.

„So", sagte es dann, „nun müssen auch an die anderen welche, und dabei kannst du helfen, aber vorsichtig, daß kein Schnee abfällt!"

Der Alte half, obgleich er nicht wußte, warum. Aber es machte ihm schließlich Spaß, und als die ganze kleine Tanne voll von rotbäckigen Äpfeln hing, da trat er fünf Schritte zurück, lachte und sagte; „Kiek, wie niedlich das aussieht! Aber was hat das alles für'n Zweck?"

„Braucht denn alles gleich einen Zweck zu haben?" lachte das Christkind. „Paß auf, das wird noch schöner. Nun gib mal Nüsse her!"

Der Alte krabbelte aus seiner Kiepe Walnüsse heraus und gab sie dem Christkindchen. Das steckte in jedes ein Hölzchen, machte einen Faden daran, rieb immer eine Nuß an der goldenen Oberseite seiner Flügel, dann war die Nuß golden, und die nächste an der silbernen Unterseite seiner Flügel, dann hatte es eine silberne Nuß und hängte sie zwischen die Äpfel.

„Was sagst nun, Alterchen?" fragte es dann. „Ist das nicht allerliebst?"

„Ja", sagte der, „aber ich weiß immer noch nicht ..."

„Komm schon!" lachte das Christkindchen. „Hast du Lichter?"

„Lichter nicht", meinte der Weihnachtsmann, „aber 'nen Wachsstock!"

„Das ist fein", sagte das Christkind, nahm den Wachsstock, zerschnitt ihn und drehte erst ein Stück um den Mitteltrieb des Bäumchens und die anderen Stücke um die Zweigenden, bog sie hübsch gerade und sagte dann; „Feuerzeug hast du doch?"

„Gewiß", sagte der Alte, holte Stein, Stahl und Schwammdose heraus, pinkte Feuer aus dem Stein, ließ den Zunder in der Schwammdose zum Glimmen kommen und steckte daran ein paar Schwefelspäne an. Die gab er dem Christkindchen. Das nahm einen hellbrennenden Schwefelspan und steckte damit erst das oberste Licht an, dann das nächste davon rechts, dann das gegenüberliegende. Und rund um das Bäumchen gehend, brachte es so ein Licht nach dem andern zum Brennen.

Da stand nun das Bäumchen im Schnee; aus seinem halbverschneiten, dunklen Gezweig sahen die roten Backen der Äpfel, die Gold- und Silbernüsse blitzten und funkelten, und die gelben Wachskerzen brannten feierlich. Das Christkindchen lachte über das ganze rosige Gesicht und patschte in die Hände, der alte Weihnachtsmann sah gar nicht mehr so brummig aus, und der kleine Spitz sprang hin und her und bellte.

Als die Lichter ein wenig heruntergebrannt waren, wehte das Christkindchen mit seinen goldsilbernen Flügeln, und da gingen die Lichter aus. Es sagte dem Weihnachtsmann, er solle das Bäumchen vorsichtig absägen. Das tat der, und dann gingen beide den Berg hinab und nahmen das bunte Bäumchen mit.

Als sie in den Ort kamen, schlief schon

alles. Beim kleinsten Hause machten die beiden halt. Das Christkindchen machte leise die Tür auf und trat ein; der Weihnachtsmann ging hinterher. In der Stube stand ein dreibeiniger Schemel mit einer durchlochten Platte. Den stellten sie auf den Tisch und steckten den Baum hinein. Der Weihnachtsmann legte dann noch allerlei schöne Dinge, Spielzeug, Kuchen, Äpfel und Nüsse unter den Baum, und dann verließen beide das Haus so leise, wie sie es betreten hatten.

Als der Mann, dem das Häuschen gehörte, am andern Morgen erwachte und den bunten Baum sah, da staunte er und wußte nicht, was er dazu sagen sollte. Als er aber an dem Türpfosten, den des Christkinds Flügel gestreift hatte, Gold- und Silberflimmer hängen sah, da wußte er Bescheid. Er steckte die Lichter an dem Bäumchen an und weckte Frau und Kinder. Das war eine Freude in dem kleinen Haus wie an keinem Weihnachtstag. Keines von den Kindern sah nach dem Spielzeug, nach dem Kuchen und den Äpfeln, sie sahen nur alle nach dem Lichterbaum. Sie faßten sich an den Händen, tanzten um den Baum und sangen alle Weihnachtslieder, die sie wußten, und selbst das Kleinste, das noch auf dem Arm getragen wurde, krähte, was es krähen konnte.

Als es hellichter Tag geworden war, da kamen die Freunde und Verwandten des Bergmanns, sahen sich das Bäumchen an, freuten sich darüber und gingen gleich in den Wald, um sich für ihre Kinder auch ein Weihnachtsbäumchen zu holen. Die anderen Leute, die das sahen, machten es nach, jeder holte sich einen Tannenbaum und putzte ihn an, der eine so, der andere so, aber Lichter, Äpfel und Nüsse hängten sie alle daran.

Als es dann Abend wurde, brannte im ganzen Dorf Haus bei Haus ein Weihnachtsbaum, überall hörte man Weihnachtslieder und das Jubeln und Lachen der Kinder.

Von da aus ist der Weihnachtsbaum über ganz Deutschland gewandert und von da über die ganze Erde. Weil aber der erste Weihnachtsbaum am Morgen brannte, so wird in manchen Gegenden den Kindern morgens beschert.

Süße Sachen

Marzipankartoffeln

250 g Puderzucker
250 g Mandeln gemahlen
10 g bittere Mandeln,
ebenfalls gemahlen
1 Eiweiß
1 Teelöffel Rosenwasser
(aus der Apotheke)
1 Teelöffel Rum
Kakaopulver

Den Puderzucker sieben und mit den Mandeln mischen. Das Eiweiß leicht verquirlen. Das Rosenwasser, den Rum und nach und nach so viel von dem Eiweiß unter die Mandel-Zucker-Mischung geben, daß die Masse formbar, aber feucht ist. Aus der Marzipanmasse kirschgroße Kugeln formen. Die Kugeln in dem Kakaopulver wenden.

Weihnachtsigel

150 g Schokolade
(am besten Blockschokolade)
125 g Nüsse
10 bis 15 Mandeln
100 g Zucker
1 bis 2 Eiweiß

Schokolade und Nüsse reiben und mit dem Zucker und dem Eiweiß zu einem Teig verkneten. Einen ganzen Tag ruhen lassen. Kugeln rollen und dann halbieren. Etwas „igelig" formen. Mandeln schälen, in Stifte scheiden und als Stacheln hineinstecken. An der Luft trocknen lassen.

James Krüss

Die lustige Weihnacht

Heute tanzen alle Sterne,
Und der Mond ist blank geputzt.
Petrus in der Himmelsferne
Hat sich seinen Bart gestutzt.

Überall erklingt Geläute,
Fröhlich schmückt sich groß und klein,
Und die Heiligen tragen heute
Ihren Sonntags-Heiligenschein.

Es ertönen tausend Flöten,
Tausend Kerzen geben Glanz,
Und die würdigen Kometen
Wedeln lustig mit dem Schwanz.

Hinterm Zaun im Paradiese,
Gar nicht weit vom Himmelstor.
Musiziert auf einer Wiese
Auch der Engelkinderchor.

Ihre roten Tröpfelnasen
Putzen sich die Kleinen schnell,
Und dann singen sie und blasen
Auf Fanfaren, silberhell.

Jedes Jahr um diese Stunde
Singen sie nach altem Brauch.
Und die Sterne in der Runde
Lauschen – und die Menschen auch.

Manchmal aber – leise, leise –
Wird der Chor der Engel stumm,
Und im ganzen Sternenkreise
Geht ein sanftes Flüstern um.

Dann erscheinen sieben Schimmel,
Zärtlich ruft es „hüh" und „hott",
Und gemächlich durch den Himmel
Fährt daher der liebe Gott.

Da verstummen alle Lieder,
Und die Engel machen fix
Mit gefaltetem Gefieder
Vor dem Herrgott einen Knicks.

Alle goldnen Sternenherden
Drehn sich still dazu im Tanz,
Und im Himmel wie auf Erden
Leuchtet Weihnachtskerzenglanz.

Ottokar Domma

Über unsere Weihnachtshöhepunkte

Weihnachten ist ein Fest der Vorfreuden und Höhepunkte. Die Vorfreuden beginnen schon ein paar Wochen früher und sind ziemlich aufregend. Man muß das einmal beleuchten, und zwar aus familistischer Sicht.

Schon im Herbst überfällt meinen Vater eine nicht unterzukriegende Vorfreude. Er spricht andauernd von Weihnachtsbäumen und erinnert uns fortwährend daran, daß wir ihre Ankunft nicht verpassen dürfen. Wenn es endlich soweit ist, setzt er seinen ältesten Hut auf und zieht mit mir und meiner Schwester los. An diesem Tag erkennt mein Vater keinen Menschen, weil er immer daran denken muß, daß er auch den schönsten Baum erwischt.

Beim Verkaufsplatz angekommen, beginnt er mit der Durchsicht, indem der Vater erst einmal alle Bäume umschichtet. Manchmal denken die Baumkunden, es ist der Chef, und sie fragen ihn, ob noch eine neue Ladung kommt. Mein Vater antwortet, ja, morgen. Das sagt er nur, damit die Leute ihn nicht stören und vielleicht die schönsten Bäume wegschnappen. Aber sonst ist mein Vater nicht egoistisch, im Gegenteil, er zerreißt für andere das Hemd.

Nachdem mein Vater fünf bis zehn Bäume ausgesucht hat, welche meine Schwester und ich bewachen müssen, beginnt er mit der Wahl des schönsten. Er nennt diesen dann Miß Weihnachtstanne. Dazu stellt er sich ein paar Meter weg, und wir müssen ihm die ausgesuchten Missen vordrehen. Mit der Miß, die den schönsten Wuchs hat, nämlich unten breit und schön voll und gleichmäßig bis obenhin, ziehen wir von dannen.

Aber die Vorfreuden gehen weiter, nämlich mit einem geheimnisvollen Getue. Das geht so vor sich. Manchmal kommt der Vater nach Hause. Er schaut bloß mit dem Kopf durch die Stubentür und winkt der Mutter mit dem Finger. Wenn sie das Zeichen nicht gleich versteht, verdreht mein Vater die Augen und schielt ein bißchen zu seinen Kindern. Jetzt kapiert die Mutter, und sie folgt dem Vater ins Schlafzimmer. Meine Schwester will auch gleich hinterher, aber ich halte sie am Zopf fest und sage, sie muß nicht so neugierig sein und darf den Eltern jetzt nicht die Weihnachtsvorfreuden verderben; denn sie verstecken die Geschenke. Auch unsere Oma hat ihre Geheimnisse, aber sie hebt sie nicht wie meine Eltern im Schlafzimmer auf, sondern auf dem Boden. Dort steht ein alter Schrank, in welchem sich Tapetenreste, Gummistiefel, Lappen, Reiseandenken, ein falscher Zopf und andere Kostbarkeiten befinden. Ich verrate diese Verstecke aber niemandem, um meinen Eltern und der Oma die Vorfreuden nicht wegzunehmen. Diese Geschenkversteckung ist ein zweiter Weihnachtshöhepunkt nach der Mißbaumwahl.

Der dritte Vorfreudenhöhepunkt ist das Backen von Weihnachtsstollen. Meine Mutter liest von einem Heftchen die Zutaten ab und ob sie alle beisammen sind. Dann holt sie aus dem Keller eine Wanne, in der ich als schöner Säugling gebadet wurde. Dort kommen die Backwaren hinein, und Vater muß walken. Wenn der Teig zuviel klebt, flucht er und schreit der Mutter zu, sie soll ihn bestreuen.

Nachdem der Teig genug vermanscht ist, wird er zugedeckt. Nach einiger Zeit wächst aus der Wanne ein Bauch mit Blasen. Die Mutter sagt, es ist soweit. Sie formt jetzt aus großen Klumpen längliche Dinger, und der Vater kritisiert sie, wenn sie nicht schön oval sind. Die Mutter pfeift aber darauf, und der Vater schiebt sie in den Ofen. Beim Herausholen verbrennt sich der Vater meistens. Er jault und zeigt einen lustigen Indianertanz. Das ist der dritte Höhepunkt vor Weihnachten.

Zwei Tage vor Weihnachten kommt die schwerste Probe, welche eine Familie wie unsere zu bestehen hat. Der Vater putzt nämlich die Miß Weihnachtstanne an. Das ist ein aufregendes Ereignis. Zuerst hält er einen Vortrag über die Behandlung von Weihnachtskugeln. Deshalb besitzen wir auch noch eine aus dem Jahre 1907. Sie ist ein Erbstück, und ich muß mich wundern, daß sie der Vater nicht in einem Panzerschrank verschließen läßt. Nach dem Vortrag kommt der Befehl, daß wir ihm nicht vor den Füßen rumrennen sollen. Und jetzt beginnt er mit der Ausschmückung. Er verteilt die Kugeln nach wissenschaftlichen Gedanken, indem er erst die roten, dann die goldenen, dann die silbernen und zuletzt die gemischten anhängt. Zwischendurch setzt er sich hin und beschaut aus der Entfernung sein Werk. Nach der Bekugelung läßt sich der Vater erst mit einem Kaffee und einem Jäckchen stärken, so nennt er die kleinen Koniaks.

Dies war der erste Akt der Ausschmückung. Aber der zweite folgt bald, indem der Vater schreit, wir sollen Watte holen. Die Oma rennt schnell zum Medizinschrank, und der Vater befiehlt: „Zerschneidet sie in schmale Streifen!"

Jetzt achtet er darauf, daß die Streifen genau zwei Zentimeter breit und fünf Millimeter dick sind. Ich darf ihm dann die Streifen vorsichtig zulangen, während der Vater die Miß Weihnachtsfichte von oben bis unten belegt. Einmal fing er auch bei ihr von unten an, aber da hatte er lauter weiße Streifen an seiner Hose, als er oben fertig war. Diese Wattestreifen nennt Vater Schnee, und wir dürfen nicht mit Streichhölzer rankommen, sonst

wird alles Asche. Daher stammt vielleicht das Sprichwort: Und wenn der ganze Schnee verbrennt, die Asche bleibt uns doch.

Der Vater bestaunt jetzt sein Werk wieder, aber damit ist es noch immer nicht fertig. Denn jetzt behängt er jedes Ästchen mit Lametta. Dies hält aber kein gesunder Mensch mehr aus, deshalb gehen wir schlafen und lassen den Vater die Lamettierung allein ausführen. Wenn wir morgens aufwachen, sitzt der Vater meistens noch im Sessel, wo er vor Bewunderung eingeschlafen ist. Ich glaube auch, daß er den schönsten Weihnachtsbaum Europas, Afrikas und vielleicht auch Asiens und Australiens fertiggebracht hat. Und das ist der vierte Höhepunkt.

Der letzte und höchste Höhepunkt ist der Weihnachtsabend mit seiner Bescherung. Jeder legt seine Geschenke unter den Baum und deckt sie zu. Dann essen wir. Danach bimmelt der Vater mit einer alten Kuhglocke, das ist das Zeichen zum Einmarsch in die Weihnachtsstube. Bevor die Enthüllung der Weihnachtsgeschenke erfolgt, müssen wir Kinder etwas singen und aufsagen. Meine Schwester sagt ein Weihnachtsgedicht auf und singt dazu „Schneeflöckchen, Weißröckchen".

Ein Weihnachtsgedicht ist für mich zu blöd, deshalb singe ich lieber „Dem Morgenrot entgegen, ihr Kampfgenossen all". Meinem Vater hat das Lied gefallen, und er sang es mit, wogegen meine Mutter und die Oma sagten, es paßt nicht richtig. Deshalb will ich diesmal nicht mehr singen, sondern lieber eine Schallplatte auflegen, wenn schon ein Kulturprogramm sein muß.

Auch bei meinem Freund Harald geht es nicht ohne Kultur. Er bereitet sich deshalb auf einen Vortrag vor mit dem Thema „Die Umgestaltung von einem rückständigen zu einem fortschrittlichen Weihnachtsfest". Harald sagt, entweder wird es ein großer Erfolg, oder seine Oma will wieder kündigen. Deshalb schenkt er ihr vorsichtshalber auch ein heiliges Buch von dem Dichter Diderot. Es heißt „Die Nonne".

Weihnachts-bäckerei

Dresdner Christstollen

500 g Rosinen
100 g Korinthen
je 1 Päckchen (100 g)
Zitronat und Orangeat
250 g gehackte Mandeln
2 Päckchen Vanillezucker
6 Eßlöffel brauner Rum
12 Tropfen Bittermandelöl
1 kg Weizenmehl
2 Würfel frische Hefe
400 g weiche Butter
150 g Zucker
$^1/_4$ l Milch
2 Eigelb
150 g flüssige Butter
125 g Puderzucker oder
feinster Zucker

Rosinen, Korinthen, Zitronat, Orangeat, Mandeln, Vanillezucker, Rum und Bittermandelöl mischen und zugedeckt ca. 6 Stunden stehen lassen.
Ab und zu umrühren.
Mehl in eine große Schüssel geben. In die Mitte eine Vertiefung drücken. Hefe hineinbröckeln. Mit 1 EL Zucker bestreuen.
Milch lauwarm erhitzen und daraufgießen und mit etwas Mehl zu einem Vorteig verrühren. Zugedeckt ca. 15 Min. gehen lassen. Restlichen Zucker, Eigelb und die Butter in Stücken zugeben. Mit dem Knethaken des Handrührgerätes durcharbeiten, dann mit den Händen zu einem glatten Teig verkneten. Zugedeckt an einem warmen Ort ca. 30 Minuten

gehen lassen.
Den Teig auf einer leicht bemehlten Arbeitsfläche flachdrücken. Die Früchte daraufgeben und in den Teig drücken und verkneten. Zugedeckt nochmals 30 Minuten gehen lassen. Den Teig kurz durchkneten. Für einen großen Stollen den Teig zu einer ovalen 3 bis 4 cm dicken Platte rollen. Die Mitte der Teigplatte längs etwas eindrücken und eine Teighälfte über die andere klappen. Oder entsprechend zwei kleine Stollen formen. Den Stollen auf ein mit Backpapier ausgelegtes Backblech legen, nochmals 15 Minuten gehen lassen. Dann auf der untersten Einschubleiste bei ca. 175 Grad 70 bis 90 Minuten backen. Die Butter erwärmen. Den Stollen mit einem Hölzchen mehrmals einstechen und noch warm mit der Hälfte der flüssigen Butter bestreichen und mit der Hälfte des Puderzuckers bestäuben.
Nach 5 Minuten den Vorgang wiederholen. Den ausgekühlten Stollen in Alufolie wickeln und vor dem Anschneiden mindestens eine Woche ruhen lassen.

Quarkstollen

500 g Mehl
1 Päckchen Backpulver
1 Messerspitze Zimt
1 Messerspitze Muskat
1 Messerspitze Kardamom
abgeriebene Schale einer
halben Zitrone
150 g Zucker
Prise Salz
1 Vanillinzucker
2 Eier
4 Eßlöffel Rum
2 Eßlöffel Zitronensaft
375 g Quark
125 g Margarine oder Butter
50 g Schmalz
150 g Korinthen
250 g Rosinen
125 g gehackte Mandeln
150 g Zitronat
50 g Butter
100 g Puderzucker

Aus den Zutaten von Mehl bis Schmalz einen Knetteig herstellen. Rosinen, Korinthen, Mandeln und Zitronat unter den Teig kneten und zu einem Stollen formen, auf ein gefettetes Blech legen und 60 bis 70 Minuten bei ca. 180 Grad backen. Butter heiß werden lassen, und sofort nach dem Backen den Stollen bestreichen und mit Puderzucker bestäuben.

Peter Hacks

Schneeflöckcken leise

Schneeflöckcken leise
Auf der langen Reise
Bist in unserm Walde
Angekommen nun.
Winter hat die weihnachtlichen
Berge silbern angestrichen,
Und die stille Halde
Lädt dich ein zum Ruhn.

Bäumelein im Winde
Froren an der Rinde,
Bärlein ohne Speise
Hat so lang gewacht.
Nun von Federn fein kristallen
Liegt dein Deckbett über allen,
Schneeflöckcken leise,
bringst uns gute Nacht.

Nikolai Nossow

Die Wunderkerzen

Vor dem Neujahrsfest hatten Mischka und ich viel zu tun. Schon lange hatten wir uns auf diesen Tag vorbereitet, bunte Papierketten für den Tannenbaum geklebt, Fähnchen ausgeschnitten und noch anderen Baumschmuck gebastelt.

Alles ging gut, bis Mischka eines Tages das Buch „Wunder der Chemie" aufstöberte. Aus ihm erfuhr er dann, wie man Wunderkerzen selbst herstellen kann.

Nun begann erst das Durcheinander.

Tagelang zerstieß er Schwefel und Zucker in einem Mörser, machte Aluminiumfellspäne und entzündete von diesem Gemisch eine Probe nach der anderen. Ein erstickender, stinkender Qualm zog immer durch das ganze Haus. Die Nachbarn ärgerten sich, und die Wunderkerzen kamen doch nicht zustande.

Mischka aber ließ den Mut nicht sinken. Er lud sogar einige Klassenkameraden zu Neujahr ein und prahlte, daß er selbstgemachte Wunderkerzen haben würde.

„Wißt ihr, wie die aussehen?" fragte er. „Die funkeln und zerspritzen in feurigen Sternen nach allen Seiten."

„Was hast du bloß wieder angerichtet!" sagte ich später zu Mischka. „Lädst alle Jungen ein und hast gar keine Wunderkerzen!"

„Ich werde schon welche haben. Es ist ja noch viel Zeit bis dahin. Das schaffe ich schon!"

Einen Tag vor Neujahr kam er zu mir.

„Das ist eine schöne Geschichte", begann er. „Mama gab mir Geld für einen Tannenbaum, und ich habe alles für die Wunderkerzen verbraucht!"

„Du machst ja Sachen! Der Tannenbaum fehlt dir auch noch?"

„Wieso denn? Ich fahre jetzt in den Wald und hole mir einen."

„Wo willst du denn hin?"

„Wohin? Irgendwohin! Ich setze mich einfach in den Zug und fahre los. Tannenbäume gibt es überall."

„Man müßte am besten nach Gorelkino", riet ich ihm, „wo wir in den Sommerferien waren. Dort gibt es im Wald viele Tannen."

„Richtig", meinte Mischka erfreut, „das ist ein großartiger Einfall von dir. Wollen wir nicht zusammen hinfahren? Wir nehmen uns auch ein Beil mit."

„Heute ist es zu spät dazu, und morgen muß der Baum schon geschmückt sein", antwortete ich.

„Es genügt ja, wenn wir ihn abends ausschmücken. Dann können wir morgen noch fahren, gleich nach dem Mittagessen", sagte er.

„Na schön, fahren wir."

Als ich am nächsten Tag nach dem Essen zu ihm kam, stampfte er gerade das Gemisch für die Wunderkerzen zurecht.

„Konntest du das nicht schon früher erledigen? Jetzt, wo wir fahren müssen, trödelst du herum."

„Ich plage mich ja schon den ganzen Vormittag damit. Wahrscheinlich ist zuwenig Schwefel drin. Die Wunderkerzen zischen und qualmen nur. Wollen nicht brennen."

„Gib's doch endlich auf, kommt ja doch nichts dabei heraus!"

„Das sag nicht. Jetzt wird's bestimmt gelingen. Ich muß nur mehr Schwefel nehmen. Gib mir auch mal den Aluminiumtopf vom Fensterbrett rüber."

„Wo steht denn der Topf? Ich sehe nur eine Bratpfanne."

„Eine Bratpfanne? Na, hör mal! Das war mal der Kochtopf. Gib ihn schon her!"

Ich gab ihm also den Topf, und Mischka begann, seinen Rand mit einer Feile zu bearbeiten.

„Du hast also aus dem Topf eine Bratpfanne gemacht?" fragte ich.

„Na ja, ich brauche doch Aluminiumspäne, und weil ich sie abgefeilt habe, ist eine Bratpfanne daraus geworden ... Aber das ist nicht so schlimm, eine Bratpfanne braucht man auch."

„Und was hat deine Mutter dazu gesagt?"

„Nichts, sie weiß ja nichts davon."

„Wenn sie es aber merkt?"

„Na und? Dann merkt sie es eben. Wenn ich erwachsen bin, kaufe ich ihr einen neuen Topf."

„Da kann sie aber noch lange warten!"

„Das macht nichts."

Mischka kratzte die Feilspäne zusammen, schüttete Pulver aus dem Mörser dazu und übergoß alles mit Leim. Dann verrührte er das Ganze und bekam eine fensterkittähnliche Masse.

Aus dieser Masse formte er nun lange Würstchen, die er auf Drahtstückchen wickelte und schließlich auf ein Brett zum Trocknen legte.

„Na also", sagte er. „Wenn sie trocken sind, dann sind sie auch fertig. Nur vor Scharik müssen wir sie verstecken."

„Warum denn?"

„Er frißt sie auf."

„Das verstehe ich nicht. Fressen Hunde denn Wunderkerzen?"

„Ich weiß nicht, andere Hunde wahrscheinlich nicht. Scharik jedenfalls frißt sie. Einmal hatte ich die Wunderkerzen zum Trocknen auf den Ofen gestellt und kam gerade dazu, als er daran herumnagte. Wahrscheinlich dachte er, es sind Bonbons."

„Dann verstecke sie doch am besten im Ofen! Da ist es warm, und Scharik kann sie nicht sehen."

„Nein, das geht nicht. Das habe ich schon mal gemacht, und als Mama den Ofen heizte, sind sie verbrannt. Ich werde sie jetzt auf den Schrank legen."

Mischka stieg auf einen Stuhl und stellte das Brett mit den Wunderkerzen oben auf den Schrank. Dann zog er sich an, wir nahmen das Beil und sausten zum Bahnhof. Der Zug war natürlich gerade weg, und wir mußten auf den nächsten warten.

Aber auch diese Zeit verging, und endlich saßen wir im Zug. Wir fuhren und fuhren, bis wir endlich anlangten. In Gorelkino stiegen wir aus und gingen in den Wald. Überall waren Tannen, aber keine einzige gefiel Mischka.

„Ich bin nun einmal so", brüstete er sich, „wenn ich schon im Wald bin, muß ich auch die allerschönste Tanne haben, sonst lohnt's ja erst gar nicht zu fahren!"

Schließlich waren wir mitten im Wald.

„Jetzt müssen wir uns aber beeilen", sagte ich, „es wird bald dunkel!"

„Was denn beeilen, wenn nichts da ist?" entgegnete Mischka.

„Aber hier steht doch ein schöner Tannenbaum!"

Mischka betrachtete ihn von allen Seiten.

„Ja, er ist schön ...", meinte er dann. „Natürlich, er ist schön, aber, weißt du, wenn ich die Wahrheit sagen soll – so finde ich ihn überhaupt nicht schön. Er ist zu kurz."

„Was heißt – zu kurz?"

„Die Spitze ist zu kurz. Bleib mir mit so einem Baum vom Leibe!"

Bald hatten wir eine andere Tanne gefunden.

„Die hinkt ja", sagte Mischka.

„Sie hinkt?"

„Na ja! Siehst du's denn nicht? Der Fuß ist doch krumm!"

„Was für ein Fuß?"

„Na, der Stamm!"

„Der Stamm? Das hättest du doch gleich sagen können."

Dicht daneben stand noch eine Tanne.

„Die hat eine Glatze", meinte Mischka.

„Du hast auch eine Glatze! Wie kann die denn eine Glatze haben?"

„Selbstverständlich hat sie eine Glatze. Siehst du denn nicht, wie kahl ihre Zweige sind? Man kann ja durch und durch sehen! Überall schaut der Stamm hervor. Das ist doch kein Tannenbaum, sondern ein Stock!" So ging es weiter. Entweder waren die Tannen kahl, oder sie hinkten, oder sie hatten eben andere Fehler.

„Wenn ich auf dich höre", sagte ich endlich zu Mischka, „dann wird es Nacht, und wir haben immer noch keinen Baum."

Ich suchte mir eine passende Tanne aus, schlug sie um und gab Mischka das Beil.

„Beeil dich", sagte ich ihm, „es ist Zeit, nach Hause zu fahren."

Aber anscheinend wollte er den ganzen Wald absuchen. Soviel ich auch bat und schimpfte, nichts half. Endlich fand er dann doch eine Tanne nach seinem Geschmack. Er schlug sie um, und wir liefen zum Bahnhof zurück. Wir gingen und gingen, aber der Wald wollte einfach kein Ende nehmen. Schließlich hatten wir uns ganz und gar verirrt.

„Siehst du", sagte ich, „jetzt hast du was Schönes angerichtet!"

„Was denn schon? Bin ich vielleicht schuld, daß es so schnell dunkel wird?"

„Und wie lange hat's gedauert, bis du eine Tanne gefunden hast? Und wie lange hast du zu Hause getrödelt? Deinetwegen können wir jetzt im Wald übernachten!"

„Mach keinen Unsinn!" Mischka war erschrocken. „Die Jungen wollen doch heute kommen. Wir müssen auf alle Fälle den Weg finden!"

Bald darauf war es ganz dunkel geworden, und der Mond ging auf. Wie Riesen umstanden uns die schwarzen Baumstämme. Hinter jedem vermuteten wir Räuber. Wir blieben stehen und trauten uns keinen Schritt vorwärts.

Endlich stapfte Mischka als erster voraus und ich hinterher. Wir gingen und gingen ... Nach einiger Zeit blieb ich einen Augenblick stehen, um die Tanne auf die andere Schulter zu legen. Als ich wieder weitergehen wollte, war Mischka plötzlich verschwunden. Er war weg, als hätte ihn die Erde mitsamt seinem Tannenbaum verschluckt.

„Mischka!" rief ich laut.

Keine Antwort.

„Mischka! He! Wo steckst du?"

Wieder keine Antwort.

Vorsichtig ging ich nun weiter und sah plötzlich einen Abgrund vor mir. Beinahe wäre ich hinuntergesaust. Ganz unten bewegte sich etwas Dunkles.

„He! Bist du das, Mischka?" fragte ich.

„Ja, ich bin einen Abhang runtergerutscht!"

„Warum antwortest du dann nicht?"

„Wenn du dir das Bein gestoßen hast, vergeht dir das Antworten."

Ich kroch zu ihm hinunter und landete direkt auf einem Weg. Mischka saß mitten darauf und rieb sich das eine Knie.

„Was fehlt dir denn?"

„Das Knie habe ich mir gestoßen. Wahrscheinlich ist es verrenkt."

„Tut's denn weh?"

„Und wie das weh tut! Ich muß noch ein bißchen sitzen bleiben."

„Na schön, bleiben wir ein Weilchen sitzen."

Ich setzte mich neben ihn in den Schnee, und wir saßen so lange, bis uns kalt wurde.

„Wenn wir hier noch lange bleiben, erfrieren wir", erklärte ich. „Vielleicht gehen wir ein Stückchen den Weg entlang? Er wird schon irgendwohin führen. Entweder kommen wir zur Station oder in ein Dorf. Wir wollen doch nicht im Wald bleiben!"

Mischka versuchte aufzustehen, stöhnte und ließ sich wieder fallen.

„Ich kann nicht", sagte er.

Ich dachte nach. Dann schleppte ich den Tannenbaum zu Mischka hin und sagte: „Setz dich lieber da drauf, sonst erkältest du dich noch!"

Als er sich zurechtsetzte, schoß mir plötzlich ein Gedanke durch den Kopf.

„Mischka!" schrie ich. „Was meinst du, ich könnte dich doch auf der Tanne wie auf einem Schlitten ziehen!"

„Auf der Tanne? Wie denn?"

„Ganz einfach. Du bleibst so sitzen wie jetzt, und ich ziehe am Stamm. Halt dich fest!"

Ich packte den Stamm und zog. Das hatte ich mir wirklich gut ausgedacht. Der Schnee auf dem Weg war glatt und festgefahren, und der Baum ließ sich leicht ziehen. Mischka saß darauf wie auf einem Schlitten.

„Großartig!" sagte ich. „Hier, halt das Beil!"

Er nahm es, setzte sich bequem hin, und ich zog ihn den Weg entlang. Bald darauf kamen wir aus dem Wald heraus und sahen Lichter vor uns.

„Mischka, da ist er Bahnhof!"

Von fern hörte man einen Zug rollen.

„Beeil dich, sonst verpassen wir den Zug!" rief Mischka hinter mir. Ich legte mich mit aller Kraft ins Zeug.

„Lauf schneller! Wir kommen sonst zu spät!" schrie Mischka trotzdem noch einmal.

Der Zug näherte sich schon der Station. Wir kamen gerade noch zurecht. Ich half Mischka auf das Trittbrett, und schon setzte sich der Zug in Bewegung. Da sprang auch ich schnell auf und drängte mich mit meinem Baum in den Wagen. Die Mitreisenden schimpften auf uns und unseren stachligen Baum.

Jemand fragte: „Woher habt ihr denn diese gerupfte Tanne?"

Darauf erzählten wir, wie es uns im Wald ergangen war. Alle bemitleideten uns. Eine Frau zog Mischka zu sich auf die Bank, streifte ihm den Filzstiefel ab und untersuchte sein Bein.

„Das ist nicht so schlimm", sagte sie. „Du hast dich nur gestoßen."

„Und ich dachte schon, ich hätte mir das Bein gebrochen, so weh hat es getan!"

„Macht nichts", meinte ein Mann, „bis zur Hochzeit ist alles wieder heil."

Alle lachten. Eine andere Frau gab jedem von uns ein Stück Kuchen und eine dritte Bonbons. Wir freuten uns sehr darüber, denn wir waren ordentlich hungrig geworden.

„Was fangen wir nun an?" sagte ich. „Wir haben jetzt nur einen Tannenbaum."

„Gib ihn doch für heute abend mir", bat Mischka. „Dann ist wenigstens alles in Ordnung."

„Was heißt in Ordnung? Erst habe ich den Baum durch den ganzen Wald geschleppt, dann hab ich dich noch drauf gezogen, und jetzt soll ich selbst keinen Tannenbaum haben?"

„Versteh mich doch, bitte. Heute abend kommen die Jungen zu mir, was soll ich denn ohne Baum anfangen?"

„Du kannst ihnen ja deine Wunderkerzen zeigen. Meinst du, die Jungen kennen keinen Tannenbaum?"

„Die Wunderkerzen werden wahrscheinlich nicht brennen. Ich hab's schon zwanzigmal versucht – nichts als Qualm kommt dabei heraus!"

„Aber vielleicht sind sie diesmal gelungen?"

„Hör auf! Erinnere mich nur nicht daran! Hoffentlich haben die Jungen sie schon vergessen!"

„Nein, nein, die denken bestimmt noch daran! Du hättest nicht so angeben sollen!"

„Wenn ich wenigstens einen Baum hätte!" klagte Mischka. „Wegen der Wunderkerzen könnte ich ja noch was erfinden, um mich herauszureden. Aber jetzt weiß ich wirklich nicht, was ich machen soll!"

„Meinetwegen! Dann schenke ich ihn dir eben!"

„Warum schenken? Willst du meine Laterna magica? Mit allen Bildern? Du wolltest doch schon immer eine haben!"

„Ich brauche deine Laterna magica nicht. Nimm den Baum so", sagte ich.

„Ich will nichts geschenkt haben", antwortete Mischka.

„Aber es ist doch nicht direkt geschenkt", erklärte ich. „Einfach so, aus Freundschaft. Freundschaft ist mehr wert als deine Laterna magica. Der Tannenbaum kann uns ja beiden gehören!"

Ohne es zu merken, waren wir während der Unterhaltung schon auf unserem Bahnhof angekommen. Mischkas Bein tat nicht mehr weh. Und als wir ausstiegen, humpelte er nur noch ein bißchen.

Ich lief zuerst nach Hause, damit sich meine Mutter keine Sorgen machte, und sauste dann zu Mischka, um mit ihm unseren gemeinsamen Tannenbaum zu schmücken.

Mitten im Zimmer stand der Baum. Die abgeschundenen Stellen beklebte Mischka mit grünem Papier. Wir waren noch beim Schmücken, als schon die ersten Jungen kamen.

„Na, hör mal, da hast du uns eingeladen und noch nicht mal deinen Baum geschmückt." Sie waren sehr gekränkt.

Wir erzählten ihnen unser Abenteuer, und Mischka log noch hinzu, daß uns Wölfe angefallen hätten und daß wir vor ihnen auf einen Baum hätten flüchten müssen. Die Jungen glaubten uns aber nichts und lachten uns nur aus. Mischka versuchte zwar, sie zu überzeugen, aber er gab es bald auf und lachte mit.

Wir waren allein zu Hause, denn Mischkas Eltern feierten Neujahr bei Bekannten. Da sich die Jungen unbeaufsichtigt wußten, gerieten sie außer Rand und Band. Einen solchen Krach hatte ich bisher noch nie gehört! Und Mischka trieb es am tollsten. Ich wußte wohl, warum er sich so benahm. Er bemühte sich, immer neue Kunststückchen zu erfinden, damit die Jungen bloß nicht an die Wunderkerzen dachten. Endlich zündeten wir die bunten elektrischen Baumkerzen an, und im gleichen Augenblick schlug es zwölf.

„Hurra! Prost Neujahr!" schrie Mischka.

„Hurra!" fielen die Jungen ein. „Prost Neujahr! Hurra-a-a!" Nun schien alles glücklich überstanden zu sein.

„Freunde", rief Mischka, „jetzt setzt euch aber an den Tisch. Es gibt gleich Tee und Kuchen."

„Wo bleiben denn aber die Wunderkerzen?" fragte jemand.

„Die Wunderkerzen?" Mischka verlor seine Sicherheit. „Die sind noch nicht fertig."

„Du bist ja der Richtige! Erst lädst du uns zum Tannenbaum ein, erzählst, daß du selbstgemachte Wunderkerzen hast ... Ist ja alles Schwindel!"

„Ehrenwort, es ist kein Schwindel. Die Wunderkerzen sind fertig, aber sie sind noch feucht!"

„Zeig doch mal, vielleicht sind sie doch trocken. Wahrscheinlich hast du gar keine!"

Unwillig stieg Mischka zum Schrank hoch und wäre beinahe mitsamt den „Würstchen" heruntergefallen. Sie waren tatsächlich schon trocken und hatten sich in harte Stäbchen verwandelt.

„Na also!" schrien die Jungen. „Sie sind ganz trocken. Warum schwindelst du?"

„Das scheint nur so", rechtfertigte sich Mischka. „Sie müssen noch lange trocknen. Sie werden bestimmt nicht brennen."

„Das werden wir ja gleich sehen", brüllten die anderen. Im Nu hatten sie ihm alle Stäbchen aus der Hand gerissen, die Drahtenden hakenförmig umgebogen und an den Tannenbaum gehängt.

„Wartet doch noch!" rief Mischka. „Wir müssen erst probieren."

Aber niemand hörte auf ihn. Die Jungen nahmen Streichhölzer und zündeten alle Wunderkerzen auf einmal an. Im selben Augenblick ertönte ein Zischen, als wäre das ganze Zimmer voller Schlangen. Die Jungen sprangen erschrocken zur Seite. Und plötzlich flammten die Wunderkerzen auf, sie funkelten und sprühten feurige Sterne um sich. Das war ein Feuerwerk! Feuerwerk ist gar kein Ausdruck dafür! Das war ein Nordlicht wie ein Vulkanausbruch! Der ganze Tannenbaum strahlte und überschüttete alles mit Silber. Wir standen mit weit aufgerissenen Augen wie verzaubert da.

Endlich waren die Kerzen abgebrannt, und

das Zimmer füllte sich mit beißendem, stinkendem Qualm. Die Jungen niesten, husteten und rieben sich die Augen. Wir stürzten alle auf den Korridor, aber der Qualm drang auch hierher. Da drängten sich die Jungen zu ihren Mänteln und Mützen und wollten nach Hause.

„Aber bleibt doch, es gibt noch Tee und Kuchen!" schrie Mischka, bis er ganz heiser war. Aber niemand achtete darauf. Die Jungen husteten, zogen sich an und gingen fort. Mischka hängte sich an mich, nahm mir meine Mütze weg und bat: „Geh wenigstens du nicht auch noch fort! Bleib schon unserer Freundschaft wegen. Jetzt werden wir Tee trinken und Kuchen essen."

Mischka und ich waren allein. Der Qualm hatte sich etwas verzogen, aber das Zimmer konnte man immer noch nicht betreten. Mischka band sich ein feuchtes Tuch vor den Mund, lief ins Zimmer hinein, ergriff den Kuchen und brachte ihn in die Küche.

Das Teewasser kochte schon, und wir begannen zu essen und zu trinken.Der Marmeladenkuchen schmeckte gut. Er roch zwar ein wenig nach Rauch, aber das schadete nichts. Eine Hälfte aßen wir beide auf, und den Rest bekam Scharik.

Aus dem Russischen von Lieselotte Remané

Süße Sachen

Dominosteine

125 g Butter
100 g Zucker
1 Teelöffel Vanillezucker
50 g Speisestärke
150 g Mehl
3 Teelöffel Backpulver
1 Fläschchen
Orangenschalen-Aroma
30 g geriebene Mandeln
3 Eßlöffel Milch
3 Eßlöffel
süßes Kakaopulver
200 g Johannisbeer-Gelee
200 g Marzipanrohmasse
3 Teelöffel Rum
100 g Puderzucker
350 g Schokoladen-Kuchenglasur

Die Butter mit Zucker und Vanillezucker schaumig schlagen. Speisestärke, Mehl und 3 gestrichene Teelöffel Backpulver mischen und unter die Butter kneten. Orangenschalen-Aroma, geriebene Mandeln und Milch zufügen. Gut verkneten. Den Teig halbieren. Eine Hälfte mit Kakaopulver verkneten. Beide Teighälften getrennt auf ein mit Backpapier belegtes Blech legen und rechteckig ausrollen oder mit bemehlten Händen flach in Form drücken. Im vorgeheizten Ofen bei 200 Grad 10 bis 12 Minuten backen. Johannisbeergelee leicht erwärmen, glattrühren und die Hälfte davon auf den hellen Teig streichen. Marzipanrohmasse mit Rum und Puderzucker verkneten und auf Backpapier zur gleichen Größe ausrollen und auf den hellen Teig legen. Mit dem restlichen Gelee bestreichen. Die dunkle Teighälfte darauf legen und leicht andrücken. In 30 Würfel schneiden. Kuchenglasur erwärmen und Dominosteine damit überziehen.

11.

Dezember

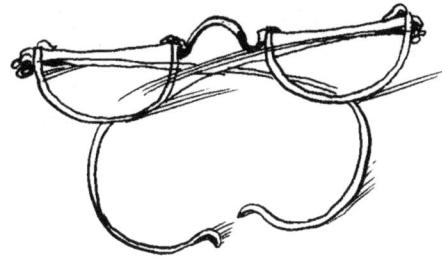

Theodor Fontane

Weihnachten

Noch einmal ein Weihnachtsfest,
Immer kleiner wird der Rest,
Aber nehm ich so die Summe,
Alles Grade, alles Krumme,
Alles Falsche, alles Rechte,
Alles Gute, alles Schlechte –
Rechnet sich aus all dem Braus
Doch ein richtig Leben heraus.
Und dies können ist das Beste
Wohl bei diesem Weihnachtsfeste.

Johannes Conrad

Vorweihnachtsstimmung

„Dämliche Weihnachten!" rief der Mann mit der Brille. Er rief es ziemlich laut und machte ein verbittertes Gesicht dazu. Hinter den dicken Brillengläsern sahen seine Augen wie böse Fische im Aquarium aus. Die Leute in der Kunstgewerbeabteitung blickten alle auf ihn. Auch Kohlweides Frau drehte sich sofort um. Sie hatte den ganzen Tag lang schlechte Laune gehabt. Jetzt begannen ihre Augen zu glitzern.

„Hast du gehört, Kurt?" zischte sie.

„Laß ihn doch!" sagte Kohlweide vorsichtig. „Er ist nervös – komm weiter!" Kohlweides Frau reagierte nicht. Fasziniert starrte sie den Mann mit der Brille an. Was würde er jetzt sagen?

Der Mann mit der Brille war bepackt mit Paketen, schwitzte wie in der Sauna und stierte angewidert auf die Käuferschlange vor ihm.

„Komm endlich, Trude!" brummte Kohlweide geduldig.

„Laß mich!" zischte Trude Kohlweide ungeduldig. Kohlweide schüttelte gewohnheitsmäßig den Kopf. „Ich geh schon in die Spielwarenabteilung – für den Jungen haben wir noch nichts!" sagte er vorwurfsvoll.

„Ja, ja", fauchte seine Frau. Kohlweide ging.

„Ich hätte allein einkaufen gehen sollen", dachte er traurig. „Wenn ich allein Weihnachtseinkäufe gemacht hätte oder mit dem Jungen, wäre ich in diese schöne Vorweihnachtsstimmung gekommen!" Dann dachte Kohlweide an die Zeit, als er noch ein kleiner Junge war, und an das Geld, welches Trude Kohlweide heute schon ausgegeben hatte. Er wurde noch trauriger und zwängte sich durch die Käuferscharen zur Spielwarenabteilung. Kohlweide wurde gedrückt und gestoßen. Er fühlte einen allgemeinen Zorn in sich aufsteigen. Bösartig knuffte er einen kleinen, mageren Weihnachtsmann, der wegen der Kinder vor der Spielwarenabteilung stand. Der kleine, magere Weihnachtsmann drehte sich um,

und Kohlweide meckerte: „Verzeihung, Herr Weihnachtsmann!" Der kleine, magere Weihnachtsmann lächelte erschöpft und lüftete den Umhängebart.

„Der Weihnachtsmann reißt sich den Bart ab!" rief ein dickes Kind und klammerte sich ängstlich an seine Mutter.

„Ist kein richtiger Bart, Kleine", sagte Kohlweide tröstend.

„Oller Quasselkopf!" rief die Mutter. „Dem Kind die Vorweihnachtsfreude zu nehmen!" Kohlweide ging traurig weiter.

In der Kunstgewerbeabteilung fluchte der Mann mit der Brille jetzt leise vor sich hin. „Gleich wird er wieder was brüllen!" dachte Kohlweides Frau. Der Mann war aber jetzt an der Reihe und rief nur: „Endlich!"

Die Kassiererin blickte ihn erschöpft an. „Ich bin auch nur ein Mensch!" sagte sie. Der Mann mit der Brille zahlte verlegen. Plötzlich rief die Kassiererin: „Darf ich das Geld noch einmal sehen, mein Herr? Habe ich Ihnen nicht zuviel rausgegeben?"

Kohlweides Frau schob sich erwartungsvoll näher. Ihre Nasenflügel bebten lüstern. Gleichgültig zeigte der Kerl mit der Brille das Geld vor.

„Sehen Sie", klagte die Kassiererin, „ich habe Ihnen statt neun Mark neunzehn Mark herausgegeben, mein Herr. Das geht aber nicht!"

Die Menschen vor der Kasse blickten sofort wieder alle auf den Mann mit der Brille. Kohlweides Frau nickte triumphierend. Einer, der laut „Dämliche Weihnachten!" brüllt, der unterschlägt auch Geld! Das hatte sie geahnt! Dieser Kerl sah so aus.

„Ich hab es nicht angeguckt, als Sie mir rausgaben. Pardonk, Fräulein!" stotterte die verdächtige Type.

„Er hat es nicht angeguckt!" rief Kohlweides Frau höhnisch. Die Leute blickten sofort alle auf Kohlweides Frau. Trude Kohlweide lachte schrill.

„Ich habe es nicht angeguckt, natürlich!" bellte das Element mit der Brille und wurde fürchterlich rot. „Ich bin so schlapp!" bellte es.

„Jetzt wird er rot – ein Zeichen seiner

Schuld!" sagte Kohlweides Frau in der Erregung zu einem kleinen Jungen.

„Wer wird rot, Tante?" fragte der kleine Junge. Kohlweides Frau durchbohrte den Jungen mit einem bösen Blick. „Du bestimmt nicht!" fauchte sie.

„Bittöh", rief die Verkäuferin beleidigt und gab dem Subjekt mit der Brille richtig heraus.

„Ich kann nichts dafür, Fräulein", stotterte der Verbrecher. „Ich kann nichts dafür", rief er im Abgehen noch einigen wildfremden Menschen zu.

„Er kann nichts dafür", dachte Kohlweides Frau und lachte höhnisch. Sie machte sich zur Spielwarenabteilung auf. Ihre Laune war merklich besser geworden. „Dieser Lump!" sagte sie befriedigt. Eine jüngere Frau blieb sofort stehen. „Dieser Lump, hat sie gesagt", flüsterte sie ihrem Mann zu.

„Ja, ja", sagte der Mann, und ging weiter. Interessiert sah die jüngere Frau der freudig erregten Trude Kohlweide nach, die eben den traurigen Kohlweide am Arm ergriff.

„Den armen Mann nennt dieses Weib nun vor Weihnachten Lump!" dachte die jüngere Frau und blickte mitleidig in Kohlweides Gesicht.

„Ich habe noch Chancen", dachte Kohlweide, als er die Blicke der jüngeren Frau bemerkte. Und plötzlich hörte er sich mit glänzender Laune die vielen, schnellen Worte seiner Frau an, die ihm ihr Erlebnis mit diesem außergewöhnlichen Lumpen in allen Einzelheiten berichtete.

„Vielleicht ist er doch ein Lump", dachte die jüngere Frau. „Die so fett lächeln, sind oft alte Lustmolche!" Und sofort eilte sie mit dem zärtlichsten Gebaren auf ihren Mann zu, der vor Überraschung ein strahlendes Lächeln gebar. „Man kommt richtig in Vorweihnachtsstimmung!" rief sie.

„Du sagst es!" rief der Mann und bekam einen mächtigen Stoß in den Rücken und quetschte sich durch Käuferscharen und dröhnende Weihnachtslieder dem stillen Fest entgegen.

James Krüss

Die Weihnachtsmaus

Die Weihnachtsmaus ist sonderbar
(Sogar für die Gelehrten),
Denn einmal nur im ganzen Jahr
Entdeckt man ihre Fährten.

Mit Fallen oder Rattengift
Kann man die Maus nicht fangen.
Sie ist, was diesen Punkt betrifft,
Noch nie ins Garn gegangen.

Das ganze Jahr macht diese Maus
Den Menschen keine Plage.
Doch plötzlich aus dem Loch heraus
Kriecht sie am Weihnachtstage.

Zum Beispiel war vom Festgebäck,
Das Mutter gut verborgen,
Mit einem Mal das Beste weg
Am ersten Weihnachtsmorgen.

Da sagte jeder rundheraus:
Ich hab es nicht genommen!
Es war bestimmt die Weihnachtsmaus,
Die über Nacht gekommen.

Ein andres Mal verschwand sogar
Das Marzipan vom Peter,
Was seltsam und erstaunlich war;
Denn niemand fand es später.

Der Christian rief rundheraus:
Ich hab es nicht genommen!
Es war bestimmt die Weihnachtsmaus,
Die über Nacht gekommen!

Ein drittes Mal verschwand vom Baum,
An dem die Kugeln hingen,
Ein Weihnachtsmann aus Eierschaum
Nebst andren leckren Dingen.

Die Nelly sagte rundheraus:
Ich habe nichts genommen!
Es war bestimmt die Weihnachtsmaus,
Die über Nacht gekommen!

Und Ernst und Hans und der Papa,
Die riefen: welche Plage!
Die böse Maus ist wieder da.
Und just am Feiertage!

Nur Mutter sprach kein Klagewort.
Sie sagte unumwunden:
Sind erst die Süßigkeiten fort,
Ist auch die Maus verschwunden!

Und wirklich wahr: Die Maus blieb weg,
Sobald der Baum geleert war,
Sobald das letzte Festgebäck
Gegessen und verzehrt war.

Sagt jemand nun, bei ihm zu Haus –
Bei Fränzchen oder Lieschen –
Da gäb es keine Weihnachtsmaus,
Dann zweifle ich ein bißchen!

Doch sag ich nichts, was jemand kränkt.
Das könnte euch so passen!
Was man von Weihnachtsmäusen denkt,
Bleibt jedem überlassen.

Günter Herburger

Birne erlebt
die Weihnachtszeit

Birne, die in einer Straßenlampe wohnt, arbeitet nachts, tagsüber ruht sie. Das ist verständlich, wenn man zehn, zwölf Stunden leuchten muß mit Strom im Leib, der, falls die Nachtschicht im Elektrizitätswerk nicht aufpaßt, manchmal schwankt, so daß es vielen Birnen schwindlig wird. Man muß sich vorstellen, wenig Strom bedeutet, niedrigen Druck, auch Hunger, während bei zu hoher Spannung die metallenen Glühfäden durchzubrennen drohen. Es ist, als würden Nerven und Herz schmelzen. So ein Birnenleben ist also oft Gefahren ausgesetzt.

Birne hängt kopfunter in ihrer Fassung und sieht zu, wie auf der Straße viel Publikum unterwegs ist, meist mit Schachteln und Tüten bepackt. Vor Weihnachten kaufen alle ein, selbst die, die schon viel haben. Kaufwut ist ausgebrochen, Besitzgier und Rafflust.

„Weshalb macht man Geschenke?" fragt Birne.

Alle Birnen sind durch die Stromleitungen gegenseitig verbunden und können miteinander sprechen.

„Man macht Geschenke, weil viel hergestellt wird, was alles wieder verkauft werden muß", antworten die Birnen aus dem größten Kaufhaus der Stadt. Besonders die Reklamebirnen und Dekorationsbirnen sind davon überzeugt. Sie brennen abwechselnd rot, grün, gelb, in allen Farben, tun so, als sei es immer Sommer und gutes Wetter.

„Man sollte nicht so viel fabrizieren", sagt Birne.

„Dann gäbe es weniger Arbeit und viel Arbeitslose", melden Birnen aus den Schreibtischlampen des Arbeitsamtes. „Wir sind froh, wenn jeder unterkommt. Wir kennen Not und Jammer."

Die Arbeitsamtbirnen seufzen und blinzeln, so daß Türken und Jugoslawen, die im Arbeitsamt gerade auf Arbeitssuche sind, schon glauben, das Amt schließe, habe keine Stellen mehr zu vermitteln, weil es in vielen Zimmern für kurze Zeit dunkel wird.

„Die Antwort befriedigt mich nicht", sagt Birne. „Wer bestimmt eigentlich, wieviel Kühlschränke, Autos, Schnürsenkel oder Colaflaschen hergestellt werden? Natürlich braucht man das Zeug, aber nicht in dieser fürchterlichen Menge."

„Angebot und Nachfrage bestimmen die Produktion", hört Birne eine andere Birne aus weiter Ferne durch die Stromleitungen flüstern.

„Wer bist du?" fragt Birne. „Tu nicht so vornehm."

„Ich bin die automatische Drucklichtbirne aus der Direktionslampe der obersten Etage einer Konzernverwaltung. Ich höre und sehe als erste die wichtigsten Entscheidungen."

„Papperlapapp", schreit es aus einer anderen Richtung des Stromnetzes. „Hier spricht eine alte Funzelbirne aus einer öffentlichen Bedürfnisanstalt. Ich bin es, die die wichtigsten Entscheidungen hört und sieht. Wenn ich versage, finden meine Kunden nachts nicht mehr den Weg zu mir und platzen. Ich bin wahrhaftig lebensnotwendig."

„Schrecklich, so schrecklich, hosianna", hört Birne es in ihrem Fernmeldesystem jammern, dann jauchzen.

„Wer seid ihr?" fragt sie. „Euch kenne ich noch nicht."

„Wir sind Kirchenbirnen."

„Hosianna! Na, endlich! Jetzt beginnt Weihnachten", tönt es aus verschiedenen Richtungen. „Mal hören, was die Kirchenlichter zu verkünden haben."

„Wir stecken im Allerheiligsten und passen auf, daß das ewige Licht ewig leuchtet. Außerdem bestrahlen wir ein sehr teures Barockkreuz, an dem der Herr hängt, dann noch verschiedene Gemälde, Stationenbilder und die Kirchenkuppel. Eine Scheinwerferbirne ist auch unter uns. Sie ist ein Kilowatt stark. Auf die Kanzel gerichtet, versteht sich."

„Wir haben zehn Kilowatt im Kopf", hören die Stadtbirnen aus der Gegend des Filmgeländes sagen. „Wir tauchen gerade im Atelier eine Szene in Licht, die in Hawaii spielt. King Kong kommt aus dem Wasser, hat Marylin Monroe im Arm und wird von Japanern beschossen. Aber King Kong macht das nichts aus."

„Wunderbar", hauchen die Kirchenlichter im Chor. „Bei uns passieren nur alte Geschichten und nie wirklich. Sie werden nur behauptet. Können wir nicht einmal einen Wechsel versuchen?"

„Unmöglich", melden die Atelierbirnen. „Unser Arbeitstempo ist viel zu hart für euch. Bleibt, wo ihr seid. Wir brauchen auch Kollegen, die sich mit klassischer Geschichte befassen."

„Arbeitstempo, Arbeitstempo", höhnen die Kaufhausbirnen, „das Risiko am Ultimo ist viel zu hoch! "

„Ich möchte von den Kirchenleuchten eines wissen", sagt Birne, die immer noch geruhsam kopfunter in der Fassung ihrer Straßenlampe hängt. „Weshalb schenkt man so viel an Weihnachten?"

„Weil man Ferien macht, weil es üblich ist, weil man ein schlechtes Gewissen hat, weil man gern angibt, weil man Freude machen will", sagen die Kirchenbirnen. „Das Jahr ist zu Ende, die Menschen hoffen, daß das nächste wenigstens so gut wird wie das letzte."

„Schenk mir doch ein kleines bißchen Liebe, Liebe, sei ein bißchen nett zu mir", schmettern alle Birnen den alten Schlager durch das Stromnetz, so daß die Spannung schwankt, alle Lampen im Takt zu flackern beginnen. „Kennst du nicht die innigsüßen Triebe, Triebe, wie mein Herz verlangt nach dir."

„Mir reicht's", ächzt Birne.

Sie schraubt sich aus der Fassung und fliegt, angetrieben von zwei kleinen Düsenmotoren, die sie an Bord hat, davon. Viele Flugzeuge sind vollbesetzt spätnachmittags auch unterwegs, besonders vor Weihnachten, wenn Manager, Bezirksvertreter, Mannequins, Gattinnen und Theaterkritiker, die Weihnachtsmärchen in verschiedenen Städten angesehen haben, endgültig nach Hause wollen. Birne berührt die vorgeschriebenen Flugschneisen nicht, sie bewegt sich auf Vogelflughöhe, grüßt da und dort eine angefrorene Krähe, Taube oder einen Spatz, sagt öfter in die Luft einen freundlichen Satz.

Die Stadt sieht, von oben betrachtet, schön aus, überall von Lichtern getüpfelt, als sei sie das Königreich der Glühwürmchen. Aber das ist sie nicht. Am meisten funkelt der Flugplatz mit seinen vielen Positionslichtern, damit die Flugkapitäne merken, aus welcher Richtung sie landen können oder welche Richtung sie beim Starten einzuhalten haben. Die Radaranlage auf den Schuttbergen ist kaum beleuchtet, dafür spürt Birne in ihrem technischen Leib, wie Ströme der Suchstrahlen durch sie hindurchgehen, sie im Gleichgewicht halten und ihr zeigen, wie sie fliegen soll. Radar ist ein Segen. Wenn die Menschen einmal gelernt haben, nicht nur ungehemmt zu sprechen, sondern auch geübt zu denken, könnten sie sich gegenseitig insgeheim leiten ohne Mißtrauen und Zorn als Verbündete. Sie bräuchten keine Präsidenten oder Vorgesetzten mehr.

„Vorerst nur hoch in der Luft ist die Ehrfurcht verpufft", singt Birne. Dann stößt sie im Sturzflug, weit entfernt von der Stadt und nahe dem Gebirge, auf das dunkle Land hinunter. Auf einer Überlandleitung, die Strom von den österreichischen Wasserkraftwerken nach Deutschland bringt, ruht sie sich aus und nimmt einen tiefen Schluck. Die rabiate Stromstärke kracht, zischt dann in Birnes von Luft leergepumpten Magen, als hätte sie einen Blitz verschluckt. Vorsichtig löst sie sich, ihre kleinen Hubschrauberflügel ausfahrend, von dem summenden Kabel und schwebt weiter. Vor Überdruck, weil sie zuviel gegessen hat, läßt sie eine Portion leuchtender Birnenkacke fallen, die sich entfaltet wie ein Schirm.

„Eine Sternschnuppe ist geplatzt", sagen Landleute, die zufällig nach oben schauen.

„Es wird Weihnacht."

Von Pferden gezogene Schlitten möchte Birne sehen, wie sie auf verschneiten Straßen durch den Wald fahren. Auch sollten Rehe und Nikoläuse sich zeigen und in das Fenster eines einsam stehenden Bauernhauses blicken, während drinnen unter der Petroleumlampe die Familie um den Tisch sitzt und gekochte

Kartoffeln ißt, sonst nichts. Der Vater, der am schwersten tagsüber arbeitet, fettet seine Bissen mit einer abgenagten Speckschwarte ein. Dann erscheint das Christkind in Gestalt eines kleinen, schwarzhaarigen Türkenmädchens und beschert den armen Leuten einen vollen Tisch, was es selbst auch noch nicht lange kennt. Nichts dergleichen geschieht. Statt dessen treibt Birne auf einen in Flutlicht getauchten Hang zu, über den zahlreiche Skifahrer abwärtsschwingen. Es ist eine beleuchtete Piste, die nachts befahrbar ist. Dieselben Anlagen gibt es in Japan schon, von riesigen Hallen überdacht, mit verstellbaren künstlichen Schneewiesen. Für einen Läufer, der geschickt von einer Piste zur anderen zu wechseln vermag, nimmt die Fahrt kein Ende.

Birne gesellt sich zur nächsten Flutlichtbirne über dem Hang und fragt sie, wie lange der Betrieb noch dauere. Gearbeitet werde die ganze Nacht, antwortet die Skibirne. Sie trägt über ihrer Glashaube einen blauen Filter, damit das Licht auch die Mulden im Schnee aufhellt.

„Es ist Weihnachten", sagt Birne. „Hört auf zu arbeiten. Es gibt Geschenke."

„Keine Zeit", antwortet die Kollegin. „Wir müssen strahlen. Ein Sonderzug voll Wintersportler ist angekommen. Die Läufer wollen Ski fahren bis Mitternacht, dann bringt sie der Zug wieder in die Stadt zurück."

„Laßt die Sportler im Dunkeln herumpfuschen", sagt Birne. „Es ist aus Gründen der Gleichberechtigung unbedingt erforderlich, daß die Birnen sich zusammentun und ihr Weihnachten veranstalten."

„So wahr, so wahr", hört Birne es von Flutlicht zu Flutlicht raunen. Kurz darauf verlöschen mit einem Schlag alle Lampen. Von der Piste ist nichts mehr zu sehen, nur noch ein dämmriger Schimmer liegt über dem Schneehang, von dem Rufe zu hören sind, Flüche, Gelächter und das Zischen von Stahlkanten, wenn Läufer Kurven reißen, um ihre Ski zum Halten zu bringen. Ein paarmal kracht es auch, als Fahrer zusammenprallen, doch niemand bricht sich den Knöchel oder verstaucht sich den Fuß.

Die Birnen haben sich indessen aus den Lampen geschraubt und wälzen sich im Schnee. An einer Stelle, wo mehrere Birnen gleichzeitig ihre Hitze loswerden wollten, sollen, so behaupteten später einige Rennasse, die nach Stürzen merkwürdigerweise in Blumen bissen, mitten in Nacht und Kälte Schneeglöckchen und Schlüsselblumen gewachsen sein. Kinder in dem Sonderzug prüften die Gewächse und behaupteten, man könnte künstliche Blumen derart gut nachahmen, daß sie kaum von echten zu unterscheiden wären. Ihr plötzlicher Wuchs sei Kundendienst der Pisten- und Liftgesellschaft gewesen, da die Flutlichtanlage versagt habe.

Die Birnen aber erheben sich in die Luft und schweben davon in Form eines Drachens, der sich ständig vergrößert, denn auch andere Birnen schließen sich an, so Stallbirnen, Autobirnen, Kegelbahnbirnen oder Taschenlampenbirnen. Die Kühe in den Ställen sehen nichts mehr und beginnen zu schlafen. Autos, die noch unterwegs sind, müssen angehalten werden. Kegelbahnen veröden, Taschenlampen, die Diebe oder Förster auf Erkundigungsgängen in der Hand halten, nützen nichts mehr.

Noch nie sind auf dem Land innerhalb kurzer Zeit so viel Menschen zusammengekommen. Es klopft an verschlossene Türen und Fensterläden, in Kirchen beginnt es zu lachen, in den Wirtshäusern wird es auch lebendig. Raketen, die eigentlich für die Silvesternacht vorgesehen waren, werden von Misthaufen, Urlaubshütten und Friedhöfen, auf denen die Wachslichter für ein ewiges Leben der Toten auch erloschen sind, jetzt schon abgeschossen. Es ist viel los im sonst stummen Land.

Über der Stadt wächst der Birnendrachen noch mehr, bekommt eine Schleppe, die bis zum Horizont reicht, verbreitert sich zu einem Wasserfall aus Licht, tanzt, zeigt die Zähne, überschlägt sich in allen Farben, als sei die Polargrenze nähergerückt. Alle Birnen machen mit, von denen es in jeder Großstadt unzählige gibt. Die Birnen aus den elektrischen Christbaumkerzen der protzigen Kunst- und Edeltannen vor Kaufhöfen, Versicherungsanstalten und aus den Gärten der Vorstadtvillen waren die ersten, die sich davongemacht haben.

Da kein Licht mehr funktioniert, ein weihnachtlicher Birnengeneralstreik ausgebrochen ist, halten auch die U-Bahnen an, sind zum Beispiel auch die Eisschränke nicht mehr beleuchtet, so daß man blindlings in ihnen nach Wurst, Spaghettiresten oder Käse herumtasten muß. Auch die Schaufenster sind dunkel geworden, die Verkehrsampeln, Leuchtreklamen, Autobahntafeln, Kinos, in denen Einsame sitzen, Mißgelaunte und Zerstrittene. Selbst die Notlichter in den Krankenhäusern versagen, Kranke und Schwestern wehklagen im Chor. Ein Frischoperierter, der besonders unruhig war, schon den ganzen Tag über nach Flaschenbier verlangte, das ihm verweigert wurde, soll im allgemeinen Durcheinander entwichen sein. Man hat ihn nie mehr entdeckt.

Die Kinder sind die ersten, die die Fenster aufreißen, dann auf die Straße laufen. Bald ist die ganze Bevölkerung unterwegs, selbstgefertigte Fackeln oder Gasfeuerzeuge hochhaltend oder fortwährend Streichhölzer entzündend. Wohnungen werden getauscht, überraschend Freundschaften geschlossen, Feindschaften werden endgültig ausgetragen. Schrammen und blutige Köpfe heilen in der Dunkelheit schneller, weil die Streithähne nicht sehen, wie schlimm sie zugerichtet sind. Sie erschrecken nicht.

Alle blicken nach oben, denn über der Stadt findet Weihnachtskino statt. Die zahllosen Birnen, leuchtend und sprühend, obwohl nicht zu ergründen ist, woher sie den vielen Strom beziehen, jedenfalls wunderbarerweise drahtlos aus den Elektrizitätswerken, die trotz des totalen Lichtausfalls auf Hochtouren laufen – die Birnen führen in der Höhe vor, was man gern sieht, so zum Beispiel:

Wie Jesus und Batman paarlaufen von Stern zu Stern, aber dann stürzt Batman ab und bleibt auf einer Wolke winzigklein liegen.

Wie ein Wurm von einem Huhn gefressen wird, das von einem Fuchs, der von einem Tiger, doch alle spucken sich gegenseitig wieder aus, und keiner ist verletzt oder tot.

Wie zwei oder drei Inder auf einem Missionar reiten, der sie immer weiterschleppt, was die Armen fröhlich stimmt, denn endlich haben sie wenigstens bessere Aussicht.

Wie Winnetou mit Richard Nixon einen Boxkampf veranstaltet, der lange dauert und spannend ist. Wer gewinnen muß, das ist klar.

Wie die Prinzessin auf der Erbse trotz der vielen Matratzen seufzt und klagt, bis Flipper und Zwerg Nase kommen und ein furchtbares Donnerwetter machen.

Oder wie Autos in Autofabriken in Hängematten hin- und herschaukeln, während die Arbeiter Rollschuh laufen.

Nichts ist zuviel, was passieren könnte. Wenigstens in dieser Nacht versöhnen sich die Wintermäntel mit den Badeanzügen, unsere Freßlust mit den Tieren, der Gestank mit den Schloten, der Abschied mit dem Willkommen, das verseuchte Wasser mit den Fischen, die Rolltreppen mit den Bergsteigern, die Tränen mit den Taschentüchern, während die Glühbirnen am sternenklaren Himmel Kino vorführen, das unbedingt Wirklichkeit werden muß.

Heinrich Hoffmann

Lied
des Nußknackers

König Nußknacker, so heiß ich.
Harte Nüsse, die zerbeiß ich.
Süße Kerne schluck ich fleißig;
Doch die Schalen, ei, die schmeiß ich
Lieber andern hin,
Weil ich König bin.
Aber seid nicht bang!
Zwar mein Bart ist lang
Und mein Kopf ist dick
Und gar wild mein Blick;
Doch was tut denn das?
Tu kei'm Menschen was,
Bin im Herzensgrund,
Trotz dem großen Mund,
Ganz ein guter Jung,
Lieb Veränderung,
Amüsier mich gern
Wie die großen Herrn.
Arbeit wird mir schwer,
Und dann mag ich sehr
Frommen Kindersinn,
Weil ich König bin.

Bertolt Brecht

Das Paket
des lieben Gottes

Eine Weihnachtsgeschichte

Nehmt eure Stühle und eure Teegläser mit hier hinter an den Ofen und vergeßt den Rum nicht. Es ist gut, es warm zu haben, wenn man von der Kälte erzählt.

Manche Leute, vor allem eine gewisse Sorte Männer, die etwas gegen Sentimentalität hat, haben eine starke Aversion gegen Weihnachten. Aber zumindest ein Weihnachten in meinem Leben ist bei mir wirklich in bester Erinnerung. Das war der Weihnachtsabend 1908 in Chicago.

Ich war Anfang November nach Chicago gekommen, und man sagte mir sofort, als ich mich nach der allgemeinen Lage erkundigte, es würde der härteste Winter werden, den diese ohnehin genügend unangenehme Stadt zustande bringen könnte. Als ich fragte, wie es mit den Chancen für einen Kesselschmied stünde, sagte man mir, Kesselschmiede hätten keine Chancen, und als ich eine halbwegs mögliche Schlafstelle suchte, war alles zu teuer für mich. Und das erfuhren in diesem Winter 1908 viele in Chicago, aus allen Berufen.

Und der Wind wehte scheußlich vom Michigansee herüber durch den ganzen Dezember, und gegen Ende des Monats schlossen auch noch eine Reihe großer Fleischpackereien ihren Betrieb und warfen eine ganze Flut von Arbeitslosen auf die kalten Straßen.

Wir trabten die ganzen Tage durch sämtliche Stadtviertel und suchten verzweifelt nach etwas Arbeit und waren froh, wenn wir am Abend in einem winzigen, mit erschöpften Leuten angefüllten Lokal im Schlachthofviertel unterkommen konnten. Dort hatten wir es wenigstens warm und konnten ruhig sitzen. Und wir saßen, solange es irgend ging, mit einem Glas Whisky, und wir sparten alles den Tag über auf für dieses eine Glas Whisky, in das noch Wärme, Lärm und Kameraden mit einbegriffen waren, all das, was es an Hoffnung für uns noch gab.

Dort saßen wir auch am Weihnachtsabend dieses Jahres, und das Lokal war noch überfüllter als gewöhnlich und der Whisky noch wäßriger und das Publikum noch verzweifelter. Es ist einleuchtend, daß weder das Publikum noch der Wirt in Feststimmung geraten, wenn das ganze Problem der Gäste darin besteht, mit einem Glas eine ganze Nacht auszureichen, und das ganze Problem des Wirtes, diejenigen hinauszubringen, die leere Gläser vor sich stehen hatten.

Aber gegen zehn Uhr kamen zwei, drei Burschen herein, die, der Teufel mochte wissen woher, ein paar Dollars in der Tasche hatten, und die luden, weil es doch eben Weihnachten war und Sentimentalität in der Luft lag, das ganze Publikum ein, ein paar Extragläser zu leeren. Fünf Minuten darauf war das ganze Lokal nicht wiederzuerkennen.

Alle holten sich frischen Whisky (und paßten nun ungeheuer genau darauf auf, daß ganz korrekt eingeschenkt wurde), die Tische wurden zusammengerückt, und ein verfroren aussehendes Mädchen wurde gebeten, einen Cakewalk zu tanzen, wobei sämtliche Festteilnehmer mit den Händen den Takt klatschten. Aber was soll ich sagen, der Teufel mochte seine schwarze Hand im Spiel haben, es kam keine rechte Stimmung auf.

Ja, geradezu von Anfang an nahm die Veranstaltung einen direkt bösartigen Charakter an. Ich denke, es war der Zwang, sich beschenken lassen zu müssen, der alle so aufreizte. Die Spender dieser Weihnachtsstimmung wurden nicht mit freundlichen Augen betrachtet. Schon nach den ersten Gläsern des gestifteten Whiskys wurde der Plan gefaßt, eine regelrechte Weihnachtsbescherung, sozusagen ein Unternehmen größeren Stils, vorzunehmen.

Da ein Überfluß an Geschenkartikeln nicht vorhanden war, wollte man sich weniger an direkt wertvolle und mehr an solche Geschenke halten, die für die zu Beschenkenden passend waren und vielleicht sogar einen tieferen Sinn hatten.

So schenkten wir dem Wirt einen Kübel mit schmutzigem Schneewasser von draußen, wo es davon gerade genug gab, damit er mit seinem alten Whisky noch ins neue Jahr hinein ausreichte. Dem Kellner schenkten wir eine alte, erbrochene Konservenbüchse, damit er wenigstens ein anständiges Servicestück hätte, und einem zum Lokal gehörigen Mädchen ein schartiges Taschenmesser, damit sie wenigstens die Schicht Puder vom vergangenen Jahr abkratzen könnte.

Alle diese Geschenke wurden von den Anwesenden, vielleicht nur die Beschenkten ausgenommen, mit herausforderndem Beifall bedacht. Und dann kam der Hauptspaß.

Es war nämlich unter uns ein Mann, der mußte einen schwachen Punkt haben. Er saß jeden Abend da, und Leute, die sich auf dergleichen verstanden, glaubten mit Sicherheit behaupten zu können, daß er, so gleichgültig er sich auch geben mochte, eine gewisse, unüberwindliche Scheu vor allem, was mit der Polizei zusammenhing, haben mußte. Aber jeder Mensch konnte sehen, daß er in keiner guten Haut steckte.

Für diesen Mann dachten wir uns etwas ganz Besonderes aus. Aus einem alten Adreßbuch rissen wir mit Erlaubnis des Wirtes drei Seiten aus, auf denen lauter Polizeiwachen standen, schlugen sie sorgfältig in eine Zeitung und überreichten das Paket unserm Mann.

Es trat eine große Stille ein, als wir es überreichten. Der Mann nahm das Paket zögernd in die Hand und sah uns mit einem etwas kalkigen Lächeln von unten herauf an. Ich merkte, wie er mit den Fingern das Paket anfühlte, um schon vor dem Öffnen festzustellen, was darin sein könnte. Aber dann machte er es rasch auf.

Und nun geschah etwas sehr Merkwürdiges. Der Mann nestelte eben an der Schnur, mit der das „Geschenk" verschnürt war, als sein Blick, scheinbar abwesend, auf das Zeitungsblatt fiel, in das die interessanten Adreßbuchblätter geschlagen waren. Aber da war sein Blick schon nicht mehr abwesend. Sein ganzer dünner Körper (er war sehr lang) krümmte sich sozusagen um das Zeitungsblatt zusammen, er bückte sein Gesicht tief darauf herunter und las. Niemals, weder vor- noch nachher, habe ich je einen Menschen so lesen sehen. Er verschlang das, was er las, einfach. Und dann schaute er auf. Und wieder habe ich niemals, weder vor- noch nachher, einen so strahlend schauen sehen wie diesen Mann.

„Da lese ich eben in der Zeitung", sagte er mit einer verrosteten, mühsam ruhigen Stimme, die in lächerlichem Gegensatz zu seinem strahlenden Gesicht stand, „daß die ganze Sache einfach schon lang aufgeklärt ist. Jedermann in Ohio weiß, daß ich mit der ganzen Sache nicht das geringste zu tun hatte."

Und dann lachte er. Und wir alle, die erstaunt dabei standen und etwas ganz anderes erwartet hatten und fast nur begriffen, daß der Mann unter irgendeiner Beschuldigung gestanden und inzwischen, wie er eben aus diesem Zeitungsblatt erfahren hatte, rehabilitiert worden war, fingen plötzlich an, aus vollem Halse und fast aus dem Herzen mitzulachen, und dadurch kam ein großer Schwung in unsere Veranstaltung, die gewisse Bitterkeit war überhaupt vergessen, und es wurde ein ausgezeichnetes Weihnachten, das bis zum Morgen dauerte und alle befriedigte.

Und bei dieser allgemeinen Befriedigung spielte es natürlich gar keine Rolle mehr, daß dieses Zeitungsblatt nicht wir ausgesucht hatten, sondern Gott.

14. Dezember

Peter Hacks

Vogelweihnacht

Der Abend ins Gehölz einzieht.
Da singen alle möglichen
Bunt flatternden Waldvögelchen
Ein schönes Weihnachtslied.
      Und der Specht
        Ist ihr Trommelknecht.
Im Himmel stecken Sternelein,
Im Tannenzapfen Kernelein,
Die Welt ist so lieblich, so pieplich
Zur Weihnachtszeit,
Tirili.

Die Dohle kommt aus ihrem Nest,
Der Dompfaff und der Kernebeißer.
In Afrika, da lebt man heißer,
Doch ohne Weihnachtsfest.
      Und der Specht
        Trommelt gar nicht schlecht.
Im Himmel stecken Sternelein,
Im Tannenzapfen Kernelein,
Die Welt ist so lieblich, so pieplich
Zur Weihnachtszeit,
Tirili.

Kurt Tucholsky

Himmlische Nothilfe

„Wat denn? Wat denn? Zwei Weihnachtsmänner?"

„Machen Sie hier nich sonen Krach, Siiie! Is hier vier Tage im Hümmel, als Hilfsengel – und riskiert hier schon ne Lippe. „

„Verzeihen Sie, Herr Oberengel. Aber man wird doch noch fragen dürfen?"

„Dann fragen Sie leise. Sie sehn doch, daß die beiden Herren zu tun haben. Sie packen."

„Ja, das sehe ich. Aber wenn Herr Oberengel gütigst verzeihen wollen: woso zwei? Wir hatten auf Schule jelernt: et jibt einen Weihnachtsmann und fertig."

„Einen Weihnachtsmann und fertig ...! Einen Weihnachtsmann und fertig ...! Diese Berliner! So ist das hier nicht! Das sind ambivalente Weihnachtsmänner!"

„Büttaschön?"

„Ambi... ach so, Fremdwörter verstehen Sie nicht. Ich wer Sie mal für vierzehn Tage rüber in den Soziologenhimmel versetzen – halt, oder noch besser, zu den Kunsthistorikern ... da wern Sie schon ... Ja, dies sind also ... diese Weihnachtsmänner – das hat der liebe Gott in diesem Jahr frisch eingerichtet. Sie ergänzen sich, sie heben sich gegenseitig auf ..."

„Wat hehm die sich jenseitich auf? Die Pakete?"

„Wissen Sie ... da sagen die Leute immer, ihr Berliner wärt so furchtbar schlau – aber Ihre Frau Mama ist zwecks Ihrer Geburt mit Ihnen wohl in die Vororte gefahren ...! Die Weihnachtsmänner sind doppelseitig – das wird er wieder nicht richtig verstehen – die Weihnachtsmänner sind polare Gegensätze."

„Aha. Wejen die Kälte."

„Hümmel ... wo ist denn der Fluch-Napf ...! Also ich werde Ihnen das erklären! Jetzt passen Sie gut auf: Die Leute beten doch allerhand und wünschen sich zu Weihnachten so allerhand. Daraufhin hat der liebe Gott mit uns Engeln sowie auch mit den zuständigen Heiligen beraten: Wenn man das den Leuten alles erfüllt, dann gibt es ein Malheur. Immer. Denn was wünschen sie sich? Sie wünschen sich grade in der letzten Zeit so verd... so vorwiegend radikale Sachen. Einer will das

Hakenkreuz. Einer will Diktatur. Einer will Diktatur mitm kleinen Schuß; einer will Demokratie mit Schlafsofa; eine will einen Hausfreund; eine will eine häusliche Freundin ... ein Reich will noch mehr Grenzen; ein Land will überhaupt keine Grenzen mehr; ein Kontinent will alle Kriegsschulden bezahlen, einer will ... „

„Ich weiß schon. Ich jehöre zu den andern."

„Unterbrechen Sie nicht. Kurz und gut: das kann man so nicht erfüllen. Erfüllt man aber nicht ..."

„Ich weiß schon. Dann besetzen sie die Ruhr."

„Sie sollen mich nicht immer unterbrechen! Erfüllen wir nicht – also: erfüllt der liebe Gott nicht, dann sind die Leute auch nicht zufrieden und kündigen das Abonnement. Was tun?"

„Eine Konferenz einberufen. Ein Exposé schreiben. Mal telefonieren. Den Sozius ..."

„Wir sind hier nicht in Berlin, Herr! Wir sind im Himmel. Und eben wegen dieser dargestellten Umstände haben wir jetzt zwei Weihnachtsmänner!"

„Und ... was machen die?"

„Weihnachtsmann A erfüllt den Wunsch. Weihnachtsmann B bringt das Gegenteil. Zum Exempel:

Onkel Baldrian wünscht sich zu Weihnachten gute Gesundheit. Wird geliefert. Damit die Ärzte aber nicht verhungern, passen wir gut auf; Professor Dr. Speculus will auch leben. Also kriegt er seinen Wunsch erfüllt, und der reiche Onkel Baldrian ist jetzt mächtig gesund, hat eine eingebildete Krankheit und zahlt den Professor. Oder:

Die Nazis wünschen sich einen großen Führer. Kriegen sie: ein Hitlerbild. Der Gegenteil-Weihnachtsmann bringt dann das Gegenteil: Hitler selber.

Herr Merkantini möchte sich reich verheiraten. Bewilligt. Damit aber die Gefühle nicht rosten, bringt ihm der andere Weihnachtsmann eine prima Freundin. Oder: Weihnachtsmann A bringt dem deutschen Volke den gesunden Menschenverstand – Weihnachtsmann B die Presse. Weihnachtsmann A

gab Italien die schöne Natur – Weihnachtsmann B: Mussolini. Ein Dichter wünscht sich gute Kritiken: kriegt er. Dafür kauft kein Aas sein Buch mehr. Die deutsche Regierung wünscht Sparmaßnahmen – schicken wir. Der andere Weihnachtsmann bringt dann einen kleinen Panzerkreuzer mit.

Sehn Sie – auf diese Weise kriegt jeder sein Teil. Haben Sie das nun verstanden?"

„Allemal. Da möcht ich denn auch einen kleinen Wunsch äußern. Ich möchte gern im Himmel bleiben und alle Nachmittage von 4 bis 6 in der Hölle Bridge spielen."

„Tragen Sie sich in das Wunschbuch der Herren ein. Aber stören Sie sie nicht beim Packen – die Sache eilt."

„Und ... verzeihen Sie ... wie machen Sie das mit der Börse –?"

„So viel Weihnachtsmänner gibt es nicht, Herr – so viel Weihnachtsmänner gibts gar nicht –!"

Heinrich Heine

Die Heil'gen
Drei Könige

Die Heil'gen Drei Könige aus Morgenland,
Sie frugen in jedem Städtchen:
„Wo geht der Weg nach Bethlehem,
Ihr lieben Buben und Mädchen?"

Die Jungen und Alten, sie wußten es nicht,
Die Könige zogen weiter;
Sie folgten einem goldenen Stern,
Der leuchtete lieblich und heiter.

Der Stern blieb stehn über Josephs Haus,
Da sind sie hineingegangen;
Das Öchslein brüllte, das Kindlein schrie,
Die Heil'gen Drei Könige sangen.

Alphonse Daudet

Die drei stillen Messen

I.

„Zwei mit Trüffeln gefüllte Truthennen, Garrigou?"

„Ja, Hochwürden, zwei prächtige, mit Trüffeln ausgestopfte Truthennen. Ich weiß darüber Bescheid, da ich beim Füllen geholfen habe. Man hätte meinen können, ihre Haut müßte beim Braten platzen, so sehr war sie gespannt ..."

„Jesus, Maria! Ich liebe Trüffel so sehr! Gib mir schnell mein Chorhemd, Garrigou ... Und was hast du außer den Truthennen noch in der Küche gesehen?"

„Oh! Viele gute Dinge ... Seit dem Mittag haben wir nichts anderes getan, als Fasanen, Wiedehopfen, fette Hühner und Auerhähne gerupft. Die Federn flogen nur so herum ... Dann haben wir vom Teich Aale, Goldkarpfen, Forellen geholt und ..."

„Wie groß waren die Forellen, Garrigou?"

„So groß, Hochwürden ... Prächtige Stücke!"

„O Gott! Mir ist, als ob ich sie sähe ... Hast du den Wein in die Meßkännchen gefüllt?"

„Ja, Hochwürden; ich habe den Wein in die Meßkännchen gegossen. Aber, auf Ehre, er ist lange nicht so gut wie der, den Sie nach der Mette trinken werden. Wenn Sie sähen, wie im Speisesaal des Schlosses die Karaffen in den verschiedensten Farben funkeln, alle gefüllt mit edlen Weinen. Und das Silbergeschirr, die ziselierten Tafelaufsätze, die Blumen, die Armleuchter! ... Niemals hat man eine ähnliche Festtafel zu Gesicht bekommen. Der Herr Marquis hat alle adeligen Herren aus der Nachbarschaft eingeladen. Sie werden mindestens vierzig Personen bei Tische sein, ohne den Verwalter und den Notar ... Ach! Sie haben es gut, daß Sie dabei sein können, Hochwürden! ... Ich habe diese schönen Truthennen nur riechen dürfen, und nun verfolgt der Duft der Trüffel mich überall hin ... Hm!"

„Nun, nun, mein Sohn. Hüten wir uns vor der Sünde der Gaumenlust, besonders in der heiligen Nacht ... Geh schnell, zünde die Kerzen an und gib das Glockenzeichen zur Messe, denn Mitternacht ist nahe, und wir dürfen nicht zu spät anfangen."

Dieses Zwiegespräch fand in der Weihnachtsnacht im Jahre des Herrn sechzehnhundert soundsoviel zwischen dem Hochwürdigen Herrn Balaguère, dem ehemaligen Prior der Barnabiter-Mönche, dem gegenwärtigen wohlbestallten Hauskaplan der Herren von Trinquelage, und seinem kleinen Meßdiener Garrigou, statt, oder wenigstens dem, den er dafür hielt. Denn wohlgemerkt, an diesem Abend hatte der Teufel das runde Gesicht und die verschwommenen Züge des jungen Sakristans angenommen, um den ehrwürdigen Vater besser in Versuchung zu führen und ihn die verwerfliche Sünde der Gaumenlust begehen zu lassen. Also, während der angebliche Garrigou (hm! hm!) abwechselnd mit beiden Armen die Glocken der herrschaftlichen Kapelle läutete, legte Hochwürden sein Meßgewand in der kleinen Sakristei des Schlosses an und, ganz in die Beschreibung der gastronomischen Genüsse vertieft, wiederholte er für sich beim Anziehen: „Gebratene Truthennen ... Goldgelbe Karpfen ... So große Forellen!"

Draußen blies der Nachtwind und trug den Klang der Glocken in die Ferne, während nach und nach in der Dunkelheit an den Seiten des Berges Ventoux die Lichter aufblitzten, auf dessen Höhe die alten Türme von Trinquelage standen. Das waren Pächterfamilien, die die Mette im Schloß hören wollten. Sie kletterten unter Gesang in Gruppen von fünf bis sechs die Anhöhe hinauf; der Vater ging mit der Laterne in der Hand voraus, die Frauen waren eingehüllt in ihre großen, braunen, ärmellosen Mäntel, woran die Kinder sich schutzsuchend anklammerten. Trotz der späten Stunde und der Kälte schritten all die guten Leute munter aus, fröhlich in dem Gedanken, daß nach der Mette wie alljährlich der Tisch für sie unten in den Küchen gedeckt sei. Von Zeit zu Zeit spiegelten sich auf dem steilen Auffahrtsweg die Scheiben einer herrschaftlichen Kutsche, der Fackelträger vorangingen, im Mondenschein, oder ein Maultier klingelte mit den Glöckchen beim Traben, und im Scheine der von Nebel eingehüllten Stocklaternen erkannten die Pächter ihren Vogt und grüßten im Vorbeigehen: „Guten Abend, guten Abend, Herr Arnoton!"

„Guten Abend, guten Abend, meine Kinder!"

Die Nacht, war frostklar, die Sterne heller als sonst; der Nordostwind war schneidend, und die feinen Eisnadeln, die ohne Spur von Nässe über die Kleider glitten, blieben der Tradition der „weißen Weihnacht" treu. Oben auf dem Hügel erschien als Ziel das Schloß, mit seiner gewaltigen Masse von Türmen und Giebeln, ragte der Glockenturm seiner Kapelle hoch in den blauschwarzen Himmel hinauf, und viele kleine Lichter blinzelten und verschwanden an allen Fenstern; sie glichen auf dem Hintergrund des dunklen Gebäudes den Fünkchen, die in der Asche von verbranntem Papier aufglühen ... Nachdem man die Zugbrücke und das Falltor passiert hatte, mußte man, um zur Kapelle zu gelangen, den ersten Hof überqueren, der mit Kutschen, Dienern, Tragsesseln angefüllt und vom Fackelscheine und dem auflodernden Feuer der Küchen hell erleuchtet war. Man hörte das Geräusch von Bratspießen, das Klappern von Pfannen, das Klirren von Kristall- und Silbergefäßen, die bei den Vorbereitungen zum Mahle gebraucht wurden. Über allem schwebte ein warmer Dunst von Bratenduft und würzigen Kräuter-Saucen, der den Pächtern wie dem Kaplan, dem Vogt, und jedem anderen zuzurufen schien: „Welch ein gutes Nachtmahl wird es nach der Mette für uns geben!"

II.

Klingeling! ... Klingeling! ...

Die Mitternachtsmesse beginnt. In der Schloßkapelle, einer Kathedrale im kleinen, mit Kreuzgewölben und Eichentäfelung die ganzen Wände hinauf, sind die Wandteppiche gespannt, alle Kerzen sind angezündet. Und

wieviel Beter heute! Und was für Toiletten! Da sitzen zunächst in den geschnitzten Stühlen rings um den Chor der Herr von Trinquelage in einem Gewand von lachsfarbenem Taft und neben ihm alle eingeladenen edlen Herren. Gegenüber auf den mit Samt verzierten Betstühlen haben die alte Gräfin-Witwe in ihrem feuerroten Brokatkleid und die junge Frau von Trinquelage, die eine hohe, in Falten gelegte Spitzenhaube nach der neuesten Mode des französischen Hofes trägt, Platz genommen. Weiter unten sieht man die rasierten Gesichter des Amtmanns Thomas Arnoton und den Notar Herrn Ambroy in ihrer schwarzen Kleidung mit den großen, spitz zulaufenden Perücken; sie bringen zwei ernste Noten in die glänzenden Seidenstoffe und den durchwirkten Damast. Dann kommen die dicken Haushofmeister, die Pagen, die Vorreiter, die Verwalter, Frau Barbara, die alle Schlüssel an einer feinen, silbernen Kette an der Seite hängen hat. In den hinteren Bänken sitzen die Diener, die Dienstmädchen, die Pächter mit ihren Familien und ganz hinten an der Türe, die sie möglichst geräuschlos öffnen und schließen, stehen die Herren Köche, die zwischen der Herstellung zweier Saucen ein wenig Meßluft atmen und den Duft vom Weihnachtsschmaus mit in die feierliche Kirche bringen, in welcher die vielen brennenden Kerzen eine festliche Wärme ausstrahlen.

Ist es der Anblick dieser kleinen weißen Mützen, der Hochwürden beim Lesen der Messe so zerstreut? Oder ist es vielleicht Garrigous Glöckchen, dieses tolle Glöckchen, das sich an den Stufen des Altars mit einer teuflischen Geschwindigkeit bewegt und die ganze Zeit zu rufen scheint: „Vorwärts! Vorwärts! ... Je schneller wir fertig sind, desto eher werden wir am Tische sitzen."

Jedenfalls ist es Tatsache, daß immer, wenn das Teufelsglöckchen erklingt, der Kaplan seine Messe vergißt und nur noch an das Nachtmahl denkt. Er stellt sich vor, wie die Köche hantieren, wie in den Herden ein wahres Schmiedefeuer brennt, wie der Dampf aus den halbgeöffneten Töpfen herausquillt und in dem Dunst zwei prächtige Truthennen, zum

Platzen gefüllt und marmoriert mit Trüffeln, erscheinen.

Oder aber er sieht Reihen kleiner Pagen vorbeiziehen, beladen mit Schüsseln, von denen ein verführerischer Geruch aufsteigt, und mit ihnen tritt er in den großen Saal, der schon bereit ist zum Festmahl. O Wonne! Da steht im Lichterglanze die schwerbeladene Tafel, die Pfauen mit ihren eigenen Federn geschmückt, die Fasane mit ausgebreiteten goldkäferfarbenen Flügeln, da gibt es rubinrote Flaschen, Pyramiden von Früchten, die aus grünen Zweigen hervorleuchten, und diese wunderbaren Fische, von denen Garrigou sprach (ja, ja, vortrefflich, Garrigou!), ausgebreitet auf einer Lage Fenchel, mit glänzenden Schuppen, als ob sie gerade erst aus dem Wasser kämen, einen Strauß duftender Kräuter in ihren häßlichen Mäulern. So lebhaft ist die Vorstellung dieser Wunderdinge, daß es dem Herrn Balaguère so vorkommt, als ob alte diese verführerischen Gerichte auf der Stickerei des Altartuches vor ihm aufgetragen seien, und zwei- bis dreimal ertappt er sich dabei, daß er anstatt „Der Herr sei mit euch" „Der Herr segne die Mahlzeit" sagt. Außer diesen verzeihlichen Irrtümern liest der würdige Herr jedoch seine Messe sehr gewissenhaft, ohne eine Zeile zu überschlagen und ohne eine Kniebeuge auszulassen; und alles geht geziemlich gut, bis zum Ende der ersten Messe; denn ihr wißt, daß am Weihnachtstag derselbe Priester drei Messen nacheinander zelebrieren muß.

„Eine hätten wir!" sagte sich der Kaplan mit einem Seufzer der Erleichterung; dann macht er dem Sakristan, oder vielmehr dem, den er für seinen Sakristan hält, ein Zeichen und ...

Klingeling! ... Klingeling! ...

Die zweite Messe beginnt und mit ihr auch die Sünde des Herrn Balaguère.

Schnell, schnell, beeilen wir uns, ruft ihm der schrille Ton von Garrigous Glöckchen zu, und diesesmal stürzt er sich, der unglückliche Priester, dem Dämon der Gaumenlust ganz verfallen, auf das Meßbuch und verschlingt die Seiten mit der Gier seines überreizten Hungergefühls. Wahnsinnig schnell beugt er sich, richtet sich wieder auf, macht flüchtig Kreuzzeichen und Kniebeugen, verkürzt alle seine Gesten, um schneller fertig zu werden. Kaum breitet er die Arme aus beim Evangelium, kaum schlägt er an die Brust beim Confiteor. Der Sakristan und er selbst wetteifern im raschen, undeutlichen Sprechen. Gebete und Antworten überstürzen sich und werden durcheinandergeworfen. Ohne den Mund zu öffnen, damit nicht zu viel Zeit verlorengeht, werden die Worte nur halb ausgesprochen und enden in einem unverständlichen Gemurmel.

„Oremus ps ... ps ... ps
Mea culpa ... pa ... pa ..."

Wie eilige Winzer die Trauben in den Kübeln treten, wateten beide im Latein der Messe herum, nach allen Seiten abgerissene Worte hervorsprudelnd.

„Dom ... scum!" sagt Balaguère

„... Stutuo ...", antwortet Garrigou; und die ganze Zeit klingt ihnen das verfluchte Glöckchen ins Ohr, wie die Schellen, die man den Postpferden anhängt, um sie zu größerer Geschwindigkeit anzufeuern. Ihr könnt euch vorstellen, daß auf diese Weise eine stille Messe schnell abgetan ist.

„Das war die zweite!" sagt der Kaplan ganz außer Atem; dann rennt er so rasch er kann, ohne sich die Zeit zum Luftholen zu nehmen, rot und schwitzend die Stufen des Altars herunter und ...

Klingeling! ... Klingeling! ...

Die dritte Messe beginnt. Nun sind es nur noch wenige Schritte bis in den Speisesaal; aber ach! je näher das Mahl rückt, desto mehr wird der unglückliche Balaguère von wahnsinniger Ungeduld und Gaumenlust gepackt. Die Vision wird immer deutlicher, die goldgelben Karpfen, die gebratenen Truthennen stehen vor ihm ... Er faßt sie an ... er ... o Gott! ... Die Schüsseln dampfen, die Weine duften köstlich und das Glöckchen mit seinem rasenden Klöppel ruft ihm immer lauter zu: Schnell, schnell, noch schneller! ...

Aber wie könnte man noch schneller fertig werden? Seine Lippen bewegen sich kaum noch. Er spricht die Worte nicht mehr aus.

Wenn er nicht den lieben Gott ganz betrügen und ihm die Messe abstehlen will ... Und wahrhaftig, er tut es, der Unglückselige! ... Er kann der Versuchung nicht widerstehen, erst einen Vers, dann zwei auszulassen. Dann ist die Epistel zu lang, er liest sie nicht fertig, streift flüchtig das Evangelium, geht am Credo vorbei, überspringt das Paternoster, grüßt die Präfation von weitem, und mit solchen gewaltigen Sprüngen und Sätzen stürzt er sich in die ewige Verdammnis, immer gefolgt von dem niederträchtigen Garrigou (Weiche, Satan!), der ihm mit wunderbarem Verständnis sekundiert, ihm sein Meßgewand hebt, immer zwei Blätter auf einmal umdreht das Meßpult beiseite schiebt, die Meßkännchen umstößt und unaufhörlich immer lauter und schneller das Glöckchen schwingt.

Die entsetzten Gesichter der Gläubigen kann man sich vorstellen! Da sie gezwungen sind, dieser Messe, von der sie kein Wort verstehen, nach der Mimik des Priesters zu folgen, stehen die einen auf, wenn die anderen sich knien, setzen sich die ersten, während die letzten stehen, und alle Phasen dieses eigenartigen Gottesdienstes spiegeln sich in den Bänken in buntem Wirrwarr wider. Der Weihnachtsstern, der sich auf den Himmelsbahnen dem kleinen Stall nähert, erblaßt vor Entsetzen, als er diese Verwirrung sieht ...

„Der Geistliche macht zu schnell ... Man kann nicht folgen", murmelte die alte Gräfin-Witwe und bewegt aufgeregt ihre Haube hin und her.

Herr Arnoton, die Stahlbrille auf der Nase, sucht verzweifelt in seinem Gebetbuch, was, zum Teufel, an der Reihe ist. Aber im Grunde sind alle diese braven Leute, die selbst auch an das Festessen denken, nicht böse, daß die Messe mit solcher Geschwindigkeit weitergeht und, als der hochwürdige Herr Balaguère sich mit strahlendem Gesicht den Gläubigen zuwendet und ihnen mit aller Kraft: „Ite, missa est!" zuruft, antworten alle, die in der Kapelle sind, einstimmig mit einem so fröhlichen, hinreißenden „Deo gratias", daß man glauben könnte, man säße schon an der Tafel beim ersten Toast des Festmahles.

III.

Fünf Minuten später saß die ganze Schar der edlen Herren in dem großen Saal, der Kaplan mitten unter ihnen. Das Schloß, von oben bis unten erleuchtet, hallte wider von Liedern, Rufen, Lachen und Lärmen, und der ehrwürdige Herr Balaguère durchstach mit seiner Gabel den Flügel eines Haselhuhns und ertränkte die Gewissensbisse über seine Sünde in Strömen auserlesenen Weines und guter Bratensaucen. Der arme ehrwürdige Herr aß und trank soviel, daß er in der Nacht an einem schrecklichen Schlaganfall starb, ohne auch nur Zeit zu haben, Reue zu erwecken; am Morgen kam er dann im Himmel an, noch ganz benommen von den Festlichkeiten der Nacht. Wie er dort empfangen wurde, könnt ihr euch denken.

„Geh mir aus den Augen, du schlechter Christ!" sagte der höchste Richter, unser aller Herr, zu ihm. „Dein Fehltritt ist so groß, daß er ein ganzes tugendhaftes Leben aufwiegt ... Ah! Du hast mir eine Mitternachtsmesse gestohlen ... Nun wohl! Du wirst mir dafür dreihundert zurückgeben, und du wirst nicht eher ins Paradies kommen, bis du in deiner eigenen Kapelle diese dreihundert Weihnachtsmessen in Gegenwart aller derjenigen, die mit dir und durch deinen Fehltritt gesündigt haben, gelesen hast ..."

*

Das ist die wahre Geschichte des hochwürdigen Herrn Balaguère, wie man sie im Lande der Oliven erzählt.

Heute existiert das Schloß Trinquelage nicht mehr, aber die Kapelle steht noch. Oben auf dem Berge Ventoux, umgeben von einem Kranze grüner Eichen. Der Wind schlägt die aus den Fugen gegangene Tür auf und zu; auf dem Boden wuchert das Unkraut; in den Ecken des Altares und in den Öffnungen der hohen Fenster, deren bemalte Scheiben seit langem verschwunden sind, nisten die Vögel. Jedoch soll jedes Jahr zu Weihnachten ein übernatürliches Licht in diesen Ruinen umherirren, und die Bauern, die zur Messe und zum Festmahl gehen, sehen die gespenstische Kapelle von unsichtbaren Kerzen erleuchtet, die im Freien brennen, sogar bei Schnee und Wind. Ihr könnt darüber lachen, wenn ihr wollt, aber ein Winzer aus der Gegend, namens Garrigue, ohne Zweifel ein Nachkomme jenes Garrigou, hat mir versichert, daß er an einem Weihnachtsabend, als er einen über den Durst getrunken hatte, sich im Gebirge in der Nähe von Trinquelage verirrte und folgendes sah: ... Bis elf Uhr nichts. Alles war schweigsam, erloschen, Wie tot. Plötzlich gegen Mitternacht, ertönte Glockenläuten vom Kirchturm, ein uraltes Glockenspiel, dessen Ton aus zehn Meilen Entfernung zu kommen schien. Mit einem Male sah Garrigue auf dem heraufführenden Weg Laternen zittern und undeutliche Schatten sich bewegen. Unter dem Torbogen der Kapelle gingen Schritte, und man hörte flüstern.

„Guten Abend, Herr Arnoton!"

„Guten Abend, guten Abend, meine Kinder!"

Als alle eingetreten waren, faßte sich der Winzer ein Herz, näherte sich leise, und als er durch die zerbrochene Tür sah, bot sich ihm ein sonderbares Schauspiel. Alle Leute, die er hatte vorbeigehen sehen, waren im Chor des zerfallenen Schiffes aufgestellt, als ob die alten Bänke noch da wären. Schöne Damen in Brokat mit Spitzenhauben, von oben bis unten betreßte Herren, Bauern in schönen blumigen Jacken, so wie sie unsere Großväter trugen. Alle sahen alt, welk, staubig und müde aus. Von Zeit zu Zeit strichen Nachtvögel, die gewöhnlichen Gäste der Kapelle, durch all das Licht aufgeschreckt um die Kerzen, deren Flammen gerade und leise flackernd in die Höhe stiegen, als ob sie hinter einem Schleier brannten; und was Garrigue am meisten Spaß machte, war eine gewisse Person mit großer Stahlbrille, die jeden Augenblick ihre hohe schwarze Perücke schüttelte, auf welcher einer dieser Vögel sich ankrallte und schweigend, mit den Flügeln schlug.

Im Hintergrund lag ein Greis, klein wie ein Kind, mitten im Chor auf den Knien und schwang verzweifelt eine Schelle, die keinen Klöppel hatte und keinen Ton von sich gab, während ein Priester im goldenen Meßgewand vor dem Altar hin und her ging und Gebete murmelte, von denen man kein Wort verstand ... Sicher war das der hochwürdige Herr Balaguère, der seine dritte stille Messe las.

Aus dem Französischen von Natalie Friedberg

Heinrich Hoffmann von Fallersleben

O schöne,
herrliche Weihnachtszeit

O schöne, herrliche Weihnachtszeit,
was bringst du Lust und Fröhlichkeit!
Wenn der heilige Christ in jedem Haus
teilt seine lieben Gaben aus.
Und ist das Häuschen noch so klein,
so kommt der heilige Christ hinein,
und alle sind ihm lieb wie die Seinen,
die Armen und Reichen, die Großen und Kleinen.
Der heilige Christ an alle denkt,
ein jedes wird von ihm beschenkt.
Drum laßt uns freun und dankbar sein!
Er denkt auch unser, mein und dein.

Ludwig Thoma

Der Christabend

Eine Familiengeschichte

Bei Oberstaatsanwalts Saltenberger hatten sie drei Töchter, Emerentia, Rosalie und Marie. Alle im höchsten Grade fähig und entschlossen, dem ledigen Stande zu entsagen.

Das herannahende Weihnachtsfest brachte die geliebten Eltern auf den Gedanken, daß sie ihre Kinder am besten mit Männern bescheren würden, und sie überlegten lange, wie dieses zu ermöglichen wäre.

Mama Saltenberger meinte, ihr Mann sollte seine hervorragende Beamtenstellung in die Waagschale werfen und jüngere Kollegen durch die Macht seines Ansehens an ihre staatsbürgerlichen Pflichten erinnern. Saltenberger war nicht prinzipiell abgeneigt, aber er betonte, daß dieser Einfluß nur in ganz familiären Grenzen ausgeübt werden dürfe und daß man in der Wahl der Objekte sehr vorsichtig sein müsse.

In geheimer Beratung wurde zur engeren Wahl der zukünftigen Familienmitglieder geschritten.

Beide Eheleute einigten sich zunächst auf Karl Mollwinkler, zweiter Staatsanwalt. Er war ziemlich abgelebt, und sein kränklicher Zustand ließ hoffen, daß er sich nach der Pflege einer geliebten Frau sehne.

Als zweiter ging Sebald Schneidler, königlicher Landgerichtssekretär, durch.

Nicht ohne Widerspruch. Frau Saltenberger fand die Stellung denn doch etwas subaltern. Ihr Mann hatte Mühe, sie zu überzeugen, daß die gegenwärtige Zeitrichtung die Standesunterschiede einigermaßen nivelliert habe und daß speziell in Heiratsfragen eine zu strenge Auffassung von Übel sei.

Schließlich kam man dahin überein, daß Schneidler sich in Anbetracht seiner sozialen Verhältnisse mit der ältesten Tochter, der vierunddreißigjährigen Emerentia zu begnügen habe.

Die Aufstellung des dritten Kandidaten bereitete Schwierigkeiten.

Unter den Juristen fand sich trotz sorgfältiger Prüfung keiner mehr, der des Vertrauens würdig gewesen wäre.

Man mußte wohl oder übel in eine andere Sparte hinübergreifen.

Aber auch da zeigten sich überall unüberwindliche Schwierigkeiten, und schon wollte der Oberstaatsanwalt an der gestellten Aufgabe verzweifeln, als im letzten Moment Frau Saltenberger den rettenden Gedanken faßte.

„Weißt du was, Andreas", sagte sie, „wir nehmen einfach einen von der Post. Da sind die meisten Chancen, denn fast alle Verlobungen, welche man an Weihnachten in der Zeitung liest, gehen von Postadjunkten aus."

Dieses leuchtete ihrem Manne ein, und er gab seine Zustimmung zur Wahl des Postadjunkten Jakob Geiger. Somit war die Sache gediehen; es galt nunmehr, die zur Bescherung Vorgemerkten unter die drei Töchter zu verteilen.

Und das war das Schwierigste.

Der Friede wich aus dem Hause des Oberstaatsanwalts Saltenberger.

Emerentia brach in Tränen aus, als die Eltern von dem Plane sprachen; sie sei immer das Stiefkind gewesen, die anderen Fratzen habe man verhätschelt und verzogen, nur sie sei mißhandelt worden und jetzt solle sie sich mit einem Sekretär begnügen.

Vielleicht müsse sie noch Komplimente machen vor dem ekelhaften Ding, der Rosalie, die man natürlich zur Frau Staatsanwalt nehme, obwohl sie die Dümmste von allen sei. Aber nein! nein! und nein! Da kenne man sie schlecht. Sie lasse nicht auf sich herumtrampeln, und lieber verhindere sie den Plan, so daß gar keine einen Mann erwische, als daß sie sich mit dem Affen von einem Sekretär abfinden lasse.

Ihr Widerstand war leidenschaftlich, aber nicht schlimmer als derjenige von Marie, welcher man den Postadjunkten zugedacht hatte. Sie war die jüngste und durfte billig annehmen, daß sie auf dem Heiratsmarkte die besten Preise erzielen könne. Allerdings schielte sie,

aber sie sagte sich, daß ein verständiger Mann solche Kleinigkeiten nicht beachte. Zudem, lieber schielen als einen Kropf haben, wie Emerentia, oder schlechte Zähne, wie Rosalie.

Papa Saltenberger hatte böse Tage; während er auf dem Bureau weilte, sammelte sich daheim eine unglaubliche Menge Sprengstoff an, welcher regelmäßig beim Mittagstisch explodierte. So ging das nicht. Die Eltern beschlossen, die drei Herren als Ganzes zu bescheren und die Wahl den Kindern zu überlassen. Auf diese Weise hatten wenigstens sie Ruhe gefunden, wenngleich der Krieg unter den Schwestern fortdauerte.

Emerentia stickte in heimlicher Abgeschlossenheit an einem Paar Pantoffeln, und bei jedem Stich wurde sie fester entschlossen, dieselben nur dem zweiten Staatsanwalt Mollwinkler zum Zeichen ihrer Liebe an die Füße zu stecken.

Rosalie häkelte einen Tabakbeutel, Marie strickte wollene Handschuhe. Und jede wußte, wem sie die Gabe weihen würde. Alle drei zogen die Mutter ins Vertrauen, und da Frau Saltenberger einen gutmütigen Charakter hatte, sagte sie zu jeder verstohlen: „Kindchen, Kindchen, ich seh dich noch als Frau Staatsanwalt."

Und jede war glücklich darüber. Erstens überhaupt, und dann, weil die zwei anderen Maulaffen vor Neid bersten würden.

So kam allmählich das heilige Weihnachtsfest heran mit seinem unvergeßlichen Zauber für die Familie, jener Tag, an welchem die Junggesellen so ganz besonders Sehnsucht empfinden nach einem schöneren Lose, nach einer liebenden Gattin und nach Kindern, welche mit ihren Spielzeugen um den Christbaum tanzen.

O welche Gefühle walteten in dem Hause des Oberstaatsanwalts Andreas Saltenberger!

Das war ein Raunen und Flüstern, ein geheimnisvolles Weben, ein Hin und Her, von einem Zimmer in das andere, bis endlich um sieben Uhr Vater, Mutter und die drei Töchter sich im Salon versammelten, festlich geschmückt und sehr erwartungsvoll.

Jede der Schwestern erregte durch ihr reizendes Aussehen die Freude der Eltern und das verächtliche Mitleid der beiden anderen.

Es läutete. Das Dienstmädchen eilte zur Türe, im Salon hielten fünf Menschen den Atem an. Wer kam? Eine tiefe Stimme, unverständlich, dann schlurfte das Mädchen zurück und übergab dem hastig öffnenden Papa einen Brief. Aufreißen und lesen. Sekretär Schneidler sagt mit besten Dank ab, da er heimreise. Die drei Schwestern atmeten auf. Auf diesen Menschen hatte keine reflektiert. Es läutete wieder. Das Dienstmädchen überbrachte einen zweiten Brief. Die Absage des Herrn Staatsanwalts Mollwinkler wegen Unwohlseins.

Drei Lebenshoffnungen waren vernichtet; der Vater blickte die Mutter an, die Schwestern bissen sich auf die Lippen, und ihr Schmerz wäre unerträglich gewesen, wenn sich nicht ein klein wenig Freude an der Enttäuschung der anderen dareingemengt hätte.

Was tun? Papa Saltenberger raffte sich auf und sagte mit erzwungener Höflichkeit: „Wozu auch fremde Menschen? Nun wollen wir das Fest so recht unter uns begehen!"

Da läutete es wieder. Und diesmal kam der königliche Postadjunkt Geiger, welcher noch niemals abgesagt hatte.

Er hatte es nicht zu bereuen. Er war der verhätschelte Liebling der Familie; er bekam ein Paar Pantoffeln, einen Tabakbeutel und wollene Handschuhe, viele Süßigkeiten, Äpfel und Nüsse.

Er trank einen sehr guten Wein und einen famosen Punsch, er aß Rheinsalm, Rehbraten und Pudding und bewunderte die Freigebigkeit der Familie, welche für ihn allein so reichlich auftragen ließ.

Er sagte allen Damen Liebenswürdigkeiten und ließ sich von jeder in der gehobenen Stimmung auf die Füße treten.

Und als er ziemlich betrunken den Heimweg antrat, sagte er sich, daß das Familienleben doch sein Gutes, besonders hinsichtlich der leiblichen Genüsse, habe. Und er verlobte sich am Silvesterabend mit der wohlhabenden Witwe Reisenauer, welche ein gutgehendes Geschäft am Marktplatz hatte.

Bertolt Brecht

Die gute Nacht

Der Tag, vor dem der große Christ

Zur Welt geboren worden ist

War hart und wüst und ohne Vernunft.

Seine Eltern, ohne Unterkunft

Fürchteten sich vor seiner Geburt

Die gegen Abend erwartet wurd

Denn seine Geburt fiel in die kalte Zeit.

Aber sie verlief zur Zufriedenheit.

Der Stall, den sie doch noch gefunden hatten

War warm und mit Moos zwischen seinen Latten

Und mit Kreide war auf die Tür gemalt

Daß der Stall bewohnt war und bezahlt.

So wurde es doch noch eine gute Nacht,

Auch das Heu war wärmer, als sie gedacht.

Ochs und Esel waren dabei,

Damit alles in der Ordnung sei.

Eine Krippe gab einen kleinen Tisch,

Und der Hausknecht brachte ihnen heimlich einen Fisch.

(Denn es mußte bei der Geburt des großen Christ

Alles heimlich gehen und mit List.)

Doch der Fisch war ausgezeichnet und reichte durchaus

Und Maria lachte ihren Mann wegen seiner Besorgnis aus

Denn am Abend legte sich sogar der Wind

Und war nicht mehr so kalt, wie die Winde sonst sind.

Aber bei Nacht war er fast wie ein Föhn.

Und der Stall war warm und das Kind war sehr schön.

Und es fehlte schon fast gar nichts mehr,

Da kamen auch noch die Dreikönig daher!

Maria und Joseph waren zufrieden sehr.

Sie legten sich sehr zufrieden zum Ruhn

Mehr konnte die Welt für den Christ nicht tun.

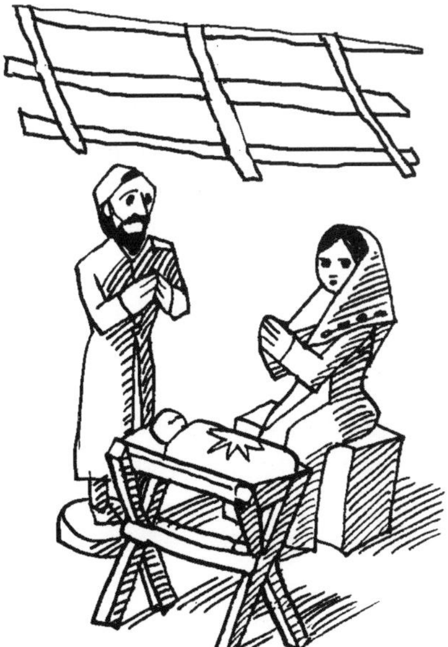

Heli Busse

So einfach ist Weihnachten nicht

„Und nun", sagte der Vater und setzte sich mit Onkel Emil genießerisch in den Sesseln zurecht, „wollen wir mal eine von den Zigarren rauchen, die ihr uns geschenkt habt."

„Was? Jetzt vor dem Mittagessen die guten Zigarren? Die hebt euch man schön auf!" befahl die Mutter und nahm ihnen die Zigarren wieder aus dem Mund. Da guckten die beiden eine Weile dumm vor sich hin und nahmen schließlich schüchtern Zigaretten. Der Vater suchte lange nach einem Streichholz, bis ihn Tante Alma liebevoll auf das Feuerzeug aufmerksam machte, das sie ihm geschenkt hatte. Er drückte insgesamt siebenundachtzigmal, bevor er den Witz vom Tausendzünder machte. Da nahm ihm Tante Alma das Feuerzeug weg, sagte „Du machst es noch kaputt!" – und ging mit verkniffenem Gesicht in die Küche.

Die Kinder rasten inzwischen mit den geschenkten Autos und Traktoren durch die Stube. Der Lärm dabei war so echt, daß Onkel Emil sagte: „Nun hört mal endlich auf! Ihr werdet die Dinger noch kaputtmachen." Da packten die Kinder die Autos weg und sahen zu, wie der Vater versuchte, die geschenkte Schnapsflasche zu entkorken. Er hatte gerade wieder ein Stück Korken raus, als Tante Alma aus der Küche zurückkam, die Lage mit einem Blick durchschaute, die Schnapsflasche sicherstellte und hart sagte: „Sauft nicht soviel!"

„Aber wir haben doch noch gar nicht", behauptete der Vater erbittert. Tante Alma blickte ihn nur einmal kurz an. Da war ihm, als hätte er doch schon. Und sie sprach weiter: „Ich werde mir jetzt die neue Bluse anziehen, die du mir geschenkt hast, was Emil?"

Onkel Emil richtete einen Blick zur Decke und sprach so nebenhin, daß es zwar bedauerlich sei, er sie aber nicht daran hindern könne, das eben gekaufte neue Stück zu versauen und mit Bratensoße zu bekleckern, worauf Tante Alma unter Mitnahme der Bluse abermals mit verkniffenem Gesicht in die Küche ging.

Die Absicht des Vaters, die Schnapsflasche nunmehr dennoch zu entkorken, scheiterte an der Wachsamkeit der Kinder. „Tante Alma!" brüllte das Jüngste, „sie saufen schon wieder!"

Onkel Emil hielt seine zuckende Rechte mit der Linken fest, reichte dem lieben Kleinen statt des Beabsichtigten einen Teddy aus Pfefferkuchen und sprach mühsam beherrscht: „Pst, pst! Ei sieh mal, was deine Tante Alma für dich gebacken hat: einen Teddybären!"

Der Junge schüttelte den Kopf und behauptete, das Tier sei kein Teddy, sondern ein Pferd.

„Das ist doch kein Pferd, das ist ein Teddy!" sagte Tante Alma, die wegen des Schnapsalarms herbeigeeilt war. Der Jüngste biß in den Tierpfefferkuchen und erklärte sachlich: „Es ist kein Teddy, es schmeckt nach Pferd!"

Bevor Tante Alma wieder Luft bekam, stürzte die gute Mutti ins Zimmer, riß dem Kind den Pfefferkuchen zwischen den Zähnen hervor und rief: „Auf keinen Fall ißt du das vor dem Mittagessen! Was meinst du, Vater, soll ich den neuen Rock anziehen?"

Der Vater zuckte mit den Schultern und erklärte gleichgültig: „Wenn du mein Geschenk so wenig achtest – bitte! Ich hatte ihn dir an sich für besondere Gelegenheiten geschenkt."

Da gingen die beiden Frauen heulend in die Küche zurück, aus der es bereits nach Gans oder irgendeinem anderen angebrannten Tier gar appetitlich duftete.

Und da der Vater abermals an der Schnapsflasche herumzufummeln begann, grölte diesmal der Älteste: „Sie saufen schon wieder!"

Die Frauen stürzten ins Zimmer, die Kleidungsstücke, die sie heimlich anziehen wollten, in den Händen. Alle schämten sich, von den Kindern abgesehen, die gerade klebrige Bonbons in das Teppichmuster einarbeiteten.

„Schluß jetzt!" sprach der Vater ernst. „Jeder legt sein Geschenk wieder unter den Baum!"

So geschah es. Da lagen die Bluse, der Rock, das Feuerzeug, die Autos und Traktoren, die

Zigarren und Pfefferkuchen, und da stand die Schnapsflasche.

„Schön, unsere Geschenke!" sagten alle und dachten wütend: ‚Wenn man doch bloß richtig ran könnte!'

Virginias Brief

Die achtjährige Virginia aus New York schrieb an die Tageszeitung New York Sun:

Ich bin acht Jahre alt. Einige von meinen Freunden sagen, es gibt keinen Weihnachtsmann. Papa sagt, was in der Sun steht, ist immer wahr. Bitte, sagen Sie mir: Gibt es einen Weihnachtsmann?

Virginia O'Hanlon

Der Chefredakteur Francis Church antwortete auf Virginias Anfrage – auf der Titelseite der Sun:

Virginia,

Deine kleinen Freunde haben nicht recht. Sie glauben nur, was sie sehen; sie glauben, daß es nicht geben kann, was sie mit ihrem kleinen Geist nicht erfassen können. Aller Menschengeist ist klein, ob er nun einem Erwachsenen oder einem Kind gehört. Im Weltall verliert er sich wie ein winziges Insekt.

Ja, Virginia, es gibt einen Weihnachtsmann. Es gibt ihn so gewiß wie die Liebe und Großherzigkeit und Treue.

Weil es all das gibt, kann unser Leben schön und heiter sein. Wie dunkel wäre die Welt, wenn es keinen Weihnachtsmann gäbe! Es gäbe dann auch keine Virginia, keinen Glauben, keine Poesie – gar nichts, was das Leben erst erträglich machte. Ein Flackerrest an sichtbarem Schönen bliebe übrig. Aber das Licht der Kindheit, das die Welt ausstrahlt, müßte verlöschen. Es gibt einen Weihnachtsmann, sonst könntest Du auch den Märchen nicht glauben.

Gewiß, Du könntest Deinen Papa bitten, er solle am Heiligen Abend Leute ausschicken, den Weichnachtsmann zu fangen. Und keiner von ihnen bekäme den Weihnachtsmann zu Gesicht – was würde das beweisen? Kein Mensch sieht ihn einfach so. Das beweist gar nichts.

Die wichtigsten Dinge bleiben meistens unsichtbar. Die Elfen zum Beispiel, wenn sie auf Mondwiesen tanzen. Trotzdem gibt es sie. All die Wunder zu denken – geschweige denn sie zu sehen –, das vermag nicht der Klügste auf der Welt. Was Du auch siehst, Du siehst nie alles. Du kannst ein Kaleidoskop aufbrechen und nach den schönsten Farbfiguren suchen. Du wirst einige bunte Scherben finden, nichts weiter. Warum? Weil es einen Schleier gibt, der die wahre Welt verhüllt, einen Schleier, den nicht einmal die Gewalt auf der Welt zerreißen kann. Nur Glaube und Poesie und Liebe können ihn lüften. Dann werden die Schönheit und Herrlichkeit dahinter zu erkennen sein.

„Ist das denn auch wahr?" kannst Du fragen. Virginia, nichts auf der ganzen Welt ist wahrer und nichts beständiger. Der Weihnachtsmann lebt, und er wird ewig leben. Sogar in zehnmal zehntausend Jahren wird er da sein, um Kinder wie Dich und jedes offene Herz mit Freude zu erfüllen.

Frohe Weihnacht, Virginia.

Dein Francis Church

Der Briefwechsel zwischen Virginia O'Hanlon und Francis P. Church stammt aus dem Jahr 1897. Er wurde über ein halbes Jahrhundert, alle Jahre wieder zur Weihnachtszeit, auf der Titelseite der Zeitung gedruckt. Die Sun wurde 1950 eingestellt.

Weihnachtsquiz

Lösungen auf S. 224

In den 20er Jahren des 20. Jahrhunderts kreierte der Dresdner Schokolatier Herbert Wendler eine süße Spezialität, die heute weltweit bekannt ist. Das waren ...

A   Schokoladennüsse
B   Dominosteine
C   Weihnachtsstollen
D   Marzipankartoffeln

Welcher ist kein Heiliger König?

A   Balthasar
B   Melchior
C   Nebukadnezar
D   Kasper

Welche Stadt besitzt als einzige ein Pfefferkuchenmuseum?

A   Nürnberg
B   Aachen
C   Lübeck
D   Weißenberg

Als sich Till Uhlenspiegel „am Tage von Sankt Nikolaus" bei einem Braunschweiger Bäcker verdingte, buk er seltsam geformte Gebilde. Das waren ...

A   Honigkuchenmänner
B   Eulen und Meerkatzen
C   Herzen und Sterne
D   Hefezöpfe

In aller Welt stellen sich die Kinder, egal unter welchem Namen, heute den Weihnachtsmann pausbäckig, mit langem, weißem Bart und im roten Mantel vor. Das war nicht immer so und kam erst zustande durch ...

A   eine Werbekampagne von Coca-Cola
B   die Mitte des 20. Jahrhunderts gefundenen Qumran-Rollen, in denen er beschrieben ist
C   die Freilegung des Weihnachtsfreskos im Kloster Benediktbeuern im Jahr 1927
D   eine Empfehlung der UNESCO

Wer gibt sich hier fälschlicherweise als Weihnachtsmann aus?

A   Père Noël
B   Sinterklaas
C   Klabautermann
D   Joulupukin

Der historische Nikolaus soll um 340 als mildtätiger Mann im heute türkischen Myra gelebt haben. Er war ...

A   römischer Statthalter
B   Bischof
C   Tischler
D   Hirte

Das weltbekannte Weihnachtslied „Stille Nacht, heilige Nacht", 1818 enstanden, hat wieviel Strophen?

A   1
B   3
C   6
D   24

Woher stammt der Adventskranz?

A   nach biblischer Überlieferung brachten Hirten dem Jesuskind einen Kranz aus grünen Zweigen
B   ein Hamburger Theologe erfand ihn im 19. Jahrhundert
C   geht auf heidnischen Brauch der Kelten zurück
D   die Karmelitinnen schmückten ihr Kloster während der Adventsmessen mit Licht- und immergrünen Lebenssymbolen

Warum ist der Weihnachtsstollen mit weißem Puderzucker bestäubt?

A   man tarnte damit die Verwendung der im Mittelalter verbotenen Rosinen und Mandeln
B   es drückt den Wunsch nach weißer Weihnacht aus
C   es versinnbildlicht das in Windeln gewickelte Jesuskind
D   dem traditionell sauren Teig wurde so eine süße Note gegeben

Wie heißt der Weihnachtmarkt in Salzburg?

A   Christkindlmarkt
B   Striezelmarkt
C   St. Nikolaus-Markt
D   Brezelmarkt

Nicht nur in England ist die Mistel ein traditioneller Weihnachtsschmuck. Es bringt Glück, wenn man „unter dem Mistelzweig" was tut?

A   ein Lied singt
B   den/die Liebste/n küßt
C   ein Geldstück in der Tasche umdreht
D   ein Vaterunser betet

Auf Sizilien pflegen viele Familien einen speziellen Brauch, um das Geld für die Weihnachtsgeschenke aufzutreiben. In den Wochen vor Weihnachten lädt man ein ...

A   zum Weihnachtspokern
B   zur Versteigerung von Hausrat
C   zum Sternsingen
D   zu Weihnachtsbasaren mit dem Verkauf selbstgebackener Kuchen

Welches ist kein Weihnachtswunsch??

A   Merry Christmas
B   Boun Natale
C   Feliz Navidad
D   Skol

Welche Stadt kann – mit der erstmaligen Erwähnung im Jahr 1434 – Deutschlands ältesten Weihnachtsmarkt für sich reklamieren?

A   Dresden
B   Köln
C   Arnstadt
D   Trier

Mit welchen Worten beginnt
das Weihnachtsoratorium
von Johann Sebastian Bach?

A   In dulci jubilo
B   Frohe Hirten, eilt, ach eilet
C   Jauchzet, frohlocket
D   Es ist ein Ros entsprungen

Welches ist kein klassisches
Weihnachtsgebäck?

A   Meißner Fummel
B   Dresdner Striezel
C   Nürnberger Lebkuchen
D   Aachener Printen

Wer bringt in Italien am 6. Januar
die Geschenke?

A   die Heiligen Drei Könige
B   das Christkind
C   der heilige Nikolaus
D   die Hexe Befana

Aus welcher Gegend stammt der seit
rund 260 Jahren bekannte Schwibbogen?

A   Erzgebirge
B   Harz
C   Insel Sylt
D   Böhmen

Welche Zeile stammt nicht
aus einem Weihnachtslied?

A   Morgen, Kinder, wird's was geben
B   Horch, was kommt von draußen rein
C   Vom Himmel hoch, da komm ich her
D   Laßt uns froh und munter sein

Welches weihnachtliche Produkt wurde um
1850 im thüringischen Lauscha erfunden
und bis ins 20. Jahrhundert konkurrenzlos
hergestellt?

A   Nußknacker
B   Gas-Weihnachtsbaumbeleuchtung
C   Räuchermännchen
D   gläserner Baumschmuck

Amerikanische Kinder wissen, daß acht Ren-
tiere den Schlitten von Santa Claus ziehen.
In einer 1939 erschienenen Geschichte von
Robert L. May tritt ein weiteres, heute be-
rühmtes Rentier auf. Wie heißt es?

A   Rudolph
B   Robert
C   René
D   Rüdiger

Zwar hielten die Päpste früher in Rom den
Weihnachtsgottesdienst vor den Krippen-
reliquien des Jesuskindes ab, die eigentliche
Weihnachtskrippe kam jedoch erst später auf
und wird wem zugeschrieben?

A   Balthasar Permoser
B   Franziskus von Assisi
C   Tilman Riemenschneider
D   Ignatius von Loyola

In welchem Land beschert Väterchen Frost
am 31. Dezember die Kinder?

A   Finnland
B   Grönland
C   Rußland
D   Norwegen

Woher haben die Pfefferkuchen
ihren Namen?

A   weil reichlich Pfeffer in den Teig
     kommt
B   Pfeffer stand als Oberbegriff für
     teures, wertvolles Gewürz, ist aber
     gar keine Zutat
C   weil der Preis des Gebäcks gepfeffert
     war
D   der Bäcker Karl Friedrich Pfeffer
     erfand das Gebäck

Für den Verkauf welchen Weihnachts-
accessoires ist der Münchener Christkindlmarkt besonders bekannt?

A   Adventskalender
B   Mistelzweige
C   Weihnachtsbäume
D   Weihnachtskrippen

In welchem Ort werden seit über 300 Jahren
in der Drechseltechnik des Reifendrehens
Pyramiden, Räuchermänner, Nußknacker
und Spielzeug hergestellt?

A   Oberammergau
B   Seiffen
C   Johanngeorgenstadt
D   Göttingen

Wer war Knecht Ruprecht ursprünglich?

A   ein kinderfreundlicher Waldschrat
B   ein russischer Leibeigener, von der
     orthodoxen Kirche heiliggesprochen
C   der Begleiter vom Nikolaus,
     der böse Kinder strafte
D   einer der Hirten aus Bethlehem

Wo finden die englischen Kinder ihre Weihnachtsgeschenke?

A   in den aufgehängten Socken
B   unterm Weihnachtsbaum
C   in den aufgestellten Schuhen
D   auf dem Fensterbrett

In welchem Land gehört das Brauen eines
speziellen Weihnachtsbieres – des Juleols –
zum Weihnachtsbrauch?

A   Dänemark
B   Finnland
C   Norwegen
D   Schweden

Klabund

Weihnacht

Ich bin der Tischler Josef,
Meine Frau, die heißet Marie.
Wir finden kein' Arbeit und Herberg'
Im kalten Winter allhie.

Habens der Herr Wirt vom goldnen Stern
Nicht ein Unterkunft für mein Weib?
Einen halbeten Kreuzer zahlert ich gern,
Zu betten den schwangren Leib. –

Ich hab kein Bett für Bettelleut;
Doch scherts euch nur in den Stall.
Gevatter Ochs und Base Kuh
Werden empfangen euch wohl. –

Wir danken dem Herrn Wirt für seine Gnad
Und für die warme Stub.
Der Himmel lohns euch und unser Kind,
Seis Madel oder Bub.

Marie, Marie, was schreist du so sehr? –
Ach Josef, es sein die Wehn.
Bald wirst du den elfenbeinernen Turm,
Das süßeste Wunder sehn. –

Der Josef Hebamme und Bader war
Und hob den lieben Sohn
Aus seiner Mutter dunklem Reich
Auf seinen strohernen Thron.

Da lag er im Stroh. Die Mutter so froh
Sagt Vater Unserm den Dank.
Und Ochs und Esel und Pferd und Hund
Standen fromm dabei.

Aber die Katze sprang auf die Streu
Und wärmte zur Nacht das Kind. –
Davon die Katzen noch heutigen Tags
Maria die liebsten Tiere sind.

John Stave

Die Rache des kleinen Weihnachtsmannes

Es war zweiter Weihnachtstag. Das Ehepaar ging spazieren. Sie groß und stattlich, er eher klein und mickrig. Beide schätzungsweise in den fünfziger Jahren.

Die Sonne schien, der Schnee glitzerte. Er knirschte unter den Schuhsohlen. Die große Frau hatte sich bei dem kleinen Mann eingehängt. Man ging schon fast eine Stunde.

„Ich hätte jetzt, Evilein, Appetit auf ein schönes frisches Bier", sagte der kleine Mann bescheiden.

„Das kommt überhaupt nicht in Frage!" sagte die große Frau.

„Aber wenn ich doch solch großen Appetit habe …"

„Du hast erst zu deinem Geburtstag ein Bier getrunken, Dietrich!"

„Das war ja am 11. November, Evilein!"

„Papperlapapp", machte die große Frau, und der kleine Mann trabte verdrossen neben ihr her. Der Schnee und die Zähne des kleinen Mannes knirschten.

„Dreimal hab ich vorgestern den Weihnachtsmann gemacht", warf der kleine Mann in den Wintertag. „Bei Mary, bei Maikel und bei Lisa-Laura!"

„Es sind deine Enkel, indirekt dein Fleisch und Blut!"

Knirsch, knirsch, knirsch, knirsch, knirsch, knirsch …

„Ihr habt jedenfalls Wein getrunken", sagte der kleine Weihnachtsmann trotzig.

„Du hast Magengeschwüre", sagte die große Frau.

„Kein Wunder", sagte der kleine Weihnachtsmann.

„Wie meinst du?!" zischte die große Frau und blieb stehen.

„Nur so", räumte der kleine Weihnachtsmann ein. „Ich bin immerhin schon siebenundfünfzig."

„Ich dachte schon", sagte die große Frau, „du wolltest eine unberechtigte Kritik anbringen. Komm, wir gehen hier rüber in den Park. Marsch!"

Es war aber kein Übergang zu sehen. Im Gegenteil, ein Schild besagte, daß an dieser Stelle das Überschreiten des Gleiskörpers der Straßenbahn verboten sei.

„Ich gehe da nicht über", sagte der kleine Mann.

„Waschlappen!" höhnte die große Frau. Sie steuerte auf die Gleise zu, während der kleine Weihnachtsmann den Umweg zum erlaubten Überweg in Kauf nahm. In der Eile aber hatte die große Frau den Funkwagen übersehen, der leise und langsam die Straße herunterkam. Er stoppte. Ein Polizist stieg aus, legte artig die Hand an die Mütze. Er belehrte die große Frau über ihr leichtsinniges Verhalten im Straßenverkehr. Die große Frau zeigte sich uneinsichtig und zitierte sogar Brehms Tierleben. Der Polizist forderte ihren Ausweis. Nach einigem Suchen bekannte die große Frau, das Dokument nicht bei sich zu haben. Nicht mal einen Führerschein, einen Impfausweis oder eine Rabattkarte von C & A.

„Kennen Sie jemand in der Nähe, der Sie identifizieren könnte?" fragte der Polizist.

„Da drüben läuft mein Mann!"

Der Streifenwagen mitsamt der großen Frau überholte den kleinen Weihnachtsmann.

„Diese Bürgerin", sagte der, Polizist, „behauptet, Sie seien ihr Ehemann?"

Der kleine Weihnachtsmann blickte seine Frau gründlich an. Dann schüttelte er langsam den Kopf. „Ich kenne die Dame nicht. Ich hab sie in meinem ganzen Leben noch nicht gesehen!"

„Du mieser Schuft!" rief da die große Frau wütend aus und vergaß völlig, daß Weihnachten war. Sie wollte sogar nach dem kleinen Mann schlagen!

Da lud der Polizist sie freundlichst ein, mit zur Wache zu kommen, um die Personalien feststellen zu können.

„Komm du mir nach Hause!" rief die große Frau, während sie erneut in den Wagen stieg.

„Ich weiß ja gar nicht, wo Sie wohnen", sagte der kleine Weihnachtsmann listig. Der Funkwagen rauschte davon. Der kleine Weihnachtsmann steckte sich eine Zigarre an und sah hinterher.

„Von wegen: Stecke deine Rute ein ...", sagte er und ging Bier trinken ...

Weihnachts- spezialitäten

Dänischer Weihnachtskuchen (Julkuchen)

250 g Mehl
25 g Hefe
35 g Zucker
$1/8$ l lauwarme Milch
1 Päckchen
Vanillezucker
1 Prise Salz
1 Ei
110 g Butter
oder Margarine,
1 Teelöffel
Bittermandelöl
abgeriebene Schale je einer
Zitrone und Orange
50 g kernlose Rosinen
150 g gemischte
kandierte Früchte
1 Eßlöffel Mehl
Margarine zum
Einfetten

Für die Glasur
125 g Puderzucker
knapp 2 Eßlöffel
Zitronensaft

Zum Garnieren:
50 g kandierte Kirschen
25 g kandierte
Angelikastengel
15 g Mandelstifte

Mehl in eine Schüssel geben. In die Mitte eine Mulde drücken und die Hefe hineinbröckeln. Mit Zucker, Milch und etwas Mehl vom Rand zum Vorteig verrühren. Mit einem Küchentuch bedeckt an einem warmen Ort 15 Minuten gehen lassen. Vanillezucker, Salz, Ei, die weiche Butter oder Margarine, Bittermandelöl, Zitronen- und Orangenschale dazugeben. Alles unterkneten. Teig so lange schlagen, bis er Blasen wirft und sich vom Schüsselrand löst. Noch mal 20 Minuten gehen lassen. Rosinen unter heißem Wasser waschen, abtropfen lassen und trocknen. Kandierte Früchte hacken. Rosinen und Früchte bemehlen und in den Teig kneten. Kastenform von 20 cm Länge einfetten. Teig reinfüllen. Oberseite glattstreichen, 20 Minuten gehen lassen. In den vorgeheizten Ofen auf die unterste Schiene schieben und 45 bis 50 Minuten bei 180 Grad backen.
Kuchen aus dem Ofen nehmen, abkühlen lassen und aus der Form lösen. Für die Glasur den gesiebten Puderzucker mit Zitronensaft glattrühren. Kuchenoberfläche und -seiten damit gleichmäßig bestreichen. Kirschen halbieren. Angelikastengel in Ringe schneiden. Eine Linie aus Kirschen auf den Kuchen legen. Angelikaringe auf beiden Seiten der Kirschen anlegen. Mandelstifte in einer Pfanne in 5 Minuten hellbraun rösten und die Seiten mit den Stiften besteckten. In 25 Stücke teilen.

Englischer Plumpudding

250 g Sultaninen
100 g Korinthen
125 g Backpflaumen
1 Eßlöffel Rum
100 g Orangeat
100 g Zitronat
2 Äpfel
90 g Pflanzenfett
115 g Semmelbrösel
100 g Mehl
65 g brauner Zucker
4 Eier
100 g geriebene Haselnüsse
Saft und fein abgeriebene Schale einer Zitrone
$1/2$ Teelöffel
gemahlene Nelken
$1/2$ Teelöffel
gemahlener Zimt
Muskat
eine Prise Pfeffer
6 Eßlöffel Rum (54%) zum Flambieren

Sultaninen, Korinthen und kleingeschnittene Backpflaumen mit dem Rum in eine Schüssel geben und gut durchziehen lassen. Orangeat, Zitronat und kleingeschnittene Äpfel dazugeben.
Das in Flocken geschnittene Pflanzenfett und die übrigen Zutaten daruntermischen. Etwas Fett und Semmelbrösel zum Fetten der Form zurückhalten.
Der Teig wird in eine gefettete und mit Semmelbrösel bestreute verschließbare Puddingform gegeben. Den Pudding im Wasserbad 3 bis 4 Stunden kochen lassen.
Den fertigen Plumpudding aus dem Wasserbad nehmen und 5 Minuten stehen

lassen. Deckel öffnen und den Pudding vorsichtig mit einem Messer vom Rand lösen und stürzen.
Zum Flambieren den Rum erwärmen, über den Pudding gießen und anzünden.

Hallenser Weihnachtssuppe

1 Flasche trockener Rotwein
Zucker nach Geschmack
1 Prise Zimt
1 Prise Kardamom
2 Gewürznelken
1 Teelöffel abgeriebene Zitronenschale
1 Eßlöffel feingeschnittenes Zitronat
2 Eßlöffel Sultaninen
2 Eßlöffel Stärkemehl
Pfeffer- oder Honigkuchen
8 Eßlöffel süße Sahne

Den Rotwein mit 1/8 l Wasser, den Gewürzen, dem Zitronat und den Sultaninen zum Kochen bringen. Das in wenig kaltem Wasser verquirlte Stärkemehl einrühren, kurz aufkochen lassen. Kleine Pfefferkuchenstücke auf vorgewärmten Tellern verteilen, die Suppe darübergießen und in die Mitte je 2 Eßlöffel ungeschlagene Sahne geben.

Tschechische Weihnachtssuppe vom Karpfen

Kopf, Schwanz und Innereien von einem Karpfen nach Belieben auch ein oder zwei Karpfenstücke
1 $1/_2$ l Wasser
Salz
40 g Margarine
40 g Mehl
100 g Wurzelwerk
1 Eßlöffel Essig
Suppengewürze
Schnittlauch
1 Semmel
1 Eßlöffel Gries
30 g Fett

Kiemen und Augen aus dem Kopf entfernen. Den gesäuberten Kopf und Schwanz und die Karpfenstücke in Salzwasser kochen. Wenn der Fisch fast gar ist, durchseihen, vorsichtig die Gräten herauslösen und das Fleisch in kleine Stücke schneiden. Die geputzten Innereien extra kochen, ebenfalls in Stücke schneiden. Aus Margarine und Mehl eine helle Mehlschwitze bereiten, mit der Fischbrühe und etwas Wasser verrühren, das in Streifen geschnittene Wurzelgemüse zufügen und etwa 20 Minuten kochen lassen. Die Suppe mit Essig, etwas Suppenwürze und feingehacktem Schnittlauch abschmecken. Einen Eßlöffel Gries kurz in Fett anrösten und hinzufügen. Zum Schluß das Fischfleisch und die gekochten Innereien zugeben. Die Fischsuppe mit gerösteten Semmelwürfeln reichen.

19. Dezember

James Krüss

Tannengeflüster

Wenn die ersten Fröste knistern
In dem Wald bei Bayrisch-Moos,
Geht ein Wispern und ein Flüstern
In den Tannenbäumen los,
Ein Gekicher und Gesumm,
Ringsherum.

Eine Tanne lernt Gedichte,
Eine Lärche hört ihr zu.
Eine dicke alte Fichte
Sagt verdrießlich: gebt doch Ruh!
Kerzenlicht und Weihnachtszeit
Sind noch weit!

Vierundzwanzig lange Tage
Wird gekräuselt und gestutzt
Und das Wäldchen ohne Frage
Wunderhübsch herausgeputzt.
Wer noch fragt: Wieso? Warum? –
Der ist dumm.

Was das Flüstern hier bedeutet
Weiß man selbst im Spatzennest:
Jeder Tannenbaum bereitet
Sich nun vor aufs Weihnachtsfest.
Denn ein Tannenbaum zu sein:
Das ist fein!

Wilhelm Raabe

Eine Weihnachtsfeier in der Sperlingsgasse

Weihnachten! – Welch ein prächtiges Wort! – Immer höher türmt sich der Schnee in den Straßen, immer länger werden die Eiszapfen an den Dachtraufen; immer schwerer tauen am Morgen die gefrorenen Fensterscheiben auf! Ach, in vielen armen Wohnungen tun sie es gar nicht mehr. – Hinter den meisten Fenstern lugen erwartungsvolle Kindergesichter hervor; da und dort liegt auf der weißen Decke des Pflasters ein verlorener Tannenzweig. Es wird viel Goldschaum verkauft, und bedeckte Platten von Eisenblech, die vorbeigetragen werden, verbreiten einen wundervollen Duft.

„Was ist ein echter Hamburger Seelöwe?" fragte Strobel, der bei mir eintrat und beim Abnehmen des Hutes ein Miniaturschneegestöber hervorbrachte.

„Ein Hamburger Seelöwe?" fragte ich verwundert. „Doch nicht etwa ein Mitglied des Rats der Oberalten?"

„Beinahe!" lachte der Zeichner. „Ein Hamburger Seelöwe ist eine Hasenpfote, auf welche oben ein menschenähnliches Gesicht geleimt ist. Ein solches Individuum versteht an einem Tischrande gar anmutige Bewegungen zu machen. Sehen Sie hier!"

Dabei zog er den Gegenstand unseres Gesprächs hervor, hing ihn an einen Schreibtisch und brachte ihn durch eine Art Pendel in Bewegung.

„Ist das nicht eine wundervolle Erfindung?"

„Prächtig", sagte ich, „in meiner Jugend brachte man aber denselben Effekt durch den abgenagten Brustknochen eines Gänsebratens, in welchen man eine Gabel steckte, hervor; aber die Kultur muß ja fortschreiten."

„Ja, die Kultur schreitet fort!" seufzte der Zeichner. „Sogar die einfachen Tannen machen allmählich diesen Pyramiden von bunten Papierschnitzeln Platz. Papier, Papier überall! Aber was ich sagen wollte: Wäre es nicht eigentlich die Pflicht zweier Mitarbeiter der ‚Welken Blätter', jetzt auf die Weihnachtswanderung zu gehen?"

„Auch ich wollte Sie eben dazu auffordern", sagte ich.

„Vorwärts!" rief Strobel und stülpte seinen Filz wieder auf, während ich meinen Mantel und roten baumwollenen Regenschirm hervorsuchte.

Wir gingen. Den Hamburger Seelöwen ließen wir ruhig am Tische fortbaumeln, nachdem ihm Strobel noch einen letzten Stoß gegeben hatte. Zur Weihnachtszeit habe ich gern ein solches Spielzeug in der Nähe; erfreute sich doch auch der alt und grau gewordene Jean Paul zu solcher Zeit gern an dem Farbenduft einer hölzernen Kindertrompete.

Welch ein Gang war das, den ich mit dem tollen Karikaturenzeichner in der Dämmerung des Abends machte! In wieviel Keller- und andere Fenster mußte der Mensch gucken; in wieviel kleine frostgerötete Hände, die sich an den Ecken und aus den Torwegen uns entgegenstreckten, ließ er seine Viergroschenstücke gleiten! Welch ein Gang war das! Die Geister, die den alten Scrooge des Meisters Boz über die Weihnachtswelt führten, hätten mich nicht besser leiten können als Herr Ulrich Strobel. Jetzt betrachteten wir die phantastische Ausstellung eines Ladens, jetzt die staunenden, verlangenden Gesichter davor; jetzt entdeckte Strobel eine neue Idee in der Anfertigung eines Spielzeugs, jetzt ich; es war wundervoll!

An der Ecke des Weihnachtsmarktes blieben wir stehen, in das fröhliche Getümmel, welches sich dort umhertrieb, hineinblickend. In ununterbrochenem Zuge strömte das Volk an uns vorbei: Väter, auf jedem Arme und an jedem Rückschoß ein Kind; Handwerksgesellen mit dem Schatz, den sie aus der Küche der „Gnädigen" weggestohlen hatten; ehrliche, unbeschreiblich gutmütig und dumm lächelnde Infanteristen, feine schmucke Gardeschützen, schwere Dragoner und „klobige" Artillerie. – Hier und da wanden sich junge Mädchen zierlich durch das Getümmel, jedes Alter, jeder Stand war vertreten, ja sogar die vornehmste Welt überschritt einmal ihre närrischen Grenzen und zeigte ihren Kindern die – Freude des Volks.

Der Zeichner war auf einmal sehr ernst geworden.

„Sehen Sie", sagte er, „da strömt die Quelle, aus welcher die Kinderwelt ihr erstes Christentum schöpft. Nicht dadurch, daß man ihnen von Gott und so weiter Unverständliches vorräsoniert, sie Bibel- und Gesangbuchverse auswendig lernen läßt; nicht dadurch, daß man sie – womöglich in Windeln – in die Kirche schleppt, legt man den Keim der wunderbaren Religion in ihre Herzen. An das Gewühl vor den Buden, an den grünen funkelnden Tannenbaum knüpft das junge Gemüt seine ersten, wahren – und was mehr sagen will – wahrhaft kindlichen Begriffe davon!"

Ich wollte eben darauf erwidern, als plötzlich eine Gestalt, in einen dunklen Mantel gehüllt, ein Kind auf dem Arme tragend, an uns vorbeischlüpfen wollte.

Ein Strahl der nächsten Gaslaterne fiel auf ihr Gesicht, es war die kleine Tänzerin aus der Sperlingsgasse. Ich freute mich über die Begegnung und rief sie an: „Das ist prächtig, Fräulein Rosalie, daß wir Sie treffen. Vielleicht werden Sie uns erlauben, daß wir Sie begleiten, denn um die Mysterien eines Weihnachtsmarktes zu durchdringen, ist es jedenfalls nötig, ein Kind bei sich zu haben."

Die Tänzerin knickste und sagte: „Oh, Sie sind zu gütig, meine Herren; Alfred hat mir den ganzen Tag keine Ruhe gelassen, und da kein Theater ist, so mußte ich ihm doch die Herrlichkeit zeigen."

„Ja, Mann" – sagte Alfred, unter einer dicken Pudelmütze gar verwegen hervorschauend – „mitgehen!"

Ich stellte der Tänzerin den Nachbar Zeichner vor, und das vierblättrige Kleeblatt war bald in der Stimmung, die ein Weihnachtsmarkt erfordert. Was für ein Talent, Kinder vor Entzücken außer sich zu bringen, entwickelte jetzt der Karikaturenzeichner. Er hatte der Mutter den dicken Bengel sogleich abgenommen, ließ ihn nun gar nicht aus dem Aufkreischen herauskommen und schleppte ihn hoch auf der Schulter durch das Gewühl voran.

„Oh, ich bin Ihnen so dankbar, so dankbar, Herr Wacholder", flüsterte die kleine Tänzerin, zu deren Beschützer ich mich sehr gravitätisch aufwarf.

„Liebes Kind", sagte ich, „ein paar solcher Junggesellen wie ich und mein Freund würden solche Abende wie diesen sehr übel zubringen, wenn nicht dann ausdrücklich eine Vorsehung über sie wachte. Sie sollen einmal sehen, wie prächtig wir heute abend noch Weihnachten feiern werden; – hören Sie nur, wie Alfred jubelt; sehen Sie, wie stolz und glücklich er unter der Pickelhaube vorguckt, die ihm eben der Herr Strobel übergestülpt hat!"

Der Karikaturenzeichner hätte sich in diesem Augenblick sehr gut selbst abkonterfeien können – er tat es auch, aber später. Wundervoll sah er aus. Im Knopfloch baumelte ein gewaltiger Hampelmann, in der rechten Hand hatte er eine große Knarre, die er energisch schwenkte; während auf seinem linken Arm Alfred mit aller Macht auf eine Trommel paukte.

„Kleine Dame", sagte der Zeichner jetzt zu unserer Begleiterin, „stecken Sie mir doch einmal jene Tüte in die Rocktasche, ich komme nicht dazu! Heda, alter Wacholder", schrie er dann mich an, „gleiche ich nicht aufs Haar einer Kammerverhandlung? Rechts Geknarre, links Getrommel, und für das Fassen und Einsacken der begehrten Süßigkeiten weder Kraft noch Platz!"

„Mama, der Onkel aber mal rechter Onkel!" rief der Kleine entzückt von seiner Höhe herab, als Rosalie der Anforderung Strobels nachkam und ich ebenfalls die Tasche mit allerlei

So ging es weiter, bis uns endlich die Kälte zu heftig wurde. Der Zeichner löste sich auf – wie er's nannte – und überlieferte mir die spielzeugbehangene Linke, behielt jedoch die Knarre in der Rechten, und nun ging's durch die menschen- und lichterfüllten Straßen nach Hause. Wie glänzte heute abend die alte dunkle Sperlingsgasse! Von den Kellern bis zum sechsten Stock, bis in die kleinste Dachstube war die Weihnachtszeit eingekehrt; freilich nicht allenthalben auf gleich „fröhliche, selige, gnadenbringende" Weise. Welch einen Abend feierten wir nun! Wir ließen unsere kleine Begleiterin natürlich nicht zu ihrem kaltgewordenen Stübchen hinauf steigen. War ich nicht schon auf der Universität meines famosen Punschmachens wegen berühmt gewesen? (Eine Kunst, die mir mein Vater mit auf den Lebensweg gegeben hatte.) Der Karikaturenzeichner holte einen Tannenzweig, den er auf der Straße gefunden hatte, hervor und hielt ihn ins Licht.

„Das ist der wahre Weihnachtsduft", sagte er, „und in Ermangelung eines bessern muß man sich zu helfen wissen."

Horch! Was trappelt da draußen auf einmal auf der Treppe? Ein leises Kichern erschallt auf dem Vorsaal und scheint noch eine Treppe höher steigen zu wollen. „Zu mir?" sagte Rosalie und springt verwundert nach der Tür.

„Ach, da ist sie?!" schallte es draußen, und auch ich stecke meinen Kopf heraus.

„Guten Abend, alter Herr! Guten Abend, Rosalie! Guten Abend, Röschen!" erschallt ein Chor heller lustiger Stimmen

„Wo ist Alfred, wir bringen einen Weihnachtsbaum."

„Hurra, das ist's, was wir eben brauchen", schreit der Zeichner, seine

Knarre schwingend. „Schönen guten Abend, meine Damen, und fröhliche Weihnachten!"

Aus dunklen Mänteln und Schals und Pelzkragen entwickelt sich jetzt ein halbes Dutzend kleiner Theaterfeen, die alle jubelnd und lachend meine Stube füllen und auf einmal alle ein verschiedenes Musikinstrument hervorholen, welches sie auf dem Weihnachtsmarkt erstanden haben. Ein Heidenlärm bricht los; das knarrt und quiekt und plärrt und klappert, daß die Wände widerhallen und Rosalie, welche beschwörend von einer der kleinen Ratten zur andern läuft, zuletzt die Ohren zuhaltend, in dem fernsten Winkel sich verkriecht.

Endlich legt sich der Skandal mit dem ausgehenden Atem und der ausgehenden Kraft des Karikaturenzeichners, der vor Wonne über das Pandämonium kaum noch seine Knarre schwingen kann.

Welch ein Punsch war das! Welche Gesundheiten wurden ausgebracht! Welche Geschichten wurden erzählt! Vom Souffleur Flüstervogel bis zum Ballettmeister Spolpato, ja bis zu Seiner Exzellenz dem Herrn Intendanten hinauf.

Heute abend malte Strobel keine Karikaturen, aber sich selbst machte er oft genug zu einer. Beim Versuch, sich auf einer mit dem Halse auf der Erde stehenden Flasche sitzend zu drehen, beim Zuckerreiben, beim Versuch, den glimmenden Docht eines ausgeputzten Wachslichtes wieder anzublasen, und bei anderen Kunststücken.

Alfred, der durch Unterlegung von Pufendorfs und Bayles schweinslederner Gelehrsamkeit und durch Auftürmung verschiedener dickbändiger Erziehungstheorien dazu gebracht war, neben seiner kleinen Mutter sitzend, über den Tisch blicken zu können, jubelte mit, bis ihm die Augen zufielen und er auf meinem Sofa ein und weiterschlief bis elf Uhr, wo das Fest endete, die kleinen Gäste wieder in ihre Mäntel krochen, mich für einen „gottvollen alten Herrn" erklärten, Röschen küßten und nach einem vielstinunigen „gute Nacht" die Treppe hinabtrippelten. Darauf trug Strobel den schlafenden Alfred eine Treppe höher (wozu ich leuchtete), und auch dieser Weihnachtsabend der Sperlingsgasse war vorbei.

Joachim Ringelnatz

Einsiedlers Heiliger Abend

Ich hab in den Weihnachtstagen –
Ich weiß auch warum –
Mir selbst einen Christbaum geschlagen,
Der ist ganz verkrüppelt und krumm.

Ich bohrte ein Loch in die Diele
Und steckte ihn da hinein
Und stellte rings um ihn viele
Flaschen Burgunderwein.

Und zierte, um Baumschmuck und Lichter
Zu sparen, ihn abends noch spät
Mit Löffeln, Gabeln und Trichter
Und anderem blanken Gerät.

Ich kochte zur heiligen Stunde
Mir Erbsensuppe mit Speck
Und gab meinem fröhlichen Hunde
Gulasch und litt seinen Dreck.

Und sang aus burgundernder Kehle
Das Pfannenflickerlied.
Und pries mit bewundernder Seele
Alles das, was ich mied.

Es glimmte petroleumbetrunken
Später der Lampendocht.
Ich saß in Gedanken versunken.
Da hat's an die Türe gepocht,

Und pochte wieder und wieder.
Es konnte das Christkind sein.
Und klang's nicht wie Weihnachtslieder!
Ich aber rief nicht: „Herein!"

Ich zog mich aus und ging leise
Zu Bett, ohne Angst, ohne Spott,
Und dankte auf krumme Weise
Lallend dem lieben Gott.

Der unkorrekte Tannenbaum

Fritz Bernhard

„Meine liebe Frau! Liebe Kinder!" holte der Kritiker Peterkarl Busonius zu seiner Weihnachtsansprache aus, die er, neben dem Lichterbaum stehend, alljährlich an die vor ihm angetretene Familie richtete. „Soeben haben wir miteinander ein Lied gesungen, dessen Worte uns allen von frühester Kindheit an wohl vertraut sind und das zu dem Lichterbaum gehört wie sein Nadelkleid. Aber haben wir uns auch einmal Gedanken über die Worte gemacht, ich meine, sind wir auch einmal kritisch an das herangegangen, was wir von unseren Eltern übernommen haben? Nein, meine Lieben, das sind wir nicht. Was haben wir soeben gesungen.?"

„Männe, faß dich kurz", meinte Frau Busonius, „ich habe die Kartoffeln für den Heringssalat auf dem Feuer."

„Laß in dieser andachtsvollen Stunde deine Kartoffeln, Hildegard, und höre zu", erwiderte der Kritiker tadelnd. „,O Tannenbaum' haben wir gesungen – Ruhe, unterbrecht mich nicht immerzu! Wir begingen, sage ich, schon in diesen zwei Worten einen Fehler, einen Pleonasmus. Denn daß eine Tanne ein Baum ist und kein Säugetier, ist doch wohl einleuchtend. Es würde also völlig genügen zu sagen, Bartholomäus, schiele nicht nach den Geschenken, sondern antworte! Was zu sagen würde völlig genügen?"

„,O Tanne', Papa", sagte Bartholomäus, der Älteste.

„Es würde genügen und wäre dennoch falsch", fuhr der Kritiker fort, „denn nicht Tannen sind es gemeinhin, die uns als Weihnachtsbaum dienen, sondern, Philippine, laß den Hund zufrieden, solange ich spreche. Was ist es vielmehr, das uns als Weihnachtsbaum dient?"

„Kiefern, Papa", sagte Philippine und setzte den Hund auf den Boden.

„Unsinn, Fichtenspitzen sind es. Wir würden also richtigerweise singen, Fürchtegott, nimm die Hand aus der Hosentasche. Wie würden wir richtig singen, Fürchtegott?"

„,O Fichtenbaum', Papa."

„Nicht Baum, Dummkopf, sondern?"

„,O Fichte', Papa."

„Gut. Weiter. Es heißt in der zweiten Zeile: ‚Wie grün sind deine Blätter‘, und wieder haben wir Anlaß zu ernster Kritik. Daß der Autor von Blättern spricht, obwohl die Tanne bekanntlich zu den Koniferen oder Nadelhölzern zählt, ist gerade himmelschreiend. Noch schwerwiegender aber scheint mir die Formulierung ‚wie grün‘, denn sie setzt voraus, daß du mir jetzt aber endlich das Lutschen am Bonbon unterläßt, Eulalie!"

„Wo soll ich denn hin damit?" widersprach die Jüngste.

„Gib ihn dem Hund und höre zu. Die Formulierung ‚Wie grün sind deine Blätter‘ will besagen, daß die Blätter sehr grün sind. Das aber setzt voraus, daß man eine Farbe steigern kann. Die Komparation von Farbtönen ist jedoch Nonsens. Es ist etwas grün oder hellgrün, oder dunkelgrün, niemals aber grün, grüner oder am grünsten. So hätte der Autor also richtig sagen müssen, Eulalie, du lutschst ja immer noch. Und zwar woran?"

„An meinem Zahn, Papa", sagte die Kleine, „soll ich den auch dem Hund geben?"

„Nein, zuhören sollst du. Wie muß das Lied richtig beginnen, Bartholomäus?"

„‚O Fichte, o Fichte, deine Nadeln sind grün‘, Papa", sagte der Älteste.

„Richtig", lobte der Kritiker, „da es aber eine Selbstverständlichkeit ist, daß die Nadeln der Fichte grün sind, ist die gesamte Aussage hinfällig und hätte längst dem Rotstift zum Opfer fallen müssen. Was folgt hieraus? Es folgt, daß der Autor unseres schönen Liedes leider sehr unkonkret, sehr oberflächlich gearbeitet hat, so daß der kritische Sinn den Eindruck gewinnt, daß er, als er die Verse niederschrieb, gar nicht recht bei der Sache war. Und dennoch, ihr Lieben, haben wir das Lied gesungen."

„Aber Papa", unterbrach die Jüngste, „wir haben doch –"

„Du sollst nicht immer dazwischenreden", wurde der Redner böse, aber da Eulalie einen Flunsch zog, lenkte er ein: „Was haben wir doch?"

Da rief die ganze Familie: „Wir haben doch ‚O du fröhliche‘ gesungen!"

Süße Sachen

Christel Ulbrich

Oh, es riecht gut

Oh, es riecht gut, oh es riecht fein.
Heut rührn wir Teig zu Plätzchen ein.
In der Küche wird gebacken,
helft nur alle Mandeln knacken.
Oh, es riecht gut, oh es riecht fein.

Oh, es riecht gut, oh es riecht fein.
Heut rührn wir Teig zu Plätzchen ein.
Butter, Zucker glattgerührt,
und die Bleche eingeschmiert.
Oh, es riecht gut, oh es riecht fein.

Oh, es riecht gut, oh es riecht fein.
Heut rührn wir Teig zu Plätzchen ein.
Eier in den Topf geschlagen,
Und die Milch herzugetragen!
Oh, es riecht gut, oh es riecht fein.

Oh, es riecht gut, oh es riecht fein.
Heut rührn wir Teig zu Plätzchen ein.
Weißes Mehl, das wolln wir sieben,
Aber nichts daneben stieben!
Oh, es riecht gut, oh es riecht fein.

Oh, es riecht gut, oh es riecht fein.
Heut rührn wir Teig zu Plätzchen ein.
Bärbel trägt heut Mutters Schürze,
und sie mischt schon die Gewürze.
Oh, es riecht gut, oh es riecht fein.

Oh, es riecht gut, oh es riecht fein.
Heut rührn wir Teig zu Plätzchen ein.
Peter rollt den Teig ganz stolz,
mit dem runden Nudelholz.
Oh, es riecht gut, oh es riecht fein.

Oh, es riecht gut, oh es riecht fein.
Heut rührn wir Teig zu Plätzchen ein.
Inge sticht die Formen aus,
Herzen, Sterne werden draus.
Oh, es riecht gut, oh es riecht fein.

Oh, es riecht gut, oh es riecht fein.
Heut rührn wir Teig zu Plätzchen ein.
Wenn sie auf den Blechen liegen,
Heißt es, in den Ofen schieben.
Oh, es riecht gut, oh es riecht fein.

Oh, es riecht gut, oh es riecht fein.
Heut rührn wir Teig zu Plätzchen ein.
So, nun wolln wir Ordnung machen
Von den vielen Backesachen!
Oh, es riecht gut, oh es riecht fein.

Oh, es riecht gut, oh es riecht fein.
Die Plätzchen werden fertig sein,
Weihnachtskringel braun und rund
Eins zum Kosten in den Mund.
Oh, es riecht gut, oh es riecht fein.

Weihnachtlicher Nachtisch

75 g Rosinen
1 Eßlöffel Rum
100 g gemahlener Mohn
400 ml Milch
100 g Honig
1 Päckchen
Vanillezucker
3 Eßlöffel
gehackte Mandeln
1 Eßlöffel
Mandelblättchen
75 g Schlagsahne

Die Rosinen waschen und abtropfen lassen. Mit dem Rum vermischen und ziehen lassen. Den Mohn mit der Milch aufkochen und etwa 20 Minuten unter mehrfachem Umrühren köcheln lassen. Dann den Honig, den Vanillezucker, die gut durchgezogenen Rosinen und die gehackten Mandeln einrühren. Auskühlen lassen. Mandelblättchen ohne Fett goldbraun rösten und abkühlen lassen. Sahne steif schlagen und in die Mohnmasse einrühren. Die Masse in 4 passende Gläser füllen und mit den Mandelblättchen garnieren.

Dicker Honigkuchen

400 g Honig
250 g Zucker
125 g Fett
6 Eßlöffel Milch
3 Eier
500 g Mehl
1 Päckchen Backpulver
2 Eßlöffel Kakao
2 Teelöffel
gemahlener Zimt
$1/2$ Teelöffel
gemahlene Nelken
1 Messerspitze
Kardamom
abgeriebene Schale
einer halben Zitrone
125 g Korinthen
150 g Zitronat
125 g gehackte Mandeln
1 Becher
Schokoladenglasur
halbierte Mandeln

Honig unter Rühren heiß werden lassen, Fett und Zucker zugeben, in der heißen Masse auflösen und abkühlen lassen.
Zuerst Milch und Eier, dann das Mehl mit Backpulver unter die lauwarme Masse rühren. Kakao, Zimt, Nelken, Zitronenschale, Korinthen, Zitronat und gehackte Mandeln unterrühren und anschließend den Teig auf ein gefettetes Blech gleichmäßig verstreichen und bei 180 Grad rund 20 Minuten backen. Schokoladenglasur auflösen und auf den warmen Kuchen verstreichen, mit den Mandeln verzieren und aufschneiden.

Ich wünsch mir was

(Kindervers)

Ich wünsch mir was!
Was ist denn das?
Das ist ein Schloß
aus Marzipan
Mit Türmen
aus Rosinen dran
Und Mandeln
an den Ecken.
Ganz zuckersüß
und braungebrannt
Und jede Wand
aus Zuckerkand –
Da kann man
tüchtig schlecken!
Und Diener laufen
hin und her
Mit Saft und Marmelade.
Und drinnen
in dem Schlosse drin,
Sitzt meine Frau,
die Königin –

Die ist aus Schokolade!

21. Dezember

Christian Morgenstern

Das Weihnachtsbäumlein

Es war einmal ein Tännelein
mit braunen Kuchenherzlein
und Glitzergold und Äpflein fein
und vielen bunten Kerzlein:

Das war am Weihnachtsfest so grün,
als fing es eben an zu blühn.

Doch nach nicht gar zu langer Zeit,
da stands im Garten unten,
und seine ganze Herrlichkeit
war, ach, dahingeschwunden.
Die grünen Nadeln warn'n verdorrt,
die Herzlein und die Kerzlein fort.

Bis eines Tags der Gärtner kam,
den fror zu Haus im Dunkeln,
und es in seinen Ofen nahm –
Hei! Tats da sprühn und funkeln!
Und flammte jubelnd himmelwärts
in hundert Flämmlein an Gottes Herz.

Hans Fallada

Weihnachten der Pechvögel

Ich möcht wirklich gern mal wissen, wie das bei anderen Leuten mit ihren Festtagen und besonders mit Weihnachten ist, ob da alles wirklich immer klappt?

Natürlich tun wir stets so, als sei auch bei uns alles in Ordnung, aber ich hab noch kein Weihnachtsfest erlebt, wo's glatt ging bei uns. Daß eines von uns zum Fest todsterbenskrank wird, das ist noch 'ne Kleinigkeit, aber was meint ihr zu 'nem Heiligen Abend, wo 'ne halbe Stunde vor der Bescherung uns Einbrecher alle Geschenke einschließlich Baum und Festbraten klauten?

Das kommt natürlich alles daher, daß wir „Pech" heißen; wer Pech heißt, muß auch Pech haben, sagt Vater immer. Ich selbst heiße Peter Pech. Die Geschichte aber, wie's Weihnachten 1945 bei uns zuging, erzähle ich nur darum, um sie an eine Zeitung zu verkaufen.

Ich sollte also einen Baum besorgen. Auf dem Pennal haben wir in unserer Klasse einen bärtigen Knaben gehabt, dessen Vetter, von dem der Vatersbruder, also so was wie 'n Stiefonkel, der ist Förster bei Falkensee in der Drehe. Mit dem Knaben bin ich schnell handelseinig geworden: Er lieferte mir 'ne Fichte von zwei Meter zwanzig, und ich lieferte ihm ein halbes Jahr lang alle deutschen Aufsätze im vorbildlichen Pechstil. Als Liefertermin – denn ich bin ein Pech, das heißt, ein vorsichtig-mißtrauischer Mensch – war der 1. Dezember vorgesehen. Aber bereits um den 7. herum begriff ich, daß mein Knabe hinreichend langsamen Geistes war, um mir bestenfalls zum 1. Dezember 1946 besagte Fichte zu liefern. Mußte ich also 'nen anderen Lieferanten finden, und allmählich, das heißt so am 8. Dezember, wurde es ja auch an der Zeit. Zu meinen Ämtern gehörte es auch, Bier aus unserer Eckkneipe zu holen, wenn Pechens sich gerade mal Bier spendierten.

Unsere Wirtin „Qualle" (von wegen ihrer Wabbligkeit so getauft) machte mich mit einem biederen Greis bekannt, einem Alten, Besitzer sowohl eines graugelben Schnauzbartes als auch eines Dauer-Nasen-Tropfens, der immer zu drippen drohte und doch nie fiel.

„Weeßte, junger Mann", sprach der Greis und funkelte diamanten unter der Nase, „weeßte, ick ha' da noch an die Stücker een Dutzend Christbäume stehen. Du machst Stücker viere ab und schleppst se bei Muttan, und daderfor sollste eenen von de viere krie-jen, ohne Spesen!"

„Ick wer' meenen Bruder Paule mitnehmen", sagte ich.

„Nischt!" antwortete der weißgelbgraue Schnauz. „Beil jenügt. Un knöpp et dir untan Überzieha, sonst latschen uns jleich sechse nach, un ick bin meine Bäume los!"

„Ick wer't Beil in 'ne Aktentasche tun", schlug ich vor. „Aber Paul könnte trajen helfen!"

„Nischt!" sprach der trutzige Greis von altem Schrot und Korn. „Nur wa zwee beede. Sonst nischt. Um sechse früh uff en Sonntag bei die Pankower Kirche!"

Am Sonntag hat mich der Biedere versetzt und sich am Dienstag, als ich ihn glücklich in der Eckkneipe erwischte, mit Reißmatüchtig entschuldigt.

Aber am Sonntag, der kam, fuhren wir wirklich mit der 49 nach Buchholz 'raus. Nasentröpfchen rauchte aus einer halblangen Porzellanpiepe, auf deren Kopf Seine Majestät der Kaiser noch in Kürassieruniform residierte, gewaltige Wolken stinkenden Eigenbaues blasend, als wir durch Buchholzens Kleingärten marschierten.

Schließlich hielt der rüstig fürbaß Schreitende inne. Es war ein mächtig feines Grundstück mit alten Bäumen und viel Gebüsch. Ich fragte: „Und das Grundstück gehört Ihnen?! Das muß ja ein paar Hunderttausend wert sein!"

„Nischt!" antwortete er wieder einmal. „Meenen Sohn seine Frau. Aba ick ha' de Verwaltung!"

Er kramte in seinen Taschen nach dem

Schlüssel und rauchte dabei wie eine Ent-trümmerungslokomotive. Er kramte ziemlich länglich.

„Na –?" fragte ich schließlich.

„Nischt!" antwortete er und gab's auf. „Ick ha' den Schlüssel noch uff' en Tisch jepackt. Un nu doch vajessen! Hilft nischt! Müssen wa noch mal 'raus! Nächsten Freitag kann ick!"

Ich war maßlos enttäuscht. „Freitag is ville zu spät! Können wa nich jleich heut noch mal?"

„Nischt! Vaabredung!"

„Aber ich muß endlich einen Baum krie-gen! Ich habe mich fest auf Sie verlassen!" (Vor Verzweiflung sprach ich richtig deutsch!)

„Un ick valaß dir nich! Pankower Kirche, Freitag, sechse!"

„Das ist zu spät!" rief ich wieder. Ich dach-te an die Zwillinge Petra und Palma, auch an den Flachs von Paul, Pamela, Petra und Vater.

„Ach was!" rief ich. „Helfen Sie mir rüber! Ich schaff es schon!"

„Wenn du meenst, du schaffst det!"

Ich kletterte schon am Zaun hoch, mit ei-nem Fuß stand ich auf der Klinke.

„Reichen Sie mir mal die Aktentasche rüber! – Wo stehen denn die Bäume?"

„Imma de Neese lang. Hauptwech runter! Dann rechts ab, bis de det Glasdach vont Ge-wächshaus sehen tust. Denn links – da stehn se. Nimm de vier besten; ick wart denn hier!"

Ich gehe los, einmal habe ich mich verbie-stert, aber dann habe ich doch hingefunden. Die vier besten habe ich nicht nehmen kön-nen, die waren für die Elektrische viel zu groß, ich habe die vier kleinsten genommen, die waren auch noch schön genug. Also, ich hab' sie abgehauen und bin gerade dabei, die Zweige mit Bindfaden ein bißchen zusam-menzubinden, da krieg' ich einen Schlag ins Genick, daß mir schwarz vor den Augen wird und ich glatt auf meine Fichten fliege. Ich rap-ple mich gleich wieder hoch, da kriege ich einen Schwinger, daß ich wieder zur Erde muß. Schließlich war ich so weit, daß ich die beiden Kerle wütend anschreien konnte: „Laßt das mal gefälligst! Ich habe Erlaubnis!"

„So", sagt einer in einer grünen Joppe. „Er-laubnis –? Von wem haste denn die Erlaubnis, Sehnchen?"

„Na – von dem Schwiegervater der Besitzerin doch!"

„Ach nee!" grinste nur der andere. „Schwiegervater von der Besitzerin – gibt's so was auch? Wer ist denn das?"

„Namen weiß ich keinen", sag ich immer noch wütend. „Aber Sie müssen den Alten doch kennen: Hat 'ne Porzellanpfeife mit dem Kaiser drauf und immer einen Tropfen an der Nase!"

„Wo haste denn den Schwiegervater mit dem Nasentropfen?"

Ich beschrieb ihnen genau, wo er stehen mußte.

Die Joppe sagte: „Hol dir noch Ernst und Willi zu und sieh, daß du den Alten fängst. Mit dem Sehnchen hier werde ich schon allein fertig."

Der Manchesterne zog ab, und die Joppe sagte: „Sehnchen, das werden teure Weihnachten! Da kommste ohne Kittchen nich von ab!"

Bei den Worten wurde mir klar, in welch verdammter Mausefalle ich steckte. Mein Bewacher sagte nun: „Na, denn nimm die Bäume und komm mit!"

Wir mußten nur um ein paar struppig-dichte Gebüsche herumgehen, da standen wir schon vor einer Gebäudegruppe. „Gärtnerei und Baumschulen" las ich.

Nur ein vollendeter Trottel wie der alte „Nischt!" konnte auf die Idee kommen, so in nächster Nähe von bewohnten Gebäuden auf die Tannenbaumernte zu gehen, die mußten den Klang meines Beiles in ihren Stuben gehört haben! Aber, fiel mir ein, so ein vollendeter Trottel war der Alte gar nicht, der lief, da ich nichts von ihm wußte, nicht das geringste Risiko: wenn ich was brachte, war's gut, fiel ich aber rein, fiel ich allein rein!

Ich wurde in ein Büro gebracht und dort von zwei jungen Burschen bewacht. Dann kam der Chef. Sie fingen an, mich zu vernehmen. Aber eigentlich war nichts zu vernehmen. Ich gab an, Hans Schmidt zu heißen, in der und der Straße zu wohnen und den Alten in einer Kneipe, an die ich mich nicht erinnerte, kennengelernt zu haben. Ich hatte mit gutem Gewissen die Tannenbäume holen wollen. Das war alles, was ich zu wissen vorgab.

So schafften sie mich denn auf die Wache und vernahmen mich dort mit dem gleichen Mißerfolg weiter. Am Abend war ich im Hauptpolizeigefängnis gelandet, und am nächsten Tag wurde ich von einem richtigen Kriminalbeamten vernommen. Ich dachte immer nur an die Schande, die ich meiner Familie machen würde, und an den Rausschmiß aus der Schule. Dazu hatte ich noch irgendwelche Kriminalromane im Kopf, nach denen es sehr gut möglich war, sich unter einem falschen Namen verurteilen zu lassen.

Es dauerte sehr lange, bis ich begriff, daß so was – vielleicht! – woanders möglich ist, aber nicht bei uns. Dabei machten mich die Haft und das herannahende Weihnachtsfest immer trübsinniger, ich dachte ständig an die zu Hause, die Todesangst, die sie um mich ausstehen mußten, das völlig verdorbene Fest. Ich war der pechösete aller Pechs!

Aus diesen düsteren Gedanken wurde ich wieder zur Vernehmung geholt, und wie ich da die Stube betrete, sagte eine geliebte Stimme: „Richtig, Herr Kommissar! Dieser Hans Schmidt ist recte ein Peter Pech – Peter, du Unglücksrabe, komm zu deinem alten Vater!"

Ich bin Vatern in die Arme gestürzt und habe geheult, geheult habe ich! Und mit meinen Tränen habe ich all meine Blindheit und Torheit fortgewaschen, und als ich mein Gesicht endlich wieder abgetrocknet hatte, fing ich an zu erzählen die Wahrheit, die ganze Wahrheit, nichts als die Wahrheit ...

„Ja, so wird ein Schuh draus!" sagte der Kommissar und machte ein zufriedenes Gesicht. „Nun hören Sie mal zu, mein Sohn ..." Und dann hielt er mir eine gepfefferte Strafpredigt über all die Mühe und Arbeit und Kosten, die ich währenddes dem Vater Staat gemacht hatte. Worauf ich mit Vater gehen durfte.

22. Dezember

Joseph von Eichendorff

Weihnachten

Markt und Straßen stehn verlassen,
Still erleuchtet jedes Haus,
Sinnend geh ich durch die Gassen,
Alles sieht so festlich aus.

An den Fenstern haben Frauen
Buntes Spielzeug fromm geschmückt,
Tausend Kindlein stehn und schauen,
Sind so wunderstill beglückt.

Und ich wandre aus den Mauern
Bis hinaus ins freie Feld,
Hehres Glänzen, heil'ges Schauern!
Wie so weit und still die Welt!

Sterne hoch die Kreise schlingen,
Aus des Schnees Einsamkeit
Steigt's wie wunderbares Singen –
O du gnadenreiche Zeit!

Hans Christian Andersen

Der Tannenbaum

Draußen im Walde stand ein niedlicher, kleiner Tannenbaum; er hatte einen guten Platz, Sonne konnte er bekommen, Luft war genug da, und ringsumher wuchsen viel größere Kameraden, sowohl Tannen als Fichten. Aber dem kleinen Tannenbaum schien nichts so wichtig wie das Wachsen; er achtete nicht der warmen Sonne und der frischen Luft, er kümmerte sich nicht um die Bauernkinder, die da gingen und plauderten, wenn sie herausgekommen waren, um Erdbeeren und Himbeeren zu sammeln. Oft kamen sie mit einem ganzen Topf voll oder hatten Erdbeeren auf einen Strohhalm gezogen, dann setzten sie sich neben den kleinen Tannenbaum und sagten: „Wie niedlich klein der ist!" Das mochte der Baum gar nicht hören.

Im folgenden Jahre war er um einen langen Trieb größer, und das Jahr darauf um noch einen, denn bei den Tannenbäumen kann man immer an der Zahl der Triebe, die sie haben, sehen, wie viele Jahre sie gewachsen sind.

„Oh, wäre ich doch so ein großer Baum wie die andern!" seufzte das kleine Bäumchen. „Dann könnte ich meine Zweige so weit umher ausbreiten und mit der Krone in die Welt hinausblicken! Die Vögel würden dann Nester zwischen meinen Zweigen bauen, und wenn der Wind weht, könnte ich so vornehm nicken, gerade wie die andern dort!"

Er hatte gar keine Freude am Sonnenschein, an den Vögeln und den roten Wolken, die morgens und abends über ihn hinsegelten.

War es dann Winter, und der Schnee lag glitzernd weiß ringsumher, so kam häufig ein Hase angesprungen und setzte gerade über das Bäumchen weg – oh, das war so ärgerlich! – Aber zwei Winter vergingen, und im dritten war der Baum so groß, daß der Hase um es herumlaufen mußte. „Oh, wachsen, wachsen, groß und alt werden, das ist doch das einzig Schöne in dieser Welt!" dachte der Baum.

Im Herbst kamen immer Holzhauer und fällten einige der größten Bäume; das geschah jedes Jahr, und dem jungen Tannenbaum, der nun ganz gut gewachsen war, schauderte dabei; denn die großen, prächtigen Bäume fielen mit Knacken und Krachen zur Erde, die Zweige wurden abgehauen, die Bäume sahen ganz nackt, lang und schmal aus; sie waren fast nicht mehr zu erkennen. Aber dann wurden sie auf Wagen gelegt, und Pferde zogen sie aus dem Walde hinaus.

Wohin sollten sie? Was stand ihnen bevor?

Im Frühjahr, als die Schwalben und Störche kamen, fragte sie der Baum: „Wißt ihr nicht, wohin sie geführt wurden? Seid ihr ihnen begegnet?"

Die Schwalben wußten nichts, aber der Storch sah nachdenklich aus, nickte mit dem Kopfe und sagte: „Ja, ich glaube wohl; mir begegneten viele neue Schiffe, als ich aus Ägypten geflogen kam; auf den Schiffen waren prächtige Mastbäume; ich wage zu behaupten, daß sie es waren; sie rochen nach Tanne; ich kann vielmals grüßen, sie tragen den Kopf hoch, sehr hoch!"

„Oh, wäre ich doch auch groß genug, um über das Meer hinfahren zu können! Was ist das eigentlich, dieses Meer, und wie sieht es aus?"

„Ja, das zu erklären ist zu weitläufig!" sagte der Storch, und damit ging er fort.

„Freu dich deiner Jugend!" sagten die Sonnenstrahlen, „freu dich deines frischen Wachstums, des jungen Lebens, das in dir ist!"

Und der Wind küßte den Baum, und der Tau weinte Tränen über ihn, aber das verstand der Tannenbaum nicht.

Als es auf die Weihnachtszeit zuging, wurden ganz junge Bäume gefällt, Bäume, die oft nicht einmal so groß oder gleichen Alters mit diesem Tannenbäume waren, der weder Rast noch Ruhe hatte, sondern immer davon wollte. Diese jungen Bäume, und es waren gerade die allerschönsten, behielten immer alle ihre Zweige; sie wurden auf Wagen gelegt, und Pferde zogen sie zum Walde hinaus.

„Wohin sollen diese?" fragte der Tannenbaum. „Sie sind nicht größer als ich, einer ist

sogar viel kleiner; weswegen behalten sie alle ihre Zweige? Wohin fahren sie?"

„Das wissen wir! Das wissen wir!" zwitscherten die Meisen. „Unten in der Stadt haben wir in die Fenster gesehen! Wir wissen, wohin sie fahren! Oh, sie gelangen zur größten Pracht und Herrlichkeit, die man sich denken kann! Wir haben in die Fenster geguckt und gesehen, daß sie mitten in der warmen Stube aufgepflanzt und mit den schönsten Sachen, vergoldeten Äpfeln, Honigkuchen, Spielzeug und vielen hundert Lichtern geschmückt werden."

„Und dann?" fragte der Tannenbaum und bebte in allen Zweigen. „Und dann? Was geschieht dann?"

„Ja, mehr haben wir nicht gesehen! Das war unvergleichlich schön!"

„Ob ich wohl bestimmt bin, diesen strahlenden Weg zu betreten?" jubelte der Tannenbaum. „Das ist noch besser, als über das Meer zu ziehen! Wie leide ich an Sehnsucht! Wäre es doch Weihnachten! Nun bin ich hoch und entfaltet wie die andern, die im vorigen Jahre davongeführt wurden! Oh, wäre ich erst auf dem Wagen, wäre ich doch in der warmen Stube mit all der Pracht und Herrlichkeit! Und dann? Ja, dann kommt noch etwas Besseres, noch Schöneres, warum würden sie mich sonst so schmücken? Es muß noch etwas Größeres, Herrlicheres kommen! Aber was? Oh, ich leide, ich sehne mich, ich weiß selbst nicht, wie mir ist!"

„Freu dich unser!" sagten die Luft und das Sonnenlicht; „freu dich deiner frischen Jugend im Freien!"

Aber er freute sich durchaus nicht und wuchs und wuchs; Winter und Sommer stand er grün; dunkelgrün stand er da. Die Leute, die ihn sahen, sagten: „Das ist ein schöner Baum!" Und zur Weihnachtszeit wurde er von allen zuerst gefällt. Die Axt hieb tief durch das Mark; der Baum fiel mit einem Seufzer zu Boden, er fühlte einen Schmerz, eine Ohnmacht, er konnte gar nicht an irgendein Glück denken, er war betrübt, von der Heimat scheiden zu müssen, von dem Fleck, auf dem er emporgeschossen war; er wußte ja, daß er die

lieben, alten Kameraden, die kleinen Büsche und Blumen ringsumher nie mehr sehen werde, ja vielleicht nicht einmal die Vögel. Die Abreise hatte durchaus nichts Behagliches.

Der Baum kam erst wieder zu sich selbst, als er im Hofe mit andern Bäumen abgeladen wurde und einen Mann sagen hörte: „Dieser hier ist prächtig! Wir wollen nur den!"

Nun kamen zwei Diener im vollen Staat und trugen den Tannenbaum in einen großen, schönen Saal. Ringsherum an den Wänden hingen Bilder, und bei dem großen Kachelofen standen hohe chinesische Vasen mit Löwen auf den Deckeln; da gab es Schaukelstühle, seidene Sofas, große Tische voller Bilderbücher und Spielzeug für hundertmal hundert Taler – wenigstens sagten das die Kinder. Und der Tannenbaum wurde in ein großes, mit Sand gefülltes Faß gestellt; aber niemand konnte sehen, daß es ein Faß war, denn es wurde rundherum mit grünem Zeug behängt und stand auf einem großen, bunten Teppich. Oh, wie der Baum bebte! Was wird nun wohl geschehen? Die Diener und die Fräulein schmückten ihn. An einen Zweig hängten sie kleine, aus farbigem Papier ausgeschnittene Netze, und jedes Netz war mit Zuckerwerk gefüllt. Vergoldete Äpfel und Walnüsse hingen herab, als wären sie festgewachsen, und über hundert rote, blaue und weiße kleine Lichter wurden in den Zweigen festgesteckt. Puppen, die leibhaft wie die Menschen aussahen – der Baum hatte früher nie solche gesehen –, schwebten im Grünen, und hoch oben in der Spitze wurde ein Stern von Flittergold befestigt. Das war prächtig, ganz außerordentlich prächtig!

„Heut abend", sagten alle, „heut abend wird er strahlen!"

„Oh", dachte der Baum, „wäre es doch Abend! Würden nur die Lichter bald angezündet! Und was dann wohl geschieht? Ob da wohl Bäume aus dem Walde kommen, mich zu sehen? Ob die Meisen gegen die Fensterscheiben fliegen? Ob ich hier festwachse und Winter und Sommer geschmückt stehen werde?"

Ja, er wußte gut Bescheid; aber er hatte ordentlich Borkenschmerzen vor lauter Sehnsucht, und Borkenschmerzen sind für einen Baum ebenso schlimm wie Kopfschmerzen für uns andere.

Nun wurden die Lichter angezündet. Welcher Glanz, welche Pracht! Der Baum bebte in allen Zweigen dabei, so daß eins der Lichter das Grüne anbrannte; es sengte ordentlich.

„Gott bewahre uns!" schrien die Fräulein und löschten es hastig aus.

Nun durfte der Baum nicht einmal beben. Oh, das war ein Grauen! Ihm war bange, etwas von seinem Staate zu verlieren; er war ganz betäubt von all dem Glanze. Da gingen beide Flügeltüren auf, und eine Menge Kinder stürzte herein, als wollten sie den ganzen Baum umwerfen, die älteren Leute kamen bedächtig nach. Die Kleinen standen ganz stumm, aber nur einen Augenblick, dann jubelten sie wieder, daß es laut schallte; sie tanzten um den Baum herum, und ein Geschenk nach dem andern wurde abgepflückt und verteilt.

„Was machen sie?" dachte der Baum. „Was soll geschehen?" Die Lichter brannten gerade bis auf die Zweige herunter, und je nachdem sie niederbrannten, wurden sie ausgelöscht, und dann erhielten die Kinder die Erlaubnis, den Baum zu plündern. Sie stürzten auf ihn zu, daß es in allen Zweigen knackte; wäre er nicht mit der Spitze und mit dem Goldstern an der Decke festgemacht gewesen, so wäre er umgefallen.

Die Kinder tanzten mit ihrem prächtigen Spielzeug herum, niemand sah nach dem Baume, ausgenommen das alte Kindermädchen, das zwischen die Zweige blickte; aber es geschah nur, um zu sehen, ob nicht noch eine Feige oder ein Apfel vergessen sei.

„Eine Geschichte, eine Geschichte!" riefen die Kinder und zogen einen kleinen, dicken Mann gegen den Baum hin, und er setzte sich gerade unter ihn, „denn so sind wir im Grünen", sagte er, „und der Baum kann besonders Nutzen davon haben, zuzuhören! Aber ich erzähle nur eine Geschichte. Wollt ihr die von Ivede-Avede oder die von Klumpe-Dumpe hören, der die Treppen hinunterfiel und doch erhöht wurde und die Prinzessin bekam?"

„Ivede-Avede!" schrien einige, „Klumpe-Dumpe!" schrien andere. Das war ein Rufen! Nur der Tannenbaum schwieg ganz still und dachte: „Komme ich gar nicht mit, werde ich nichts dabei zu tun haben?" Er hatte ja geleistet, was er sollte.

Der Mann erzählte von Klumpe-Dumpe, der die Treppen hinunterfiel und doch erhöht wurde und die Prinzessin bekam. Und die Kinder klatschten in die Hände und riefen: „Erzähle, erzähle!" Sie wollten auch die Geschichte von Ivede-Avede hören, aber sie bekamen nur die von Klumpe-Dumpe. Der Tannenbaum stand ganz stumm und gedankenvoll, nie hatten die Vögel im Walde dergleichen erzählt. Klumpe-Dumpe fiel die Treppen hinunter und bekam doch die Prinzessin!

„Ja, ja, so geht es in der Welt zu!" dachte der Tannenbaum und glaubte, daß es wahr sei, weil ein so netter Mann es erzählt hatte. „Ja, ja! Vielleicht falle ich auch die Treppe hinunter und bekomme eine Prinzessin!" Und er freute sich, den nächsten Tag wieder mit Lichtern und Spielzeug, Gold und Früchten und dem Stern von Flittergold aufgeputzt zu werden. „Morgen werde ich nicht zittern!" dachte er. „Ich will mich recht aller meiner Herrlichkeit freuen. Morgen werde ich wieder die Geschichte von Klumpe-Dumpe und vielleicht auch die von Ivede-Avede hören." Und der Baum stand die ganze Nacht still und gedankenvoll.

Am Morgen kamen die Diener und das Mädchen herein.

„Nun beginnt der Staat aufs neue!" dachte der Baum; aber sie schleppten ihn zum Zimmer hinaus, die Treppe hinauf, auf den Boden und stellten ihn in einen dunklen Winkel, wohin kein Tageslicht schien. „Was soll das bedeuten?" dachte der Baum. „Was soll ich hier wohl machen? Was mag ich hier wohl hören sollen?" Er lehnte sich gegen die Mauer und dachte und dachte. Und er hatte Zeit genug, denn es vergingen Tage und Nächte; niemand kam herauf, und als endlich jemand kam, so geschah es, um einige große Kasten in den Winkel zu stellen. Der Baum stand ganz versteckt, man mußte glauben, daß er ganz vergessen war.

„Nun ist es Winter draußen!" dachte der Baum. „Die Erde ist hart und mit Schnee bedeckt, die Menschen können mich nicht pflanzen; deshalb soll ich wohl bis zum Frühjahr hier im Schutz stehen! Wie wohlbedacht ist das! Wie die Menschen doch so gut sind! Wäre es hier nur nicht so dunkel und schrecklich einsam! Nicht einmal ein kleiner Hase! Das war doch niedlich da draußen im Walde, wenn der Schnee lag und der Hase vorbeisprang, ja selbst als er über mich hinwegsprang; aber damals mochte ich es nicht leiden. Hier oben ist es doch schrecklich einsam!"

„Piep, piep!" sagte da eine kleine Maus und huschte hervor; und dann kam noch eine kleine. Sie beschnüffelten den Tannenbaum, und dann schlüpften sie zwischen seine Zweige.

„Es ist eine greuliche Kälte!" sagten die kleinen Mäuse. „Sonst ist hier gut sein; nicht wahr, du alter Tannenbaum?"

„Ich bin gar nicht alt!" sagte der Tannenbaum, „es gibt viele, die weit älter sind denn ich!"

„Woher kommst du?" fragten die Mäuse, „und was weißt du?" Sie waren so gewaltig neugierig. „Erzähle uns doch von den schönsten Orten auf Erden! Bist du dort gewesen? Bist du in der Speisekammer gewesen, wo Käse auf den Brettern liegen und Schinken unter der Decke hängen, wo man auf Talglicht tanzt, mager hineingeht und fett herauskommt?"

„Das kenne ich nicht", sagte der Baum, „aber den Wald kenne ich, wo die Sonne scheint und die Vögel singen!" Und dann erzählte er alles aus seiner Jugend. Die kleinen Mäuse hatten früher nie dergleichen gehört, sie horchten auf und sagten: „Wieviel du gesehen hast! Wie glücklich du gewesen bist!"

„Ich?" sagte der Tannenbaum und dachte über das, was er selbst erzählte, nach. „Ja, es waren im Grunde ganz fröhliche Zeiten!" Aber dann erzählte er vom Weihnachtsabend, wo er mit Zuckerwerk und Lichtern geschmückt war.

„Oh", sagten die kleinen Mäuse, „wie glücklich du gewesen bist, du alter Tannenbaum!"

„Ich bin gar nicht alt!" sagte der Baum, „erst in diesem Winter bin ich aus dem Walde gekommen! Ich bin in meinem allerbesten Alter, ich bin nur so aufgeschossen."

„Wie schön du erzählst!" sagten die kleinen Mäuse, und in der nächsten Nacht kamen sie mit vier anderen kleinen Mäusen, die den Baum erzählen hören sollten, und je mehr er erzählte, desto deutlicher erinnerte er sich selbst an alles und dachte: „Es waren doch ganz fröhliche Zeiten! Aber sie können wiederkommen, können wiederkommen! Klumpe-Dumpe fiel die Treppe hinunter und bekam doch die Prinzessin; vielleicht kann ich auch eine Prinzessin bekommen." Und dann dachte der Tannenbaum an eine kleine, niedliche Birke, die draußen im Walde wuchs; das war für den Tannenbaum eine wirkliche schöne Prinzessin.

„Wer ist Klumpe-Dumpe?" fragten die kleinen Mäuse. Da erzählte der Tannenbaum das ganze Märchen, er konnte sich jedes einzelnen Wortes entsinnen; die kleinen Mäuse sprangen aus reiner Freude bis an die Spitze des Baumes. In der folgenden Nacht kamen weit mehr Mäuse und am Sonntage sogar zwei Ratten, aber die meinten, die Geschichte sei nicht hübsch, und das betrübte die kleinen Mäuse, denn nun hielten sie auch weniger davon.

„Wissen Sie nur die eine Geschichte?" fragten die Ratten.

„Nur die eine", antwortete der Baum. „Die hörte ich an meinem glücklichsten Abend, aber damals dachte ich nicht daran, wie glücklich ich war."

„Das ist eine höchst jämmerliche Geschichte! Kennen Sie keine von Speck und Talglicht? Keine Speisekammergeschichte?"

„Nein!" sagte der Baum."

„Ja, dann danken wir dafür!" erwiderten die Ratten und gingen zu den Ihren zurück.

Die kleinen Mäuse blieben zuletzt auch weg, und da seufzte der Baum: „Es war doch ganz hübsch, als sie um mich herumsaßen, die beweglichen kleinen Mäuse, und zuhörten, wie ich erzählte! Nun ist auch das vorbei! Aber ich werde gerne daran denken, wenn ich wieder hervorgeholt werde."

Aber wann geschah das? – Ja, es war eines Morgens, da kamen Leute und rumorten auf dem Boden; die Kästen wurden weggesetzt, der Baum wurde hervorgezogen; sie warfen ihn freilich ziemlich hart gegen den Fußboden, aber ein Diener schleppte ihn sogleich zur Treppe hin, wo das Tageslicht schien.

„Nun beginnt das Leben wieder!" dachte der Baum; er fühlte die frische Luft, den ersten Sonnenstrahl – und nun war er draußen im Hof.

Alles ging so geschwind, der Baum vergaß völlig, sich selbst zu betrachten, da war so vieles ringsumher zu sehen. Der Hof stieß an einen Garten, und alles blühte darin; die Rosen hingen frisch und duftend über das kleine Gitter hinaus, die Lindenbäume blühten, und die Schwalben flogen umher und sagten: „Quirre-virre-vit, mein Mann ist kommen!" Aber es war nicht der Tannenbaum, den sie meinten.

„Nun werde ich leben!" jubelte der und breitete seine Zweige weit aus; aber ach, die waren alle vertrocknet und gelb; und er lag da zwischen Unkraut und Nesseln. Der Stern von Goldpapier saß noch oben in der Spitze und glänzte im hellen Sonnenschein.

Im Hof spielten ein paar der munteren Kinder, die zur Weihnachtszeit den Baum umtanzt hatten und so froh über ihn gewesen waren. Eins der kleinsten lief hin und riß den Goldstern ab.

„Sieh, was da noch an dem häßlichen, alten Tannenbaum sitzt!" sagte es und trat auf die Zweige, so daß sie unter seinen Stiefeln knackten.

Der Baum sah auf all die Blumenpracht und Frische im Garten, er betrachtete sich selbst und wünschte, daß er in seinem dunklen Winkel auf dem Boden geblieben wäre; er gedachte seiner frischen Jugend im Wald, des lustigen Weihnachtsabends und der kleinen Mäuse, die so munter die Geschichte von Klumpe- Dumpe angehört hatten.

„Vorbei, vorbei!" sagte der arme Baum. „Hätte ich mich doch gefreut, als ich es noch konnte! Vorbei, vorbei!"

Und der Knecht kam und hieb den Baum in kleine Stücke, ein ganzes Bund lag da; hell flackerte es auf unter dem großen Braukessel. Der Baum seufzte tief, und jeder Seufzer war wie ein kleiner Schuß; deshalb liefen die Kinder, die dort spielten, herbei und setzten sich vor das Feuer, blickten hinein und riefen: „Piff, paff!" Aber bei jedem Knalle, der ein tiefer Seufzer war, dachte der Baum an einen Sommerabend im Walde oder an eine Winternacht da draußen, wenn die Sterne funkelten; er dachte an den Weihnachtsabend und an Klumpe-Dumpe, das einzige Märchen, das er gehört hatte und zu erzählen wußte – und dann war der Baum verbrannt.

Die Knaben spielten im Hof, und der kleinste hatte den Goldstern auf der Brust, den der Baum an seinem glücklichsten Abend getragen hatte; nun war er vorbei, und mit dem Baum war es vorbei und mit der Geschichte auch; vorbei, vorbei – und so geht es mit allen Geschichten!

Aus dem Dänischen von Eva–Maria Blühm

Weihnachts-gänse

Knusprige Weihnachtsgans

1 Gans, ca. 4 kg
Salz, Pfeffer
440 ml Dose Maronen
4 Zwiebeln
3 große rote Äpfel
1 Brötchen
1 Teelöffel getrockneter Majoran
1 Teelöffel Beifuß
$^1/_2$ l klare Brühe
2 Eßlöffel Butter
1 Eßlöffel Zucker
$^1/_4$ l Rotwein
3 Eßlöffel Schlagsahne
Soßenbinder

Die Gans waschen, abtrocknen, das lose Fett entfernen und von innen kräftig mit Salz einreiben. Maronen abtropfen lassen, Zwiebeln schälen, Äpfel waschen. Die Innereien der Gans, die Maronen, Zwiebeln, einen Apfel und das Brötchen würfeln. Die Zutaten mit Salz, Pfeffer, Majoran und Beifuß würzen. Die fertige Füllung in die Gans geben, mit Spießen oder Küchengarn verschließen. Die Gans auf dem Rost der Fettpfanne ca. 3 $^1/_2$ bis 4 Stunden bei 175° C braten. Die Brühe angießen, Haut am Keulenansatz mehrmals einstechen. Anfangs mit dem Bratensaft, später mit stark gesalzenem Wasser öfter bestreichen. Zuletzt die Temperatur zum Bräunen auf 250 Grad stellen. Die restlichen beiden Äpfel in Spalten schneiden, in Fett und Zucker ca. 5 Minuten dünsten. Die fertige Gans warm stellen, den Fond entfetten und durchsieben, mit etwas Wasser auffüllen. Mit Rotwein und Sahne aufkochen. Soßenbinder einrühren und abschmecken. Die Gans auf einer Platte zusammen mit den Apfelspalten garnieren.

Pommersche Gans auf Äpfeln

1 junge Gans (3–4 kg)
500 g kleine Äpfel
75 g Korinthen
$^1/_8$ l Fleischbrühe
$^1/_2$ Zitrone
2 gestrichene Teelöffel Salz
2 Eßlöffel Semmelbrösel
1 Prise
gemahlene Nelken
100 g Mandelspäne
2 Eßlöffel Öl

Die Äpfel schälen – nicht zerschneiden und Stiel nicht entfernen. Korinthen waschen und abtropfen lassen. Die Fleischbrühe zubereiten, den Zitronensaft auspressen. Den Backofen auf 200 Grad vorheizen. Die Gans kalt ausspülen, trockentupfen und innen und außen mit dem Salz einreiben. Die Äpfel in die Bratpfanne legen, die Korinthen und die Semmelbrösel darüberstreuen und die Gans drauflegen. Die Fleischbrühe um die Gans gießen. Den Zitronensaft, das Nelkenpulver, die Mandelspäne und das Öl zufügen. Die Gans zudecken und 40 Minuten im vorgeheizten Backofen schmoren lassen. Den Deckel abnehmen und weitere 50 Minuten knusprig braun braten. Die fertige Gans im offenen, abgeschalteten Backofen noch 10 Minuten nachziehen lassen. Gans und Äpfel auf einer vorgewärmten Platte anrichten und den Bratensatz als Sauce gesondert dazu reichen.

Gefüllte Gans auf italienisch

1 küchenfertige Gans, 3 kg
250 g Bratwurst
150 g kernlose grüne Oliven
Salz, frischgemahlener Pfeffer, Paprikapulver
einige Shitake-Pilze
1 Tasse Öl

Die Innereien sorgfältig säubern und sehr klein hacken, Bratwürste aus der Haut pellen und zerkleinern, Oliven grob hacken, Shitake-Pilze würfeln und alles gut vermengen. Die Gans damit füllen, mit Küchengarn zunähen und mit einer Mischung von Öl, Salz, Pfeffer und Paprika rundherum bestreichen. Mit der Brust nach oben auf den Rost der Schmorpfanne legen. Bei ca. 180 Grad ca. 3 Stunden im Ofen braten, ab und zu mit etwas Wasser begießen. Zur Hälfte der Bratzeit an den Keulen mehrmals in die Haut stechen und gegen Ende den Ofen kurz auf 220 Grad stellen, damit die Gans besonders kross wird.

Heinz Erhardt

Die Weihnachtsgans

Tiefgefroren in der Truhe
liegt die Gans aus Dänemark.
Vorläufig läßt man in Ruhe
sie in ihrem weißen Sarg.
Ohne Kopf, Hals und Gekröse
liegt sie neben dem Spinat.
Ob sie wohl ein wenig böse
ist, daß man sie schlachten tat?
Oder ist es nur zu kalt ihr,
man sieht's an der Gänsehaut.
Na, sie wird bestimmt nicht alt hier,
morgen wird sie aufgetaut.
Hm, welch Duft zieht aus dem Herde,
durch die ganze Wohnung dann.
Mach, daß gut der Braten werde –
Morgen kommt der Weihnachtsmann.

Friedrich Wolf

Die Weihnachtsgans Auguste

Der Opernsänger Luitpold Löwenhaupt hatte bereits im November vorsorglich eine fünf Kilo schwere Gans gekauft, eine Weihnachtsgans. Dieser respektable Vogel sollte den Festtisch verschönen. Gewiß, es waren schwere Zeiten. „Aber etwas muß man doch fürs Herze tun!"

Bei diesem Satz, den Löwenhaupt mit seiner tiefen Baßstimme mehrmals vor sich hin sprach, so daß es wie ein Donnerrollen sich anhörte, mit diesem Satz meinte der Sänger im Grunde etwas anderes. Während er mit seinen kräftigen Händen die Gans an sich drückte, verspürte er zugleich den Geruch von Rotkraut und Äpfeln in der Nase. Und immer wieder murmelte sein schwerer Baß den Satz durch den nebligen Novembertag: „Aber etwas muß man doch fürs Herze tun."

Ein Hausvater, der eigenmächtig etwas für den Haushalt eingekauft hat, verliert, sobald er seiner Wohnung sich nähert, mehr und mehr den Mut. Er ist zu Hause schutzlos den Vorwürfen und dem Hohn seiner Hausgenossen preisgegeben, da er bestimmt unrichtig und zu teuer eingekauft hat. Doch in diesem Falle erntete Vater Löwenhaupt überraschend hohes Lob. Mutter Löwenhaupt fand die Gans fett, gewichtig und preiswert. Das Hausmädchen Theres lobte das schöne weiße Gefieder; sie stellte die Frage, wo das Tier bis Weihnachten sich aufhalten solle?

Die zwölfjährige Elli, die zehnjährige Gerda und das kleine Peterle – Löwenhaupts Kinder – sahen aber hier überhaupt kein Problem, da es ja noch das Bad und das Kinderzimmer gäbe und das Gänschen unbedingt Wasser brauche, sich zu reinigen. Die Eltern entschieden jedoch, daß die neue Hausgenossin im allgemeinen in einer Kiste in dem kleinen warmen Kartoffelkeller ihr Quartier beziehen solle und daß die Kinder sie bei Tage eine Stunde lang draußen im Garten hüten dürften.

So war das Glück allgemein.

Anfangs befolgten die Kinder genau diese Anordnung der Eltern. Eines Abends aber begann das siebenjährige Peterle in seinem Bettchen zu klagen, daß „Gustje" (das ist die Kurzform von Auguste: Gustchen) – man hatte die Gans aus einem nicht erfindbaren Grunde

Auguste genannt – bestimmt unten im Keller friere. Seine Schwester Elli, der man im Schlafzimmer die Aufsicht über die beiden jüngeren Geschwister übertragen hatte, suchte das Brüderchen zu beruhigen, daß Auguste ja ein dickes Daunengefieder habe, das sie aufplustern könne wie eine Decke.

„Warum plustert sie es auf?" fragte das Peterle.

„Ich sagte doch, daß es dann wie eine Decke ist."

„Warum braucht Gustje denn eine Decke?"

„Mein Gott, weil sie dann nicht friert, du Dummerjan!"

„Also ist es doch kalt im Keller!" sagte jetzt Gerda.

„Es ist kalt im Keller!" echote Peterle und begann gleich zu heulen. „Gustje friert! Ich will nicht, daß Gustje friert. Ich hole Gustje herauf zu mir!"

Damit war er schon aus dem Bett und tapste zur Tür. Die große Schwester Elli fing ihn ab und suchte ihn wieder ins Bett zu tragen. Aber die jüngere Gerda kam Peterle zu Hilfe. Peterle heulte: „Ich will zu Gustje!" Elli

schimpfte. Gerda entriß ihr den kleinen Bruder.

Mitten in dem Tumult erschien die Mutter. Peterle wurde im Elternzimmer in das Bett der Mutter gelegt und den Schwestern sofortige Ruhe anbefohlen.

Diese Nacht ging ohne Zwischenfall zu Ende.

Doch am übernächsten Tage hatten sich Gerda und Peter, der wieder im Kinderzimmer schlief, verständigt. Abwechselnd blieb immer einer der beiden wach und weckte den andern. Als nun die ältere Schwester Elli schlief und alles im Haus stille schien, schlichen die zwei auf nackten Zehenspitzen in den Keller, holten die Gans Auguste aus ihrer Kiste, in der sie auf Lappen und Sägespänen lag, und trugen sie leise hinauf in ihr Zimmer. Bisher war Auguste recht verschlafen gewesen und hatte bloß etwas geschnattert wie: „Lat mi in Ruh, lat mi in Ruh !"

Aber plötzlich fing sie laut an zu schreien: „Ick will in min Truh, ick will in min Truh !"

Schon gingen überall die Türen auf.

Die Mutter kam hervorgestürzt, Theres, das

122

Hausmädchen, rannte von ihrer Kammer her die Stiegen hinunter. Auch die zwölfjährige Elli war aufgewacht, aus ihrem Bett gesprungen und schaute durch den Türspalt. Die kleine Gerda aber hatte in ihrem Schreck die Gans losgelassen, und jetzt flatterte und schnatterte Auguste im Treppenhaus umher. (Ein Glück, daß der Vater noch nicht zu Hause war!) Bei der nun einsetzenden Jagd durch das Treppenhaus und die Korridore verlor Auguste, bis man sie eingefangen hatte, eine Anzahl Federn. Die atemlose Theres schlug sie in eine Decke, woraus sie nunmehr ununterbrochen schimpfte: „Lat mi in Ruh, lat mi in Ruh. Ick will in min Truh!"

Und da begann auch noch das Peterle zu heulen: „Ich will Gustje haben! Gustje soll mit mir schlafen!"

Die Mutter, die ihn ins Bett legte, suchte ihm zu erklären, daß die Gans jetzt wieder in ihre Kiste in den Keller müsse.

„Warum muß sie in den Keller?" fragte Peterle.

„Weil eine Gans nicht im Bett schlafen kann."

„Warum kann denn Gustje nicht im Bett schlafen?"

„Im Bett schlafen nur Menschen; und jetzt sei still und mach die Augen zu!"

Die Mutter war schon an der Tür, da heulte Peterle wieder los: „Warum schlafen nur Menschen im Bett? Gustje friert unten; Gustje soll oben schlafen."

Als die Mutter sah, wie aufgeregt Peterle war und daß man ihn nicht beruhigen konnte, erlaubte sie, daß man die Kiste aus dem Keller heraufholte und neben Peterles Bett stellte: Und siehe da, während Auguste droben in der Kiste noch vor sich hin schnatterte: „Lat man gut sin, lat man gut sin, Hauptsach, dat ick in min Truh bin!", schliefen Peterle und seine Geschwister ein.

Natürlich konnte man jetzt Auguste nicht wieder in den Keller bringen, zumal die Nächte immer kälter wurden, weil es schon mächtig auf Weihnachten zuging. Auch benahm sich die Gans außerordentlich manierlich. Bei Tag ging sie mit Peter spazieren und

hielt sich getreulich an seiner Seite wie ein guter Kamerad, wobei sie ihren Kopf stolz hoch trug und ihren kleinen Freund mit ihrem Geplapper aufs beste unterhielt. Sie erzählte dem Peterle, wie man die verschiedenen schmackhaften oder bitteren Gräser und Kräuter unterscheiden könne, wie ihre Geschwister – die Wildgänse – im Herbst nach Süden in wärmere Länder zögen und wie umgekehrt die Schneegänse sich am wohlsten in Eisgegenden fühlten. Soviel konnte Auguste dem Peterle erzählen, und auf all sein „Warum" und „Weshalb" antwortete sie gern und geduldig. Auch die anderen Kinder gewöhnten sich immer mehr an Auguste. Peterle aber liebte seine Gustje so, daß beide schier unzertrennlich wurden. So kam es, daß eines Abends, als Peterle vom Bett aus noch ein paar Fragen an Gustje richtete, diese zu ihrem Freund einfach ins Bett schlüpfte, um sich leiser und ungestörter mit ihm unterhalten zu können. Elli und Gerda gönnten dem Brüderchen die Freude.

Am frühen Morgen aber, als die Kinder noch schliefen, hopste Auguste wieder in ihre Kiste am Boden, steckte ihren Kopf unter die weißen Flügel und tat, als sei nichts geschehen.

Doch das Weihnachtsfest rückte näher und näher. Eines Mittags meinte der Sänger Löwenhaupt plötzlich zu seiner Frau, daß es mit Auguste nun „soweit wäre". Mutter Löwenhaupt machte ihrem Mann erschrocken ein Zeichen, in Gegenwart der Kinder zu schweigen.

Nach Tisch, als der Sänger Luitpold Löwenhaupt mit seiner Frau allein war, fragte er sie, was das seltsame Gebaren zu bedeuten habe? Und nun erzählte Mutter Löwenhaupt, wie sehr sich die Kinder – vor allem Peterle – an Auguste, die Gans, gewöhnt hätten und daß es ganz unmöglich sei ...

„Was ist unmöglich?" fragte Vater Löwenhaupt. Die Mutter schwieg und sah ihn nur an.

„Ach so!" grollte Vater Löwenhaupt. „Ihr glaubt, ich habe die Gans als Spielzeug für die Kinder gekauft? Ein nettes Spielzeug! Und ich? Was wird aus mir?"

„Aber Luitpold, verstehe doch!" suchte die Mutter ihn zu beschwichtigen.

„Natürlich, ich verstehe ja schon!" zürnte der Vater. „Ich muß wie stets hinten anstehn!" Und als habe diese furchtbare Feststellung seine sämtlichen Energien entfesselt, donnerte er jetzt los: „Die Gans kommt auf den Weihnachtstisch mit Rotkraut und gedünsteten Äpfeln! Dazu wurde sie gekauft! Und basta!"

Eine Tür knallte zu.

Die Mutter wußte, daß in diesem Stadium mit einem Mann und dazu noch mit einem Opernsänger nichts anzufangen war. Sie setzte sich in ihr Zimmer über ihre Näharbeit und vergoß ein paar Tränen. Dann beriet sie mit ihrer Hausgehilfin Theres, was zu tun sei, da bis Weihnachten nur noch eine Woche war. Sollte man eine andere, schon gerupfte und ausgenommene Gans kaufen? Doch dazu reichte das Haushaltgeld nicht. Aber was würde man, wenn die Gans Auguste nicht mehr da wäre, den Kindern sagen? Durfte man sie überhaupt belügen? Und wer im Haus würde es fertig bringen, Auguste ins Jenseits zu senden?

„Soll es der Herr selbst tun!" schlug Theres vor. Die Mutter fand diesen Rat nicht schlecht, zumal ihr Mann zu der Gans nur geringe persönliche Beziehungen hatte.

Als nun der Sänger Luitpold Löwenhaupt abends aus der Oper heimkam, wo er eine Heldenpartie gesungen hatte, und die Mutter ihm jenen Vorschlag machte, erwiderte er: „Oh, ihr Weibervolk! Wo ist der Vogel?"

Theres sollte leise die Gans herunterholen. Natürlich wachte Auguste auf und schrie sofort aus vollem Halse: „... Ick will min Ruh, min Ruh, lat mi in min Truh!"

Peterle und die Schwestern erwachten, es gab einen Höllenspektakel. Die Mutter weinte, Theres ließ die Gans flattern; diese segelte hinunter in den Hausflur. Vater Löwenhaupt, der jetzt zeigen wollte, was ein echter Mann und Hausherr ist, rannte hinter Auguste her, trieb sie in die Ecke, griff mutig zu und holte aus der Küche einen Gegenstand. Während die Mutter die Kinder oben im Schlafzimmer hielt, ging der Vater mit der Gans in die entfernteste, dunkelste Gartenecke, um sein Werk zu vollbringen. Die Gans Auguste aber schrie

Zeter und Mordio, indessen die Mutter und Theres lauschten, wann sie endgültig verstummen werde. Aber Auguste verstummte nicht, sondern schimpfte auch im Garten immerzu. Schließlich trat Stille ein. Der Mutter liefen die Tränen über die Wangen, und auch Peterle jammerte: „Wo ist meine Gustje? Wo ist Gustje?"

Jetzt knarrte drunten die Haustür. Die Mutter eilte hinunter. Vater Löwenhaupt stand mit schweißbedecktem Gesicht und wirrem Haar da ... doch ohne Auguste.

„Wo ist sie?" fragte die Mutter.

Draußen im Garten hörte man jetzt wieder schnatterndes Schimpfen: „Ick will min Ruh, ick will min Ruh! Lat mi in min Truh!"

„Ich habe es nicht vermocht. Oh, dieser Schwanengesang!" erklärte Vater Löwenhaupt.

Man brachte also die unbeschädigte Auguste wieder hinauf zu Peterle, das ganz glücklich seine „Gustje" zu sich nahm und, sie streichelnd, einschlief.

Inzwischen brütete Vater Löwenhaupt, wie er dennoch seinen Willen durchsetzen könne, wenn auch auf möglichst schmerzlose Art. Er dachte und dachte nach, während er sich in bläulich graue Wolken dichten Zigarrenrauches hüllte. Plötzlich kam ihm die Erleuchtung. Am nächsten Tag mischte er der Gans Auguste in ihren Kartoffelbrei zehn aufgelöste Tabletten Veronal, eine Dosis, die ausreicht, einen erwachsenen Menschen in einen tödlichen Schlaf zu versetzen. Damit mußte sich auch die Mutter einverstanden erklären.

Tatsächlich begann am folgenden Nachmittag die Gans Auguste nach ihrer Mahlzeit seltsam umherzutorkeln, wie eine Traumtänzerin von einem Bein auf das andere zu treten, mit den Flügeln dazu zu fächeln und schließlich nach einigen langsamen Kreiselbewegungen sich mitten auf dem Küchenboden hinzulegen und zu schlafen. Vergebens versuchten die Kinder sie zu wecken. Auguste bewegte etwas die Flügel und rührte sich nicht mehr.

„Was tut Gustje?" fragte Peterle.

„Sie hält ihren Winterschlaf", erklärte ihm der Vater Löwenhaupt und wollte sich aus dem

Staube machen. Aber Peterle hielt ihn fest. „Weshalb hält Gustje jetzt den Winterschlaf?"

„Sie muß sich ausruhen für den Frühling." Doch Vater Löwenhaupt war es nicht wohl bei dem Examen. Er konnte seinem Söhnchen Peterle nicht in die Augen sehen. Auch die Mutter und das Hausmädchen Theres gingen den Kindern aus dem Wege.

Peterle trug seine bewegunglose Freundin Gustje zu sich hinauf in die kleine Kiste. Als die Kinder nun schliefen, holte Theres die Gans hinunter und begann sie – da Vater Löwenhaupt versicherte, die zehn Veronaltabletten würden einen Schwergewichtsboxer unweigerlich ins Jenseits befördert haben – Theres begann, wobei ihr die Tränen über die Wangen rollten, die Gans zu rupfen und sie dann in die Speisekammer zu legen. Als Vater Löwenhaupt seiner Frau „Gute Nacht" sagen wollte, stellte sie sich schlafend und antwortete nicht. Bei Nacht wachte er auf, weil er neben sich ein leises Schluchzen vernahm. Auch Theres schlief nicht; sie überlegte, was man den Kindern sagen werde. Zudem wußte sie nicht, hatte sie im Traum Auguste schnattern gehört: „Lat mi in Ruh, lat mi in Ruh! Ick will in min Truh!"

So kam der Morgen. Theres war als erste in der Küche. Draußen fiel in dicken Flocken der Schnee. Was war das? Träumte sie noch?

Aus der Speisekammer drang ein deutliches Geschnatter. Unmöglich! Wie Theres die Kammer öffnete, tapste ihr schnatternd und schimpfend die gerupfte Auguste entgegen. Theres stieß einen Schrei aus; ihr zitterten die Knie. Auguste aber schimpfte: „Ick frier, als ob ick keen Federn nich hätt, man trag mich gleich wieder in Peterles Bett!"

Jetzt waren auch die Mutter und Vater Löwenhaupt erschienen. Der Vater bedeckte mit seinen Händen die Augen, als stünde da ein Gespenst.

Die Mutter aber sagte zu ihm: „Was nun?"

„Einen Kognak! Einen starken Kaffee!" stöhnte der Vater und sank auf einen Stuhl.

„Jetzt werde ich die Sache in die Hand nehmen!" erklärte die Mutter energisch. Sie ordnete an, daß Theres den Wäschekorb bringe und eine Wolldecke. Dann umhüllte sie die

nackte frierende Gans mit der Decke, legte sie in den Korb und tat noch zwei Krüge mit heißem Wasser an beide Seiten.

Vater Löwenhaupt, der inzwischen zwei Kognaks hinuntergekippt hatte, erhob sich leise vom Stuhl, um aus der Küche zu verschwinden.

Doch die Mutter hielt ihn fest; sie befahl: „Gehe sofort in die Breite Straße und kaufe fünfhundert Gramm gute weiße Wolle!"

„Wieso Wolle?"

„Geh, und frag nicht!"

Vater Löwenhaupt war noch so erschüttert, daß er nicht widersprach, seinen Hut und Überzieher nahm und eiligst das Haus verließ.

Schon nach einer Stunde saßen die Mutter und Theres im Wohnzimmer und begannen für Auguste aus weißer Wolle einen Pullover zu stricken. Am Nachmittag nach Schulschluß halfen ihnen die Töchter Elli und Gerda. Peterle aber durfte seine Gustje auf dem Schoß halten und ihr immer den neuen entstehenden Pullover, in den für die Flügel, den Hals, die Beine und den kleinen Sterz Öffnungen bleiben mußten, anprobieren helfen. Bereits am Abend war das Kunstwerk beendet.

Schnatternd und schimpfend, aber doch nicht mehr frierend, stolzierte Auguste nun in ihrem wunderschönen weißen Wollkleid durchs Zimmer. Peterle sprang um sie herum und freute sich, daß Gustjes Winterschlaf so schnell zu Ende war, daß er wieder mit ihr spielen und sich unterhalten konnte.

Auguste aber schimpfte: „Winterschlaf ist schnakke-schnick; hätt ick min Federn bloß zurück!"

Als Vater Löwenhaupt zum Abendessen kam und Auguste in ihrem schicken Pullover mit Rollkragen um den langen Gänsehals dahertapsen sah, meinte er: „Sie ist schöner als je! So ein Exemplar gibt es auf der ganzen Welt nicht mehr!"

Die Mutter aber erwiderte hierauf nichts, sondern sah ihn bloß an.

Natürlich mußte man für Auguste noch einen zweiten Pullover stricken, diesmal einen grau-blauen, zum Wechseln, wenn der weiße gewaschen wurde. Natürlich nahm Auguste als wesentliches Mitglied der Familie groß am Weihnachtsfest teil. Natürlich war Auguste auch das am meisten bewunderte Lebewesen des ganzen Stadtteils, wenn Peterle mit der Weihnachtsgans in ihrem schmucken Sweater spazieren ging.

Und als der Frühling kam, war der Auguste bereits wieder ein warmer Federflaum gewachsen. So konnte man den Pullover mit den anderen Wintersachen einmotten. Gustje aber durfte jetzt sogar beim Mittagstisch auf dem Schoß von Peterle sitzen, wo sie ihr kleiner Freund mit Kartoffelstückchen fütterte.

Sie war der Liebling der ganzen Familie. Und der Vater Löwenhaupt bemerkte immer wieder stolz: „Na, wer hat euch denn Auguste mitgebracht? Wer?"

Die Mutter sah ihn an und lächelte. Peterle jedoch echote: „Ja, wer hat Gustje uns mitgebracht?"; dann hob er seine Gustje empor und ließ sie dem Vater „einen Kuß" geben, was bedeutete, daß Auguste den Vater Löwenhaupt schnatternd mit ihrem Schnabel in die Nase zwickte.

Spätabends im Bett aber fragte Peterle seine Gustje, indem er sie fest an sich drückte: „Warum hast du denn vor Weihnachten den Winterschlaf gehalten?"

Und Gustje antwortete schläfrig: „Weil man mir die Federn rupfen wollte."

„Und warum wollte man dir die Federn rupfen?"

„Weil man mir dann einen Pullover stricken konnte", gähnte Gustje, halb schon im Schlaf.

„Und warum wollte man dir denn einen Pullover ..."

Aber da geht es auch bei Peterle nicht mehr weiter. Mit seiner Gustje im Arm ist er glücklich eingeschlafen.

Theodor Storm

Knecht Ruprecht

Von drauß' vom Walde komm ich her;
Ich muß euch sagen, es weihnachtet sehr!
Allüberall auf den Tannenspitzen
Sah ich goldene Lichtlein sitzen;
Und droben aus dem Himmelstor
Sah mit großen Augen das Christkind hervor.
Und wie ich so strolcht durch den finstren Tann,
Da rief's mich mit heller Stimme an.
„Knecht Ruprecht", rief es, „alter Gesell,
Hebe die Beine, spute dich schnell!
Die Kerzen fangen zu brennen an,
Das Himmelstor ist aufgetan,
Alt' und Junge sollen nun
Von der Jagd des Lebens einmal ruhn;
Und morgen flieg ich hinab zur Erden,
Denn es soll wieder Weihnachten werden!"
Ich sprach: „O lieber Herr Christ,
Meine Reise fast zu Ende ist;
Ich soll nur noch in diese Stadt,
Wo's eitel gute Kinder hat."
„Hast denn das Säcklein auch bei dir?"
Ich sprach: „Das Säcklein, das ist hier;
Denn Äpfel, Nuß und Mandelkern
Fressen fromme Kinder gern."
„Hast denn die Rute auch bei dir?"
Ich sprach: „Die Rute, die ist hier;
Doch für die Kinder nur, die schlechten,
Die trifft sie auf den Teil, den rechten."
Christkindlein sprach: „So ist es recht;
So geh mit Gott, mein treuer Knecht!"
Von drauß' vom Walde komm ich her;
Ich muß euch sagen, es weihnachtet sehr!
Nun sprecht, wie ich's hierinnen find!
Sind's gute Kind, sind's böse Kind?

O. Henry

Das Geschenk
der Weisen

Ein Dollar und siebenundachtzig Cent. Das war alles. Und sechzig Cent davon waren Pennies. Stück für Stück ersparte Pennies, dem Krämer, Gemüsehändler oder Metzger mit schamroten Wangen abgehandelt, obwohl ihr wegen dieses Feilschens niemand Knauserigkeit vorwarf. Dreimal zählte Della das Geld nach. Ein Dollar und siebenundachtzig Cent. Und morgen war Weihnachten.

Da blieb einem nichts übrig, als sich auf die schäbige kleine Couch zu werfen und zu heulen. Das machte Della auch. Was zu der philosophischen Betrachtung reizt, das Leben bestehe aus Schluchzen, Schniefen und Lächeln, zumeist wohl aus Schniefen.

Während die Verzweiflung der Dame des Hauses allmählich abklingt, wollen wir uns das Heim betrachten. Eine möblierte Wohnung für acht Dollar die Woche. Sie war nicht unbedingt armselig zu nennen, aber weit entfernt davon war sie wiederum nicht.

Im Hausflur unten gab es einen Briefkasten, in den niemals Briefe eingeworfen wurden, und einen elektrischen Klingelknopf, dem kein Sterblicher je einen Laut entlockt hatte. Dazu gehörte noch eine Karte mit dem Namen ,Mr. James Dillingham Young'.

Das ,Dillingham' war in einer früheren Periode des Wohlstandes schwungvoll geschrieben worden, als der Besitzer des Namens noch dreißig Dollar in der Woche bekam. Jetzt, da das Einkommen auf zwanzig Dollar geschrumpft war, schienen die Buchstaben des Namens ,Dillingham' verschwommen, als wollten sie sich zu einem bescheidenen und anspruchslosen ,D' zusammenziehen. Wenn jedoch Mr. James Dillingham Young nach Hause kam und seine Wohnung betrat, wurde er ,Jim' gerufen und von Frau James Dillingham Young, Ihnen schon als Della bekannt, stürmisch umarmt. So weit, so gut.

Della hörte auf zu weinen und fuhr mit der Puderquaste über ihre Wangen. Sie stand am Fenster und sah trübsinnig einer grauen Katze zu, die im grauen Hinterhof an einem grauen Zaun entlangschlich. Morgen war Weihnachten, und sie hatte nur einen Dollar und siebenundachtzig Cent, um für Jim ein Geschenk zu kaufen. Seit Monaten hatte sie jeden Penny gespart, und das war das Ergebnis! Mit zwanzig Dollar in der Woche kommt man nicht weit. Die Ausgaben waren größer gewesen, als sie gerechnet hatte. Das ist immer so. Nur ein Dollar siebenundachtzig, um für Jim ein Geschenk zu kaufen. Für ihren Jim. Manch glückliche Stunde hatte sie damit zugebracht, sich etwas Hübsches für ihn auszudenken. Etwas Schönes, Seltenes, Gediegenes – etwas, das annähernd würdig wäre, Jim zu gehören.

Zwischen den Fenstern des Zimmers befand sich ein Pfeilerspiegel. Vielleicht haben Sie schon einmal einen Pfeilerspiegel in einer möblierten Achtdollarwohnung gesehen. Nur eine schlanke und bewegliche Person kann, wenn sie ihr Spiegelbild in einem raschen Wechsel von Längsstreifen betrachtet, eine einigermaßen zuverlässige Vorstellung ihres Aussehens bekommen. Della war schlank und beherrschte diese Kunst.

Plötzlich wandte sie sich vom Fenster ab und stellte sich vor den Spiegel. Ihre Augen glänzten und funkelten, aber ihr Gesicht hatte innerhalb von zwanzig Sekunden jede Farbe verloren. Flink löste sie ihr Haar und ließ es in voller Länge herabfallen.

Es war so, daß es zwei Dinge im Besitz der Familie James Dillingham Young gab, auf die beide mächtig stolz waren. Eines war Jims goldene Uhr, die schon seinem Vater und Großvater gehört hatte. Das andere war Dellas Haar. Würde die Königin von Saba in der Wohnung gegenüber des Lichtschachtes wohnen, hätte Della eines Tages nur ihr Haar zum Trocknen aus dem Fenster halten müssen, um die Juwelen und Vorzüge Ihrer Majestät in den Schatten zu stellen. Und wäre König Salomo der Portier des Hauses, der all seine Schätze im Keller auftürmte, hätte Jim im Vorbeigehen nur seine Uhr zücken müssen, um zu sehen, wie dieser sich vor Neid seinen Bart raufen würde.

Nun fiel also Dellas Haar glänzend und wellig wie ein brauner Wasserfall um sie herab. Es reichte ihr bis unter die Knie und umhüllte sie wie ein Gewand. Mit zittriger Hast steckte sie es wieder auf. Einen Augenblick zögerte sie noch, während ein oder zwei Tränen auf den abgetretenen roten Teppich fielen.

Dann warf sie sich ihre alte braune Jacke über, setzte ihren alten braunen Hut auf und lief mit wehendem Rock und noch immer funkelnden Augen zur Tür hinaus, die Treppe hinunter, auf die Straße.

Sie blieb erst vor einem Schild stehen, auf dem zu lesen war: ‚Mme Sofronie, Haare aller Art.‘ Della rannte die Treppe hinauf und versuchte, nach Luft ringend, sich zu sammeln. Madame, groß, zu weiß gepudert, kühl, sah kaum nach „Sofronie“ aus.

„Wollen Sie mein Haar kaufen?“ fragte Della.

„Ich kaufe Haar“, sagte Madame. „Nehmen Sie Ihren Hut ab, damit wir es sehen können.“

Der braune Wasserfall stürzte in Wellen herab.

„Zwanzig Dollar“, sagte Madame und hob mit geübter Hand die Haarflut.

„Schnell, geben Sie her“, sagte Della.

Oh, und die nächsten zwei Stunden flogen vorbei auf rosigen Schwingen. Entschuldigen Sie die schiefe Metapher! Sie durchstöberte die Läden nach Jims Geschenk.

Schließlich fand sie es. Es war für Jim und niemanden sonst gemacht. Nichts in all den anderen Läden glich ihm, und sie hatte überall das Oberste zuunterst gekehrt. Es war eine Uhrkette aus Platin, schlicht und edel in der Ausführung, im Wert am Material und nicht an unnötigem Zierat zu erkennen – wie es bei allen guten Dingen sein soll. Eine Kette, die der Uhr würdig war. Kaum hatte sie die Kette erblickt, wußte sie, daß sie Jim gehören mußte. Sie war wie er. Vornehm und wertvoll – das traf auf beide zu. Einundzwanzig Dollar nahm man ihr dafür ab, und mit den siebenundachtzig Cent eilte sie nach Hause. Mit dieser Kette an seiner Uhr konnte Jim in jeder Gesellschaft nach der Zeit sehen. Denn so prächtig die Uhr auch war, er hatte oft nur verschämt draufgeschaut, denn sie hing, statt an einer Kette, an einem alten Lederriemen.

Als Della zu Hause ankam, wich ihr Rausch ein wenig der Vorsicht und Vernunft. Sie holte ihre Brennschere hervor, zündete das Gas an und machte sich daran, die Verheerungen zu beseitigen, die sie aus Freigebigkeit und Liebe angerichtet hatte. Und das, liebe Freunde, war eine ungeheure Aufgabe – eine Mammutaufgabe.

Nach vierzig Minuten war ihr Kopf dicht mit winzigen Löckchen bedeckt, was wundervoll aussah und an einen schuleschwänzenden Jungen erinnerte. Sie betrachtete lange, sorgfältig und kritisch ihr Spiegelbild. „Wenn Jim mich nicht umbringt“, sagte sie zu sich selbst, „bevor er mich eines zweiten Blickes würdigt, wird er sagen, ich sehe aus wie ein Showgirl von Coney Island. Aber was hätte ich tun sollen – oh, was konnte ich tun mit einem Dollar und siebenundachtzig Cent?“

Um sieben Uhr war der Kaffee fertig, und die Bratpfanne stand hinten auf dem Kocher bereit, die Kotelettes aufzunehmen.

Jim kam nie zu spät. Della ließ die Uhrkette in ihrer Hand verschwinden und setzte sich auf die Tischkante nahe bei der Tür, durch die er immer hereinkam. Dann vernahm sie seinen Schritt unten auf der Treppe, und für einen Augenblick wurde sie blaß. Sie hatte die Angewohnheit, für die einfachsten Alltagsdinge kleine Gebete zu murmeln, und so flüsterte sie auch jetzt: „Lieber Gott, mach, daß er mich immer noch hübsch findet!“

Die Tür ging auf, Jim trat ein und schloß sie hinter sich. Er sah schmal und ernst aus. Armer Kerl, erst zweiundzwanzig und schon mit einer Familie beladen! Er brauchte einen neuen Mantel und hatte auch keine Handschuhe.

Jim blieb an der Türe stehen, regungslos wie ein Jagdhund, der eine Wachtel wittert. Seine Augen waren auf Della gerichtet und hatten einen Ausdruck, den sie nicht zu deuten vermochte und der sie erschreckte.

Es war weder Zorn noch Verwunderung,

weder Mißbilligung noch Entsetzen, überhaupt keines der Gefühle, auf die sie gefaßt war. Er starrte sie ganz einfach an mit diesem sonderbaren Gesichtsausdruck.

Della rutschte langsam vom Tisch und ging auf ihn zu.

„Jim, Liebster", rief sie, „schau mich nicht so an. Ich habe mein Haar abschneiden lassen und es verkauft, weil ich Weihnachten ohne ein Geschenk für dich nicht überlebt hätte. Es wird nachwachsen – du bist nicht böse, nicht wahr? Ich mußte es tun. Und meine Haare wachsen unheimlich schnell. Sag ‚Fröhliche Weihnachten‘, Jim, und laß uns glücklich sein. Du weißt ja gar nicht, was für ein schönes – was für ein wunderschönes Geschenk ich für dich habe."

„Du hast dein Haar abgeschnitten?" fragte Jim mühsam, als wäre er trotz angestrengten Nachdenkens nicht in der Lage, diese Tatsache zu begreifen.

„Abgeschnitten und verkauft", sagte Della. „Hast du mich trotzdem noch genauso lieb? Ich bin doch auch ohne das Haar noch dieselbe, nicht wahr?" Jim blickte suchend im Zimmer umher.

„Du sagst, dein Haar ist fort?" sagte er mit einem beinahe idiotischen Gesichtsausdruck.

„Du brauchst nicht danach zu suchen", sagte Della. „Verkauft ist es, sag ich dir, verkauft und fort. Es ist Heiliger Abend, Junge. Sei lieb zu mir, ich habe es für dich getan. Mag sein", fuhr sie mit einer feierlichen Zärtlichkeit fort, „daß die Haare auf meinem Kopf gezählt waren, aber niemand könnte je meine Liebe zu dir zählen. Soll ich jetzt die Kotelettes aufsetzen, Jim?"

Jim schien plötzlich aus seiner Starrheit zu erwachen. Er nahm Della in die Arme. Wir wollen daher einige Sekunden einen diskreten Forscherblick an eine an und für sich unwichtige Sache wenden. Acht Dollar in der Woche oder eine Million im Jahr – was ist der Unterschied? Von einem Mathematiker oder dem gesunden Menschenverstand würden wir eine falsche Antwort erhalten. Die drei Weisen aus dem Morgenlande brachten kostbare Geschenke, aber solches war nicht darunter. Diese dunkle Andeutung wird sich später aufklären.

Jim zog ein Päckchen aus der Manteltasche und warf es auf den Tisch.

„Täusche dich nicht in mir, Dell“, sagte er. „du darfst nicht glauben, daß Haareschneiden, Kürzen oder Waschen mich dazu bringen könnte, mein Mädchen weniger zu lieben. Aber wenn du dieses Päckchen aufmachst, wirst du sehen, warum du mich außer Fassung gebracht hast.“

Weiße Finger nestelten eifrig an Schnur und Papier. Und dann ein entzückter Freudenschrei; und dann – ach – ein schneller weiblicher Wechsel zu Tränen und Klagen, was den Herrn des Hauses augenblicklich in die Lage versetzte, mit ganzer Kraft Trost spenden zu müssen.

Denn da lagen sie, die Kämme – die Garnitur von Kämmen, seitlich und hinten einzustecken, die Della schon lange in einem Schaufenster am Broadway bewundert hatte. Herrliche Kämme, aus echtem Schildpatt, mit juwelenverzierten Rändern – gerade in der Farbe, die zu dem schönen, verschwundenen Haar gepaßt hätte. Es waren teure Kämme, das wußte sie, und ihr Herz hatte sie sehnsüchtig begehrt, ohne daß sie hoffen durfte, sie je zu besitzen. Und jetzt gehörten sie ihr, aber die Flechten, die der ersehnte Schmuck hätte zieren sollen, waren fort.

Doch sie drückte sie an ihre Brust und konnte endlich aus verweinten Augen aufblicken und lächelnd sagen: „Meine Haare wachsen doch so schnell, Jim.“

Und dann sprang Della wie ein angesengtes Kätzchen in die Höhe und rief: „Oh, oh!“

Jim hatte sein schönes Geschenk noch gar nicht gesehen! Sie hielt es ihm auf der geöffneten Hand entgegen. Das matte, kostbare Metall schien den Glanz ihrer Freude und ihres Eifers zu widerspiegeln.

„Ist sie nicht ein Prachtstück, Jim? Ich habe die ganze Stadt abgejagt, bis ich sie gefunden habe. Jetzt kannst du hundertmal am Tag nach der Zeit sehen. Gib mir deine Uhr. Ich möchte sehen, wie sie sich an der Kette macht.“

Doch statt dem Wunsch nachzukommen, ließ Jim sich auf die Couch fallen, faltete die Hände hinter dem Kopf und lächelte.

„Dell“, sagte er, „wir wollen unsere Weihnachtsgeschenke beiseite legen und eine Weile aufheben. Sie sind zu schön, um sie gleich in Gebrauch zu nehmen. Ich habe die Uhr verkauft, um das Geld für deine Kämme zu bekommen. Wie wär's, wenn du jetzt die Kotelettes aufs Feuer stellst?“

Die Heiligen Drei Könige waren, wie Sie wissen, weise Männer, wunderbar weise Männer, die dem Kind in der Krippe Geschenke brachten. Den Brauch, Weihnachtsgeschenke zu machen, haben sie erfunden. Da sie weise waren, waren natürlich auch ihre Geschenke weise und konnten sogar, falls sie sich doppelten, umgetauscht werden. Und da erzähle ich Ihnen nun unbefangen die recht ereignislose Geschichte von zwei törichten Kindern in einer Wohnung, die ganz unweise einander die größten Schätze ihres Hauses geopfert haben. Doch mit dem letzten Wort sei den Weisen unserer Tage gesagt, daß von allen Schenkenden diese beiden die weisesten waren. Von allen, die schenken und beschenkt werden, sind sie die weisesten. Das gilt immer und überall. Sie sind die wirklich Weisen.

Aus dem Amerikanischen von Franziska Kleiner

James Krüss

Ladislaus und Annabella

In der Ecke eines Fensters
Unten rechts im Warenhaus,
Sitzt die Puppe Annabella
Mit dem Bären Ladislaus.

Annabella weint und jammert,
Ladislaus, der grunzt und schnauft:
Weihnachtsabend ist gekommen,
Und die zwei sind nicht verkauft.

„Armer Bär!" seufzt Annabella,
„Arme Puppe", schluchzt der Bär.
Tränen kullern in die Ecke,
Und das Herz ist beiden schwer.

In dem leeren Warenhause
Löscht man langsam Licht um Licht,
Nur in diesem einen Fenster,
Da verlöscht die Lampe nicht.

Voller Mitleid mit den beiden
Läßt der brave alte Mann
Von der Wach- und Schließgesellschaft
Diese letzte Lampe an.

Dann verläßt er Annabella
Und den Bären, welcher klagt
Und mit sehr gepreßter Stimme
„Lebewohl" und „Servus" sagt.

In der menschenleeren Straße,
Abendstill und schneeverhüllt,
Sind die beiden in dem Fenster
Ein betrüblich Jammerbild.

Traurig vor der großen Scheibe
Fallen Flocken, leicht wie Flaum,
Und im Hause gegenüber
Glänzt so mancher Lichterbaum.

Zehn Uhr schlägt's vom nahen Turme,
Und fast schlafen beide schon,
Da ertönt im Puppenhause
Laut das Puppentelefon.

„Hallo!" fragt der Bär verschlafen.
„Hier das Kaufhaus. Wer ruft an?"
Da vernimmt er eine Stimme,
Und die brummt: „Der Weihnachtsmann!"

„Oh!" ruft Ladislaus erschrocken.
„Was darf's sein, ich bitte sehr?"
„Eine schöne Puppenstube,
Eine Puppe und ein Bär!"

„Das ist alles noch zu haben!"
Ruft die Puppe Annabell.
„Kommen Sie zum Warenhause
Unten rechts, doch bitte schnell!"

Das ist eine Überraschung!
Ladislaus kämmt schnell den Schopf,
Und die Puppe Annabella
Flicht ein Schleifchen in den Zopf.

Und schon zehn Minuten später
Kommt ein Schlitten, kommt ein Roß,
Und ein Alter steigt vom Schlitten,
Und ein Schlüssel knarrt im Schloß.

Ladislaus, der quiekt und jodelt,
Annabella lacht und singt,
Als der Weihnachtsmann die beiden
In den Pferdeschlitten bringt.

Grad in diesem Augenblicke
Kommt der brave alte Mann
Von der Wach- und Schließgesellschaft
Wieder kontrollierend an.

Höflich grüßt er die Gesellschaft,
Springt zurück ins Warenhaus,
Holt die schöne Puppenstube,
Und dann trägt er sie hinaus.

Leise sagt er zu der Puppe:
„Frohes Fest, mein kleines Kind!"
Während eine kleine Träne
in den großen Schnauzbart rinnt.

„Frohes Fest!" sagt Annabella.
„Frohes Fest!" ruft Ladislaus.
Dann wird's dunkel in dem Fenster
Unten rechts im Warenhaus.

Erster Feiertag.

E. T. A. Hoffmann

Nußknacker und Mausekönig

Der Weihnachtsabend

Am vierundzwanzigsten Dezember durften die Kinder des Medizinalrats Stahlbaum den ganzen Tag über durchaus nicht in die Mittelstube hinein, viel weniger in das daranstoßende Prunkzimmer. In einem Winkel des Hinterstübchens zusammengekauert, saßen Fritz und Marie, die tiefe Abenddämmerung war eingebrochen, und es wurde ihnen recht schaurig zumute, als man, wie es gewöhnlich an dem Tage geschah, kein Licht hereinbrachte. Fritz entdeckte, ganz insgeheim wispernd, der jüngern Schwester (sie war eben erst sieben Jahr alt geworden), wie er schon seit frühmorgens es habe in den verschlossenen Stuben rauschen und rasseln und leise pochen hören. Auch sei nicht längst ein kleiner dunkler Mann mit einem großen Kasten unter dem Arm über den Flur geschlichen, er wisse aber wohl, daß es niemand anders gewesen als Pate Droßelmeier. Da schlug Marie die kleinen Händchen vor Freude zusammen und rief: „Ach, was wird nur Pate Droßelmeier für uns Schönes gemacht haben."

Der Obergerichtsrat Droßelmeier war gar kein hübscher Mann, nur klein und mager, hatte viele Runzeln im Gesicht, statt des rechten Auges ein großes schwarzes Pflaster und auch gar keine Haare, weshalb er eine sehr schöne weiße Perücke trug, die war aber von Glas und ein künstliches Stück Arbeit. Überhaupt war der Pate selbst auch ein sehr künstlicher Mann, der sich sogar auf Uhren verstand und selbst welche machen konnte. Wenn daher eine von den schönen Uhren in Stahlbaums Hause krank war und nicht singen konnte, dann kam Pate Droßelmeier, nahm die Glasperücke ab, zog sein gelbes Röckchen aus, band eine blaue Schürze um und stach mit spitzigen Instrumenten in die Uhr hinein,

so daß es der kleinen Marie ordentlich wehe tat, aber es verursachte der Uhr gar keinen Schaden, sondern sie wurde vielmehr wieder lebendig und fing gleich an recht lustig zu schnurren, zu schlagen und zu singen, worüber denn alles große Freude hatte. Immer trug er, wenn er kam, was Hübsches für die Kinder in der Tasche, bald ein Männlein, das die Augen verdrehte und Komplimente machte, welches komisch anzusehen war, bald eine Dose, aus der ein Vögelchen heraushüpfte, bald was anderes. Aber zu Weihnachten, da hatte er immer ein schönes künstliches Werk verfertigt, das ihm viel Mühe gekostet, weshalb es auch, nachdem es einbeschert worden, sehr sorglich von den Eltern aufbewahrt wurde. –

„Ach, was wird nur Pate Droßelmeier für uns Schönes gemacht haben", rief nun Marie; Fritz meinte aber, es könne wohl diesmal nichts anders sein, als eine Festung, in der allerlei sehr hübsche Soldaten auf und ab marschierten und exerzierten und dann müßten andere Soldaten kommen, die in die Festung hineinwollten, aber nun schössen die Soldaten von innen tapfer heraus mit Kanonen, daß es tüchtig brauste und knallte. „Nein, nein", unterbrach Marie den Fritz; „Pate Droßelmeier hat mir von einem schönen Garten erzählt, darin ist ein großer See, auf dem schwimmen sehr herrliche Schwäne mit goldnen Halsbändern herum und singen die hübschesten Lieder. Dann kommt ein kleines Mädchen aus dem Garten an den See und lockt die Schwäne heran, und füttert sie mit süßem Marzipan." –

„Schwäne fressen keinen Marzipan", fiel Fritz etwas rauh ein, „und einen ganzen Garten kann Pate Droßelmeier auch nicht machen. Eigentlich haben wir wenig von seinen Spielsachen; es wird uns ja alles gleich wieder weggenommen, da ist mir denn doch das viel lieber, was uns Papa und Mama einbescheren, wir behalten es fein und können damit machen, was wir wollen."

Nun rieten die Kinder hin und her, was es wohl diesmal wieder geben könne. Marie meinte, daß Mamsell Trutchen (ihre große

Puppe) sich sehr verändere, denn ungeschickter als jemals fiele sie jeden Augenblick auf den Fußboden, welches ohne garstige Zeichen im Gesicht nicht abginge, und dann sei an Reinlichkeit in der Kleidung gar nicht mehr zu denken. Alles tüchtige Ausschelten helfe nichts. Auch habe Mama gelächelt, als sie sich über Gretchens kleinen Sonnenschirm so gefreut. Fritz versicherte dagegen, ein tüchtiger Fuchs fehle seinem Marstall durchaus sowie seinen Truppen gänzlich an Kavallerie, das sei dem Papa recht gut bekannt. –

So wußten die Kinder wohl, daß die Eltern ihnen allerlei schöne Gaben eingekauft hatten, die sie nun aufstellten, es war ihnen aber auch gewiß, daß dabei der liebe Heilige Christ mit gar freundlichen frommen Kindesaugen hineinleuchte und daß, wie von segensreicher Hand berührt, jede Weihnachtsgabe herrliche Lust bereite wie keine andere.

Daran erinnerte die Kinder, die immerfort von den zu erwartenden Geschenken wisperten, ihre ältere Schwester Luise, hinzufügend, daß es nun aber auch der Heilige Christ sei, der durch die Hand der lieben Eltern den Kindern immer das beschere, was ihnen wahre Freude und Lust bereiten könne, das wisse er viel besser als die Kinder selbst, die müßten daher nicht allerlei wünschen und hoffen, sondern still und fromm erwarten, was ihnen beschert worden. Die kleine Marie wurde ganz nachdenklich, aber Fritz murmelte vor sich hin: „Einen Fuchs und Husaren hätt ich nun einmal gern."

Es war ganz finster geworden. Fritz und Marie, fest aneinandergerückt, wagten kein Wort mehr zu reden, es war ihnen, als rausche es mit linden Flügeln um sie her und als ließe sich eine ganz ferne, aber sehr herrliche Musik vernehmen. Ein heller Schein streifte an der Wand hin, da wußten die Kinder, daß nun das Christkind auf glänzenden Wolken fortgeflogen zu andern glücklichen Kindern. In dem Augenblick ging es mit silberhellem Ton: Klingling, klingling, die Türen sprangen auf, und solch ein Glanz strahlte aus dem großen Zimmer hinein, daß die Kinder mit lautem Ausruf: „Ach! – Ach!" wie erstarrt auf

der Schwelle stehenblieben. Aber Papa und Mama traten in die Türe, faßten die Kinder bei der Hand und sprachen: „Kommt doch nur, kommt doch nur, ihr lieben Kinder und seht, was euch der Heilige Christ beschert hat."

Die Gaben

Ich wende mich an dich selbst, sehr geneigter Leser oder Zuhörer Fritz – Theodor – Ernst – oder wie du sonst heißen magst, und bitte dich, daß du dir deinen letzten, mit schönen bunten Gaben reich geschmückten Weihnachtstisch recht lebhaft vor Augen bringen mögest, dann wirst du es dir wohl auch denken können, wie die Kinder mit glänzenden Augen ganz verstummt stehenblieben, wie erst nach einer Weile Marie mit einem tiefen Seufzer rief: „Ach wie schön – ach wie schön", und Fritz einige Luftsprünge versuchte, die ihm überaus wohl gerieten. Aber die Kinder mußten auch das ganze Jahr über besonders artig und fromm gewesen sein, denn nie war ihnen so viel Schönes, Herrliches einbeschert worden als dieses Mal. Der große Tannenbaum in der Mitte trug viele goldne und silberne Äpfel, und wie Knospen und Blüten keimten Zuckermandeln und bunte Bonbons, und was es sonst noch für schönes Naschwerk gibt, aus allen Ästen. Als das Schönste an dem Wunderbaum mußte aber wohl gerühmt werden, daß in seinen dunkeln Zweigen hundert kleine Lichter wie Sternlein funkelten und er selbst, in sich hinein- und herausleuchtend, die Kinder freundlich einlud, seine Blüten und Früchte zu pflücken. Um den Baum umher glänzte alles sehr bunt und herrlich – was es da alles für schöne Sachen gab – ja, wer das zu beschreiben vermöchte!

Marie erblickte die zierlichsten Puppen, allerlei saubere kleine Gerätschaften und, was vor allem schön anzusehen war, ein seidenes Kleidchen, mit bunten Bändern zierlich geschmückt, hing an einem Gestell so der kleinen Marie vor Augen, daß sie es von allen Seiten betrachten konnte und das tat sie denn auch, indem sie ein Mal über das andere ausrief: „Ach das schöne, ach das liebe – liebe Kleidchen: und das werde ich – ganz gewiß – das werde ich wirklich anziehen dürfen!" –

Fritz hatte indessen schon drei- oder viermal um den Tisch herumgaloppierend und -trabend den neuen Fuchs versucht, den er in der Tat am Tische angezäumt gefunden. Wieder absteigend, meinte er: es sei eine wilde Bestie, das täte aber nichts, er wolle ihn schon kriegen, und musterte die neue Schwadron Husaren, die sehr prächtig in Rot und Gold gekleidet waren, lauter silberne Waffen trugen und auf solchen weißglänzenden Pferden ritten, daß man beinahe hätte glauben sollen, auch diese seien von purem Silber. Eben wollten die Kinder, etwas ruhiger geworden, über die Bilderbücher her, die aufgeschlagen waren, daß man allerlei sehr schöne Blumen und bunte Menschen, ja auch allerliebste spielende Kinder, so natürlich gemalt, als lebten und sprächen sie wirklich, gleich anschauen konnte. –

Ja! eben wollten die Kinder über diese wunderbaren Bücher her, als nochmals geklingelt wurde. Sie wußten, daß nun der Pate Droßelmeier einbescheren würde, und liefen nach dem an der Wand stehenden Tisch. Schnell wurde der Schirm, hinter dem er so lange versteckt gewesen, weggenommen. Was erblickten da die Kinder! –

Auf einem grünen, mit bunten Blumen geschmückten Rasenplatz stand ein sehr herrliches Schloß mit vielen Spiegelfenstern und goldnen Türmen. Ein Glockenspiel ließ sich hören, Türen und Fenster gingen auf, und man sah, wie sehr kleine, aber zierliche Herrn und Damen mit Federhüten und langen Schleppkleidern in den Sälen herumspazierten. In dem Mittelsaal, der ganz in Feuer zu stehen schien – so viel Lichterchen brannten an silbernen Kronleuchtern – tanzten Kinder in kurzen Wämschen und Röckchen nach dem Glockenspiel. Ein Herr in einem smaragdenen Mantel sah oft durch ein Fenster, winkte heraus und verschwand wieder, so wie auch Pate Droßelmeier selbst, aber kaum viel höher als Papas Daumen zuweilen unten an der Tür des

Schlosses stand und wieder hineinging. Fritz hatte mit auf den Tisch gestemmten Armen das schöne Schloß und die tanzenden und spazierenden Figürchen angesehen, dann sprach er: „Pate Droßelmeier! Laß mich mal hineingehen in dein Schloß!" –

Der Obergerichtsrat bedeutete ihn, daß das nun ganz und gar nicht anginge. Er hatte auch recht, denn es war töricht von Fritzen, daß er in ein Schloß gehen wollte, welches überhaupt mitsamt seinen goldnen Türmen nicht so hoch war, als er selbst. Fritz sah das auch ein. Nach einer Weile, als immerfort auf dieselbe Weise die Herrn und Damen hin und her spazierten, die Kinder tanzten, der smaragdne Mann zu demselben Fenster heraussah, Pate Droßelmeier vor die Türe trat, da rief Fritz ungeduldig: „Pate Droßelmeier, nun komm mal zu der andern Tür da drüben heraus." –

„Das geht nicht, liebes Fritzchen", erwiderte der Obergerichtsrat.

„Nun, so laß mal", sprach Fritz weiter, „laß mal den grünen Mann, der so oft herauskuckt, mit den andern herumspazieren." –

„Das geht auch nicht", erwiderte der Obergerichtsrat aufs neue.

„So sollen die Kinder herunterkommen", rief Fritz, „ich will sie näher besehen." –

„Ei, das geht alles nicht", sprach der Obergerichtsrat verdrießlich, „wie die Mechanik nun einmal gemacht ist, muß sie bleiben." –

„So-o?" fragte Fritz mit gedehntem Ton, „das geht alles nicht? Hör mal Pate Droßelmeier, wenn deine kleinen geputzten Dinger in dem Schlosse nichts mehr können als immer dasselbe, da taugen sie nicht viel, und ich frage nicht sonderlich nach ihnen. – Nein, da lob ich mir meine Husaren, die müssen manövrieren vorwärts, rückwärts, wie ich's haben will, und sind in kein Haus gesperrt."

Und damit sprang er fort an den Weihnachtstisch und ließ seine Eskadron auf den silbernen Pferden hin und her trottieren und schwenken und einhauen und feuern nach Herzenslust. Auch Marie hatte sich sachte fortgeschlichen, denn auch sie wurde des Herumgehens und Tanzens der Püppchen im Schlosse bald überdrüssig und mochte es, da sie sehr artig und gut war, nur nicht so merken lassen wie Bruder Fritz. Der Obergerichtsrat Droßelmeier sprach ziemlich verdrießlich zu den Eltern: „Für unverständige Kinder ist solch künstliches Werk nicht, ich will nur mein Schloß wieder einpacken."

Doch die Mutter trat hinzu und ließ sich den innern Bau und das wunderbare, sehr künstliche Räderwerk zeigen, wodurch die kleinen Püppchen in Bewegung gesetzt wurden. Der Rat nahm alles auseinander und setzte es wieder zusammen. Dabei war er wieder ganz heiter geworden und schenkte den Kindern noch einige schöne braune Männer und Frauen mit goldnen Gesichtern, Händen und Beinen. Sie waren sämtlich aus Thorn und rochen so süß und angenehm wie Pfefferkuchen, worüber Fritz und Marie sich sehr erfreuten. Schwester Luise hatte, wie es die Mutter gewollt, das schöne Kleid angezogen, welches ihr einbeschert worden, und sah wunderhübsch aus, aber Marie meinte, als sie auch ihr Kleid anziehen sollte, sie möchte es lieber noch ein bißchen so ansehen. Man erlaubte ihr das gern.

Der Schützling

Eigentlich mochte Marie sich deshalb gar nicht von dem Weihnachtstisch trennen, weil sie eben etwas noch nicht Bemerktes entdeckt hatte. Durch das Ausrücken von Fritzens Husaren, die dicht an dem Baum in Parade gehalten, war nämlich ein sehr vortrefflicher kleiner Mann sichtbar geworden, der still und bescheiden dastand, als erwarte er ruhig, wenn die Reihe an ihn kommen werde. Gegen seinen Wuchs wäre freilich vieles einzuwenden gewesen, denn abgesehen davon, daß der etwas lange, starke Oberleib nicht recht zu den kleinen dünnen Beinchen passen wollte, so schien auch der Kopf bei weitem zu groß. Vieles machte die propre Kleidung gut, welche auf einen Mann von Geschmack und Bildung schließen ließ. Er trug nämlich ein sehr schönes violettglänzendes Husarenjäckchen mit vielen weißen Schnüren und Knöpfchen, ebensolche Beinkleider, und die schönsten

Stiefelchen, die jemals an die Füße eines Studenten, ja wohl gar eines Offiziers gekommen sind. Sie saßen an den zierlichen Beinchen so knapp angegossen, als wären sie darauf gemalt. Komisch war es zwar, daß er zu dieser Kleidung sich hinten einen schmalen unbeholfenen Mantel, der recht aussah wie von Holz, angehängt, und ein Bergmannsmützchen aufgesetzt hatte, indessen dachte Marie daran, daß Pate Droßelmeier ja auch einen sehr schlechten Matin umhänge und eine fatale Mütze aufsetze, dabei aber doch ein gar lieber Pate sei. Auch stellte Marie die Betrachtung an, daß Pate Droßelmeier, trüge er sich auch übrigens so zierlich wie der Kleine, doch nicht einmal so hübsch als er aussehen werde.

Indem Marie den netten Mann, den sie auf den ersten Blick liebgewonnen, immer mehr und mehr ansah, da wurde sie erst recht inne, welche Gutmütigkeit auf seinem Gesichte lag. Aus den hellgrünen, etwas zu großen hervorstehenden Augen sprach nichts als Freundschaft und Wohlwollen. Es stand dem Manne gut, daß sich um sein Kinn ein wohlfrisierter Bart von weißer Baumwolle legte, denn um so mehr konnte man das süße Lächeln des hochroten Mundes bemerken.

„Ach!" rief Marie endlich aus, „ach, lieber Vater, wem gehört denn der allerliebste kleine Mann dort am Baum?" –

„Der", antwortete der Vater, „der, liebes Kind, soll für euch alle tüchtig arbeiten, er soll euch fein die harten Nüsse aufbeißen, und er gehört Luisen ebensogut als dir und dem Fritz."

Damit nahm ihn der Vater behutsam vom Tische, und indem er den hölzernen Mantel in die Höhe hob, sperrte das Männlein den Mund weit, weit auf, und zeigte zwei Reihen sehr weißer spitzer Zähnchen. Marie schob auf des Vaters Geheiß eine Nuß hinein, und – knack – hatte sie der Mann zerbissen, daß die Schalen abfielen, und Marie den süßen Kern in die Hand bekam.

Nun mußte wohl jeder und auch Marie wissen, daß der zierliche kleine Mann aus dem Geschlecht der Nußknacker abstammte und die Profession seiner Vorfahren trieb. Sie

jauchzte auf vor Freude, da sprach
der Vater: „Da dir, liebe Marie,
Freund Nußknacker so sehr
gefällt, so sollst du ihn auch
besonders hüten und schützen,
unerachtet, wie ich gesagt, Luise
und Fritz ihn mit ebenso vielem
Recht brauchen können als du!" –

Marie nahm ihn sogleich in den
Arm, und ließ ihn Nüsse auf-
knacken, doch suchte sie die
kleinsten aus, damit das Männlein
nicht so weit den Mund aufsperren
durfte, welches ihm doch im
Grunde nicht gut stand. Luise ge-
sellte sich zu ihr, und auch für sie
mußte Freund Nußknacker seine
Dienste verrichten, welches er
gern zu tun schien, da er immerfort sehr freundlich lächelte.

Fritz war unterdessen vom vielen Exerzieren und Reiten müde
geworden, und da er so lustig
Nüsse knacken hörte, sprang er
hin zu den Schwestern und lachte
recht von Herzen über den kleinen
drolligen Mann, der nun, da Fritz
auch Nüsse essen wollte, von
Hand zu Hand ging, und gar nicht
aufhören konnte mit Auf- und Zu-
schnappen. Fritz schob immer die
größten und härtesten Nüsse hinein, aber mit einem Male ging es –
krack – krack – und drei Zähnchen
fielen aus des Nußknackers Munde, und sein ganzes Unterkinn war
lose und wacklicht. –

„Ach, mein armer lieber Nußknacker!" schrie Marie laut und
nahm ihn dem Fritz aus den Händen.

„Das ist ein einfältiger dummer
Bursche", sprach Fritz. „Will
Nußknacker sein, und hat kein ordentliches Gebiß – mag wohl auch
sein Handwerk gar nicht verstehn.
– Gib ihn nur her, Marie! Er soll
mir Nüsse zerbeißen, verliert er

auch noch die übrigen Zähne, ja das ganze Kinn obendrein, was ist an dem Taugenichts gelegen." –

„Nein, nein", rief Marie weinend, „du bekommst ihn nicht, meinen lieben Nußknacker, sieh nur her, wie er mich so wehmütig anschaut, und mir sein wundes Mündchen zeigt! – Aber du bist ein hartherziger Mensch – du schlägst deine Pferde und läßt wohl gar einen Soldaten totschießen." –

„Das muß so sein, das verstehst du nicht", rief Fritz; „aber der Nußknacker gehört ebensogut mir als dir, gib ihn nur her." –

Marie fing an, heftig zu weinen, und wickelte den kranken Nußknacker schnell in ihr kleines Taschentuch ein. Die Eltern kamen mit dem Paten Droßelmeier herbei. Dieser nahm zu Mariens Leidwesen Fritzens Partie. Der Vater sagte aber: „Ich habe den Nußknacker ausdrücklich unter Mariens Schutz gestellt, und da, wie ich sehe, er dessen eben jetzt bedarf, so hat sie volle Macht über ihn, ohne daß jemand dreinzureden hat. Übrigens wundert es mich sehr von Fritzen, daß er von einem im Dienst Erkrankten noch fernere Dienste verlangt. Als guter Militär sollte er doch wohl wissen, daß man Verwundete niemals in Reihe und Glied stellt?" –

Fritz war sehr beschämt, und schlich, ohne sich weiter um Nüsse und Nußknacker zu bekümmern, fort an die andere Seite des Tisches, wo seine Husaren, nachdem sie gehörige Vorposten ausgestellt hatten, ins Nachtquartier gezogen waren. Marie suchte Nußknackers verlorne Zähnchen zusammen, um das kranke Kinn hatte sie ein hübsches weißes Band, das sie von ihrem Kleidchen abgelöst, gebunden und dann den armen Kleinen, der sehr blaß und erschrocken aussah, noch sorgfältiger als vorher in ihr Tuch eingewickelt. So hielt sie ihn wie ein kleines Kind wiegend in den Armen, und besah die schönen Bilder des neuen Bilderbuchs, das heute unter den andern vielen Gaben lag. Sie wurde, wie es sonst gar nicht ihre Art war, recht böse, als Pate Droßelmeier so sehr lachte und immerfort fragte: wie sie denn mit solch einem grundhäßlichen kleinen Kerl so schöntun

könne? Jener sonderbare Vergleich mit Droßelmeier, den sie anstellte, als der Kleine ihr zuerst in die Augen fiel, kam ihr wieder in den Sinn, und sie sprach sehr ernst: „Wer weiß, lieber Pate, ob du denn, putzest du dich auch so heraus wie mein lieber Nußknacker und hättest du auch solche schöne blanke Stiefelchen an, wer weiß, ob du denn doch so hübsch aussehen würdest als er!" –

Marie wußte gar nicht, warum denn die Eltern so laut auflachten und warum der Obergerichtsrat solch eine rote Nase bekam und gar nicht so hell mitlachte wie zuvor. Es mochte wohl seine besondere Ursache haben

Wunderdinge

Bei Medizinalrats in der Wohnstube, wenn man zur Türe hineintritt, gleich links an der breiten Wand, steht ein hoher Glasschrank, in welchem die Kinder all die schönen Sachen, die ihnen jedes Jahr einbeschert worden, aufbewahren. Die Luise war noch ganz klein, als der Vater den Schrank von einem sehr geschickten Tischler machen ließ, der so himmelhelle Scheiben einsetzte und überhaupt das Ganze so geschickt einzurichten wußte, daß alles drinnen sich beinahe blanker und hübscher ausnahm, als wenn man es in Händen hatte. Im obersten Fache, für Marien und Fritzen unerreichbar, standen des Paten Droßelmeier Kunstwerke, gleich darunter war das Fach für die Bilderbücher, die beiden untersten Fächer durften Marie und Fritz anfüllen, wie sie wollten, jedoch geschah es immer, daß Marie das unterste Fach ihren Puppen zur Wohnung einräumte, Fritz dagegen in dem Fache drüber seine Truppen Kantonierungsquartiere beziehen ließ.

So war es auch heute gekommen, denn indem Fritz seine Husaren oben aufgestellt, hatte Marie unten Mamsell Trutchen beiseite gelegt, die neue, schön geputzte Puppe in das sehr gut möblierte Zimmer hineingesetzt und sich auf Zuckerwerk bei ihr eingeladen. Sehr gut möbliert war das Zimmer, habe ich gesagt, und das ist auch wahr, denn ich weiß nicht, ob du, meine aufmerksame Zuhörerin Marie!

ebenso wie die kleine Stahlbaum (es ist dir schon bekannt worden, daß sie auch Marie heißt), ja! – ich meine, ob du ebenso wie diese, ein kleines schöngeblümtes Sofa, mehrere allerliebste Stühlchen, einen niedlichen Teetisch, vor allen Dingen aber ein sehr nettes blankes Bettchen besitzest, worin die schönsten Puppen ausruhen? Alles dieses stand in der Ecke des Schranks, dessen Wände hier sogar mit bunten Bilderchen tapeziert waren, und du kannst dir wohl denken, daß in diesem Zimmer die neue Puppe, welche, wie Marie noch denselben Abend erfuhr, Mamsell Klärchen hieß, sich sehr wohl befinden mußte.

Es war später Abend geworden, ja Mitternacht im Anzuge, und Pate Droßelmeier längst fortgegangen, als die Kinder noch gar nicht wegkommen konnten von dem Glasschrank, so sehr auch die Mutter mahnte, daß sie doch endlich nun zu Bette gehen möchten.

„Es ist wahr", rief endlich Fritz, „die armen Kerls" (seine Husaren meinend) „wollen auch nun Ruhe haben, und solange ich da bin, wagt's keiner, ein bißchen zu nicken, das weiß ich schon!" Damit ging er ab.

Marie aber bat gar sehr: „Nur noch ein Weilchen, ein einziges kleines Weilchen laß mich hier, liebe Mutter, hab ich ja doch manches zu besorgen, und ist das geschehen, so will ich ja gleich zu Bette gehen!"

Marie war gar ein frommes vernünftiges Kind, und so konnte die gute Mutter wohl ohne Sorgen sie noch bei den Spielsachen allein lassen. Damit aber Marie nicht etwa gar zu sehr verlockt werde von der neuen Puppe und den schönen Spielsachen überhaupt, so aber die Lichter vergäße, die rings um den Wandschrank brannten, löschte die Mutter sie sämtlich aus, so daß nur die Lampe, die in der Mitte des Zimmers von der Decke herabhing, ein sanftes anmutiges Licht verbreitete.

„Komm bald hinein, liebe Marie! sonst kannst du ja morgen nicht zu rechter Zeit aufstehen", rief die Mutter, indem sie sich in das Schlafzimmer entfernte.

Sobald sich Marie allein befand, schritt sie schnell dazu, was ihr zu tun recht auf dem Herzen lag und was sie doch nicht, selbst wußte sie nicht warum, der Mutter zu entdecken vermochte. Noch immer hatte sie den kranken Nußknacker eingewickelt in ihr Taschentuch auf dem Arm getragen. Jetzt legte sie ihn behutsam auf den Tisch, wickelte leise, leise das Tuch ab und sah nach den Wunden. Nußknacker war sehr bleich, aber dabei lächelte er so sehr wehmütig freundlich, daß es Marien recht durch das Herz ging.

„Ach, Nußknackerchen", sprach sie sehr leise, „sei nur nicht böse, daß Bruder Fritz dir so wehe getan hat, er hat es auch nicht so schlimm gemeint, er ist nur ein bißchen hartherzig geworden durch das wilde Soldatenwesen, aber sonst ein recht guter Junge, das kann ich dich versichern. Nun will ich dich aber auch recht sorglich so lange pflegen, bis du wieder ganz gesund und fröhlich geworden; dir deine Zähnchen recht fest einsetzen, dir die Schultern einrenken, das soll Pate Droßelmeier, der sich auf solche Dinge versteht." –

Aber nicht ausreden konnte Marie, denn indem sie den Namen Droßelmeier nannte, machte Freund Nußknacker ein ganz verdammt schiefes Maul, und aus seinen Augen fuhr es heraus, wie grünfunkelnde Stacheln.

In dem Augenblick aber, daß Marie sich recht entsetzen wollte, war es ja wieder des ehrlichen Nußknackers wehmütig lächelndes Gesicht, welches sie anblickte, und sie wußte nun wohl, daß der von der Zugluft berührte, schnell auflodernde Strahl der Lampe im Zimmer Nußknackers Gesicht so entstellt hatte.

„Bin ich nicht ein töricht Mädchen, daß ich so leicht erschrecke, so daß ich sogar glaube, das Holzpüppchen da könne mir Gesichter schneiden! Aber lieb ist mir doch Nußknacker gar zu sehr, weil er so komisch ist, und doch so gutmütig, und darum muß er gepflegt werden, wie sich's gehört!"

Damit nahm Marie den Freund Nußknacker in den Arm, näherte sich dem Glasschrank, kauerte vor demselben, und sprach also zur neuen Puppe: „Ich bitte dich recht sehr, Mamsell Klärchen, tritt dein Bettchen dem kranken wunden Nußknacker ab und behelfe dich, so gut wie es geht, mit dem Sofa. Bedenke, daß du sehr gesund und recht bei Kräften bist, denn sonst würdest du nicht solche dicke dunkelrote Backen haben, und daß sehr wenige der allerschönsten Puppen solche weiche Sofas besitzen."

Mamsell Klärchen sah in vollem glänzenden Weihnachtsputz sehr vornehm und verdrießlich aus, und sagte nicht „Muck!" –

„Was mache ich aber auch für Umstände", sprach Marie, nahm das Bette hervor, legte sehr leise und sanft Nußknackerchen hinein, wickelte noch ein gar schönes Bändchen, das sie sonst um den Leib getragen, um die wunden Schultern, und bedeckte ihn bis unter die Nase.

„Bei der unartigen Kläre darf er aber nicht bleiben", sprach sie weiter und hob das Bettchen samt dem darinne liegenden Nußknacker heraus in das obere Fach, so daß es dicht neben dem schönen Dorf zu stehen kam, wo Fritzens Husaren kantonierten. Sie verschloß den Schrank und wollte ins Schlafzimmer, da – horcht auf Kinder! – da fing es an leise – leise zu wispern und zu flüstern und zu rascheln ringsherum, hinter dem Ofen, hinter den Stühlen, hinter den Schränken. –

Die Wanduhr schnurrte dazwischen lauter und lauter, aber sie konnte nicht schlagen. Marie blickte hin, da hatte die große vergoldete Eule, die darauf saß, ihre Flügel herabgesenkt, so daß sie die ganze Uhr überdeckten und den häßlichen Katzenkopf mit krummen Schnabel weit vorgestreckt. Und stärker schnurrte es mit vernehmlichen Worten:

„Uhr, Uhre, Uhre, Uhren,
müßt alle nur leise schnurren,
leise schnurren. –
Mausekönig hat ja wohl ein feines Ohr –
purrpurr – pum pum singt nur,
singt ihm altes Liedlein vor –
purr purr – pum pum
schlag an Glöcklein, schlag an,
bald ist es um ihn getan!"
Und pum pum ging es ganz dumpf und heiser zwölfmal! –

Marien fing an sehr zu grauen, und entsetzt wär sie beinahe davongelaufen, als sie Pate Droßelmeier erblickte, der statt der Eule auf der Wanduhr saß und seine gelben Rockschöße von beiden Seiten wie Flügel herabgehängt hatte, aber sie ermannte sich und rief laut und weinerlich: „Pate Droßelmeier, Pate Droßelmeier, was willst du da oben? Komm herunter zu mir und erschrecke mich nicht so, du böser Pate Droßelmeier!" –

Aber da ging ein tolles Kichern und Gepfeife los rundumher, und bald trottierte und lief es hinter den Wänden wie mit tausend kleinen Füßchen und tausend kleine Lichterchen blickten aus den Ritzen der Dielen. Aber nicht Lichterchen waren es, nein! kleine funkelnde Augen, und Marie wurde gewahr, daß überall Mäuse hervorguckten und sich hervorarbeiteten. Bald ging es trott – trott – hopp hopp in der Stube umher – immer lichtere und dichtere Haufen Mäuse galoppierten hin und her und stellten sich endlich in Reihe und Glied, so wie Fritz seine Soldaten zu stellen pflegte, wenn es zur Schlacht gehen sollte.

Das kam nun Marien sehr possierlich vor, und da sie nicht, wie manche andere Kinder, einen natürlichen Abscheu gegen Mäuse hatte, wollte ihr eben alles Grauen vergehen, als es mit einemmal so entsetzlich und so schneidend zu pfeifen begann, daß es ihr eiskalt über den Rücken lief! –

Ach was erblickte sie jetzt! –

Nein, wahrhaftig, geehrter Leser Fritz, ich weiß, daß ebensogut wie dem weisen und mutigen Feldherrn Fritz Stahlbaum dir das Herz auf dem rechten Flecke sitzt, aber, hättest du das gesehen, was Marien jetzt vor Augen kam, wahrhaftig du wärst davongelaufen, ich glaube sogar, du wärst schnell ins Bett gesprungen und hättest die Decke viel weiter über die Ohren gezogen als gerade nötig. –

Ach! – das konnte die arme Marie ja nicht einmal tun, denn hört nur Kinder! – dicht, dicht vor ihren Füßen sprühte es, wie von unterirdischer Gewalt getrieben, Sand und Kalk und zerbröckelte Mauersteine hervor, und sieben Mäuseköpfe mit sieben hellfunkelnden Kronen erhoben sich recht gräßlich zischend und pfeifend aus dem Boden. Bald arbeitete sich auch der Mausekörper, an dessen Hals die sieben Köpfe angewachsen waren, voll-

ends hervor, und der großen mit sieben Diademen geschmückten Maus jauchzte in vollem Chorus dreimal laut aufquiekend das ganze Heer entgegen, das sich nun auf einmal in Bewegung setzte und hott, hott – trott – trott ging es – ach geradezu auf den Schrank – geradezu auf Marien los, die noch dicht an der Glastüre des Schrankes stand.

Vor Angst und Grauen hatte Marien das Herz schon so gepocht, daß sie glaubte, es müsse nun gleich aus der Brust herausspringen, und dann müßte sie sterben; aber nun war es ihr, als stehe ihr das Blut in den Adern still.

Halb ohnmächtig wankte sie zurück, da ging es klirr – klirr – prr, und in Scherben fiel die Glasscheibe des Schranks herab, die sie mit dem Ellbogen eingestoßen. Sie fühlte wohl in dem Augenblick einen recht stechenden Schmerz am linken Arm, aber es war ihr auch plötzlich viel leichter ums Herz, sie hörte kein Quieken und Pfeifen mehr, es war alles ganz still geworden, und, obschon sie nicht hinblicken mochte, glaubte sie doch, die Mäuse wären von dem Klirren der Scheibe erschreckt wieder abgezogen in ihre Löcher. – Aber was war denn das wieder? – Dicht hinter Marien fing es an, im Schrank auf seltsame Weise zu rumoren, und ganz feine Stimmchen fingen an: „Aufgewacht – aufgewacht – wolln zur Schlacht – noch diese Nacht – aufgewacht – auf zur Schlacht." –

Und dabei klingelte es mit harmonischen Glöcklein gar hübsch und anmutig! „Ach, das ist ja mein kleines Glockenspiel", rief Marie freudig, und sprang schnell zur Seite. Da sah sie, wie es im

143

Schrank ganz sonderbar leuchtete und herumwirtschaftete und hantierte. Es waren mehrere Puppen, die durcheinanderliefen und mit den kleinen Armen herumfochten.

Mit einemmal erhob sich jetzt Nußknacker, warf die Decke weit von sich und sprang mit beiden Füßen zugleich aus dem Bette, indem er laut rief:

„Knack – knack – knack –
dummes Mausepack –
dummer toller Schnack –
Mausepack – Knack – Knack –
Mausepack – Krick und Krack –
wahrer Schnack."

Und damit zog er sein kleines Schwert und schwang es in den Lüften und rief: „Ihr meine lieben Vasallen, Freunde und Brüder, wollt ihr mir beistehen im harten Kampf?" –

Sogleich schrien heftig drei Scaramuze, ein Pantalon, vier Schornsteinfeger, zwei Zitherspielmänner und ein Tambour: „Ja, Herr – wir hängen Euch an in standhafter Treue – mit Euch ziehen wir in Tod, Sieg und Kampf!" und stürzten sich nach dem begeisterten Nußknacker, der den gefährlichen Sprung wagte, vom obern Fach herab.

Ja! jene hatten gut sich herabstürzen, denn nicht allein, daß sie reiche Kleider von Tuch und Seide trugen, so war inwendig im Leibe auch nicht viel anders als Baumwolle und Häcksel, daher plumpten sie auch herab wie Wollsäckchen.

Aber der arme Nußknacker, der hätte gewiß Arm und Beine gebrochen, denn, denkt euch, es war beinahe zwei Fuß hoch vom Fache, wo er stand, bis zum untersten, und sein Körper war so spröde als sei er geradezu aus Lindenholz geschnitzt. Ja, Nußknacker hätte gewiß Arm und Beine gebrochen, wäre, im Augenblick als er sprang, nicht auch Mamsell Klärchen schnell vom Sofa aufgesprungen und hätte den Helden mit dem gezogenen Schwert in ihren weichen Armen aufgefangen.

„Ach, du liebes gutes Klärchen!" schluchzte Marie, „wie habe ich dich verkannt, gewiß gabst du Freund Nußknackern dein Bettchen recht gerne her!"

Doch Mamsell Klärchen sprach jetzt, indem sie den jungen Helden sanft an ihre seidene Brust drückte: „Wollet Euch, o Herr! krank und wund wie Ihr seid, doch nicht in Kampf und Gefahr begeben, seht, wie Eure tapferen Vasallen kampflustig und des Sieges gewiß sich sammeln. Scaramuz, Pantalon, Schornsteinfeger, Zitherspielmann und Tambour sind schon unten und die Devisen-Figuren in meinem Fache rühren und regen sich merklich! Wollet, o Herr! in meinen Armen ausruhen oder von meinem Federhut herab Euern Sieg anschaun!"

So sprach Klärchen, doch Nußknacker tat ganz ungebärdig und strampelte so sehr mit den Beinen, daß Klärchen ihn schnell herab auf den Boden setzen mußte. In dem Augenblick ließ er sich aber sehr artig auf ein Knie nieder und lispelte: „O Dame! stets werd ich Eurer mir bewiesenen Gnade und Huld gedenken in Kampf und Streit!"

Da bückte sich Klärchen so tief herab, daß sie ihn beim Ärmchen ergreifen konnte, hob ihn sanft auf, löste schnell ihren mit vielen Flittern gezierten Leibgürtel los und wollte ihn dem Kleinen umhängen, doch der wich zwei Schritte zurück, legte die Hand auf die Brust, und sprach sehr feierlich: „Nicht so wollet, o Dame, Eure Gunst an mir verschwenden, denn –" er stockte, seufzte tief auf, riß dann schnell das Bändchen, womit ihn Marie verbunden hatte, von den Schultern, drückte es an die Lippen, hing es wie eine Feldbinde um, und sprang, das blankgezogene Schwertlein mutig schwenkend, schnell und behende wie ein Vögelchen über die Leiste des Schranks auf den Fußboden. –

Ihr merkt wohl, höchst geneigte und sehr vortreffliche Zuhörer, daß Nußknacker schon früher, als er wirklich lebendig worden, alles Liebe und Gute, was ihm Marie erzeigte, recht deutlich fühlte und daß er nur deshalb, weil er Marien so gar gut worden, auch nicht einmal ein Band von Mamsell Klärchen annehmen und tragen wollte, unerachtet es sehr glänzte und sehr hübsch aussah. Der treue gute Nußknacker putzte sich lieber mit Mariens schlichtem Bändchen. –

Aber wie wird es nun weiter werden? – Sowie Nußknacker herabspringt, geht auch das Quieken und Piepen wieder los. Ach! unter dem großen Tische halten ja die fatalen Rotten unzähliger Mäuse und über alle ragt die abscheuliche Maus mit den sieben Köpfen hervor! – Wie wird das nun werden! –

Die Schlacht

„Schlagt den Generalmarsch, getreuer Vasalle Tambour!" schrie Nußknacker sehr laut, und sogleich fing der Tambour an, auf die künstlichste Weise zu wirbeln, daß die Fenster des Glasschranks zitterten und dröhnten.

Nun krackte und klapperte es drinnen, und Marie wurde gewahr, daß die Deckel sämtlicher Schachteln, worin Fritzens Armee einquartiert war, mit Gewalt auf- und die Soldaten heraus und herab ins unterste Fach sprangen, dort sich aber in blanken Rotten sammelten. Nußknacker lief auf und nieder, begeisterte Worte zu den Truppen sprechend: „Kein Hund von Trompeter regt und rührt sich", schrie Nußknacker erbost, wandte sich aber dann schnell zum Pantalon, der etwas blaß geworden, mit dem langen Kinn sehr wackelte, und sprach feierlich: „General, ich kenne Ihren Mut und Ihre Erfahrung, hier gilt's schnellen Überblick und Benutzung des Moments – ich vertraue Ihnen das Kommando sämtlicher Kavallerie und Artillerie an – ein Pferd brauchen Sie nicht, Sie haben sehr lange Beine und galoppieren damit leidlich. Tun Sie jetzt, was Ihres Berufs ist."

Sogleich drückte Pantalon die dürren langen Fingerchen an den Mund und krähte so durchdringend, daß es klang, als würden hundert helle Trompetlein lustig geblasen. Da ging es im Schrank an ein Kichern und Stampfen, und siehe, Fritzens Kürassiere und Dragoner, vor allen Dingen aber die neuen glänzenden Husaren rückten aus und hielten bald unten auf dem Fußboden. Nun defilierte Regiment auf Regiment mit fliegenden Fahnen und klingendem Spiel bei Nußknacker vorüber und stellte sich in breiter Reihe quer über den Boden des Zimmers.

Aber vor ihnen her fuhren rasselnd Fritzens Kanonen auf, von den Kanonieren umgeben, und bald ging es bum bum, und Marie sah, wie die Zuckererbsen einschlugen in den dicken Haufen der Mäuse, die davon ganz weiß überpudert wurden und sich sehr schämten. Vorzüglich tat ihnen aber eine schwere Batterie viel Schaden, die auf Mamas Fußbank aufgefahren war und pum – pum – pum, immer hintereinander fort Pfeffernüsse unter die Mäuse schoß, wovon sie umfielen. Die Mäuse kamen aber doch immer näher und überrannten sogar einige Kanonen, aber da ging es prr – prr, prr, und vor Rauch und Staub konnte Marie kaum sehen, was nun geschah. Doch so viel war gewiß, daß jedes Korps sich mit der höchsten Erbitterung schlug und der Sieg lange hin und her schwankte.

Die Mäuse entwickelten immer mehr und mehr Massen, und ihre kleinen silbernen Pillen, die sie sehr geschickt zu schleudern wußten, schlugen schon bis in den Glasschrank hinein.

Verzweiflungsvoll liefen Klärchen und Trutchen umher und rangen sich die Händchen wund.

„Soll ich in meiner blühendsten Jugend sterben! – ich, die schönste der Puppen!" schrie Klärchen.

„Hab ich darum mich so gut konserviert, um hier in meinen vier Wänden umzukommen?" rief Trutchen.

Dann fielen sie sich um den Hals und heulten so sehr, daß man es trotz des tollen Lärms doch hören konnte. Denn von dem Spektakel, der nun losging, habt ihr kaum einen Begriff, werte Zuhörer. – Das ging – prr – prr – puff, piff – Schnetterdeng – schnetterdeng – bum, burum, bum – burum – bum – durcheinander, und dabei quiekten und schrien Mauskönig und Mäuse, und dann hörte man wieder Nußknackers gewaltige Stimme, wie er nützliche Befehle austeilte, und sah ihn, wie er über die im Feuer stehenden Bataillone hinwegschritt! –

Pantalon hatte einige sehr glänzende Kavalleneangriffe gemacht und sich mit Ruhm bedeckt, aber Fritzens Husaren wurden von der Mäuseartillerie mit häßlichen, übelriechenden Kugeln beworfen, die ganz fatale Flecke in ihren roten Wämsern machten, weshalb sie nicht recht vor wollten. Pantalon ließ sie links abschwenken, und in der Begeisterung des Kommandierens machte er es ebenso und seine Kürassiere und Dragoner auch, das heißt, sie schwenkten alle links ab und gingen nach Hause.

Dadurch geriet die auf der Fußbank postierte Batterie in Gefahr, und es dauerte auch gar nicht lange, so kam ein dicker Haufe sehr häßlicher Mäuse und rannte so stark an, daß die ganze Fußbank mitsamt den Kanonieren und Kanonen umfiel.

Nußknacker schien sehr bestürzt und befahl, daß der rechte Flügel eine rückgängige Bewegung machen solle.

Du weißt, o mein kriegserfahrner Zuhörer Fritz! daß eine solche Bewegung machen beinahe so viel heißt als davonlaufen, und betrauerst mit mir schon jetzt das Unglück, was über die Armee des kleinen von Marie geliebten Nußknackers kommen sollte! –

Wende jedoch dein Auge von diesem Unheil ab und beschaue den linken Flügel der Nußknackerischen Armee, wo alles noch sehr gut steht und für Feldherrn und Armee viel zu hoffen ist.

Während des hitzigsten Gefechts waren leise, leise Mäuse-Kavalleriemassen unter der Kommode herausdebouchiert und hatten sich unter lautem gräßlichen Gequiek mit Wut auf den linken Flügel der Nußknackerischen Armee geworfen, aber welchen Widerstand fanden sie da! –

Langsam, wie es die Schwierigkeit des Terrains nur erlaubte, da die Leiste des Schranks zu passieren, war das Devisenkorps unter der Anführung zweier chinesischer Kaiser vorgerückt, und hatte sich en quarré plain formiert. –

Diese wackern, sehr bunten und herrlichen Truppen, die aus vielen Gärtnern, Tirolern, Tungusen, Friseurs, Harlekins, Kupidos, Löwen, Tigern, Meerkatzen und Affen bestanden, fochten mit Fassung, Mut und Ausdauer. Mit spartanischer Tapferkeit hätte dies Batail-

lon von Eliten dem Feinde den Sieg entrissen, wenn nicht ein verwegener feindlicher Rittmeister tollkühn vordringend einem der chinesischen Kaiser den Kopf abgebissen und dieser im Fallen zwei Tungusen und eine Meerkatze erschlagen hätte. Dadurch entstand eine Lücke, durch die der Feind eindrang und bald war das ganze Bataillon zerbissen. Doch wenig Vorteil hatte der Feind von dieser Untat. Sowie ein Mäusekavallerist mordlustig einen der tapfern Gegner mittendurch zerbiß, bekam er einen kleinen gedruckten Zettel in den Hals, wovon er augenblicklich starb. –

Half dies aber wohl auch der Nußknackerischen Armee, die, einmal rückgängig geworden, immer rückgängiger wurde und immer mehr Leute verlor, so daß der unglückliche Nußknacker nur mit einem gar kleinen Häufchen dicht vor dem Glasschranke hielt?

„Die Reserve soll heran! – Pantalon – Scaramuz, Tambour – wo seid ihr?" – So schrie Nußknacker, der noch auf neue Truppen hoffte, die sich aus dem Glasschrank entwickeln sollten.

Es kamen auch wirklich einige braune Männer und Frauen aus Thorn mit goldnen Gesichtern, Hüten und Helmen heran, die fochten aber so ungeschickt um sich herum, daß sie keinen der Feinde trafen und bald ihrem Feldherrn Nußknacker selbst die Mütze vom Kopfe heruntergefochten hätten. Die feindlichen Chasseurs bissen ihnen auch bald die Beine ab, so daß sie umstülpten und noch dazu einige von Nußknackers Waffenbrüdern erschlugen.

Nun war Nußknacker, vom Feinde dicht umringt, in der höchsten Angst und Not. Er wollte über die Leiste des Schranks springen, aber die Beine waren zu kurz, Klärchen und Trutchen lagen in Ohnmacht, sie konnten ihm nicht helfen – Husaren – Dragoner sprangen lustig bei ihm vorbei und hinein, da schrie er auf in heller Verzweiflung: „Ein Pferd – ein Pferd – ein Königreich für ein Pferd!" –

In dem Augenblick packten ihn zwei feindliche Tirailleurs bei dem hölzernen Mantel, und im Triumph aus sieben Kehlen aufquiekend, sprengte Mausekönig heran.

Marie wußte sich nicht mehr zu fassen, „o mein armer Nußknacker – mein armer Nußknacker!" so rief sie schluchzend, faßte, ohne sich deutlich ihres Tuns bewußt zu sein, nach ihrem linken Schuh und warf ihn mit Gewalt in den dicksten Haufen der Mäuse hinein auf ihren König.

In dem Augenblick schien alles verstoben und verflogen, aber Marie empfand am linken Arm einen noch stechendern Schmerz als vorher und sank ohnmächtig zur Erde nieder.

Die Krankheit

Als Marie wie aus tiefem Todesschlaf erwachte, lag sie in ihrem Bettchen, und die Sonne schien hell und funkelnd durch die mit Eis belegten Fenster in das Zimmer hinein. Dicht neben ihr saß ein fremder Mann, den sie aber bald für den Chirurgus Wendelstern erkannte. Der sprach leise: „Nun ist sie aufgewacht!" Da kam die Mutter herbei und sah sie mit recht ängstlich forschenden Blicken an.

„Ach, liebe Mutter", lispelte die kleine Marie, „sind denn nun die häßlichen Mäuse alle fort, und ist denn der gute Nußknacker gerettet?" –

„Sprich nicht solch albernes Zeug, liebe Marie", erwiderte die Mutter, „was haben die Mäuse mit dem Nußknacker zu tun. Aber du, böses Kind, hast uns allen recht viel Angst und Sorge gemacht. Das kommt davon her, wenn die Kinder eigenwillig sind und den Eltern nicht folgen. Du spieltest gestern bis in die tiefe Nacht hinein mit deinen Puppen. Du wurdest schläfrig, und mag es sein, daß ein hervorspringendes Mäuschen, deren es doch sonst hier nicht gibt, dich erschreckt hat; genug, du stießest mit dem Arm eine Glasscheibe des Schranks ein und schnittest dich so sehr in den Arm, daß Herr Wendelstern, der dir eben die noch in den Wunden steckenden Glasscherbchen herausgenommen hat, meint, du hättest, zerschnitt das Glas eine Ader, einen steifen Arm behalten oder dich gar verbluten können. Gott sei gedankt, daß ich um Mitternacht erwachend und dich noch so spät vermissend, aufstand und in die Wohnstube ging. Da lagst du dicht neben dem Glasschrank ohnmächtig auf der Erde und blutetest sehr. Bald wär ich vor Schreck auch ohnmächtig geworden. Da lagst du nun, und um dich her zerstreut erblickte ich viele von Fritzens bleiernen Soldaten und andere Puppen, zerbrochene Devisen, Pfefferkuchmänner; Nußknacker lag aber auf deinem blutenden Arme und nicht weit von dir dein linker Schuh." – „Ach Mütterchen, Mütterchen", fiel Marie ein, „sehen Sie wohl, das waren ja noch die Spuren von der großen Schlacht zwischen den Puppen und Mäusen, und nur darüber bin ich so sehr erschrocken, als die Mäuse den armen Nußknacker, der die Puppenarmee kommandierte, gefangennehmen wollten. Da warf ich meinen Schuh unter die Mäuse, und dann weiß ich weiter nicht, was vorgegangen."

Der Chirurgus Wendelstern winkte der Mutter mit den Augen, und diese sprach sehr sanft zu Marien: „Laß es nur gut sein, mein liebes Kind! – beruhige dich, die Mäuse sind alle fort, und Nußknackerchen steht gesund und lustig im Glasschrank."

Nun trat der Medizinalrat ins Zimmer und sprach lange mit dem Chirurgus Wendelstern; dann fühlte er Mariens Puls, und sie hörte wohl, daß von einem Wundfieber die Rede war. Sie mußte im Bette bleiben und Arzenei nehmen, und so dauerte es einige Tage, wiewohl sie außer einigem Schmerz am Arm sich eben nicht krank und unbehaglich fühlte. Sie wußte, daß Nußknackerchen gesund aus der Schlacht sich gerettet hatte, und es kam ihr manchmal wie im Traume vor, daß er ganz vernehmlich, wiewohl mit sehr wehmütiger Stimme sprach: „Marie, teuerste Dame, Ihnen verdanke ich viel, doch noch mehr können Sie für mich tun!"

Marie dachte vergebens darüber nach, was das wohl sein könnte, es fiel ihr durchaus nicht ein. Spielen konnte Marie gar nicht recht wegen des wunden Arms, und wollte sie lesen oder in den Bilderbüchern blättern, so flimmerte es ihr seltsam vor den Augen, und sie mußte davon ablassen. So mußte ihr nun wohl die Zeit recht herzlich lang werden, und sie konnte kaum die Dämmerung erwarten, weil dann die Mutter sich an ihr Bett setzte und ihr sehr viel Schönes vorlas und erzählte.

Eben hatte die Mutter die vorzügliche Geschichte vom Prinzen Fakardin vollendet, als die Türe aufging und der Pate Droßelmeier mit den Worten hineintrat: „Nun muß ich doch wirklich einmal selbst sehen, wie es mit der kranken und wunden Marie zusteht."

Sowie Marie den Paten Droßelmeier in seinem gelben Röckchen erblickte, kam ihr das Bild jener Nacht, als Nußknacker die Schlacht wider die Mäuse verlor, gar lebendig vor Augen, und unwillkürlich rief sie laut dem Obergerichtsrat entgegen: „O Pate Droßelmeier, du bist recht häßlich gewesen, ich habe dich wohl gesehen, wie du auf der Uhr saßest und sie mit deinen Flügeln bedecktest, daß sie nicht laut schlagen sollte, weil sonst die Mäuse verscheucht worden wären – ich habe es wohl gehört, wie du dem Mausekönig riefest! – warum kamst du dem Nußknacker, warum kamst du mir nicht zu Hülfe, du häßlicher Pate Droßelmeier, bist du denn nicht allein schuld, daß ich verwundet und krank im Bette liegen muß?" –

Die Mutter fragte ganz erschrocken: „Was ist dir denn, liebe Marie?"

Aber der Pate Droßelmeier schnitt sehr seltsame Gesichter und sprach mit schnarrender, eintöniger Stimme:

„Perpendikel mußte schnurren –
    picken –
wollte sich nicht schicken –
Uhren – Uhren –
Uhrenperpendikel müssen
    schnurren –
leise schnurren –

schlagen Glocken laut kling klang –
hink und honk, und honk und hank –
Puppenmädel sei nicht bang! –
schlagen Glöcklein,
ist geschlagen,
Mausekönig fortzujagen,
kommt die Eul im schnellen Flug –
pak und pik, und pik und puk –
Glöcklein bim bim – Uhren –
schnurr schnurr –
Perpendikel müssen schnurren –
picken wollte sich nicht schicken –
schnarr und schnurr, und pirr und purr!" –

Marie sah den Paten Droßelmeier starr mit großen Augen an, weil er ganz anders und noch viel häßlicher aussah als sonst und mit dem rechten Arm hin und her schlug, als würd er gleich einer Drahtpuppe gezogen. Es hätte ihr ordentlich grauen können vor dem Paten, wenn die Mutter nicht zugegen gewesen wäre und wenn nicht endlich Fritz, der sich unterdessen hineingeschlichen, ihn mit lautem Gelächter unterbrochen hätte.

„Ei, Pate Droßelmeier", rief Fritz, „du bist heute wieder auch gar zu possierlich, du gebärdest dich ja wie mein Hampelmann, den ich längst hinter den Ofen geworfen."

Die Mutter blieb sehr ernsthaft und sprach: „Lieber Herr Obergerichtsrat, das ist ja ein recht seltsamer Spaß, was meinen Sie denn eigentlich?" –

„Mein Himmel!" erwiderte Droßelmeier lachend, „kennen Sie denn nicht mehr mein hübsches Uhrmacherliedchen? Das pfleg ich immer zu singen bei solchen Patienten wie Marie."

Damit setzte er sich schnell dicht an Mariens Bette und sprach: „Sei nur nicht böse, daß ich nicht gleich dem Mausekönig alle vierzehn Augen ausgehackt, aber es konnte nicht sein, ich will dir auch statt dessen eine rechte Freude machen."

Der Obergerichtsrat langte mit diesen Worten in die Tasche, und was er nun leise, leise hervorzog, war der Nußknacker, dem er sehr geschickt die verlornen Zähnchen fest eingesetzt und den lahmen Kinnbacken eingerenkt hatte.

Marie jauchzte laut auf vor Freude, aber die Mutter sagte lächelnd: „Siehst du nun wohl, wie gut es Pate Droßelmeier mit deinem Nußknacker meint?" –

„Du mußt es aber doch eingestehen, Marie", unterbrach der Obergerichtsrat die Medizinalrätin, „du mußt es aber doch eingestehen, daß Nußknacker nicht eben zum besten gewachsen und sein Gesicht nicht eben schön zu nennen ist. Wie sotane Häßlichkeit in seine Familie gekommen und vererbt worden ist, das will ich dir wohl erzählen, wenn du es anhören willst. Oder weißt du vielleicht schon die Geschichte von der Prinzessin Pirlipat, der Hexe Mauserinks und dem künstlichen Uhrmacher?" –

„Hör mal", fiel hier Fritz unversehens ein, „hör mal, Pate Droßelmeier, die Zähne hast du dem Nußknacker richtig eingesetzt, und der Kinnbacken ist auch nicht mehr so wackelig, aber warum fehlt ihm das Schwert, warum hast du ihm kein Schwert umgehängt?" –

„Ei", erwiderte der Obergericbtsrat ganz unwillig, „du mußt an allem mäkeln und tadeln, Junge! Was geht mich Nußknackers Schwert an, ich habe ihn am Leibe kuriert, mag er sich nun selbst ein Schwert schaffen, wie er will." –

„Das ist wahr", rief Fritz, „ist's ein tüchtiger Kerl, so wird er schon Waffen zu finden wissen." –

„Also Marie", fuhr der Obergerichtsrat fort, „sage mir, ob du die Geschichte weißt von der Prinzessin Pirlipat?" –

„Ach nein", erwiderte Marie, „erzähle, lieber Pate Droßelmeier, erzähle!" –

„Ich hoffe", sprach die Medizinalrätin, „ich hoffe, lieber Herr Obergerichtsrat, daß Ihre Geschichte nicht so graulich sein wird, wie gewöhnlich alles ist, was Sie erzählen?" –

„Mitnichten, teuerste Frau Medizinairätin", erwiderte Droßelmeier, „im Gegenteil ist das gar spaßhaft, was ich vorzutragen die Ehre haben werde." –

„Erzähle, o erzähle, lieber Pate", so riefen die Kinder, und der Obergerichtsrat fing also an:

Das Märchen von der harten Nuß

„Pirlipats Mutter war die Frau eines Königs, mithin eine Königin, und Pirlipat selbst in demselben Augenblick, als sie geboren wurde, eine geborne Prinzessin. Der König war außer sich vor Freude über das schöne Töchterchen, das in der Wiege lag, er jubelte laut auf, er tanzte und schwenkte sich auf einem Beine und schrie ein Mal über das andere: ‚Heisa! – hat man was Schöneres jemals gesehen als mein Pirlipatchen?‘ –

Aber alle Minister, Generale und Präsidenten und Stabsoffiziere sprangen, wie der Landesvater, auf einem Beine herum und schrien sehr: ‚Nein, niemals!‘ Zu leugnen war es aber auch in der Tat gar nicht, daß wohl, solange die Welt steht, kein schöneres Kind geboren wurde als eben Prinzessin Pirlipat. Ihr Gesichtchen war wie von zarten lilienweißen und rosenroten Seidenflocken gewebt, die Äugelein lebendige funkelnde Azure, und es stand hübsch, daß die Löckchen sich in lauter glänzenden Goldfaden kräuselten. Dazu hatte Pirlipatchen zwei Reihen kleiner Perlzähnchen auf die Welt gebracht, womit sie zwei Stunden nach der Geburt dem Reichskanzler in den Finger biß, als er die Lineamente näher untersuchen wollte, so daß er laut aufschrie: ‚ojemine!‘ –

Andere behaupten, er habe: ‚auweh!‘ geschrien, die Stimmen sind noch heutzutage darüber sehr geteilt. Kurz, Pirlipatchen biß wirklich dem Reichskanzler in den Finger, und das entzückte Land wußte nun, daß auch Geist, Gemüt und Verstand in Pirlipats kleinem engelschönen Körperchen wohne. –

Wie gesagt, alles war vergnügt, nur die Königin war sehr ängstlich und unruhig, niemand wußte warum. Vorzüglich fiel es auf, daß sie Pirlipats Wiege so sorglich bewachen ließ. Außer dem, daß die Türen von Trabanten besetzt waren, mußten, die beiden Wärterinnen dicht an der Wiege abgerechnet, noch sechs andere Nacht für Nacht ringsumher in der Stube sitzen. Was aber ganz närrisch schien und was niemand begreifen konnte, jede dieser sechs Wärterinnen mußte einen Kater auf den Schoß nehmen und ihn die ganze Nacht streicheln, daß er immerfort zu spinnen genötigt wurde.

Es ist unmöglich, daß ihr, lieben Kinder, erraten könnt, warum Pirlipats Mutter all diese Anstalten machte, ich weiß es aber und will es euch gleich sagen. –

Es begab sich, daß einmal an dem Hofe von Pirlipats Vater viele vortreffliche Könige und sehr angenehme Prinzen versammelt waren, weshalb es denn sehr glänzend herging und viele Ritterspiele, Komödien und Hofbälle gegeben wurden. Der König, um recht zu zeigen, daß es ihm an Gold und Silber gar nicht mangle, wollte nun einmal einen recht tüchtigen Griff in den Kronschatz tun und was Ordentliches daraufgehen lassen. Er ordnete daher, zumal er von dem Oberhofküchenmeister insgeheim erfahren, daß der Hofastronom die Zeit des Einschlachtens angekündigt, einen großen Wurstschmaus an, warf sich in den Wagen und lud selbst sämtliche Könige und Prinzen nur auf einen Löffel Suppe ein, um sich der Überraschung mit dem Köstlichen zu erfreuen.

Nun sprach er sehr freundlich zur Frau Königin: ‚Dir ist ja schon bekannt, Liebchen! wie ich die Würste gern habe!‘

Die Königin wußte schon, was er damit sagen wollte, es hieß nämlich nichts anders, als sie selbst sollte sich, wie sie auch sonst schon getan, dem sehr nützlichen Geschäft des Wurstmachens unterziehen. Der Oberschatzmeister mußte sogleich den großen goldnen Wurstkessel und die silbernen Kasserollen zur Küche abliefern; es wurde ein großes Feuer von Sandelholz angemacht, die Königin band ihre damastene Küchenschürze um, und bald dampften aus dem Kessel die süßen Wohlgerüche der Wurstsuppe.

Bis in den Staatsrat drang der anmutige Geruch; der König, von innerem Entzücken erfaßt, konnte sich nicht halten. ‚Mit Erlaubnis, meine Herren!‘ rief er, sprang schnell nach der Küche, umarmte die Königin, rührte etwas mit dem goldnen Zepter in dem Kessel und kehrte dann beruhigt in den Staatsrat zurück.

Eben nun war der wichtige Punkt gekommen, daß der Speck in Würfel geschnitten und auf silbernen Rosten geröstet werden sollte. Die Hofdamen traten ab, weil die Königin dies Geschäft aus treuer Anhänglichkeit und Ehrfurcht vor dem königlichen Gemahl allein unternehmen wollte. Allein sowie der Speck zu braten anfing, ließ sich ein ganz feines wisperndes Stimmchen vernehmen: ‚Von dem Brätlein gib mir auch, Schwester! – will auch schmausen, bin ja auch Königin – gib mir von dem Brätlein!‘ –

Die Königin wußte wohl, daß es Frau Mauserinks war, die also sprach. Frau Mauserinks wohnte schon seit vielen Jahren in des Königs Palast. Sie behauptete, mit der königlichen Familie verwandt und selbst Königin in dem Reiche Mausolien zu sein, deshalb hatte sie auch eine große Hofhaltung unter dem Herde.

Die Königin war eine gute mildtätige Frau, wollte sie daher auch sonst Frau Mauserinks nicht gerade als Königin und als ihre Schwester anerkennen, so gönnte sie ihr doch von Herzen an dem festlichen Tage die Schmauserei und rief: ‚Kommt nur hervor, Frau Mauserinks, Ihr möget immerhin von meinem Speck genießen.‘

Da kam auch Frau Mauserinks sehr schnell und lustig hervorgehüpft, sprang auf den Herd und ergriff mit den zierlichen kleinen Pfötchen ein Stückchen Speck nach dem andern, das ihr die Königin hinlangte.

Aber nun kamen alle Gevattern und Muhmen der Frau Mauserinks hervorgesprungen, und auch sogar ihre sieben Söhne, recht unartige Schlingel, die machten sich über den Speck her, und nicht wehren konnte ihnen die erschrockene Königin. Zum Glück kam die Oberhofmeisterin dazu und verjagte die zudringlichen Gäste, so daß noch etwas Speck übrigblieb, welcher, nach Anweisung des herbeigerufenen Hofmathematikers, sehr künstlich auf alle Würste verteilt wurde.

Pauken und Trompeten erschallten, alle anwesenden Potentaten und Prinzen zogen in glänzenden Feierkleidern zum Teil auf weißen Zeltern, zum Teil in kristallnen Kutschen zum Wurstschmause. Der König empfing sie mit herzlicher Freundlichkeit und Huld und setzte sich dann, als Landesherr mit Kron und Zepter angetan, an die Spitze des Tisches.

Schon in der Station der Leberwürste sah man, wie der König immer mehr und mehr erblaßte, wie er die Augen gen Himmel hob – leise Seufzer entflohen seiner Brust – ein gewaltiger Schmerz schien in seinem Innern zu wühlen! Doch in der Station der Blutwürste sank er, laut schluchzend und ächzend, in den Lehnsessel zurück, er hielt beide Hände vors Gesicht, er jammerte und stöhnte. –

Alles sprang auf von der Tafel, der Leibarzt bemühte sich vergebens des unglücklichen Königs Puls zu erfassen, ein tiefer, namenloser Jammer schien ihn zu zerreißen. Endlich, endlich, nach vielem Zureden, nach Anwendung starker Mittel, als da sind gebrannte Federposen und dergleichen, schien der König etwas zu sich selbst zu kommen, er stammelte kaum hörbar die Worte: ‚Zu wenig Speck.‘

Da warf sich die Königin trostlos ihm zu Füßen und schluchzte: ‚O mein armer unglücklicher königlicher Gemahl! – O welchen Schmerz mußten Sie dulden! – Aber sehen Sie hier die Schuldige zu Ihren Füßen – strafen, strafen Sie sie hart – ach – Frau Mauserinks mit ihren sieben Söhnen, Gevattern und Muhmen hat den Speck aufgefressen und –‘ damit fiel die Königin rücklings über in Ohnmacht.

Aber der König sprang voller Zorn auf und rief laut: ‚Oberhofmeisterin, wie ging das zu?‘ Die Oberhofmeisterin erzählte, soviel sie wußte, und der König beschloß Rache zu nehmen an der Frau Mauserinks und ihrer Familie, die ihm den Speck aus der Wurst weggefressen hatten. Der Geheime Staatsrat wurde berufen, man beschloß, der Frau Mauserinks den Prozeß zu machen und ihre sämtliche Güter einzuziehen; da aber der König meinte, daß sie unterdessen ihm doch noch immer den Speck wegfressen könnte, so wurde die ganze Sache dem Hofuhrmacher und Arkanisten übertragen.

Dieser Mann, der ebenso hieß als ich, nämlich Christian Elias Droßelmeier, versprach durch eine ganz besonders staatskluge Operation die Frau Mauserinks mit ihrer Familie auf ewige Zeiten aus dem Palast zu vertreiben. Er erfand auch wirklich kleine, sehr künstliche Maschinen, in die an einem Fädchen gebratener Speck getan wurde, und die Droßelmeier rings um die Wohnung der Frau Speckfresserin aufstellte.

Frau Mauserinks war viel zu weise, um nicht Droßelmeiers List einzusehen, aber alle ihre Warnungen, alle ihre Vorstellungen halfen nichts, von dem süßen Geruch des gebratenen Specks verlockt, gingen alle sieben Söhne und viele, viele Gevattern und Muhmen der Frau Mauserinks in Droßelmeiers Maschinen hinein und wurden, als sie eben den Speck wegnaschen wollten, durch ein plötzlich vorfallendes Gitter gefangen, dann aber in der Küche selbst schmachvoll hingerichtet. Frau Mauserinks verließ mit ihrem kleinen Häufchen den Ort des Schreckens. Gram, Verzweiflung, Rache erfüllte ihre Brust. Der Hof jubelte sehr, aber die Königin war besorgt, weil sie die Gemütsart der Frau Mauserinks kannte und wohl wußte, daß sie den Tod ihrer Söhne und Verwandten nicht ungerächt hingehen lassen würde.

In der Tat erschien auch Frau Mauserinks, als die Königin eben für den königlichen Gemahl einen Lungenmus bereitete, den er sehr gern aß, und sprach: ,Meine Söhne – meine Gevattern und Muhmen sind erschlagen, gib wohl acht, Frau Königin, daß Mausekönigin dir nicht dein Prinzeßchen entzweibeißt – gib wohl acht.'

Darauf verschwand sie wieder und ließ sich nicht mehr sehen, aber die Königin war so erschrocken, daß sie den Lungenmus ins Feuer fallen ließ, und zum zweitenmal verdarb Frau Mauserinks dem Könige eine Lieblingsspeise, worüber er sehr zornig war. – Nun ist's aber genug für heute abend, künftig das übrige."

Sosehr auch Marie, die bei der Geschichte ihre ganz eignen Gedanken hatte, den Pate Droßelmeier bat, doch nur ja weiterzuerzählen, so ließ er sich doch nicht erbitten, sondern sprang auf, sprechend: „Zuviel auf einmal ist ungesund, morgen das übrige."

Eben als der Obergerichtsrat im Begriff stand, zur Tür hinauszuschreiten, fragte Fritz: „Aber sag mal, Pate Droßelmeier, ist's denn wirklich wahr, daß du die Mausefallen erfunden hast?" –

„Wie kann man nur so albern fragen", rief die Mutter, aber der Obergerichtsrat lächelte sehr seltsam und sprach leise: „Bin ich denn nicht ein künstlicher Uhrmacher, und sollt nicht einmal Mausefallen erfinden können?"

**Fortsetzung
des Märchens von der harten Nuß**

„Nun wißt ihr wohl, Kinder", so fuhr der Obergerichtsrat Droßelmeier am nächsten Abende fort, „nun wißt ihr wohl, Kinder, warum die Königin das wunderschöne Prinzeßchen Pirlipat so sorglich bewachen ließ. Mußte sie nicht fürchten, daß Frau Mauserinks ihre Drohung erfüllen, wiederkommen und das Prinzeßchen totbeißen würde?

Droßelmeiers Maschinen halfen gegen die kluge und gewitzigte Frau Mauserinks ganz und gar nichts, und nur der Astronom des Hofes, der zugleich Geheimer Oberzeichen- und Sterndeuter war, wollte wissen, daß die Familie des Katers Schnurr imstande sein werde, die Frau Mauserinks von der Wiege abzuhalten; demnach geschah es also, daß jede der Wärterinnen einen der Söhne jener Familie, die übrigens bei Hofe als Geheime Legationsräte angestellt waren, auf dem Schoße halten und durch schickliches Krauen ihm den beschwerlichen Staatsdienst zu versüßen suchen mußte.

Es war einmal schon Mitternacht, als die eine der beiden Geheimen Oberwärterinnen, die dicht an der Wiege saßen, wie aus tiefem Schlafe auffuhr. –

Alles rundumher lag vom Schlafe befangen – kein Schnurren – tiefe Totenstille, in der man das Picken des Holzwurms vernahm! – doch wie ward der Geheimen Oberwärterin, als sie dicht vor sich eine große, sehr häßliche Maus erblickte, die auf den Hinterfüßen aufgerichtet stand und den fatalen Kopf auf das Gesicht der Prinzessin gelegt hatte.

Mit einem Schrei des Entsetzens sprang sie auf, alles erwachte, aber in dem Augenblick rannte Frau Mauserinks (niemand anders war die große Maus an Pirlipats Wiege) schnell nach der Ecke des Zimmers. Die Legationsräte stürzten ihr nach, aber zu spät – durch eine Ritze in dem Fußboden des Zimmers war sie verschwunden. Pirlipatchen erwachte von dem Rumor und weinte sehr kläglich.

‚Dank dem Himmel‘, riefen die Wärterinnen, ‚sie lebt!‘ Doch wie groß war ihr Schrecken, als sie hinblickten nach Pirlipatchen und wahrnahmen, was aus dem schönen zarten Kinde geworden. Statt des weiß und roten goldgelockten Engelsköpfchens saß ein unförmlicher dicker Kopf auf einem winzig kleinen zusammengekrümmten Leibe, die azurblauen Äugelein hatten sich verwandelt in grüne hervorstehende starrblickende Augen, und das Mündchen hatte sich verzogen von einem Ohr zum andern.

Die Königin wollte vergehen in Wehklagen und Jammer, und des Königs Studierzimmer mußte mit wattierten Tapeten ausgeschlagen werden, weil er ein Mal über das andere mit dem Kopf gegen die Wand rannte und dabei mit sehr jämmerlicher Stimme rief: ‚O ich unglückseliger Monarch!‘ –

Er konnte zwar nun einsehen, daß es besser gewesen wäre, die Würste ohne Speck zu essen und die Frau Mauserinks mit ihrer Sippschaft unter dem Herde in Ruhe zu lassen, daran dachte aber Pirlipats königlicher Vater nicht, sondern er schob einmal alle Schuld auf den Hofuhrmacher und Arkanisten Christian Elias Droßelmeier aus Nürnberg.

Deshalb erließ er den weisen Befehl: Droßelmeier habe binnen vier Wochen die Prinzessin Pirlipat in den vorigen Zustand herzustellen oder wenigstens ein bestimmtes untrügliches Mittel anzugeben, wie dies zu bewerkstelligen sei, widrigenfalls er dem schmachvollen Tode unter dem Beil des Henkers verfallen sein solle.

Droßelmeier erschrak nicht wenig, indessen vertraute er bald seiner Kunst und seinem Glück und schritt sogleich zu der ersten Operation, die ihm nützlich schien. Er nahm Prinzeßchen Pirlipat sehr geschickt auseinander, schrob ihr Händchen und Füßchen ab und besah sogleich die innere Struktur, aber da fand er leider, daß die Prinzessin, je größer, desto unförmlicher werden würde, und wußte sich nicht zu raten und nicht zu helfen. Er setzte die Prinzessin behutsam wieder zusammen und versank an ihrer Wiege, die er nie verlassen durfte, in Schwermut.

Schon war die vierte Woche angegangen – ja bereits Mittwoch, als der König mit zornfunkelnden Augen hineinblickte und, mit dem Zepter drohend, rief: ‚Christian Elias Droßelmeier, kuriere die Prinzessin, oder du mußt sterben!‘

Droßelmeier fing an bitterlich zu weinen, aber Prinzeßchen Pirlipat knackte vergnügt Nüsse. Zum erstenmal fiel dem Arkanisten Pirlipats ungewöhnlicher Appetit nach Nüssen und der Umstand auf, daß sie mit Zähnchen zur Welt gekommen. In der Tat hatte sie gleich nach der Verwandlung so lange geschrien, bis ihr zufällig eine Nuß vorkam, die sie sogleich aufknackte, den Kern aß und dann ruhig wurde.

Seit der Zeit fanden die Wärterinnen nichts geraten, als ihr Nüsse zu bringen. ‚O heiliger Instinkt der Natur, ewig unerforschliche Sympathie aller Wesen‘, rief Johann Elias Droßelmeier aus, ‚du zeigst mir die Pforte zum Geheimnis, ich will anklopfen, und sie wird sich öffnen!‘ Er bat sogleich um die Erlaubnis, mit dem Hofastronom sprechen zu können, und wurde mit starker Wache hingeführt.

Beide Herren umarmten sich unter vielen Tränen, da sie zärtliche Freunde waren, zogen sich dann in ein geheimes Kabinett zurück und schlugen viele Bücher nach, die von dem Instinkt, von den Sympathien und Antipathien und andern geheimnisvollen Dingen handelten.

Die Nacht brach herein, der Hofastronom sah nach den Sternen und stellte mit Hülfe des auch hierin sehr geschickten Droßelmeiers das Horoskop der Prinzessin Pirlipat. Das war eine große Mühe, denn die Linien verwirrten sich immer mehr und mehr, endlich aber – welche Freude, endlich lag es klar vor ihnen, daß die Prinzessin Pirlipat, um den Zauber,

der sie verhäßlicht, zu lösen und um wieder so schön zu werden als vorher, nichts zu tun hätte, als den süßen Kern der Nuß Krakatuk zu genießen.

Die Nuß Krakatuk hatte eine solche harte Schale, daß eine achtundvierzigpfündige Kanone darüber wegfahren konnte, ohne sie zu zerbrechen. Diese harte Nuß mußte aber von einem Manne, der noch nie rasiert worden und der niemals Stiefeln getragen, vor der Prinzessin aufgebissen und ihr von ihm mit geschlossenen Augen der Kern dargereicht werden. Erst nachdem er sieben Schritte rückwärts gegangen, ohne zu stolpern, durfte der junge Mann wieder die Augen erschließen.

Drei Tage und drei Nächte hatte Droßelmeier mit dem Astronomen ununterbrochen gearbeitet, und es saß gerade des Sonnabends der König bei dem Mittagstisch, als Droßelmeier, der Sonntag in aller Frühe geköpft werden sollte, voller Freude und Jubel hineinstürzte und das gefundene Mittel, der Prinzessin Pirlipat die verlorene Schönheit wiederzugeben, verkündete.

Der König umarmte ihn mit heftigem Wohlwollen, versprach ihm einen diamantenen Degen, vier Orden und zwei neue Sonntagsröcke. ‚Gleich nach Tische‘, setzte er freundlich hinzu, ‚soll es ans Werk gehen, sorgen Sie, teurer Arkanist, daß der junge unrasierte Mann in Schuhen mit der Nuß Krakatuk gehörig bei der Hand sei, und lassen Sie ihn vorher keinen Wein trinken, damit er nicht stolpert, wenn er sieben Schritte rückwärts geht wie ein Krebs, nachher kann er erklecklich saufen!‘

Droßelmeier wurde über diese Rede des Königs sehr bestürzt, und nicht ohne Zittern und Zagen brachte er es stammelnd heraus, daß das Mittel zwar gefunden wäre, beides, die Nuß Krakatuk und der junge Mann zum Aufbeißen derselben aber erst gesucht werden müßten, wobei es noch obenein zweifelhaft bliebe, ob Nuß und Nußknacker jemals gefunden werden dürften. Hocherzürnt schwang der König den Zepter über das gekrönte Haupt und schrie mit einer Löwenstimme: ‚So bleibt es bei dem Köpfen.‘

Ein Glück war es für den in Angst und Not versetzten Droßelmeier, daß dem Könige das Essen gerade den Tag sehr wohl geschmeckt hatte, er mithin in der guten Laune war, vernünftigen Vorstellungen Gehör zu geben, an denen es die großmütige und von Droßelmeiers Schicksal gerührte Königin nicht mangeln ließ.

Droßelmeier faßte Mut und stellte zuletzt vor, daß er doch eigentlich die Aufgabe, das Mittel, wodurch die Prinzessin geheilt werden könne, zu nennen, gelöst, und sein Leben gewonnen habe.

Der König nannte das dumme Ausreden und einfältigen Schnickschnack, beschloß aber endlich, nachdem er ein Gläschen Magenwasser zu sich genommen, daß beide, der Uhrmacher und der Astronom, sich auf die Beine machen und nicht anders als mit der Nuß Krakatuk in der Tasche wiederkehren sollten. Der Mann zum Aufbeißen derselben sollte, wie es die Königin vermittelte, durch mehrmaliges Einrücken einer Aufforderung in einheimische und auswärtige Zeitungen und Intelligenz-Blätter herbeigeschafft werden." –

Der Obergerichtsrat brach hier wieder ab, und versprach den andern Abend das übrige zu erzählen.

Beschluß
des Märchens von der harten Nuß

Am andern Abende, sowie kaum die Lichter angesteckt worden, fand sich Pate Droßelmeier wirklich wieder ein und erzählte also weiter. „Droßelmeier und der Hofastronom waren schon fünfzehn Jahre unterwegs, ohne der Nuß Krakatuk auf die Spur gekommen zu sein. Wo sie überall waren, welche sonderbare seltsame Dinge ihnen widerfuhren, davon könnt ich euch, ihr Kinder, vier Wochen lang erzählen, ich will es aber nicht tun, sondern nur gleich sagen, daß Droßelmeier in seiner tiefen Betrübnis zuletzt eine sehr große Sehnsucht nach seiner lieben Vaterstadt Nürnberg empfand.

Ganz besonders überfiel ihn diese Sehnsucht, als er gerade einmal mit seinem Freunde mitten in einem großen Walde in Asien ein Pfeifchen Knaster rauchte.

‚O schöne – schöne Vaterstadt Nürnberg – schöne Stadt, wer dich nicht gesehen hat, mag er auch viel gereist sein nach London, Paris und Peterwardein, ist ihm das Herz doch nicht aufgegangen, muß er doch stets nach dir verlangen – nach dir, o Nürnberg, schöne Stadt, die schöne Häuser mit Fenstern hat.‘ –

Als Droßelmeier so sehr wehmütig klagte, wurde der Astronom von tiefem Mitleiden ergriffen und fing so jämmerlich zu heulen an, daß man es weit und breit in Asien hören konnte. Doch faßte er sich wieder, wischte sich die Tränen aus den Augen und fragte: ‚Aber wertgeschätzter Kollege, warum sitzen wir hier und heulen? warum gehen wir nicht nach Nürnberg, ist's denn nicht gänzlich egal, wo und wie wir die fatale Nuß Krakatuk suchen?‘ –

‚Das ist auch wahr‘, erwiderte Droßelmeier getröstet. Beide standen alsbald auf, klopften die Pfeifen aus und gingen schnurgerade in einem Strich fort, aus dem Walde mitten in Asien nach Nürnberg.

Kaum waren sie dort angekommen, so lief Droßelmeier schnell zu seinem Vetter, dem Puppendrechsler, Lackierer und Vergolder Christoph Zacharias Droßelmeier, den er in vielen, vielen Jahren nicht mehr gesehen. Dem erzählte nun der Uhrmacher die ganze Geschichte von der Prinzessin Pirlipat, der Frau Mauserinks und der Nuß Krakatuk, so daß der ein Mal über das andere die Hände zusammenschlug und voll Erstaunen ausrief: ‚Ei Vetter, Vetter, was sind das für wunderbare Dinge!‘

Droßelmeier erzählte weiter von den Abenteuern seiner weiten Reise, wie er zwei Jahre bei dem Dattelkönig zugebracht, wie er vom Mandelfürsten schnöde abgewiesen, wie er bei der naturforschenden Gesellschaft in Eichhornshausen vergebens angefragt, kurz wie es ihm überall mißlungen sei, auch nur eine Spur von der Nuß Krakatuk zu erhalten.

Während dieser Erzählung hatte Christoph Zacharias oftmals mit den Fingern geschnippt – sich auf einem Fuße herumgedreht – mit der Zunge geschnalzt – dann gerufen – ‚Hm, hm – i – ei – o – das wäre der Teufel!‘ –

Endlich warf er Mütze und Perücke in die Höhe, umhalste den Vetter mit Heftigkeit und rief: ‚Vetter – Vetter! Ihr seid geborgen, geborgen seid Ihr, sag ich, denn alles müßte mich trügen, oder ich besitze selbst die Nuß Krakatuk.‘

Er holte alsbald eine Schachtel hervor, aus der er eine vergoldete Nuß von mittelmäßiger Größe hervorzog. ‚Seht‘, sprach er, indem er die Nuß dem Vetter zeigte, ‚seht, mit dieser Nuß hat es folgende Bewandtnis: Vor vielen Jahren kam einst zur Weihnachtszeit ein fremder Mann mit einem Sack voll Nüssen hieher, die er feilbot. Gerade vor meiner Puppenbude geriet er in Streit und setzte den Sack ab, um sich besser gegen den hiesigen Nußverkäufer, der nicht leiden wollte, daß der Fremde Nüsse verkaufe und ihn deshalb angriff, zu wehren. In dem Augenblick fuhr ein schwer beladener Lastwagen über den Sack, alle Nüsse wurden zerbrochen bis auf eine, die mir der fremde Mann, seltsam lächelnd, für einen blanken Zwanziger vom Jahre 1720 feilbot.

Mir schien das wunderbar, ich fand gerade einen solchen Zwanziger in meiner Tasche, wie ihn der Mann haben wollte, kaufte die Nuß und vergoldete sie, selbst nicht recht wissend, warum ich die Nuß so teuer bezahlte und dann so werthielt.‘

Jeder Zweifel, daß des Vetters Nuß wirklich die gesuchte Nuß Krakatuk war, wurde augenblicklich gehoben, als der herbeigerufene Hofastronom das Gold sauber abschabte und in der Rinde der Nuß das Wort Krakatuk mit chinesischen Charakteren eingegraben fand.

Die Freude der Reisenden war groß und der Vetter der glücklichste Mensch unter der Sonne, als Droßelmeier ihm versicherte, daß sein Glück gemacht sei, da er außer einer ansehnlichen Pension hinfüro alles Gold zum Vergolden umsonst erhalten werde.

Beide, der Arkanist und der Astronom, hatten schon die Schlafmützen aufgesetzt und wollten zu Bette gehen, als letzterer, nämlich der Astronom, also anhob: ‚Bester Herr Kollege, ein Glück kommt nie allein – Glauben Sie, nicht nur die Nuß Krakatuk, sondern auch den jungen Mann, der sie aufbeißt und den Schönheitskern der Prinzessin darreicht, haben wir gefunden! Ich meine niemanden anders als den Sohn Ihres Herrn Vetters! –

Nein, nicht schlafen will ich‘, fuhr er begeistert fort, ‚sondern noch in dieser Nacht des Jünglings Horoskop stellen!‘ –

Damit riß er die Nachtmütze vom Kopf und fing gleich an zu observieren. –

Des Vetters Sohn war in der Tat ein netter wohlgewachsener Junge, der noch nie rasiert worden und niemals Stiefel getragen. In früher Jugend war er zwar ein paar Weihnachten hindurch ein Hampelmann gewesen, das merkte man ihm aber nicht im mindesten an, so war er durch des Vaters Bemühungen ausgebildet worden. An den Weihnachtstagen trug er einen schönen roten Rock mit Gold, einen Degen, den Hut unter dem Arm und eine vorzügliche Frisur mit einem Haarbeutel. So stand er sehr glänzend in seines Vaters Bude und knackte aus angeborner Galanterie den jungen Mädchen die Nüsse auf, weshalb sie ihn auch schön Nußknackerchen nannten. –

Den andern Morgen fiel der Astronom dem Arkanisten entzückt um den Hals und rief: ‚Er ist es, wir haben ihn, er ist gefunden; nur zwei Dinge, liebster Kollege, dürfen wir nicht außer acht lassen. Fürs erste müssen Sie Ihrem vortrefflichen Neffen einen robusten hölzernen Zopf flechten, der mit dem untern Kinnbacken so in Verbindung steht, daß dieser dadurch stark angezogen werden kann; dann müssen wir aber, kommen wir nach der Residenz, auch sorgfältig verschweigen, daß wir den jungen Mann, der die Nuß Krakatuk aufbeißt, gleich mitgebracht haben; er muß sich vielmehr lange nach uns einfinden. Ich lese in dem Horoskop, daß der König, zerbeißen sich erst einige die Zähne ohne weitern Erfolg, dem, der die Nuß aufbeißt und der Prinzessin die verlorene Schönheit wiedergibt, Prinzessin und Nachfolge im Reich zum Lohn versprechen wird.'

Der Vetter Puppendrechsler war gar höchlich damit zufrieden, daß sein Söhnchen die Prinzessin Pirlipat heiraten und Prinz und König werden sollte, und überließ ihn daher den Gesandten gänzlich. Der Zopf, den Droßelmeier dem jungen hoffnungsvollen Neffen ansetzte, geriet überaus wohl, so daß er mit dem Aufbeißen der härtesten Pfirsichkerne die glänzendsten Versuche anstellte.

Da Droßelmeier und der Astronom das Auffinden der Nuß Krakatuk sogleich nach der Residenz berichtet, so waren dort auch auf der Stelle die nötigen Aufforderungen erlassen worden, und als die Reisenden mit dem Schönheitsmittel ankamen, hatten sich schon viele hübsche Leute, unter denen es sogar Prinzen gab, eingefunden, die ihrem gesunden Gebiß vertrauend, die Entzauberung der Prinzessin versuchen wollten.

Die Gesandten erschraken nicht wenig, als sie die Prinzessin wiedersahen. Der kleine Körper mit den winzigen Händchen und Füßchen konnte kaum den unförmlichen Kopf tragen. Die Häßlichkeit des Gesichts wurde noch durch einen weißen baumwollenen Bart vermehrt, der sich um Mund und Kinn gelegt hatte.

Es kam alles so, wie es der Hofastronom im Horoskop gelesen. Ein Milchbart in Schuhen nach dem andern biß sich an der Nuß Krakatuk Zähne und Kinnbacken wund, ohne der Prinzessin im mindesten zu helfen, und wenn er dann von den dazu bestellten Zahnärzten halb ohnmächtig weggetragen wurde, seufzte er: ,Das war eine harte Nuß!' –

Als nun der König in der Angst seines Herzens dem, der die Entzauberung vollenden werde, Tochter und Reich versprochen, meldete sich der artige sanfte Jüngling Droßel-

meier und bat, auch den Versuch beginnen zu dürfen.

Keiner als der junge Droßelmeier hatte so sehr der Prinzessin Pirlipat gefallen; sie legte die kleinen Händchen auf das Herz und seufzte recht innig: ,Ach wenn es doch der wäre, der die Nuß Krakatuk wirklich aufbeißt und mein Mann wird.'

Nachdem der junge Droßelmeier den König und die Königin, dann aber die Prinzessin Pirlipat, sehr höflich gegrüßt, empfing er aus den Händen des Oberzeremonienmeisters die Nuß Krakatuk, nahm Sie ohne weiteres zwischen die Zähne, zog stark den Zopf an, und krak – krak zerbröckelte die Schale in viele Stücke. Geschickt reinigte er den Kern von den noch daranhängenden Fasern und überreichte ihn mit einem untertänigen Kratzfuß der Prinzessin, worauf er die Augen verschloß und rückwärts zu schreiten begann.

Die Prinzessin verschluckte alsbald den Kern und o Wunder! – verschwunden war die Mißgestalt, und statt ihrer stand ein engelschönes Frauenbild da, das Gesicht wie von lilienweißen und rosaroten Seidenflocken geweht, die Augen wie glänzende Azure, die vollen Locken wie von Goldfäden gekräuselt. Trompeten und Pauken mischten sich in den lauten Jubel des Volks.

Der König, sein ganzer Hof tanzte wie bei Pirlipats Geburt auf einem Beine, und die Königin mußte mit Eau de Cologne bedient werden, weil sie in Ohnmacht gefallen vor Freude und Entzücken.

Der große Tumult brachte den jungen Droßelmeier, der noch seine sieben Schritte zu vollenden hatte, nicht wenig aus der Fassung, doch hielt er sich und streckte eben den rechten Fuß aus zum siebenten Schritt, da erhob sich, häßlich piepend und quiekend, Frau Mauserinks aus dem Fußboden, so daß Droßelmeier, als er den Fuß niedersetzen wollte, auf sie trat und dermaßen stolperte, daß er beinahe gefallen wäre. –

O Mißgeschick! – urplötzlich war der Jüngling ebenso mißgestaltet, als es vorher Prinzessin Pirlipat gewesen. Der Körper war zusammengeschrumpft und konnte kaum den

dicken ungestalteten Kopf mit
großen hervorstechenden Augen
und dem breiten entsetzlich auf-
gähnenden Maule tragen. Statt des
Zopfes hing ihm hinten ein
schmaler hölzerner Mantel herab,
mit dem er den untern Kinnbacken
regierte. –

Uhrmacher und Astronom waren außer sich vor Schreck und
Entsetzen, sie sahen aber, wie
Frau Mauserinks sich blutend auf
dem Boden wälzte. Ihre Bosheit
war nicht ungerächt geblieben,
denn der junge Droßelmeier hatte
sie mit dem spitzen Absatz seines
Schuhes so derb in den Hals
getroffen, daß sie sterben mußte.
Aber indem Frau Mauserinks von
der Todesnot erfaßt wurde, da
piepte und quiekte sie ganz erbärmlich:

,O Krakatuk, harte Nuß,
an der ich nun sterben muß –
hi hi – pipi fein Nußknackerlein
wirst auch bald des Todes sein –
Söhnlein mit den sieben Kronen
wird's dem Nußknacker lohnen,
wird die Mutter rächen fein
an dir, du klein Nußknackerlein
o Leben, so frisch und rot,
von dir scheid ich, o Todesnot!
– quiek –' –

Mit diesem Schrei starb Frau
Mauserinks und wurde von dem
königlichen Ofenheizer fortge-
bracht. –

Um den jungen Droßelmeier
hatte sich niemand bekümmert,
die Prinzessin erinnerte aber den
König an sein Versprechen, und
sogleich befahl er, daß man den
jungen Helden herbeischaffe. Als
nun aber der Unglückliche in seiner Mißgestalt hervortrat, da hielt
die Prinzessin beide Hände vors
Gesicht und schrie: ,Fort, fort mit
dem abscheulichen Nußknacker!'

Alsbald ergriff ihn auch der Hofmarschall bei den kleinen Schultern und warf ihn zur Türe heraus. Der König war voller Wut, daß man ihm habe einen Nußknacker als Eidam aufdringen wollen, schob alles auf das Ungeschick des Uhrmachers und des Astronomen und verwies beide auf ewige Zeiten aus der Residenz.

Das hatte nun nicht in dem Horoskop gestanden, welches der Astronom in Nürnberg gestellt, er ließ sich aber nicht abhalten, aufs neue zu observieren, und da wollte er in den Sternen lesen, daß der junge Droßelmeier sich in seinem neuen Stande so gut nehmen werde, daß er trotz seiner Ungestalt Prinz und König werden würde. Seine Mißgestalt könne aber nur dann verschwinden, wenn der Sohn der Frau Mauserinks, den sie nach dem Tode ihrer sieben Söhne mit sieben Köpfen geboren und welcher Mausekönig geworden, von seiner Hand gefallen sei und eine Dame ihn, trotz seiner Mißgestalt, liebgewinnen werde.

Man soll denn auch wirklich den jungen Droßelmeier in Nürnberg zur Weihnachtszeit in seines Vaters Bude, zwar als Nußknacker, aber doch als Prinzen gesehen haben! –

Das ist, ihr Kinder! das Märchen von der harten Nuß, und ihr wißt nun, warum die Leute so oft sagen: ‚Das war eine harte Nuß!‘ und wie es kommt, daß die Nußknacker so häßlich sind."

So schloß der Obergerichtsrat seine Erzählung. Marie meinte, daß die Prinzessin Pirlipat doch eigentlich ein garstiges undankbares Ding sei; Fritz versicherte dagegen, daß, wenn Nußknacker nur sonst ein braver Kerl sein wolle, er mit dem Mausekönig nicht viel Federlesens machen und seine vorige hübsche Gestalt bald wiedererlangen werde.

Onkel und Neffe

Hat jemand von meinen hochverehrtesten Lesern oder Zuhörern jemals den Zufall erlebt, sich mit Glas zu schneiden, so wird er selbst wissen, wie wehe es tut, und welch schlimmes Ding es überhaupt ist, da es so langsam heilt.

Hatte doch Marie beinahe eine ganze Woche im Bett zubringen müssen, weil es ihr immer ganz schwindlicht zumute wurde, sobald sie aufstand. Endlich aber wurde sie ganz gesund und konnte lustig, wie sonst, in der Stube umherspringen. Im Glasschrank sah es ganz hübsch aus, denn neu und blank standen da Bäume und Blumen und Häuser und schöne glänzende Puppen. Vor allen Dingen fand Marie ihren lieben Nußknacker wieder, der, in dem zweiten Fache stehend, mit ganz gesunden Zähnchen sie anlächelte. Als sie nun den Liebling so recht mit Herzenslust anblickte, da fiel es ihr mit einemmal sehr bänglich aufs Herz, daß alles, was Pate Droßelmeier erzählt habe, ja nur die Geschichte des Nußknackers und seines Zwistes mit der Frau Mauserinks und ihrem Sohne gewesen. Nun wußte sie, daß ihr Nußknacker kein anderer sein könne als der junge Droßelmeier aus Nürnberg, des Pate Droßelmeiers angenehmer, aber leider von der Frau Mauserinks verhexter Neffe. Denn daß der künstliche Uhrmacher am Hofe von Pirlipats Vater niemand anders gewesen, als der Obergerichtsrat Droßelmeier selbst, daran hatte Marie schon bei der Erzählung nicht einen Augenblick gezweifelt.

„Aber warum half dir der Onkel denn nicht, warum half er dir nicht?" so klagte Marie, als sich es immer lebendiger und lebendiger in ihr gestaltete, daß es in jener Schlacht, die sie mit ansah, Nußknackers Reich und Krone galt. Waren denn nicht alle übrigen Puppen ihm untertan, und war es denn nicht gewiß, daß die Prophezeiung des Hofastronomen eingetroffen und der junge Droßelmeier König des Puppenreichs geworden?

Indem die kluge Marie das alles so recht im Sinn erwägte, glaubte sie auch, daß Nußknacker und seine Vasallen in dem Augenblick, daß sie ihnen Leben und Bewegung zutraute, auch wirklich leben und sich bewegen müßten. Dem war aber nicht so, alles im Schranke blieb vielmehr starr und regungslos, und Marie, weit entfernt, ihre innere Überzeugung aufzugeben, schob das nur auf die fortwirkende Verhexung der Frau Mauserinks und ihres siebenköpfigen Sohnes.

„Doch", sprach sie laut zum Nußknacker, „wenn Sie auch nicht imstande sind, sich zu bewegen oder ein Wörtchen mit mir zu sprechen, lieber Herr Droßelmeier! so weiß ich doch, daß Sie mich verstehen und es wissen, wie gut ich es mit Ihnen meine; rechnen Sie auf meinen Beistand, wenn Sie dessen bedürfen. – Wenigstens will ich den Onkel bitten, daß er Ihnen mit seiner Geschicklichkeit beispringe, wo es nötig ist."

Nußknacker blieb still und ruhig, aber Marien war es so, als atme ein leiser Seufzer durch den Glasschrank, wovon die Glasscheiben kaum hörbar, aber wunderlieblich ertönten, und es war, als sänge ein kleines Glockenstimmchen:

„Maria klein –
Schutzenglein mein –
dein werd ich sein –
Maria mein."

Marie fühlte in den eiskalten Schauern, die sie überliefen, doch ein seltsames Wohlbehagen. Die Dämmerung war eingebrochen, der Medizinalrat trat mit dem Paten Droßelmeier hinein, und nicht lange dauerte es, so hatte Luise den Teetisch geordnet, und die Familie saß ringsumher, allerlei Lustiges miteinander sprechend. Marie hatte ganz still ihr kleines Lehnstühlchen herbeigeholt und sich zu den Füßen des Paten Droßelmeier gesetzt.

Als nun gerade einmal alle schwiegen, da sah Marie mit ihren großen blauen Augen dem Obergerichtsrat starr ins Gesicht und sprach: „Ich weiß jetzt, lieber Pate Droßelmeier, daß mein Nußknacker dein Neffe, der junge Droßelmeier aus Nürnberg ist; Prinz, oder vielmehr König ist er geworden, das ist richtig eingetroffen, wie es dein Begleiter, der Astronom, vorausgesagt hat; aber du weißt es ja, daß er mit dem Sohne der Frau Mauserinks, mit dem häßlichen Mausekönig, in offnem Kriege steht. Warum hilfst du ihm nicht?"

Marie erzählte nun nochmals den ganzen Verlauf der Schlacht, wie sie es angesehen, und wurde oft durch das laute Gelächter der Mutter und Luisens unterbrochen. Nur Fritz und Droßelmeier blieben ernsthaft.

„Aber wo kriegt das Mädchen all das tolle Zeug in den Kopf", sagte der Medizinalrat.

„Ei nun", erwiderte die Mutter, „hat sie doch eine lebhafte Phantasie – eigentlich sind es nur Träume, die das heftige Wundfieber erzeugte." –

„Es ist alles nicht wahr", sprach Fritz, „solche Poltrons sind meine roten Husaren nicht, potz Bassa Manelka, wie würd ich sonst darunterfahren."

Seltsam lächelnd nahm aber Pate Droßelmeier die kleine Marie auf den Schoß und sprach sanfter als je: „Ei, dir, liebe Marie, ist ja mehr gegeben als mir und uns allen; du bist, wie Pirlipat, eine geborne Prinzessin, denn du regierst in einem schönen blanken Reich. –

Aber viel hast du zu leiden, wenn du dich des armen mißgestalteten Nußknackers annehmen willst, da ihn der Mausekönig auf allen Wegen und Stegen verfolgt. –

Doch nicht ich – du, du allein kannst ihn retten, sei standhaft und treu."

Weder Marie noch irgend jemand wußte, was Droßelmeier mit diesen Worten sagen wollte, vielmehr kam es dem Medizinalrat so sonderbar vor, daß er dem Obergerichtsrat an den Puls fühlte und sagte: „Sie haben, wertester Freund, starke Kongestionen nach dem Kopfe, ich will Ihnen etwas aufschreiben."

Nur die Medizinalrätin schüttelte bedächtlig den Kopf und sprach leise: „Ich ahne wohl, was der Obergerichtsrat meint, doch mit deutlichen Worten sagen kann ich's nicht."

Der Sieg

Nicht lange dauerte es, als Marie in der mondhellen Nacht durch ein seltsames Poltern geweckt wurde, das aus einer Ecke des Zimmers zu kommen schien. Es war, als würden kleine Steine hin und her geworfen und gerollt, und recht widrig pfiff und quiekte es dazwischen.

„Ach, die Mäuse, die Mäuse kommen wieder", rief Marie erschrocken und wollte die Mutter wecken, aber jeder Laut stockte, ja sie vermochte kein Glied zu regen, als sie sah, wie der Mausekönig sich durch ein Loch der

Mauer hervorarbeitete und endlich mit funkelnden Augen und Kronen im Zimmer herum, dann aber mit einem gewaltigen Satz auf den kleinen Tisch, der dicht neben Mariens Bette stand, heraufsprang.

„Hi – hi – hi –
mußt mir deine Zuckererbsen –
deinen Marzipan geben, klein Ding –
sonst zerbeiß ich deinen Nußknacker –
deinen Nußknacker!" –
So pfiff Mausekönig, knapperte und knirschte dabei sehr häßlich mit den Zähnen und sprang dann schnell wieder fort durch das Mauerloch.

Marie war so geängstet von der graulichen Erscheinung, daß sie den andern Morgen ganz blaß aussah und, im Innersten aufgeregt, kaum ein Wort zu reden vermochte. Hundertmal wollte sie der Mutter oder der Luise oder wenigstens dem Fritz klagen, was ihr geschehen, aber sie dachte: „Glaubt's mir denn einer, und werd ich nicht obendrein tüchtig ausgelacht?" –

Das war ihr denn aber wohl klar, daß sie, um den Nußknacker zu retten, Zuckererbsen und Marzipan hergeben müsse. So viel sie davon besaß, legte sie daher den andern Abend hin vor der Leiste des Schranks.

Am Morgen sagte die Medizinalrätin: „Ich weiß nicht, woher die Mäuse mit einemmal in unser Wohnzimmer kommen, sieh nur, arme Marie! sie haben dir all dein Zuckerwerk aufgefressen."

Wirklich war es so. Den gefüllten Marzipan hatte der gefräßige Mausekönig nicht nach seinem Geschmack gefunden, aber mit scharfen Zähnen benagt, so daß er weggeworfen werden mußte. Marie machte sich gar nichts mehr aus dem Zuckerwerk, sondem war vielmehr im Innersten erfreut, da sie ihren Nußknacker gerettet glaubte.

Doch wie ward ihr, als in der folgenden Nacht es dicht an ihren Ohren pfiff und quiekte. Ach der Mausekönig war wieder da, und noch abscheulicher, wie in der vorvorigen Nacht, funkelten seine Augen, und noch widriger pfiff er zwischen den Zähnen.

„Mußt mir deine Zucker-, deine Tragant-

puppen geben, klein Ding, sonst zerbeiß ich deinen Nußknacker, deinen Nußknacker", und damit sprang der grauliche Mausekönig wieder fort. –

Marie war sehr betrübt, sie ging den andern Morgen an den Schrank und sah mit den wehmütigsten Blicken ihre Zucker- und Tragantpüppchen an. Aber ihr Schmerz war auch gerecht, denn nicht glauben magst du's, meine aufmerksame Zuhörerin Marie! was für ganz allerliebste Figürchen, aus Zucker oder Tragant geformt, die kleine Marie Stahlbaum besaß.

Nächstdem, daß ein sehr hübscher Schäfer mit seiner Schäferin eine ganze Herde milchweißer Schäflein weidete und dabei sein muntres Hündchen herumsprang, so traten auch zwei Briefträger mit Briefen in der Hand einher, und vier sehr hübsche Paare, sauber gekleidete Jünglinge mit überaus herrlich geputzten Mädchen schaukelten sich in einer russischen Schaukel. Hinter einigen Tänzern stand noch der Pachter Feldkümmel mit der Jungfrau von Orleans, aus denen sich Marie nicht viel machte, aber ganz im Winkelchen stand ein rotbäckiges Kindlein, Mariens Liebling, die Tränen stürzten der kleinen Marie aus den Augen.

„Ach", rief sie, sich zu dem Nußknacker wendend, „lieber Herr Droßelmeier, was will ich nicht alles tun, um Sie zu retten; aber es ist doch sehr hart!"

Nußknacker sah indessen so weinerlich aus, daß Marie, da es überdem ihr war, als sähe sie Mausekönigs sieben Rachen geöffnet, den unglücklichen Jüngling zu verschlingen, alles aufzuopfern beschloß. Alle Zuckerpüppchen setzte sie daher abends, wie zuvor das Zuckerwerk, an die Leiste des Schranks. Sie küßte den Schäfer, die Schäferin, die Lämmerchen und holte auch zuletzt ihren Liebling, das kleine rotbäckige Kindlein von Tragant aus dem Winkel, welches sie jedoch ganz hinterwärts stellte. Pachter Feldkümmel und die Jungfrau von Orleans mußten in die erste Reihe.

„Nein das ist zu arg", rief die Medizinalrätin am andern Morgen. „Es muß durchaus eine große garstige Maus in dem Glasschrank hausen, denn alle schöne Zuckerpüppchen der armen Marie sind zernagt und zerbissen."

Marie konnte sich zwar der Tränen nicht enthalten, sie lächelte aber doch bald wieder, denn sie dachte: „Was tut's, ist doch Nußknacker gerettet."

Der Medizinalrat sagte am Abend, als die Mutter dem Obergerichtsrat von dem Unfug erzählte, den eine Maus im Glasschrank der Kinder treibe:

„Es ist doch aber abscheulich, daß wir die fatale Maus nicht vertilgen können, die im Glasschrank so ihr Wesen treibt und der armen Marie alles Zuckerwerk wegfrißt." –

„Ei", fiel Fritz ganz lustig ein, „der Bäcker unten hat einen ganz vortrefflichen grauen Legationsrat, den will ich heraufholen. Er wird dem Dinge bald ein Ende machen und der Maus den Kopf abbeißen, ist sie auch die Frau Mauserinks selbst oder ihr Sohn, der Mausekönig." –

„Und", fuhr die Medizinalrätin lachend fort, „auf Stühle und Tische herumspringen und Gläser und Tassen herabwerfen und tausend andern Schaden anrichten." –

„Ach nein doch", erwiderte Fritz, „Bäckers Legationsrat ist ein geschickter Mann, ich möchte nur zierlich auf dem spitzen Dach gehen können wie er." –

„Nur keinen Kater zu Nachtzeit", bat Luise, die keine Katzen leiden konnte.

„Eigentlich", sprach der Medizinalrat, „eigentlich hat Fritz recht, indessen können wir ja auch eine Falle aufstellen; haben wir denn keine?" –

„Die kann uns Pate Droßelmeier am besten machen, der hat sie ja erfunden", rief Fritz.

Alle lachten, und auf die Versicherung der Medizinalrätin, daß keine Falle im Hause sei, verkündete der Obergerichtsrat, daß er mehrere dergleichen besitze und ließ wirklich zur Stunde eine ganz vortreffliche Mausfalle von Hause herbeiholen.

Dem Fritz und der Marie ging nun des Paten Märchen von der harten Nuß ganz lebendig auf. Als die Köchin den Speck röstete, zitterte und bebte Marie und sprach, ganz erfüllt von dem Märchen und den Wunderdingen darin, zur wohlbekannten Dore: „Ach Frau Königin, hüten Sie sich doch nur vor der Frau Mauserinks und ihrer Familie."

Fritz hatte aber seinen Säbel gezogen und sprach: „Ja, die sollten nur kommen, denen wollt ich eins auswischen."

Es blieb aber alles unter und auf dem Herde ruhig. Als nun der Obergerichtsrat den Speck an ein feines Fädchen band und leise, leise die Falle an den Glasschrank setzte, da rief Fritz: „Nimm dich in acht, Pate Uhrmacher, daß dir Mausekönig keinen Possen spielt." –

Ach, wie ging es der armen Marie in der folgenden Nacht! Eiskalt tupfte es auf ihrem Arm hin und her, und rauh und ekelhaft legte es sich an ihre Wange, und piepte und quiekte ihr ins Ohr. –

Der abscheuliche Mauskönig saß auf ihrer Schulter, und blutrot geiferte er aus den sieben geöffneten Rachen, und mit den Zähnen knatternd und knirschend, zischte er der vor Grauen und Schreck erstarrten Marie ins Ohr:

„Zisch aus – zisch aus,
geh nicht ins Haus –
geh nicht zum Schmaus –
werd nicht gefangen –
zisch aus – gib heraus,
gib heraus, deine Bilderbücher all,
dein Kleidchen dazu,
sonst hast keine Ruh –
magst's nur wissen,
Nußknackerlein wirst sonst missen,
der wird zerbissen –
hi hi – pi pi – quiek quiek!" –

Nun war Marie voll Jammer und Betrübnis – sie sah ganz blaß und verstört aus, als die Mutter am andern Morgen sagte: „Die böse Maus hat sich noch nicht gefangen", so daß die Mutter in dem Glauben, daß Marie um ihr Zuckerwerk traure und sich überdem vor der Maus fürchte, hinzufügte: „Aber sei nur ruhig, liebes Kind, die böse Maus wollen wir schon vertreiben. Helfen die Fallen nichts, so soll Fritz seinen grauen Legationsrat herbeibringen."

Kaum befand sich Marie im Wohnzimmer allein, als sie vor den Glasschrank trat und schluchzend also zum Nußknacker sprach: „Ach, mein lieber guter Herr Droßelmeier, was kann ich armes unglückliches Mädchen für Sie tun? Gäb ich nun auch alle meine Bilderbücher, ja selbst mein schönes neues Kleidchen, das mir der Heilige Christ einbeschert hat, dem abscheulichen Mausekönig zum Zerbeißen her, wird er denn nicht doch noch immer mehr verlangen, so daß ich zuletzt nichts mehr haben werde und er gar mich selbst statt Ihrer zerbeißen wollen wird? – O ich armes Kind, was soll ich denn nun tun – was soll ich denn nun tun?“ –

Als die kleine Marie so jammerte und klagte, bemerkte sie, daß dem Nußknacker von jener Nacht her ein großer Blutfleck am Halse sitzengeblieben war. Seit der Zeit, daß Marie wußte, wie ihr Nußknacker eigentlich der junge Droßelmeier, des Obergerichtsrats Neffe sei, trug sie ihn nicht mehr auf dem Arm und herzte und küßte ihn nicht mehr, ja, sie mochte ihn aus einer gewissen Scheu gar nicht einmal viel anrühren; jetzt nahm sie ihn aber sehr behutsam aus dem Fache und fing an, den Blutfleck am Halse mit ihrem Schnupftuch abzureiben.

Aber wie ward ihr, als sie plötzlich fühlte, daß Nußknackerlein in ihrer Hand erwarmte und sich zu regen begann. Schnell setzte sie ihn wieder ins Fach, da wackelte das Mündchen hin und her, und mühsam lispelte Nußknackerlein: „Ach, werteste Demoiselle Stahlbaum – vortreffliche Freundin, was verdanke ich Ihnen alles – Nein, kein Bilderbuch, kein Christkleidchen sollen Sie für mich opfern – schaffen Sie nur ein Schwert – ein Schwert, für das übrige will ich sorgen, mag er –“

Hier ging dem Nußknacker die Sprache aus, und seine erst zum Ausdruck der innigsten Wehmut beseelten Augen wurden wieder starr und leblos. Marie empfand gar kein Grauen, vielmehr hüpfte sie vor Freuden, da sie nun ein Mittel wußte, den Nußknacker ohne weitere schmerzhafte Aufopferungen zu retten. Aber wo nun ein Schwert für den Kleinen hernehmen? –

Marie beschloß, Fritzen zu Rate zu ziehen,

und erzählte ihm abends, als sie, da die Eltern ausgegangen, einsam in der Wohnstube am Glasschrank saßen, alles, was ihr mit dem Nußknacker und dem Mausekönig widerfahren und worauf es nun ankomme, den Nußknacker zu retten.

Über nichts wurde Fritz nachdenklicher als darüber, daß sich, nach Mariens Bericht, seine Husaren in der Schlacht so schlecht genommen haben sollten. Er frug noch einmal sehr ernst, ob es sich wirklich so verhalte, und nachdem es Marie auf ihr Wort versichert, so ging Fritz schnell nach dem Glasschrank, hielt seinen Husaren eine pathetische Rede und schnitt dann, zur Strafe ihrer Selbstsucht und Feigheit, einem nach dem andern das Feldzeichen von der Mütze und untersagte ihnen auch, binnen einem Jahr den Gardehusarenmarsch zu blasen. Nachdem er sein Strafamt vollendet, wandte er sich wieder zu Marien, sprechend: „Was den Säbel betrifft, so kann ich dem Nußknacker helfen, da ich einen alten Obristen von den Kürassiers gestern mit Pension in Ruhestand versetzt habe, der folglich seinen schönen scharfen Säbel nicht mehr braucht.“

Besagter Obrister verzehrte die ihm von Fritzen angewiesene Pension in der hintersten Ecke des dritten Faches. Dort wurde er hervorgeholt, ihm der in der Tat schmucke silberne Säbel abgenommen und dem Nußknacker umgehängt.

Vor bangem Grauen konnte Marie in der folgenden Nacht nicht einschlafen, es war ihr um Mitternacht so, als höre sie im Wohnzimmer ein seltsames Rumoren, Klirren und Rauschen. Mit einemmal ging es: „Quiek!“ –

„Der Mausekönig! der Mausekönig!“ rief Marie und sprang voll Entsetzen aus dem Bette. Alles blieb still; aber bald klopfte es leise, leise an die Türe, und ein feines Stimmchen ließ sich vernehmen: „Allerbeste Demoiselle Stahlbaum, machen Sie nur getrost auf – gute fröhliche Botschaft!“

Marie erkannte die Stimme des jungen Droßelmeier, warf ihr Röckchen über und öffnete flugs die Türe. Nußknackerlein stand draußen, das blutige Schwert in der rechten,

ein Wachslichtchen in der linken Hand. Sowie er Marien erblickte, ließ er sich auf ein Knie nieder und sprach also: „Ihr, o Dame! seid es allein, die mich mit Rittermut stählte und meinem Arme Kraft gab, den Übermütigen zu bekämpfen, der es wagte, Euch zu höhnen. Überwunden liegt der verräterische Mausekönig und wälzt sich in seinem Blute! – Wollet, o Dame! die Zeichen des Sieges aus der Hand Eures Euch bis in den Tod ergebenen Ritters anzunehmen nicht verschmähen!"

Damit streifte Nußknackerchen die sieben goldenen Kronen des Mausekönigs, die er auf den linken Arm heraufgestreift hatte, sehr geschickt herunter und überreichte sie Marien, welche sie voller Freude annahm.

Nußknacker stand auf und fuhr also fort: „Ach, meine allerbeste Demoiselle Stahlbaum, was könnte ich in diesem Augenblicke, da ich meinen Feind überwunden, Sie für herrliche Dinge schauen lassen, wenn Sie die Gewogenheit hätten, mir nun ein paar Schrittchen zu folgen! – O tun Sie es – tun Sie es, beste Demoiselle!"

Das Puppenreich

Ich glaube, keins von euch, ihr Kinder, hätte auch nur einen Augenblick angestanden, dem ehrlichen gutmütigen Nußknakker, der nie Böses im Sinn haben konnte, zu folgen.

Marie tat dies um so mehr, da sie wohl wußte, wie sehr sie auf Nußknackers Dankbarkeit Anspruch machen könne, und überzeugt war, daß er Wort halten und viel Herrliches ihr zeigen werde. Sie sprach daher: „Ich gehe mit

Ihnen, Herr Droßelmeier, doch muß es nicht weit sein und nicht lange dauern, da ich ja noch gar nicht ausgeschlafen habe." –

„Ich wähle deshalb", erwiderte Nußknacker, „den nächsten, wiewohl etwas beschwerlichen Weg."

Er schritt voran, Marie ihm nach, bis er vor dem alten mächtigen Kleiderschrank auf dem Hausflur stehenblieb. Marie wurde zu ihrem Erstaunen gewahr, daß die Türen dieses sonst wohl verschlossenen Schranks offenstanden, so daß sie deutlich des Vaters Reisefuchspelz erblickte, der ganz vorne hing. Nußknacker kletterte sehr geschickt an den Leisten und Verzierungen herauf, daß er die große Troddel, die an einer dicken Schnur befestigt, auf dem Rückteile jenes Pelzes hing, erfassen konnte.

Sowie Nußknacker diese Troddel stark anzog, ließ sich schnell eine sehr zierliche Treppe von Zedernholz durch den Pelzärmel herab.

„Steigen Sie nur gefälligst aufwärts, teuerste Demoiselle", rief Nußknacker. Marie tat es, aber kaum war sie durch den Ärmel gestiegen, kaum sah sie zum Kragen heraus, als ein blendendes Licht ihr entgegenstrahlte und sie mit einemmal auf einer herrlich duftenden Wiese stand, von der Millionen Funken wie blinkende Edelsteine emporstrahlten.

„Wir befinden uns auf der Kandiswiese", sprach Nußknacker, „wollen aber alsbald jenes Tor passieren."

Nun wurde Marie, indem sie aufblickte, erst das schöne Tor gewahr, welches sich nur wenige Schritte vorwärts auf der Wiese erhob. Es schien ganz von weiß, braun und rosinfarben gesprenkeltem Marmor erbaut zu sein, aber als Marie näher kam, sah sie wohl, daß die ganze Masse aus zusammengebackenen Zuckermandeln und Rosinen bestand, weshalb denn auch, wie Nußknacker versicherte, das Tor, durch welches sie nun durchgingen, das Mandeln- und Rosinentor hieß. Gemeine Leute hießen es sehr unziemlich die Studentenfutterpforte.

Auf einer herausgebauten Galerie dieses Tores, augenscheinlich aus Gerstenzucker, machten sechs in rote Wämserchen gekleidete Äffchen die allerschönste Janitscharenmusik, die man hören konnte, so daß Marie kaum bemerkte, wie sie immer weiter, weiter auf bunten Marmorwiesen, die aber nichts anders waren als schön gearbeitete Morschellen, fortschritt.

Bald umwehten sie die süßesten Gerüche, die aus einem wunderbaren Wäldchen strömten, das sich von beiden Seiten auftat. In dem dunkeln Laube glänzte und funkelte es so hell hervor, daß man deutlich sehen konnte, wie goldene und silberne Früchte an buntgefärbten Stengeln herabhingen und Stamm und Äste sich mit Bändern und Blumensträußen geschmückt hatten, gleich fröhlichen Brautleuten und lustigen Hochzeitsgästen. Und wenn die Orangendüfte sich wie wallende Zephire rührten, da sauste es in den Zweigen und Blättern, und das Rauschgold knitterte und knatterte, daß es klang wie jubelnde Musik, nach der die funkelnden Lichterchen hüpfen und tanzen müßten.

„Ach, wie schön ist es hier", rief Marie ganz selig und entzückt.

„Wir sind im Weihnachtswalde, beste Demoiselle", sprach Nußknackerlein.

„Ach", fuhr Marie fort, „dürft ich hier nur etwas verweilen, o es ist ja hier gar zu schön."

Nußknacker klatschte in die kleinen Händchen, und sogleich kamen einige kleine Schäfer und Schäferinnen, Jäger und Jägerinnen herbei, die so zart und weiß waren, daß man hätte glauben sollen, sie wären von purem Zucker, und die Marie, unerachtet sie im Walde umherspazierten, noch nicht bemerkt hatte.

Sie brachten einen allerliebsten ganz goldenen Lehnsessel herbei, legten ein weißes Kissen von Reglisse darauf und luden Marien sehr höflich ein, sich darauf niederzulassen. Kaum hatte sie es getan, als Schäfer und Schäferinnen ein sehr artiges Ballett tanzten, wozu die Jäger ganz manierlich bliesen, dann verschwanden sie aber alle in dem Gebüsche.

„Verzeihen Sie", sprach Nußknacker, „verzeihen Sie, werteste Demoiselle Stahlbaum, daß der Tanz so miserabel ausfiel, aber die Leute waren alle von unserm Drahtballett, die können nichts anders machen als immer und ewig dasselbe: und daß die Jäger so schläfrig und flau dazu bliesen, das hat auch seine Ursachen. Der Zuckerkorb hängt zwar über ihrer Nase in den Weihnachtsbäumen, aber etwas hoch! – Doch wollen wir nicht was weniges weiterspazieren?" –

„Ach es war doch alles recht hübsch, und mir hat es sehr wohl gefallen!" so sprach Marie, indem sie aufstand und dem voranschreitenden Nußknacker folgte. Sie gingen entlang eines süß rauschenden, flüsternden Baches, aus dem nun eben all die herrlichen Wohlgerüche zu duften schienen, die den ganzen Wald erfüllten.

„Es ist der Orangenbach", sprach Nußknacker auf Befragen, „doch seinen schönen Duft ausgenommen, gleicht er nicht an Größe und Schönheit dem Limonadenstrom, der sich gleich ihm in den Mandelmilchsee ergießt."

In der Tat vernahm Marie bald ein stärkeres Plätschern und Rauschen und erblickte den breiten Limonadenstrom, der sich in stolzen isabellfarbenen Wellen zwischen gleich grün glühenden Karfunkeln leuchtendem Gesträuch fortkräuselte. Eine ausnehmend frische, Brust und Herz stärkende Kühlung wogte aus dem herrlichen Wasser. Nicht weit davon schleppte sich mühsam ein dunkelgelbes Wasser fort, das aber ungemein süße Düfte verbreitete und an dessen Ufer allerlei sehr hübsche Kinderchen saßen, welche kleine dicke Fische angelten und sie alsbald verzehrten. Näher gekommen bemerkte Marie, daß diese Fische aussahen wie Lampertsnüsse.

In einiger Entfernung lag ein sehr nettes Dörfchen an diesem Strome, Häuser, Kirche, Pfarrhaus, Scheuern, alles war dunkelbraun, jedoch mit goldenen Dächern geschmückt, auch waren viele Mauern so bunt gemalt, als seien Zitronat und Mandelkerne daraufgeklebt.

„Das ist Pfefferkuchheim", sagte Nußknacker, „welches am Honigstrome liegt, es wohnen ganz hübsche Leute darin, aber sie sind meistens verdrießlich, weil sie sehr an Zahnschmerzen leiden, wir wollen daher nicht erst hineingehen."

In dem Augenblick bemerkte Marie ein Städtchen, das aus lauter bunten durchsichtigen Häusern bestand und sehr hübsch anzusehen war. Nußknacker ging geradezu darauf los, und nun hörte Marie ein tolles lustiges Getöse und sah, wie tausend niedliche kleine Leutchen viele hochbepackte Wagen, die auf dem Markte hielten, untersuchten und abzupacken im Begriff standen. Was sie aber hervorbrachten, war anzusehen wie buntes gefärbtes Papier und wie Schokoladetafeln.

„Wir sind in Bonbonshausen", sagte Nußknacker, „eben ist eine Sendung aus dem Papierlande und vom Schokoladenkönige angekommen. Die armen Bonbonshäuser wurden neulich von der Armee des Mückenadmirals hart bedroht, deshalb überziehen sie ihre Häuser mit den Gaben des Papierlandes und führen Schanzen auf, von den tüchtigen Werkstücken, die ihnen der Schokoladenkönig sandte. Aber, beste Demoiselle Stahlbaum, nicht alle kleinen Städte und Dörfer dieses Landes wollen wir besuchen – zur Hauptstadt – zur Hauptstadt!" –

Rasch eilte Nußknacker vorwärts und Marie voller Neugierde ihm nach. Nicht lange dauerte es, so stieg ein herrlicher Rosenduft auf, und alles war wie von einem sanften hinhauchenden Rosenschimmer umflossen.

Marie bemerkte, daß dies der Widerschein eines rosenrot glänzenden Wassers war, das in kleinen rosasilbernen Wellen vor ihnen her wie in wunderlieblichen Tönen und Melodien plätscherte und rauschte. Auf diesem anmutigen Gewässer, das sich immer mehr und mehr wie ein großer See ausbreitete, schwammen sehr herrliche silberweiße Schwäne mit goldnen Halsbändern und sangen miteinander um die Wette die hübschesten Lieder, wozu diamantne Fischlein aus den Rosenfluten auf- und niedertauchten wie im lustigen Tanze.

„Ach", rief Marie ganz begeistert aus, „ach, das ist der See, wie ihn Pate Droßelmeier mir einst machen wollte, wirklich, und ich selbst bin das Mädchen, das mit den lieben Schwänchen kosen wird."

Nußknackerlein lächelte so spöttisch, wie es Marie noch niemals an ihm bemerkt hatte, und sprach dann: „So etwas kann denn doch wohl der Onkel niemals zustande bringen; Sie selbst viel eher, liebe Demoiselle Stahlbaum, doch lassen Sie uns darüber nicht grübeln, sondern vielmehr über den Rosensee hinüber nach der Hauptstadt schiffen."

Die Hauptstadt

Nußknackerlein klatschte abermals in die kleinen Händchen, da fing der Rosensee an stärker zu rauschen, die Wellen plätscherten höher auf, und Marie nahm wahr, wie aus der Ferne ein aus lauter bunten, sonnenhell funkelnden Edelsteinen geformter Muschelwagen, von zwei goldschuppigen Delphinen gezogen, sich nahte. Zwölf kleine allerliebste Mohren mit Mützchen und Schürzchen, aus glänzenden Kolibrifedern gewebt, sprangen ans Ufer und trugen erst Marien, dann Nußknackern, sanft über die Wellen gleitend, in den Wagen, der sich alsbald durch den See fortbewegte.

Ei, wie war das so schön, als Marie im Muschelwagen, von Rosenduft umhaucht, von Rosenwellen umflossen, dahinfuhr. Die beiden goldschuppigen Delphine erhoben ihre Nüstern und spritzten kristallene Strahlen hoch in die Höhe, und wie die in flimmernden und funkelnden Bogen niederfielen, da war es, als sängen zwei holde feine Silberstimmchen:

„Wer schwimmt auf rosigem See? –
die Fee! Mücklein! bim bim
Fischlein, sim sim –
Schwäne! Schwa schwa,
Goldvogel! trarah, Wellenströme –
rührt euch, klinget, singet,
we het, spähet –
Feelein, Feelein kommt gezogen;
Rosenwogen,
wühlet, kühlet, spület spült hinan –
hinan!" –

Aber die zwölf kleinen Mohren, die hinten auf den Muschelwagen aufgesprungen waren, schienen das Gesinge der Wasserstrahlen ordentlich übelzunehmen, denn sie schüttelten ihre Sonnenschirme so sehr, daß die Dattelblätter, aus denen sie geformt waren, durcheinander knitterten und knatterten, und dabei stampften sie mit den Füßen einen ganz seltsamen Takt, und sangen:

„Klapp und klipp
und klipp und klapp,
auf und ab –
Mohrenreigen
darf nicht schweigen;
rührt euch Fische –
rührt euch Schwäne,
dröhne Muschelwagen, dröhne,
klapp und klipp und
klipp und klapp
und auf und ab!" –

„Mohren sind gar lustige Leute", sprach Nußknacker etwas betreten, „aber sie werden mir den ganzen See rebellisch machen."

In der Tat ging auch bald ein sinnverwirrendes Getöse wunderbarer Stimmen los, die in See und Luft zu schwimmen schienen, doch Marie achtete dessen nicht, sondern sah in die duftenden Rosenwellen, aus deren jeder ihr ein holdes anmutiges Mädchenantlitz entgegenlächelte.

„Ach", rief sie freudig, indem sie die kleinen Händchen zusammenschlug, „ach, schauen Sie nur, lieber Herr Droßelmeier! Da unten ist die Prinzessin Pirlipat, die lächelt mich an so wunderhold. Ach schauen Sie doch nur, lieber Herr Droßelmeier!" –

Nußknacker seufzte aber fast kläglich und sagte: „O beste Demoiselle Stahlbaum, das ist nicht die Prinzessin Pirlipat, das sind Sie und immer nur Sie selbst, immer nur Ihr eignes holdes Antlitz, das so lieb aus jeder Rosenwelle lächelt." –

Da fuhr Marie schnell mit dem Kopf zurück, schloß die Augen fest zu und schämte sich sehr. In demselben Augenblick wurde sie auch von den zwölf Mohren aus dem Muschelwagen gehoben und an das Land getragen. Sie befand sich in einem kleinen Gebüsch, das beinahe noch schöner war als der Weihnachtswald, so glänzte und funkelte alles darin, vorzüglich waren aber die seltsamen Früchte zu bewundern, die an allen Bäumen hingen und nicht allein seltsam gefärbt waren, sondern auch ganz wunderbar dufteten.

„Wir sind im Konfitürenhain", sprach Nußknacker, „aber dort ist die Hauptstadt."

Was erblickte Marie nun! Wie werd ich es denn anfangen, euch, ihr Kinder, die Schönheit und Herrlichkeit der Stadt zu beschreiben, die sich jetzt breit über einen reichen Blumenanger hin vor Mariens Augen auftat.

Nicht allein daß Mauern und Türme in den herrlichsten Farben prangten, so war auch wohl, was die Form der Gebäude anlangt, gar nichts Ähnliches auf Erden zu finden. Denn statt der Dächer hatten die Häuser zierlich geflochtene Kronen aufgesetzt und die Türme sich mit dem zierlichsten buntesten Laubwerk gekränzt, das man nur sehen kann. Als sie durch das Tor, welches so aussah, als sei es von lauter Makronen und überzuckerten Früchten erbaut, gingen, präsentierten silberne Soldaten das Gewehr und ein Männlein in einem brokatnen Schlafrock warf sich dem Nußknacker an den Hals mit den Worten: „Willkommen, bester Prinz, willkommen in Konfektburg!"

Marie wunderte sich nicht wenig, als sie merkte, daß der junge Droßelmeier von einem sehr vornehmen Mann als Prinz anerkannt wurde. Nun hörte sie aber so viel feine Stimmchen durcheinandertoben, solch ein Gejuchze und Gelächter, solch ein Spielen und Singen, daß sie an nichts anders denken konnte, sondern nur gleich Nußknackerchen fragte, was denn das zu bedeuten habe?

„O beste Demoiselle Stahlbaum", erwiderte Nußknacker, „das ist nichts Besonderes, Konfektburg ist eine volkreiche lustige Stadt, da geht's alle Tage so her, kommen Sie aber nur gefälligst weiter."

Kaum waren sie einige Schritte gegangen, als sie auf den großen Marktplatz kamen, der den herrlichsten Anblick gewährte. Alle Häuser ringsumher waren von durchbrochener Zuckerarbeit, Galerie über Galerie getürmt, in der Mitte stand ein hoher überzuckerter Baumkuchen als Obelisk und um ihn her sprützten vier sehr künstliche Fontänen, Orsade, Limonade und andere herrliche süße Getränke in die Lüfte; und in dem Becken sammelte sich lauter Creme, den man gleich hätte auslöffeln mögen.

Aber hübscher als alles das, waren die allerliebsten kleinen Leutchen, die sich zu Tausenden Kopf an Kopf durcheinanderdrängten und juchzten und lachten und scherzten und sangen, kurz jenes lustige Getöse erhoben, das Marie schon in der Ferne gehört hatte. Da gab es schöngekleidete Herren und Damen, Armenier und Griechen, Juden und Tiroler, Offiziere und Soldaten und Prediger und Schäfer und Hanswürste, kurz alle nur mögliche Leute, wie sie in der Welt zu finden sind.

An der einen Ecke wurde größer der Tumult, das Volk strömte auseinander, denn eben ließ sich der Großmogul auf einem Palankin vorübertragen, begleitet von dreiundneunzig Großen des Reichs und siebenhundert Sklaven.

Es begab sich aber, daß an der andern Ecke die Fischerzunft, an fünfhundert Köpfe stark, ihren Festzug hielt und übel war es auch, daß der türkische Großherr gerade den Einfall hatte, mit dreitausend Janitscharen über den Markt spazierenzureiten, wozu noch der große Zug aus dem unterbrochenen Opferfeste kam, der mit klingendem Spiel und dem Gesange „Auf danket der mächtigen Sonne" gerade auf den Baumkuchen zuwallte. Das war ein Drängen und Stoßen und Treiben und Gequieke! –

Bald gab es auch viel Jammergeschrei, denn ein Fischer hatte im Gedränge einem Brahmin den Kopf abgestoßen, und der Großmogul wäre beinahe von einem Hanswurst überrannt worden. Toller und toller wurde der Lärm, und man fing bereits an, sich zu stoßen und zu prügeln, als der Mann im brokatnen Schlafrock, der am Tor den Nußknacker als Prinz begrüßt hatte, auf den Baumkuchen kletterte und, nachdem eine sehr hell klingende Glocke dreimal angezogen worden, dreimal laut rief: „Konditor! Konditor! Konditor!"

Sogleich legte sich der Tumult, ein jeder suchte sich zu behelfen wie er konnte, und nachdem die verwickelten Züge sich entwickelt hatten, der besudelte Großmogul abgebürstet und dem Brahmin der Kopf wieder aufgesetzt worden, ging das vorige lustige Getöse aufs neue los.

„Was bedeutet das mit dem Konditor, guter Herr Droßelmeier?" fragte Marie. „Ach, beste Demoiselle Stahlhaum", erwiderte Nußknacker, „Konditor wird hier eine unbekannte, aber sehr grauliche Macht genannt, von der man glaubt, daß sie aus dem Menschen machen könne, was sie wolle; es ist das Verhängnis, welches über dies kleine lustige Volk regiert, und sie fürchten dieses so sehr, daß durch die bloße Nennung des Namens der größte Tumult gestillt werden kann, wie es eben der Herr Bürgermeister bewiesen hat. Ein jeder denkt dann nicht mehr an Irdisches, an Rippenstöße und Kopfbeulen, sondern geht in sich und spricht: ‚Was ist der Mensch und was kann aus ihm werden?'" –

Eines lauten Rufs der Bewunderung, ja des höchsten Erstaunens konnte sich Marie nicht enthalten, als sie jetzt mit einemmal vor einem in rosenrotem Schimmer hell leuchtenden Schlosse mit hundert luftigen Türmen stand. Nur hin und wieder waren reiche Bouquets von Veilchen, Narzissen, Tulpen, Levkojen auf die Mauern gestreut, deren dunkelbrennende Farben nur die blendende, ins Rosa spielende Weiße des Grundes erhöhten. Die große Kuppel des Mittelgebäudes sowie die pyramidenförmigen Dächer der Türme waren mit tausend golden und silbern funkelnden Sternlein besäet.

„Nun sind wir vor dem Marzipanschloß", sprach Nußknacker. Marie war ganz verloren in dem Anblick des Zauberpalastes, doch entging es ihr nicht, daß das Dach eines großen Turmes gänzlich fehlte, welches kleine Männerchen, die auf einem von Zimtstangen erbauten Gerüste standen, wiederherstellen zu wollen schienen.

Noch ehe sie den Nußknacker darum befragte, fuhr dieser fort. „Vor kurzer Zeit drohte diesem schönen Schloß arge Verwüstung, wo nicht gänzlicher Untergang. Der Riese Leckermaul kam des Weges gegangen, biß schnell das Dach jenes Turmes herunter und nagte schon an der großen Kuppel, die Konfektbürger brachten ihm aber ein ganzes

Stadtviertel sowie einen ansehnlichen Teil des Konfitürenhains als Tribut, womit er sich abspeisen ließ und weiterging."

In dem Augenblick ließ sich eine sehr angenehme sanfte Musik hören, die Tore des Schlosses öffneten sich, und es traten zwölf kleine Pagen heraus mit angezündeten Gewürznelkstengeln, die sie wie Fackeln in den kleinen Händchen trugen. Ihre Köpfe bestanden aus einer Perle, die Leiber aus Rubinen und Smaragden, und dazu gingen sie auf sehr schön aus purem Gold gearbeiteten Füßchen einher. Ihnen folgten vier Damen, beinahe so groß als Mariens Klärchen, aber so über die Maßen herrlich und glänzend geputzt, daß Marie nicht einen Augenblick in ihnen die gebornen Prinzessinnen verkannte.

Sie umarmten den Nußknacker auf das zärtlichste und riefen dabei wehmütig freudig: „O mein Prinz! – mein bester Prinz! – o mein Bruder!"

Nußknacker schien sehr gerührt, er wischte sich die sehr häufigen Tränen aus den Augen, ergriff dann Marien bei der Hand und sprach pathetisch: „Dies ist die Demoiselle Marie Stahlbaum, die Tochter eines sehr achtungswerten Medizinalrates und die Retterin meines Lebens! Warf sie nicht den Pantoffel zur rechten Zeit, verschaffte sie mir nicht den Säbel des pensionierten Obristen, so läg ich, zerbissen von dem fluchwürdigen Mausekönig, im Grabe. – Oh! dieser Demoiselle Stahlbaum! gleicht ihr wohl Pirlipat, obschon sie eine geborne Prinzessin ist, an Schönheit, Güte und Tugend? – Nein, sag ich, nein!"

Alle Damen riefen: „Nein!" und fielen der Marie um den Hals und riefen schluchzend: „Oh, Sie edle Retterin des geliebten prinzlichen Bruders – vortreffliche Demoiselle Stahlbaum!" –

Nun geleiteten die Damen Marien und den Nußknacker in das Innere des Schlosses, und zwar in einen Saal, dessen Wände aus lauter farbig funkelnden Kristallen bestanden. Was aber vor allem übrigen der Marie so wohlgefiel, waren die allerliebsten kleinen Stühle, Tische, Kommoden, Sekretärs u.s.w., die ringsherum standen und die alle von Zedern-

oder Brasilienholz mit daraufgestreuten goldnen Blumen verfertigt waren.

Die Prinzessinnen nötigten Marien und den Nußknacker zum Sitzen und sagten, daß sie sogleich selbst ein Mahl bereiten wollten. Nun holten sie eine Menge kleiner Töpfchen und Schüsselchen von dem feinsten japanischen Porzellan, Löffel, Messer und Gabeln, Reibeisen, Kasserollen und andere Küchenbedürfnisse von Gold und Silber herbei. Dann brachten sie die schönsten Früchte und Zuckerwerk, wie es Marie noch niemals gesehen hatte, und fingen an, auf das zierlichste mit den kleinen schneeweißen Händchen die Früchte auszupressen, das Gewürz zu stoßen, die Zuckermandeln zu reiben, kurz, so zu wirtschaften, daß Marie wohl einsehen konnte, wie gut sich die Prinzessinnen auf das Küchenwesen verstanden und was das für ein köstliches Mahl geben würde.

Im lebhaften Gefühl, sich auf dergleichen Dinge ebenfalls recht gut zu verstehen, wünschte sie heimlich, bei dem Geschäft der Prinzessinnen selbst tätig sein zu können. Die schönste von Nußknackers Schwestern, als ob sie Mariens geheimen Wunsch erraten hätte, reichte ihr einen kleinen goldnen Mörser mit den Worten hin: „O süße Freundin, teure Retterin meines Bruders, stoße eine Wenigkeit von diesem Zuckerkandel!"

Als Marie nun so wohlgemut in den Mörser stieß, daß er gar anmutig und lieblich, wie ein hübsches Liedlein ertönte, fing Nußknacker an sehr weitläuftig zu erzählen, wie es bei der grausenvollen Schlacht zwischen seinem und des Mausekönigs Heer ergangen, wie er der Feigheit seiner Truppen halber geschlagen worden, wie dann der abscheuliche Mausekönig ihn durchaus zerbeißen wollen und Marie deshalb mehrere seiner Untertanen, die in ihre Dienste gegangen, aufopfern müssen u.s.w.

Marien war es bei dieser Erzählung, als klängen seine Worte, ja selbst ihre Mörserstöße, immer ferner und unvernehmlicher, bald sah sie silberne Flöre wie dünne Nebelwolken aufsteigen, in denen die Prinzessinnen die Pagen, der Nußknacker, ja sie selbst schwammen – ein seltsames Singen und Schwirren und Summen ließ sich vernehmen, das wie in die Weite hin verrauschte; nun hob sich Marie wie auf steigenden Wellen immer höher und höher –- höher und höher – höher und höher –

Beschluß

Prr – puff ging es! – Marie fiel herab aus unermeßlicher Höhe. – Das war ein Ruck! –

Aber gleich schlug sie auch die Augen auf, da lag sie in ihrem Bettchen, es war heller Tag, und die Mutter stand vor ihr, sprechend: „Aber wie kann man auch so lange schlafen, längst ist das Frühstück da!"

Du merkst es wohl, versammeltes, höchst geehrtes Publikum, daß Marie ganz betäubt von all den Wunderdingen, die sie gesehen, endlich im Saal des Marzipanschlosses eingeschlafen war und daß die Mohren oder die Pagen oder gar die Prinzessinnen selbst sie zu Hause getragen und ins Bett gelegt hatten.

„O Mutter, liebe Mutter, wo hat mich der junge Herr Droßelmeier diese Nacht überall hingeführt, was habe ich alles Schönes gesehen!" Nun erzählte sie alles beinahe so genau, wie ich es soeben erzählt habe, und die Mutter sah sie ganz verwundert an.

Als Marie geendet, sagte die Mutter: „Du hast einen langen, sehr schönen Traum gehabt, liebe Marie, aber schlag dir das alles nur aus dem Sinn."

Marie bestand hartnäckig darauf, daß sie nicht geträumt, sondern alles wirklich gesehen habe, da führte die Mutter sie an den Glasschrank, nahm den Nußknacker, der, wie gewöhnlich, im dritten Fache stand, heraus und sprach: „Wie kannst du, du albernes Mädchen, nur glauben, daß diese Nürnberger Holzpuppe Leben und Bewegung haben kann."

„Aber, liebe Mutter", fiel Marie ein, „ich weiß es ja wohl, daß der kleine Nußknacker der junge Herr Droßelmeier aus Nürnberg, Pate Droßelmeiers Neffe ist."

Da brachen beide, der Medizinalrat und die Medizinalrätin, in ein schallendes Gelächter aus.

„Ach", fuhr Marie beinahe weinend fort,

„nun lachst du gar meinen Nußknacker aus, lieber Vater! und er hat doch von dir sehr gut gesprochen, denn als wir im Marzipanschloß ankamen und er mich seinen Schwestern, den Prinzessinnen, vorstellte, sagte er, du seist ein sehr achtungswerter Medizinalrat!" –

Noch stärker wurde das Gelächter, in das auch Luise, ja sogar Fritz einstimmte. Da lief Marie ins andere Zimmer, holte schnell aus ihrem kleinen Kästchen die sieben Kronen des Mausekönigs herbei und überreichte sie der Mutter mit den Worten: „Da, sieh nur, liebe Mutter, das sind die sieben Kronen des Mausekönigs, die mir in voriger Nacht der junge Herr Droßelmeier zum Zeichen seines Sieges überreichte."

Voll Erstaunen betrachtete die Medizinalrätin die kleinen Krönchen, die von einem ganz unbekannten, aber sehr funkelnden Metall so sauber gearbeitet waren, als hätten Menschenhände das unmöglich vollbringen können. Auch der Medizinalrat konnte sich nicht satt sehen an den Krönchen, und beide, Vater und Mutter, drangen sehr ernst in Marien, zu gestehen, wo sie die Krönchen herhabe.

Sie konnte ja aber nur bei dem, was sie gesagt, stehenbleiben, und als sie nun der Vater hart anließ und sie sogar eine kleine Lügnerin schalt, da fing sie an heftig zu weinen und klagte: „Ach, ich armes Kind, ich armes Kind! was soll ich denn nun sagen!"

In dem Augenblick ging die Tür auf. Der Obergerichtsrat trat hinein und rief: „Was ist da – was ist da? mein Patchen Marie weint und schluchzt? – Was ist da – was ist da?"

Der Medizinalrat unterrichtete ihn von allem, was geschehen, indem er ihm die Krönchen zeigte. Kaum hatte der Ohergerichtsrat aber diese angesehen, als er lachte und rief: „Toller Schnack, toller Schnack, das sind ja die Krönchen, die ich vor Jahren an meiner Uhrkette trug und die ich der kleinen Marie an ihrem Geburtstage, als sie zwei Jahre alt worden, schenkte. Wißt ihr's denn nicht mehr?"

Weder der Medizinalrat noch die Medizinalrätin konnten sich dessen erinnern, als aber Marie wahrnahm, daß die Gesichter der Eltern wieder freundlich geworden, da sprang sie los auf Pate Droßelmeier und rief: „Ach, du weißt ja alles, Pate Droßelmeier, sag es doch nur selbst, daß mein Nußknacker dein Neffe, der junge Herr Droßelmeier aus Nürnberg, ist und daß er mir die Krönchen geschenkt hat!" –

Der Obergerichtsrat machte aber ein sehr finsteres Gesicht und murmelte: „Dummer einfältiger Schnack."

Darauf nahm der Medizinalrat die kleine Marie vor sich und sprach sehr ernsthaft: „Hör mal, Marie, laß nun einmal die Einbildungen und Possen, und wenn du noch einmal sprichst, daß der einfältige mißgestaltete Nußknacker der Neffe des Herrn Obergerichtsrats sei, so werf ich nicht allein den Nußknacker, sondern auch alle deine übrigen Puppen, Mamsell Klärchen nicht ausgenommen, durchs Fenster." –

Nun durfte freilich die arme Marie gar nicht mehr davon sprechen, wovon denn doch ihr ganzes Gemüt erfüllt war, denn ihr möget es euch wohl denken, daß man solch Herrliches und Schönes, wie es Marien widerfahren, gar nicht vergessen kann. Selbst – sehr geehrter Leser oder Zuhörer Fritz – selbst dein Kamerad Fritz Stahlbaum drehte der Schwester sogleich den Rücken, wenn sie ihm von dem Wunderreiche, in dem sie so glücklich war, erzählen wollte. Er soll sogar manchmal zwischen den Zähnen gemurmelt haben: „Einfältige Gans!", doch das kann ich seiner sonst erprobten guten Gemütsart halber nicht glauben, so viel ist aber gewiß, daß, da

er nun an nichts mehr, was ihm Marie erzählte, glaubte, er seinen Husaren bei öffentlicher Parade das ihnen geschehene Unrecht förmlich abbat, ihnen statt der verlornen Feldzeichen viel höhere, schönere Büsche von Gänsekielen anheftete und ihnen auch wieder erlaubte, den Gardehusarenmarsch zu blasen. Nun! – wir wissen am besten, wie es mit dem Mut der Husaren aussah, als sie von den häßlichen Kugeln Flecke auf die roten Wämser kriegten!

Sprechen durfte nun Marie nicht mehr von ihrem Abenteuer, aber die Bilder jenes wunderbaren Feenreichs umgaukelten sie in süß wogendem Rauschen und in holden lieblichen Klängen; sie sah alles noch einmal, sowie sie nur ihren Sinn fest darauf richtete, und so kam es, daß sie, statt zu spielen, wie sonst, starr und still, tief in sich gekehrt dasitzen konnte, weshalb sie von allen eine kleine Träumerin gescholten wurde.

Es begab sich, daß der Obergerichtsrat einmal eine Uhr in dem Hause des Medizinalrats reparierte, Marie saß am Glasschrank, und schaute, in ihre Träume vertieft, den Nußknacker an, da fuhr es ihr wie unwillkürlich heraus: „Ach, lieber Herr Droßelmeier, wenn Sie doch nur wirklich lebten, ich würd's nicht so machen, wie Prinzessin Pirlipat, und Sie verschmähen, weil Sie, um meinetwillen, aufgehört haben, ein hübscher junger Mann zu sein!"

In dem Augenblick schrie der Obergerichtsrat: „Hei, hei toller Schnack."

Aber in dem Augenblick geschah auch ein solcher Knall und Ruck, daß Marie ohnmächtig vom Stuhle sank. Als sie wieder erwachte, war die Mutter um sie beschäftigt, und sprach: „Aber wie kannst du nur vom Stuhle fallen, ein so großes Mädchen! –

Hier ist der Neffe des Herrn Obergerichtsrats aus Nürnberg angekommen – sei hübsch artig!" –

Sie blickte auf, der Obergerichtsrat hatte wieder seine Glasperücke aufgesetzt, seinen gelben Rock angezogen, und lächelte sehr zufrieden, aber an seiner Hand hielt er einen zwar kleinen, aber sehr wohlgewachsenen jungen Mann. Wie Milch und Blut war sein Gesichtchen, er trug einen herrlichen roten Rock mit Gold, weißseidene Strümpfe und Schuhe, hatte im Jabot ein allerliebstes Blumenbouquet, war sehr zierlich frisiert und gepudert, und hinten über den Rücken hing ihm ein ganz vortrefflicher Zopf herab. Der kleine Degen an seiner Seite schien von lauter Juwelen, so blitzte er, und das Hütlein unterm Arm von Seidenflocken gewebt.

Welche angenehme Sitten der junge Mann besaß, bewies er gleich dadurch, daß er Marien eine Menge herrlicher Spielsachen, vorzüglich aber den schönsten Marzipan und dieselben Figuren, welche der Mausekönig zerbissen, dem Fritz aber einen wunderschönen Säbel mitgebracht hatte.

Bei Tische knackte der Artige für die ganze Gesellschaft Nüsse auf, die härtesten widerstanden ihm nicht, mit der rechten Hand steckte er sie in den Mund, mit der linken zog er den Zopf an – krak – zerfiel die Nuß in Stücke! – Marie war glutrot geworden, als sie den jungen artigen Mann erblickte, und noch röter wurde sie, als nach Tische der junge Droßelmeier sie einlud, mit ihm in das Wohnzimmer an den Glasschrank zu gehen.

„Spielt nur hübsch miteinander, ihr Kinder, ich habe nun, da alle meine Uhren richtig gehen, nichts dagegen", rief der Obergerichtsrat.

Kaum war aber der junge Droßelmeier mit Marien allein, als er sich auf ein Knie niederließ und also sprach: „O meine allervortrefflichste Demoiselle Stahlbaum, sehn Sie hier zu Ihren Füßen den beglückten Droßelmeier, dem Sie an dieser Stelle das Leben retteten! Sie sprachen es gütigst aus, daß Sie mich nicht wie die garstige Prinzessin Pirlipat verschmähen wollten, wenn ich Ihretwillen häßlich geworden! – sogleich hörte ich auf, ein schnöder Nußknacker zu sein, und erhielt meine vorige, nicht unangenehme Gestalt wieder. O vortreffliche Demoiselle, beglücken Sie mich mit Ihrer werten Hand, teilen Sie mit mir Reich und Krone, herrschen Sie mit mir auf Marzipanschloß, denn dort bin ich jetzt König!" –

Marie hob den Jüngling auf und sprach leise: „Lieber Herr Droßelmeier! Sie sind ein sanftmütiger guter Mensch, und da Sie dazu noch ein anmutiges Land mit sehr hübschen lustigen Leuten regieren, so nehme ich Sie zum Bräutigam an!" –

Hierauf wurde Marie sogleich Droßelmeiers Braut. Nach Jahresfrist hat er sie, wie man sagt, auf einem goldnen, von silbernen Pferden gezogenen Wagen abgeholt. Auf der Hochzeit tanzten zweiundzwanzigtausend der glänzendsten, mit Perlen und Diamanten geschmückten Figuren, und Marie soll noch zur Stunde Königin eines Landes sein, in dem man überall funkelnde Weihnachtswälder, durchsichtige Marzipanschlösser, kurz, die allerherrlichsten, wunderbarsten Dinge erblicken kann, wenn man nur darnach Augen hat.

Zweiter Feiertag

Charles Dickens

Ein Weihnachtslied in Prosa

1. Strophe:

Marleys Geist

Marley war tot, damit fängt es an. Es gibt keinen Zweifel. Der Totenschein war unterschrieben von dem Geistlichen, dem Küster, dem Leichenbestatter und den vornehmsten Leidtragenden. Scrooge unterschrieb ihn, und Scrooges Name wurde auf der Börse respektiert, wo immer er ihn hinschrieb.

Der alte Marley war so tot wie ein Türnagel. Versteht mich nicht falsch! Ich will nicht etwa sagen, daß ein Türnagel etwas besonders Totes für mich ist. Ich neige eher zu der Meinung, daß das toteste Stück Eisen auf der Welt ein Sargnagel ist. Aber die Weisheit unsrer Altvordern liegt im Gleichnis, und meine unheiligen Hände sollen sie nicht stören, sonst wäre es ums Vaterland geschehen. Man wird mir also erlauben, mit Nachdruck zu wiederholen, daß Marley so tot wie ein Türnagel war.

Wußte Scrooge, daß er tot war? Natürlich wußte er's. Wie konnte es auch anders sein? Scrooge und er waren, ich weiß nicht seit wieviel Jahren, Kompagnons. Scrooge war sein einziger Testamentsvollstrecker, sein einziger Verwalter, sein einziger Erbe, sein einziger Freund und einziger Leidtragender. Doch Scrooge war von dem traurigen Ereignis nicht so mitgenommen, daß er sich als tüchtiger Geschäftsmann den Begräbnistag für einen guten Handel entgehen ließ.

Die Erwähnung von Marleys Begräbnistag bringt mich zum Ausgangspunkt meiner Erzählung zurück. Es gibt keinen Zweifel, daß Marley tot war. Das muß klar gesagt sein, sonst kann in der Geschichte, die ich erzählen will, nichts Wunderbares geschehen. Wenn wir nicht vollkommen überzeugt wären, daß Hamlets Vater tot ist, ehe das Stück beginnt, so wäre durchaus nichts Merkwürdiges an seinem nächtlichen Spaziergang bei scharfem Ostwind auf den Mauern seines eigenen Schlosses. Nicht mehr, als bei jedem anderen Herrn in mittleren Jahren, der sich nach Sonnenuntergang rasch zu einem Spaziergang auf einem luftigen Platz entschließt, zum Beispiel auf dem Sankt-Pauls-Friedhof, nur um seinem windigen Sohn zu imponieren.

Scrooge ließ Marleys Namen nicht streichen. Noch nach Jahren stand über der Tür des Speichers „Scrooge und Marley". Die Firma war unter dem Namen Scrooge und Marley bekannt. Leute, die Scrooge nicht kannten, nannten ihn zuweilen Scrooge und zuweilen Marley; er hörte auf beide Namen, es war ihm ganz einerlei.

Oh, er war ein Blutsauger, dieser Scrooge! Ein gieriger, alles zusammenkratzender und festhaltender alter Geizkragen: hart und scharf wie ein Kiesel, aus dem kein Stahl einen warmen Funken schlug, verschlossen wie eine Auster und selbstsüchtig und nur auf sich bedacht. Die Kälte seines Herzens machte seine alten Gesichtszüge starr, seine spitze Nase noch spitzer, sein Gesicht runzlig, seinen Gang steif, seine Augen rot, seine dünnen Lippen blau und seine Stimme krächzend. Ein frostiger Reif lag auf seinem Haupt, auf seinen Augenbrauen, auf seinem drahtigen Bart. Er schleppte seine eigene Kälte immer mit sich herum; in den Hundstagen kühlte er sein Kontor wie mit Eis, zur Weihnachtszeit wärmte er es nicht um einen Grad.

Äußere Hitze und Kälte wirkten kaum auf Scrooge. Keine Wärme konnte ihn wärmen, keine Kälte ließ ihn frösteln. Kein Wind war schneidender als er, kein Schnee fiel dichter, kein Regen peitschte erbarmungsloser. Schlechtes Wetter konnte ihm nichts anhaben. Der ärgste Regen, Schnee oder Hagel waren ihm nur in einer Hinsicht über: Sie gaben im Überfluß, und das tat Scrooge nie.

Niemals begegnete ihm jemand auf der Straße mit freundlichen Blicken, um zu sagen: „Mein lieber Scrooge, wie geht's, wann werden Sie mich einmal besuchen?"

Kein Bettler sprach ihn um eine milde

Gabe an, kein Kind fragte ihn, wie spät es sei, kein Mann und keine Frau hat sich je bei ihm nach dem Weg erkundigt. Selbst der Hund des Blinden schien ihn zu kennen; sah er ihn kommen, zog er seinen Herrn in einen Torweg und wedelte mit dem Schwanz, als wolle er sagen: „Gar kein Auge, blinder Herr, ist besser als ein böses Auge."

Doch was kümmerte das den alten Scrooge? Gerade das gefiel ihm. Allein seinen Weg durchs Leben zu gehn, jedem menschlichen Gefühl zu entsagen, das war es, was Scrooge gefiel.

Einmal – es war von allen guten Tagen im Jahr der beste, der Heilige Abend – saß der alte Scrooge in seinem Kontor. Draußen war es schneidend kalt und neblig, und er konnte hören, wie die Leute im Hof schnaufend auf und ab gingen, die Hände aneinander schlugen und mit den Füßen stampften, um sich zu wärmen. Es hatte eben erst drei Uhr geschlagen, war aber schon stockdunkel. Den ganzen Tag über war es nicht hell geworden, und in den Fenstern der benachbarten Kontore flackerten Kerzen wie rote Flecken in der dicken braunen Luft. Der Nebel drang durch jede Spalte und jedes Schlüsselloch und war so dick, daß die gegenüberliegenden Häuser des sehr kleinen Hofes wie ihre eigenen Geister aussahen. Wenn man die trübe, dicke, alles verfinsternde Wolke herabsinken sah, hätte man meinen können, die Natur wohne nahebei und braue in Massen.

Die Tür von Scrooges Kontor stand offen, damit er seinen Buchhalter beaufsichtigen konnte, der in einem erbärmlich feuchten, kleinen Raum, einer Art Verlies, Briefe kopierte. Bei Scrooge brannte nur ein sehr kleines Feuer, aber des Dieners Feuer war noch um vieles kleiner, daß es nur nach einer einzigen Kohle aussah. Er konnte nicht nachlegen, denn Scrooge hatte den Kohlenkasten in seinem Zimmer, und jedesmal, wenn der Gehilfe mit der Kohlenschaufel in der Hand hereinkam, meinte sein Herr, es würde wohl nötig sein, daß sie sich trennten – worauf jener seinen weißen Schal umband und versuchte, sich an dem Licht zu wärmen, was aber, da er ein

Mann von nicht sehr starker Einbildungskraft war, stets fehlschlug

„Fröhliche Weihnachten, Onkel, Gott segne Sie!" rief eine heitere Stimme. Es war die Stimme von Scrooges Neffen, der so schnell hereingekommen war, daß dieser Gruß das erste war, was man von ihm bemerkte.

„Pah", sagte Scrooge, „Humbug!"

Der Neffe war vom schnellen Laufen so warm geworden, daß er über und über glühte; sein Gesicht war rot und hübsch, seine Augen glänzten und sein Atem rauchte.

„Weihnachten ist Humbug, Onkel?" sagte Scrooges Neffe. „Das kann nicht Ihr Ernst sein."

„Ist es aber", sagte Scrooge. „Fröhliche Weihnachten? Was für ein Recht hast du, fröhlich zu sein? Was für einen Grund, fröhlich zu sein? Du bist arm genug."

„Nun", antwortete der Neffe heiter, „was für ein Recht haben Sie, grämlich zu sein? Was für einen Grund, mürrisch zu sein? Sie sind reich genug."

Scrooge, der im Augenblick keine bessere Antwort darauf bereit hatte, sagte noch einmal „Pah!" und schickte ein „Humbug" hinterher.

„Seien Sie nicht mißlaunig, Onkel", sprach der Neffe.

„Was soll ich anderes sein", antwortete der Onkel, „wenn ich in einer Welt voller Narren lebe? Fröhliche Weihnachten! Der Henker hole die fröhlichen Weihnachten! Was ist Weihnachten für dich anderes als eine Zeit, in der du Rechnungen bezahlen sollst, ohne Geld zu haben, eine Zeit, in der du dich um ein Jahr älter und nicht um eine Stunde reicher findest, eine Zeit, in der du deine Bücher abschließest und in jedem Posten durch ein volles Dutzend von Monaten ein Defizit siehst? Wenn es nach mir ginge", setzte Scrooge heftig hinzu, „so müßte jeder Idiot, der mit einem ‚Fröhliche Weihnachten' auf den Lippen herumläuft, in seinem eigenen Weihnachtspudding gekocht und mit seinem Weihnachtsbaum gepfählt werden."

„Onkel!" bat der Neffe.

„Neffe", antwortete der Onkel erbost,

„feiere du Weihnachten nach deiner Art und laß es mich nach meiner feiern."

„Feiern!" wiederholte Scrooges Neffe. „Aber Sie feiern es nicht."

„Laß mich in Ruh", sagte Scrooge. „Möge es dir Nutzen bringen. Viel genützt hat es dir schon."

„Es gibt Dinge, die mir hätten nützen können und die ich nicht genutzt habe, das weiß ich", antwortete der Neffe, „und Weihnachten ist eins davon. Aber ich weiß auch, daß ich Weihnachten, abgesehen von der Verehrung seines heiligen Namens und Ursprungs, immer als eine gute Zeit betrachtet habe, als eine Zeit der Vergebung und Barmherzigkeit, als die einzige Zeit in dem ganzen langen Jahreskalender, da die Menschen einander ihre verschlossenen Herzen auftun und die andern Menschen als wirkliche Reisegefährten nach dem Grabe ansehen und nicht als Geschöpfe anderer Art auf einem anderen Weg. Und daher, Onkel, wenn es mir auch niemals ein Stück Gold oder Silber in die Tasche gebracht hat, daher glaube ich doch, es hat mir Gutes getan und wird mir Gutes tun, und ich sage ‚Gott segne das Weihnachtsfest!'"

Der Diener in dem Verlies draußen applaudierte unwillkürlich, fühlte aber augenblicks das Unschickliche seines Betragens, weswegen er heftig im Feuer herumstocherte und dadurch die letzten Funken unwiederbringlich löschte.

„Wenn ich noch einen einzigen Laut von Ihnen höre", sagte Scrooge, „feiern Sie Ihre Weihnachten mit dem Verlust Ihrer Stelle. – Du bist ein vortrefflicher

177

Redner", fügte er, sich zu seinem Neffen wendend, hinzu. „Es wundert mich, daß du nicht im Parlament sitzt!"

„Nichts für ungut, Onkel. Kommen Sie und essen Sie morgen mit uns."

Scrooge sagte, er solle sich zum Teufel scheren, ja, so deutlich sprach er es aus.

„Aber warum?" rief Scrooges Neffe. „Warum denn?"

„Warum hast du geheiratet?" fragte Scrooge.

„Weil ich mich verliebt habe."

„Weil er sich verliebt hat!" brummte Scrooge, als sei dies noch lächerlicher als eine fröhliche Weihnacht. „Guten Abend!"

„Aber Onkel, Sie haben mich ja auch vorher nicht ein einziges Mal besucht. Warum soll das nun ein Grund sein, mich jetzt nicht zu besuchen?"

„Guten Abend!" sagte Scrooge.

„Ich brauche nichts von Ihnen, ich verlange nichts von Ihnen, warum können wir nicht gute Freunde sein?"

„Guten Abend!" sagte Scrooge.

„Ich bedaure zutiefst, Sie so hartherzig zu finden. Wir hatten nie Zank miteinander, an dem ich schuld gewesen wäre. Ich habe den Versuch gemacht, Weihnachten zu Ehren, und ich will mir meine Weihnachtsstimmung nicht verderben lassen. Fröhliche Weihnachten, Onkel!"

„Guten Abend!" sagte Scrooge.

„Und ein glückliches Neujahr!"

„Guten Abend!" sagte Scrooge.

Trotz allem verließ der Neffe das Zimmer ohne ein böses Wort. An der Haustür blieb er stehen, um dem Buchhalter noch ein frohes Fest zu wünschen. Der war, so sehr er fror, wärmer als Scrooge und erwiderte freundlich den Gruß.

„Auch so ein Kerl!" brummte Scrooge, der es gehört hatte. „Mein Gehilfe mit fünfzehn Shilling die Woche und Frau und Kindern spricht von fröhlichen Weihnachten. Ich gehe nach Bedlam ins Irrenhaus!"

Der Gehilfe hatte, als er den Neffen hinausließ, zwei andere Personen eingelassen. Es waren zwei ansehnliche Herren, die jetzt, mit dem Hut in der Hand, in Scrooges Kontor

standen. Sie hatten Bücher und Papiere unterm Arm und verbeugten sich.

„Scrooge und Marley, glaube ich", sagte einer der Herren, indem er auf seine Liste sah. „Habe ich die Ehre, mit Mr. Scrooge oder mit Mr. Marley zu sprechen?"

„Mr. Marley ist seit sieben Jahren tot", antwortete Scrooge. „Er starb heute vor sieben Jahren."

„Wir zweifeln nicht, daß sein überlebender Kompagnon ganz seine Freigebigkeit besitzen wird", sagte der Herr, indem er ihm sein Beglaubigungsschreiben überreichte.

Bei dem ominösen Wort Freigebigkeit runzelte Scrooge die Stirn, schüttelte den Kopf und gab das Papier zurück.

„An diesem festlichen Tage des Jahres, Mr. Scrooge", sagte der Herr, zu einer Feder greifend, „ist es mehr denn je zu wünschen, einigermaßen für die Armen zu sorgen, die zu dieser Zeit ihre Bedrängnis besonders hart empfinden. Tausenden fehlt es am Nötigsten, Hunderttausenden an jeglichen Bequemlichkeiten des Lebens."

„Gibt es keine Gefängnisse?" fragte Scrooge.

„Mehr als genug", sagte der Herr, die Feder wieder hinlegend.

„Und die Armenhäuser?" fragte Scrooge. „Gibt es die nicht mehr?"

„Doch, doch", antwortete der Herr, „aber ich wünschte, sie brauchten weniger in Anspruch genommen zu werden."

„Also sind Zwangsarbeits- und Armengesetz in voller Kraft?" sagte Scrooge.

„Beide sind es."

„So? Nach dem, was Sie zuerst sagten, fürchtete ich, es halte sie etwas in ihrem nützlichen Gang auf", sagte Scrooge. „Ich freue mich, das Gegenteil zu hören."

„In der Überzeugung, daß sie doch wohl kaum imstande sind, der Seele oder dem Leib der Armen christliche Stärkung zu geben", entgegnete der Herr, „haben sich einige von uns zur Veranstaltung einer Sammlung entschlossen, um für die Armen Nahrungsmittel und Feuerung heranzuschaffen. Und wir wählten diese Zeit, weil sie vor allen andern eine Zeit ist, da der Mangel am bittersten gefühlt wird und nur der Reiche sich freut. Welche Summe darf ich für Sie aufschreiben?"

„Nichts", antwortete Scrooge.

„Sie wünschen ungenannt zu bleiben?"

„Ich wünsche, daß man mich in Ruhe läßt", sagte Scrooge. „Da Sie mich fragen, meine Herren, was ich wünsche, so ist das meine Antwort. Ich selbst freue mich nicht auf Weihnachten und habe nicht die Mittel, mit meinem Geld Faulenzern Freude zu machen. Ich trage meinen Teil zu den Anstalten bei, die ich genannt habe; sie kosten genug, und wem es schlecht geht, der mag dorthin gehen!"

„Viele können nicht hingehen, und viele würden lieber sterben."

„Wenn sie lieber sterben würden", sagte Scrooge, „so wäre es gut, wenn sie es täten und die überflüssige Bevölkerung verminderten. Im übrigen, Sie entschuldigen, ich verstehe nichts davon."

„Aber Sie sollten es verstehen", bemerkte der Herr.

„Es geht mich nichts an", antwortete Scrooge. „Es genügt, wenn ein Mann sein eigenes Geschäft versteht und sich nicht in das anderer Leute mischt. Das meinige nimmt meine ganze Zeit in Anspruch. Guten Abend, meine Herren!"

Da sie einsahen, daß weitere Versuche vergeblich sein würden, zogen sich die Herren zurück. Scrooge machte sich – mit einer gestiegenen Meinung von sich selbst und in besserer Laune als gewöhnlich – wieder an die Arbeit.

Nebel und Dunkelheit hatten inzwischen so zugenommen, daß Leute mit brennenden Fackeln herumliefen und den Herren ihre Dienste anboten, um den Wagen voranzuleuchten. Der alte Kirchturm, dessen brummende alte Glocke sonst aus einem gotischen Fenster in der Mauer verstohlen auf Scrooge herabsah, wurde unsichtbar im Nebel und schlug die Stunden und Viertel mit einem zitternden Nachklang, als wenn in dem starren Haupte da droben die Zähne klapperten. Die Kälte wurde immer schneidender. In der Hauptstraße an der Ecke der Sackgasse wurden die Gasleitungen ausgebessert, und die

Arbeiter hatten in einer Kohlenpfanne ein großes Feuer angezündet. Zerlumpte Männer und Knaben drängten sich heran, um sich über den Flammen, behaglich blinzelnd, die Hände zu wärmen. Aus der eisernen Pumpe, sich selbst überlassen, floß ungehindert Wasser, das bald zu Eis erstarrte. Der helle Glanz der Läden, in deren Schaufenstern Stechpalmenzweige und -beeren in der Lampenwärme knisterten, fiel auf die bleichen Gesichter der Vorübergehenden. Die Geflügel- und Kolonialwarenläden sahen aus wie ein glänzendes, fröhliches Märchenland, daß man unmöglich an eine so langweilige Sache wie Kauf und Verkauf denken mochte.

Der Lord Mayor gab seinen fünfzig Köchen und Kellermeistern Befehl, Weihnachten in den Sälen des Rathauses zu feiern, wie es eines Lord Mayors würdig sei, und selbst der kleine Schneider, den er am Montag zuvor wegen Trunkenheit und Gewalttätigkeit zu fünf Shilling Strafe verurteilt hatte, rührte den Pudding in seinem Dachkämmerchen an, während seine abgemagerte Frau mit dem Säugling auf dem Arm das Roastbeef kaufen ging.

Immer nebliger und kälter wurde es, durchdringend, schneidend kalt. Wenn der gute Saint Dunstan den Gottseibeiuns nur mit einem Hauch von diesem Wetter an der Nase gepackt hätte, anstatt seine gewöhnlichen Waffen zu gebrauchen, dann würde der noch ganz anders gebrüllt haben. Der Inhaber einer kleinen, jungen Nase, an der die hungrige Kälte biß und nagte wie Hunde an einem Knochen, bückte sich zu Scrooges Schlüsselloch, um ihn mit einem Weihnachtsliede zu erfreuen. Aber beim ersten Ton des Liedes „Gott segne Sie, vergnügter Herr, und mög Sie nichts betrüben" ergriff Scrooge das Lineal, daß der Sänger voll Schrecken entfloh und das Schlüsselloch dem Nebel und dem Frost überließ.

Endlich kam die Stunde des Feierabends. Widerwillig stieg Scrooge von seinem Sessel und gab damit dem im Verlies stillschweigend ausharrenden Gehilfen die Einwilligung zum Aufbruch, worauf dieser sogleich das Licht löschte und den Hut aufsetzte.

„Sie wollen morgen den ganzen Tag frei haben, vermute ich?" fragte Scrooge.

„Wenn es Ihnen paßt, Sir."

„Es paßt mir nicht", sagte Scrooge, „und es gehört sich auch nicht. Wenn ich Ihnen eine halbe Krone dafür abzöge, würden Sie denken, es geschähe Ihnen Unrecht, nicht wahr?"

Der Gehilfe antwortete mit einem gezwungenen Lächeln.

„Und doch", sagte Scrooge, „denken Sie nicht daran, daß mir Unrecht geschieht, wenn ich einen Tag Lohn bezahle für einen Tag Faulenzen."

Der Gehilfe bemerkte, daß es ja nur einmal im Jahr geschehe.

„Eine armselige Entschuldigung, um an jedem fünfundzwanzigsten Dezember eines Mannes Tasche zu bestehlen", höhnte Scrooge und knöpfte seinen Überrock bis an das Kinn zu. „Aber ich vermute, Sie wollen den ganzen Tag frei haben? Seien Sie wenigstens übermorgen um so früher hier!"

Der Gehilfe versprach es, und Scrooge ging brabbelnd fort. Das Kontor war im Nu geschlossen, und der Gehilfe, dem die langen Enden seines weißen Schals um die Taille baumelten (eines Überrocks konnte er sich nicht rühmen), rutschte zu Ehren des Festes am Ende einer Reihe von Knaben zwanzigmal über eine Schlidderbahn in Cornhill und lief dann so schnell wie möglich in seine Wohnung in Camden Town, um dort Blindekuh zu spielen.

Scrooge nahm wie üblich sein einsames, trübseliges Mahl in einem einsamen, trübseligen Gasthaus ein, und nachdem er alle Zeitungen gelesen und sich den Rest des Abends mit seinem Börsenjournal vertrieben hatte, ging er nach Hause schlafen. Er wohnte in den Räumen, die seinem verstorbenen Kompagnon gehört hatten. Es war eine düstere Zimmerflucht in einem massiven Hofgebäude, das so ganz und gar nicht an seinen Platz paßte, so daß es aussah, als habe es sich, als es noch ein junges Haus war, dorthin verlaufen und beim Versteckspiel mit andern Häusern nicht wieder herausgefunden. Jetzt war es alt und öde, weil niemand dort wohnte außer

Scrooge und alle andern Örtlichkeiten als Geschäftsräume vermietet waren. Der Hof war so dunkel, daß selbst Scrooge, der dort jeden Pflasterstein kannte, seinen Weg mit den Händen ertasten mußte. Nebel und Frost ballten sich so dick und schwer um den alten schwarzen Torweg des Hauses, als hocke dort der Wettergeist trübsinnig auf der Schwelle.

Nun ist es keine Frage, daß an dem Klopfer der Haustür ganz und gar nichts Besonderes war als seine Größe. Keine Frage auch, daß Scrooge ihn jeden Abend und jeden Morgen, seit er das Haus bewohnte, gesehen hatte und daß Scrooge so wenig Phantasie besaß als irgend jemand in der City von London, eingeschlossen – wenn das zu sagen erlaubt ist – der Stadtrat, die Ratsherren und die Zünfte. Man vergesse auch nicht, daß Scrooge, außer an diesem Nachmittag, nie auch nur eine Sekunde an seinen verstorbenen Kompagnon gedacht hatte.

Und da soll mir mal jemand erklären, warum Scrooge, als er seinen Schlüssel in das Türschloß steckte, in dem alten, wohlbekannten Klopfer keinen Türklopfer, sondern Marleys Gesicht sah?

Ja, Marleys Gesicht. Es war nicht von so undurchdringlichem Dunkel umgeben, wie die andern Gegenstände im Hof, sondern von einem geheimnisvollen Leuchten, wie ein verdorbener Hummer in einem dunklen Keller. Es blickte ihm nicht wild oder zürnend entgegen, sondern sah Scrooge an, wie ihn Marley gewöhnlich angesehen hatte, die gespenstische Brille auf die gespenstische Stirn hinaufgeschoben. Das Haar stand ihm zu Berge, wie von Wind oder heißer Luft gesträubt, und obgleich die Augen weit offen standen, waren sie doch ohne jede Bewegung. Dies und die leichenhafte Farbe machten das Gesicht schrecklich.

Als Scrooge fest auf die Erscheinung blickte, war es wieder ein Türklopfer!

Es wäre falsch zu sagen, er sei nicht erschrocken oder sein Blut habe nicht einen Moment gestockt, wie es ihm seit seiner Kindheit nicht mehr passiert war. Aber gewaltsam faßte er sich, griff mit der Hand abermals nach dem Schlüssel, drehte ihn um, trat in das Haus und zündete sein Licht an.

Trotzdem zögerte er einen Augenblick, ehe er die Tür schloß, und spähte erst vorsichtig dahinter, als fürchte er wirklich, von Marleys Kopf erschreckt zu werden. Aber hinter der Tür war nichts als die Schrauben, die den Klopfer hielten, und so sagte Scrooge: „Bah, bah", und warf sie hinter sich ins Schloß.

Der Schall klang wie ein Donner durch das Haus. Jedes Zimmer oben und jedes Faß in des Weinhändlers Keller unten schien mit seinem eigenen Echo zu antworten. Scrooge war nicht der Mann, der sich durch Echos erschrecken ließ. Er schloß die Tür, ging über den Hausflur und die Treppe hinauf, und zwar recht langsam, indem er das Licht beim Hinaufgehen schürte.

Es gibt eine Redensart, daß es sich mit einem Sechsspänner eine gute alte Treppenflucht hinauf- oder mitten durch ein schlechtes neues Parlamentsdekret hindurchsausen lasse; aber ich sage euch, diese Treppe wäre man mit einem Leichenwagen – und zwar quer, mit der Deichsel zur Wand und der Tür zum Geländer – hinaufgekommen, und zwar ganz bequem. Und das ist vielleicht der Grund, daß Scrooge glaubte, er sähe einen Leichenwagen vor sich. Ein halbes Dutzend Gaslampen von der Straße aus hätten den Eingang nicht hell genug gemacht, und so kann man sich denken, daß es bei Scrooges kleinem Talglicht ziemlich dunkel blieb.

Scrooge aber ging hinauf und kümmerte sich nicht die Bohne um all das. Dunkelheit ist billig, und das Billige liebte Scrooge. Doch bevor er seine schwere Tür schloß, ging er durch die Zimmer, um zu sehen, ob alles in Ordnung sei. Er erinnerte sich des Gesichts noch gerade genug, um das zu wünschen.

Wohnzimmer, Schlafzimmer, Rumpelkammer, alles war, wie es sein sollte. Niemand unter dem Tisch, niemand unter dem Sofa; ein kleines Feuer auf dem Rost, Löffel und Teller bereit und das kleine Töpfchen Haferschleim (Scrooge hatte den Schnupfen) auf dem Feuer. Niemand unter dem Bett, niemand im Alkoven, niemand in seinem Schlafrock, der auf eine verdächtige Weise an der Wand hing. Die Rumpelkammer wie gewöhnlich. Ein alter Kaminschirm, alte Schuhe, zwei Fischkörbe, ein dreibeiniger Waschtisch und ein Schüreisen.

Vollkommen zufriedengestellt, machte er die Tür zu, schloß sich ein und schob noch den Riegel vor, was sonst seine Gewohnheit nicht war. So gegen Überraschung sichergestellt, legte er seine Halsbinde ab, zog seinen Schlafrock an und die Pantoffeln, setzte die Nachtmütze auf und nahm dann vor dem Feuer Platz, um seinen Haferschleim zu essen.

Es war wirklich ein sehr kleines Feuer, in einer so kalten Nacht so gut wie gar keins. Er mußte sich dicht daran setzen und sich darüber hinbeugen, um das geringste Wärmegefühl von dieser Handvoll Kohlen zu erhaschen. Der Kamin war vor langen Jahren von einem holländischen Kaufmann gebaut worden und ringsum mit seltsamen holländischen Fliesen mit Bildern aus der biblischen Geschichte belegt.

Man sah Kain und Abel, Pharaos Töchter, die Königin von Saba, auf Wolken gleich Federbetten durch die Luft herabschwebende Engel, Abraham, Belsazar, auf Butterkähnen in See stechende Apostel – Hunderte von Figuren, die Gedanken zu beschäftigen. Und doch kam das Gesicht Marleys wie der Stab des alten Propheten und verschlang alles andere. Wäre jede glänzende Fliese weiß gewesen und hätte aus Scrooges einzelnen Gedanken ein Bild auf ihre Fläche zaubern können, auf jeder wäre ein Abbild von Marleys Gesicht erschienen.

„Dummes Zeug!" brummte Scrooge und schritt durch das Zimmer.

Nachdem er einige Male auf und ab gegangen war, setzte er sich wieder. Als er den Kopf in den Stuhl zurücklegte, fiel sein Auge wie durch Zufall auf eine Klingel, eine alte, nicht mehr gebrauchte Klingel, die zu einem jetzt vergessenen Zwecke mit einem Zimmer im obersten Stockwerk des Hauses in Verbindung stand. Zu seinem großen Erstaunen und mit einem seltsamen, unerklärlichen Schauer sah er, wie die Klingel sich zu bewegen begann: erst wenig, daß sie kaum einen Ton von sich gab, aber bald schellte sie laut und mit ihr jede andre Klingel des Hauses.

Das mochte eine halbe Minute gedauert haben, oder eine ganze, aber es kam ihm vor wie eine Stunde. Die Klingeln hörten gleichzeitig auf, wie sie gleichzeitig angefangen hatten. Dann vernahm man ein Rasseln tief unten, als ob jemand über die Fässer in des Weinhändlers Keller eine schwere Kette schleppe. Jetzt erinnerte sich Scrooge gehört zu haben, daß Gespenster Ketten schleppen.

Die Kellertür flog mit einem dumpfdröhnenden Knall auf, und dann hörte er das Klirren viel lauter auf dem Hausflur unten, dann wie es die Treppe herauf und dann wie es gerade auf seine Tür zukam.

„Es ist ja dummes Zeug", sagte Scrooge. „Ich glaube nicht dran."

Aber er wechselte doch die Farbe, als es nun, ohne zu verweilen, durch die schwere Tür und in das Zimmer kam. Als es hereintrat, flackerte das ersterbende Feuer auf, als riefe es: „Ich kenne ihn, Marleys Geist!" und sank wieder zusammen.

Dasselbe Gesicht, ganz dasselbe. Marley mit seinem Zopf, seiner gewöhnlichen Weste, den engen Hosen und hohen Stiefeln, deren Troddeln in die Höhe standen wie sein Zopf, und ebenso seine Rockschöße und das Haar auf seinem Kopf. Die Kette, die er hinter sich herschleppte, war um seinen Leib geschlungen. Sie war lang, ringelte sich wie ein Schwanz und war (Scrooge nahm sie genau in Augenschein) aus Geldkassen, Schlüsseln, Schlössern, Hauptbüchern, Kontrakten und schweren stählernen Börsen zusammen-

gesetzt. Sein Leib war so durchsichtig, daß Scrooge durch die Weste hindurch die zwei Knöpfe hinten an seinem Rock sehen konnte.

Scrooge hatte oft sagen gehört, Marley habe kein Herz, aber erst jetzt glaubte er es.

Nein, er glaubte es selbst jetzt noch nicht. Obgleich er das Gespenst durch und durch und vor sich stehen sah, obgleich er den kalten Schauer spürte, den die totenstarren Augen aussandten, und selbst den Stoff des Tuches erkannte, das ihm um Kopf und Kinn gebunden war und das er früher nicht bemerkt hatte, war er dennoch ungläubig und sträubte sich gegen das Zeugnis seiner Sinne.

„Nun", sagte Scrooge, scharf und kalt wie gewöhnlich, „was wollt Ihr?"

„Viel!" Das war Marleys Stimme.

„Wer seid Ihr?"

„Fragt mich, wer ich war."

„Nun, wer wart Ihr?" fragte Scrooge lauter.

„Für einen Schatten seid Ihr ja sonderbar."

„Als ich lebte, war ich Euer Kompagnon, Jacob Marley."

„Könnt Ihr Euch setzen?" fragte Scrooge und sah ihn zweifelnd an.

„Ich kann es."

„So tut's."

Scrooge fragte nur, weil er nicht wußte, ob sich ein so durchsichtiger Geist setzen könne, und er fühlte die Notwendigkeit einer unangenehmen Erklärung, wenn es ihm nicht möglich wäre. Aber der Geist setzte sich auf der anderen Seite des Kamins nieder, als sei er so gewohnt.

„Ihr glaubt nicht an mich?" fragte der Geist.

„Nein", sagte Scrooge.

„Welches Zeugnis, außer dem Eurer Sinne, wollt Ihr von meiner Existenz haben?"

„Ich weiß nicht", sprach Scrooge.

„Warum glaubt Ihr Euren Sinnen nicht?"

„Weil die geringste Kleinigkeit sie stört", entgegnete Scrooge. „Eine Unpäßlichkeit des Magens macht sie zu Lügnern. Ihr könnt ein unverdautes Stück Rindfleisch, ein Käserindchen, ein Stückchen schlechter Kartoffeln sein. Wer Ihr auch sein möget, Ihr habt mehr vom Unterleib, als von der Unterwelt an Euch."

Es war nicht eben Scrooges Art, Witze zu machen, auch fühlte er eben jetzt keine besondere Lust dazu. Die Wahrheit ist, daß er sich anstrengte lustig zu sein, um sich zu beruhigen und sein Entsetzen niederzuhalten; denn die Stimme des Geistes ließ ihn bis ins Mark erzittern. Es war teuflisch, diesen starren, toten Augen nur einen Augenblick schweigend gegenüberzusitzen, das fühlte Scrooge wohl. Auch daß das Gespenst seine eigene höllische Atmosphäre hatte, war grauenvoll. Scrooge fühlte sie nicht selbst, aber doch mußte es so sein; denn obgleich das Gespenst ganz regungslos dasaß, bewegten sich sein Haar, seine Rockschöße und seine Stiefeltroddeln wie vom heißen Dunst eines Ofens.

„Ihr seht diesen Zahnstocher", sprach Scrooge, seinen Angriff aus dem eben angeführten Grunde sogleich aufs neue beginnend und von dem Wunsch beseelt, den starren, eisigen Blick des Gespenstes, wenn auch nur für einen Augenblick, von sich abzulenken.

„Ja", antwortete der Geist.

„Ihr schaut ihn ja nicht an", sagte Scrooge.

„Aber ich sehe ihn trotzdem", sprach das Gespenst.

„Gut denn", antwortete Scrooge. „Ich brauche ihn nur hinunterzuschlucken, und mein ganzes übriges Leben hindurch verfolgen mich eine Legion Kobolde, die ich selbst erschaffen habe. Dummes Zeug, sag ich, dummes Zeug!"

Bei diesen Worten stieß das Gespenst einen markerschütternden Schrei aus und ließ seine Kette so grauenerregend und fürchterlich klirren, daß sich Scrooge fest an seinen Stuhl halten mußte, um nicht ohnmächtig herunterzufallen. Aber wie wuchs sein Entsetzen, als das Gespenst das Tuch vom Kopfe nahm, als wäre es ihm zu warm im Zimmer, so daß der Unterkiefer auf die Brust herunterklappte.

Scrooge fiel auf die Knie nieder und schlug die Hände vors Gesicht.

„Gnade!" rief er. „Schreckliche Erscheinung, warum verfolgst du mich?"

„Mensch mit dem irdisch gesinnten Verstand", entgegnete der Geist, „glaubst du an mich oder nicht?"

„Ich glaube", sagte Scrooge, „ich muß glauben. Aber warum wandeln Geister auf Erden, und warum kommen sie zu mir?"

„Von jedem Menschen wird verlangt, daß seine Seele unter seinen Mitmenschen wandle, in die Ferne und in die Nähe", antwortete der Geist; „und wenn die Seele dies während des Lebens nicht tut, so ist sie verdammt, es nach dem Tode zu tun. Man ist verdammt, durch die Welt zu wandern – ach, wehe mir! – und zu sehen, was man nicht teilen kann, was man aber auf Erden hätte teilen können und zu seinem Glück anwenden sollen."

Und wieder stieß das Gespenst einen Schrei aus und schüttelte seine Ketten und rang die schattenhaften Hände.

„Du bist gefesselt", sagte Scrooge zitternd. „Sage mir, warum?"

„Ich trage die Kette, die ich während meines Lebens geschmiedet habe", sprach der Geist. „Ich schmiedete sie Glied für Glied und Elle für Elle; mit meinem eigenen freien Willen lud ich sie mir auf, und mit meinem eigenen freien Willen trug ich sie. Ihre Glieder kommen dir seltsam vor?"

Scrooge zitterte mehr und mehr.

„Oder willst du wissen", fuhr der Geist fort, „wie schwer und wie lang die Kette ist, die du selber trägst? Sie war gerade so lang und so schwer wie diese hier, vor sieben Weihnachten. Seitdem hast du daran gearbeitet! Es ist eine schwere Kette."

Scrooge sah auf den Boden hinab, in der Erwartung, sich von fünfzig oder sechzig Ellen Eisenkette umschlungen zu sehen; aber er sah nichts.

„Jacob", sagte er flehend. „Jacob Marley, sage mir mehr. Sprich mir Trost zu, Jacob."

„Ich habe keinen Trost zu geben", antwortete der Geist. „Er kommt von andern Regionen, Ebenezer Scrooge, und wird von andern Boten zu andern Menschen gebracht. Auch kann ich dir nicht sagen, was ich dir sagen möchte. Ein klein wenig mehr ist alles, was mir erlaubt ist. Nirgends kann ich rasten oder ruhen. Mein Geist ging nie über unser Kontor hinaus – merke wohl auf – im Leben blieb mein Geist immer in den engen Grenzen uns-rer schachernden Höhle; und weite Reisen liegen noch vor mir."

Scrooge pflegte, wenn er nachdenklich wurde, die Hand in die Hosentasche zu stecken. Den Worten des Geistes nachsinnend, tat er es auch jetzt, ohne dabei den Blick zu heben oder vom Stuhl aufzustehen.

„Du mußt dir aber viel Zeit gelassen haben, Jacob", bemerkte er im Ton eines Geschäftsmannes, obgleich mit viel Demut und Ehrerbietung.

„Viel Zeit!" wiederholte der Geist.

„Sieben Jahre tot", sagte sinnend Scrooge. „Und die ganze Zeit über gereist."

„Die ganze Zeit", sagte der Geist. „Ohne Frieden, ohne Ruhe und mit den Qualen ewiger Reue."

„Du reisest schnell", sagte Scrooge.

„Auf den Schwingen des Windes", sagte der Geist.

„Du hättest eine große Strecke in sieben Jahren bereisen können", sagte Scrooge.

Als der Geist dies hörte, stieß er erneut einen Schrei aus und klirrte so gräßlich mit seiner Kette durch das Grabesschweigen der Nacht, daß ihn die Polizei mit vollem Recht wegen Ruhestörung hätte bestrafen können.

„Oh, gefangen und gefesselt", rief das Gespenst, „nicht zu wissen, daß Zeitalter von unaufhörlicher Arbeit unsterblicher Geschöpfe vergehen, ehe sich das Gute, dessen die Erde fähig ist, entwickeln kann. Nicht zu wissen, daß jeder christliche Geist dieses Erdenleben zu kurz finden wird, um alles Nützliche zu tun, und wenn er auch in einem noch so kleinen Kreise wirkt. Aber ich wußte es nicht, ach, ich wußte es nicht!"

„Aber du warst immer ein guter Geschäftsmann, Jacob", stotterte Scrooge zitternd, der jetzt anfing, das Schicksal des Geistes auf sich selbst zu beziehen.

„Geschäft!" rief das Gespenst, seine Hände abermals ringend. „Der Mensch wäre mein Geschäft gewesen! Das allgemeine Wohl wäre mein Geschäft gewesen! Barmherzigkeit, Versöhnlichkeit und Liebe, alles das wäre mein Geschäft gewesen! Alles, was ich in meinem Gewerbe tat, war nur ein kleiner

Tropfen Wasser im weiten Ozean meines Geschäfts!"

Er hielt seine Kette vor sich hin, als ob sie die Ursache seines nutzlosen Schmerzes wäre, und warf sie abermals dumpfdröhnend nieder.

„Zu dieser Zeit des schwindenden Jahres", sagte das Gespenst, „leide ich am meisten. Warum ging ich mit zur Erde gehefteten Augen durch die Schar meiner Mitmenschen und wendete meinen Blick nie zu dem gesegneten Stern empor, der die Weisen zur Wohnung der Armut führte? Gab es keine arme Hütte, wohin mich sein Licht hätte leiten können?"

Scrooge hörte mit Entsetzen das Gespenst so reden und fing an gewaltig zu zittern.

„Höre mich", mahnte der Geist. „Meine Zeit ist halb vorbei."

„Ich höre", hauchte Scrooge. „Aber mach es gnädig mit mir, Jacob, ich bitte dich."

„Wie es kommt, daß ich in einer dir sichtbaren Gestalt vor dich treten kann, das weiß ich nicht. Viele, viele Tage habe ich unsichtbar neben dir gesessen."

Das war kein angenehmer Gedanke. Scrooge schauderte und wischte sich den Schweiß von der Stirn.

„Es ist kein leichter Teil meiner Sühne", fuhr der Geist fort. „Heute nacht komme ich zu dir, um dich zu warnen, da du noch die Möglichkeit hast, meinem Schicksal zu entgehen. Eine Möglichkeit und eine Hoffnung, die du mir zu verdanken hast."

„Du bist immer mein guter Freund gewesen", murmelte Scrooge. „Ich danke dir."

„Drei Geister", fuhr das Gespenst fort, „werden zu dir kommen." Bei diesen Worten wurde Scrooges Angesicht fast so unglücklich wie das des Gespenstes.

„Soll das die Möglichkeit und Hoffnung sein, die du genannt hast, Jacob?" fragte er mit bebender Stimme.

„Ja."

„Ich – ich möchte lieber nicht", sagte Scrooge.

„Ohne ihr Kommen", sagte der Geist, „kannst du nicht hoffen, den Pfad zu vermeiden, dem ich nun folgen muß. Erwarte den ersten morgen früh, wenn die Glocke eins schlägt."

„Könnte ich sie nicht alle miteinander hinter mich bringen?" meinte Scrooge.

„Erwarte den zweiten in der nächsten Nacht um dieselbe Stunde. Den dritten in der darauffolgenden Nacht, wenn der letzte Schlag der zwölften Stunde verklungen ist. Schau mich an, denn du siehst mich nicht wieder; und schau mich an, damit du dich um deinetwillen an das erinnerst, was zwischen uns vorgefallen ist."

Als es diese Worte gesprochen hatte, nahm das Gespenst das Tuch vom Tisch und band es sich wieder um den Kopf. Scrooge merkte es am Geräusch der Zähne, als die Kinnladen zusammenklappten. Er wagte, die Augen zu erheben, und sah seinen übernatürlichen Besuch vor sich stehen, die Augen noch starr auf ihn geheftet und die Kette um Leib und Arme gewunden.

Die Erscheinung entfernte sich rückwärtsgehend, und bei jedem Schritt öffnete sich das Fenster ein wenig, so daß es weit offen stand, als das Gespenst es erreicht hatte. Es winkte Scrooge, näher zu kommen, und er tat es. Als sie noch zwei Schritte voneinander entfernt waren, hob Marleys Geist die Hand und gebot ihm, zu verharren. Scrooge stand still. Mehr aus Überraschung und Furcht als aus Gehorsam, denn wie sich die gespenstische Hand erhob, hörte er Klänge durch die Luft schwirren und unzusammenhängende Töne der Klage und des Leides, unsäglich schmerzlich und reuevoll. Das Gespenst hörte eine Weile zu und stimmte dann in das Klagelied ein; schließlich schwebte es in die dunkle, kalte Nacht hinaus.

Scrooge trat an das Fenster, von Neugier fast zur Verzweiflung getrieben. Er sah hinaus.

Die Luft war mit Schatten angefüllt, die in ruheloser Hast klagend hin und her schwebten. Jeder trug eine Kette wie Marleys Geist; einige wenige waren zusammengeschmiedet (wahrscheinlich schlechte Minister), keiner war ganz ohne Fesseln. Viele waren Scrooge während ihres Lebens bekannt gewesen. Ganz genau hatte er einen alten Geist in einer weißen Weste gekannt, der einen ungeheuren eisernen Geldkasten hinter sich herschleppte und jämmerlich schrie, einer armen, alten Frau mit einem Kind nicht beistehen zu können, die unten auf einer Türschwelle saß. Man sah es deutlich, ihre Pein war, sich umsonst mühen zu müssen, den Menschen Gutes zu tun und die Macht dazu auf immer verloren zu haben.

Ob diese Wesen in dem Nebel zergingen oder ob sie der Nebel einhüllte, wußte er nicht zu sagen. Aber sie und ihre Gespensterstimmen verschwanden gleichzeitig, und die Nacht wurde wieder so, wie sie auf seinem Nachhauseweg gewesen war.

Scrooge schloß das Fenster und untersuchte die Tür, durch die das Gespenst eingetreten war. Sie war verschlossen und verriegelt wie vorher. Er wollte sagen: „Dummes Zeug", blieb aber bei der ersten Silbe stecken, und da er von der innern Bewegung oder von den Anstrengungen des Tages oder von seinem Einblick in die unsichtbare Welt oder von der Unterhaltung mit dem Gespenst oder der späten Stunde sehr erschöpft war, ging er sogleich ins Bett, ohne sich auszuziehen, und sank sofort in Schlaf.

2. Strophe

Der erste Geist

Als Scrooge wieder erwachte, war es so finster, daß er das Fenster kaum von den Wänden seines Zimmers unterscheiden konnte. Er bemühte sich, die Finsternis mit seinen Katzenaugen zu durchdringen, als die Glocke eines Turmes in der Nachbarschaft mit vier Viertelschlägen die volle Stunde ankündigte. Er lauschte, um die Stundenschläge zu hören.

Zu seinem großen Erstaunen schlug die Glocke fort, von sechs zu sieben, von sieben zu acht und so weiter bis zwölf; dann schwieg sie.

Zwölf! Es war zwei vorübergewesen, als er sich zu Bett gelegt hatte. Das Uhrwerk mußte falsch gehen.

Ein Eiszapfen mußte zwischen die Räder gekommen sein. Zwölf!

Er drückte an die Feder seiner Repetieruhr, um die verrückte Glocke zu kontrollieren. Ihr kleiner lebhafter Puls schlug zwölf und schwieg.

„Was! Das ist doch nicht möglich", sagte Scrooge. „Ich soll den ganzen Tag und bis tief in die andere Nacht hinein geschlafen haben? Es kann doch nicht sein, daß der Sonne etwas passiert und es mittags um zwölf ist?"

Mit diesen unruhigen Gedanken beschäftigt, stieg er aus dem Bett und tappte nach dem Fenster. Er mußte das Eis erst wegkratzen und das Fenster mit dem Ärmel seines Schlafrockes abwischen, ehe er etwas sehen konnte; und auch das brachte nur sehr wenig. Alles, was er bemerkte, war, daß es noch sehr neblig und sehr kalt war und daß man keinen Lärm hin und her eilender Leute hörte, was doch gewiß vernehmbar gewesen wäre, wenn Nacht plötzlich den hellen Tag vertrieben und von der Welt Besitz genommen hätte. Das war ein großer Trost, weil Bedingungen wie „Drei Tage nach Sicht bezahlen Sie diesen Primawechsel an Mr. Ebenezer Scrooge oder dessen Order" nicht länger Garantien böten, wenn es keine Tage mehr gab, um danach zu zählen.

Scrooge legte sich wieder ins Bett und dachte darüber nach, konnte aber zu keinem Schluß kommen. Je mehr er nachdachte, desto verwirrter wurde er; und je mehr er sich bemühte nicht nachzudenken, desto mehr dachte er nach. Marleys Geist machte ihm zu schaffen. Immer, wenn er nach reiflicher Überlegung zu dem festen Entschluß gekommen war, das Ganze nur für einen Traum zu halten, flog sein Geist wie eine starke vom Druck befreite Feder wieder in die alte Lage zurück und stellte ihm erneut dieselbe Frage, die er schon zehnmal überlegt hatte: „War es ein Traum oder nicht?"

Scrooge blieb in diesem Zustand liegen, bis es wieder drei Viertel schlug. Da besann er sich plötzlich, daß der Geist ihm eine Erscheinung mit dem Schlag eins versprochen hatte. So beschloß er wach zu bleiben, bis die Stunde vorüber sei, und wenn man bedenkt, daß er ebensowenig schlafen als in den Himmel kommen konnte, war dies gewiß der klügste Entschluß, den er fassen konnte.

Die Viertelstunde war so lang, daß es ihm mehr als einmal vorkam, er müsse unversehens in Schlaf gefallen sein und die Uhr überhört haben. Endlich vernahm sein lauschendes Ohr die Glocke.

„Bim, bam!"

„Ein Viertel", sagte Scrooge zählend.

„Bim, bam!"

„Halb", sagte Scrooge.

„Bim, bam!"

„Drei Viertel", sagte Scrooge.

„Bim, bam!"

„Voll!" rief Scrooge freudig. „Und weiter nichts!"

Er sprach das, ehe die Stundenglocke schlug, was sie jetzt mit einem tiefen, hohlen, melancholischen Klang tat. In demselben Augenblick wurde es hell im Zimmer, und die Vorhänge seines Bettes wurden geöffnet.

Ich sage euch, die Vorhänge seines Bettes wurden von einer Hand weggezogen, und als er sich aufrichtete, blickte Scrooge dem unirdischen Gast, der sie geöffnet hatte, in das Gesicht. So dicht stand er ihm gegenüber, wie ich jetzt im Geist neben euch stehe.

Es war eine sonderbare Gestalt, gleich einem Kind, aber doch eigentlich auch nicht, sondern mehr wie ein Greis, der durch einen wunderbaren Zauber erschien, als sei er dem Auge entrückt und auf diese Weise so klein geworden wie ein Kind. Sein Haar, das in langen Locken auf seine Schultern herabwallte, war weiß, wie vom Alter, und dennoch hatte das Gesicht keine einzige Runzel, und um das Kinn bemerkte man den zartesten Flaum. Die Arme waren lang und muskulös, die Hände ebenso, als läge in ihnen eine ungeheure Kraft. Seine Füße, zart und fein geformt, waren entblößt, gleich den Armen. Der Geist trug einen Talar vom reinsten Weiß; um seinen Leib schlang sich ein Gürtel von wunderbarem Glanz. Er hielt einen frisch-grünen Stechpalmenzweig in der Hand; aber in seltsamem Widerspruch mit diesem Zeichen des Winters war das Kleid mit Sommerblumen verziert. Das Wunderbarste aber war, daß von seinem Scheitel ein heller Lichtstrahl in die Höhe schoß, der alles ringsum erleuchtete, und der gewiß die Ursache war, daß der Geist bei weniger guter Laune einen großen Löschhut, den er jetzt unter dem Arm trug, als Mütze aufsetzte.

Aber selbst dies war nicht seine seltsamste Eigenschaft. Denn wie der Gürtel des Geistes bald an dieser Stelle glänzte und funkelte und bald an jener, und wie das, was im Augenblick hell gewesen war, plötzlich dunkel wurde, so verwandelte sich auch die Gestalt selbst, man wußte nicht wie: bald war es ein Ding mit einem Arm, bald mit einem Bein, bald mit zwanzig Beinen, bald sah man nur zwei Füße ohne Kopf, bald einen Kopf ohne Leib; und wie einer dieser Teile verschwand, blieb keine Spur von ihm in dem dichten Dunkel zurück, das ihn verschlang. Und das größte Wunder dabei war: die Gestalt blieb immer dieselbe.

„Sind Sie der Geist, dessen Erscheinung mir vorhergesagt wurde?" fragte Scrooge.

„Ich bin es."

Die Stimme war sanft und wohlklingend und so leise, als käme sie nicht aus dichtester Nähe, sondern aus einiger Entfernung.

„Wer und was sind Sie?" fragte Scrooge, schon etwas mehr Mut fassend.

„Ich bin der Geist der vergangenen Weihnacht."

„Einer lange vergangenen?" fragte Scrooge im Hinblick auf die zwergenhaften Erscheinung.

„Nein, deiner vergangenen."

Vielleicht hätte Scrooge, wenn ihn jemand befragt hätte, nicht sagen können, warum, aber doch fühlte er ein ganz besonderes Verlangen, den Geist unter seinem Hut zu sehen; und er bat ihn, sich zu bedecken.

„Was?" rief der Geist. „Willst du so bald mit irdisch gesinnter Hand das Licht, das ich spende, verlöschen? Ist es nicht genug, daß du einer von denen bist, deren Leidenschaften diese Mütze geschaffen haben und mich zwingen, durch lange, lange Jahre meine Stirn damit zu verhüllen?"

Scrooge entschuldigte sich ehrfurchtsvoll,

er habe nicht die Absicht gehabt, ihn zu beleidigen, und behauptete, nicht zu wissen, daß er irgend einmal in seinem Leben dem Geist Ursache gegeben habe, sich zu bedecken. Dann war er so frei, zu fragen, was ihn hierher führe.

„Dein Wohl", sagte der Geist.

Scrooge drückte ihm seine Dankbarkeit aus, konnte sich aber doch nicht des Gedankens erwehren, daß ihm eine Nacht ungestörten Schlafes mehr genützt hätte.

Der Geist mußte ihn haben denken hören, denn er sagte sogleich: „Deine Besserung also. Nimm dich in acht!"

Er streckte seine starke Hand aus, als er dies sprach, und ergriff sanft seinen Arm.

„Steh auf und folge mir."

Vergebens würde Scrooge eingewendet haben, Wetter und Stunde seien schlecht geeignet zum Spazierengehen, das Bett sei warm und das Thermometer ein gutes Stück unter dem Gefrierpunkt, er sei nur in Pantoffeln, Schlafrock und Nachtmütze gekleidet und habe gerade jetzt den Schnupfen. Dem Griff, war er auch sanft wie der einer Frauenhand, war nicht zu widerstehen. Er stand auf; aber als er sah, daß der Geist nach dem Fenster schwebte, faßte er ihn flehend beim Gewand.

„Ich bin ein Sterblicher", sagte Scrooge, „und könnte fallen."

„Laß meine Hand dich hier berühren", sagte der Geist, indem er die Hand auf das Herz legte, „und du wirst größere Gefahren überwinden, als diese hier."

Als er diese Worte gesprochen hatte, drangen die beiden durch die Wand und standen plötzlich im Freien auf der Landstraße, rings von Feldern umgeben. Die Stadt war ganz verschwunden. Keine Spur mehr davon. Die Dunkelheit und der Nebel waren mit ihr verschwunden, es war jetzt ein klarer, kalter Wintertag und der Boden mit weißem reinem Schnee bedeckt.

„Gütiger Himmel!" rief Scrooge, die Hände faltend, als er um sich blickte. „Hier wurde ich geboren. Hier lebte ich als Knabe."

Der Geist schaute ihn mit milden Blicken an. Seine sanfte Berührung, obgleich sie nur leise und flüchtig gewesen war, bebte immer noch nach in dem Herzen des alten Mannes. Er fühlte, wie tausend Düfte die Luft durchwehten, jeder mit tausend Gedanken und Hoffnungen und Freuden und Sorgen verbunden, die lange, lange vergessen waren.

„Deine Lippen zittern", sagte der Geist. „Und was glänzt auf deiner Wange?"

Scrooge murmelte mit einem ungewöhnlichen Mollton in der Stimme, es sei ein Wärzchen, und bat den Geist, ihn zu führen, wohin er wolle.

„Erinnerst du dich des Weges?" fragte der Geist.

„Ob ich mich seiner erinnere?" rief Scrooge mit Innigkeit. „Blindlings könnte ich ihn gehen!"

„Seltsam, daß du ihn so viele Jahre hindurch vergessen hast", sagte der Geist. „Komm!"

Sie schritten den Weg entlang. Scrooge erkannte jedes Tor, jeden Pfahl, jeden Baum wieder, bis ein kleiner Marktflecken in der Ferne mit seiner Kirche, seiner Brücke und dem hellen Fluß erschien. Jetzt kamen einige Knaben, auf zottigen Ponys reitend, auf sie zu, die anderen Knaben in ländlichen Wagen laut zuriefen. Alle waren gar fröhlich und laut, bis die weiten Felder so voll heiterer Musik waren, daß die kalte, sonnige Luft lachte, sie zu hören.

„Dies sind nur Schatten der Dinge, die da gewesen sind", meinte der Geist, „sie wissen nichts von uns."

Die fröhlichen Reisenden kamen näher, und Scrooge erkannte sie jetzt alle und konnte sie alle beim Namen nennen. Warum freute er sich über alle Maßen, sie zu sehen, warum wurde sein kaltes Auge feucht, warum frohlockte sein Herz, als sie vorübereilten, warum wurde sein Herz weich, wie sie an den Kreuzwegen voneinander schieden und einander fröhliche Weihnachten wünschten?

Was gingen denn Scrooge fröhliche Weihnachten an? Der Henker hole die fröhlichen Weihnachten! Welchen Nutzen hatte er wohl jemals davon gehabt?

„Die Schule ist nicht ganz verlassen", nahm der Geist wieder das Wort. „Ein Kind, eine verlassene Waise, sitzt noch einsam dort."

Scrooge sagte, er wisse es. Und er schluchzte.

Sie verließen nunmehr die Heerstraße auf einem wohlbekannten Feldweg und erreichten bald ein Haus aus dunkelroten Backsteinen mit einem kleinen Türmchen auf dem Dach und einer Glocke drin. Es war ein großes Haus, aber jetzt vernachlässigt und ziemlich verwahrlost, weil die geräumigen Gemächer wenig gebraucht waren, die Wände feucht und grün, die Fenster zerbrochen, die Türen morsch und halb zerfallen. Hühner gluckten und scharrten in den Ställen, und der Wagenschuppen war mit Gras überwachsen. Auch im Innern war nichts übriggeblieben von seiner alten Pracht, denn als sie in den veröteten Hausflur eintraten und durch die offenen Türen in die vielen Zimmer blickten, sahen sie nur ärmlich ausgestattete, kalte, große Räume. Ein erdiger, multriger Geruch lag in der Luft, eine frostige Unbehaglichkeit von allzu häufigem Aufstehen bei Kerzenlicht und nicht allzu reichlichem Essen.

Der Geist ging mit Scrooge über den Hausflur nach einer Tür auf der Rückseite des Hauses. Sie öffnete sich vor ihnen und zeigte ihnen einen langen, kahlen, unbehaglichen Saal, den Reihen von einfachen hölzernen Bänken noch kahler und unbehaglicher machten.

Auf einer davon saß einsam ein Knabe neben einem schwachen Feuer und las; und Scrooge setzte sich auf eine Bank nieder und weinte, als er sein eigenes, vergessenes Selbst sah, wie es in früheren Jahren war.

Kein dumpfer Widerhall in dem Haus, kein Rascheln der Mäuse hinter dem Getäfel, kein

Getröpfel des halbgefrorenen Brunnentrogs hinten im Hof, kein Seufzer in den blattlosen Zweigen einer verlassen trauernden Pappel, nicht das Knarren der vom Wind hin und her bewegten Tür des Vorratshauses im Hof, selbst nicht das Knistern des Feuers war für Scrooge verloren. Alles fiel auf sein Herz wie erweichende Töne und löste seine Tränen.

Der Geist berührte seinen Arm und wies auf sein jüngeres, in ein Buch vertieftes Abbild. Plötzlich stand draußen vor dem Fenster ein Mann in fremdartiger Tracht, mit einer Axt im Gürtel und einen mit Holz beladenen Esel am Zaume führend.

„Was! Das ist ja Ali Baba!" rief Scrooge voller Freude aus. „Es ist der alte, liebe, ehrliche Ali Baba. Ja, ja, ich weiß es noch. Einst zur Weihnachtszeit geschah es, daß dieser verlassene Knabe ganz allein hier saß und er zum ersten Male wirklich kam, gerade wie er dort steht. Der arme Junge! Und Valentin", fuhr Scrooge fort, „und auch sein wilder Bruder Orson, dort gehen sie! Und wie heißt doch der, der mitten im Schlaf vor das Tor von Damaskus gesetzt wurde? Siehst du ihn nicht? Und der Stallmeister des Sultans, der von den bösen Geistern auf den Kopf gestellt wurde, dort ist er ja auch! Ha, ha, es geschieht ihm schon recht! Wer hieß es ihn auch, die Prinzessin heiraten wollen!"

Scrooge allen Ernstes und mit einer zwischen Lachen und Weinen schwankenden Stimme über solche Gegenstände reden zu hören und dann auch noch sein vor Freude aufgeregtes Gesicht zu sehen, wäre für seine Geschäftsfreunde im Börsenviertel gewiß eine große Überraschung gewesen.

„Da ist ja auch der Papagei", rief Scrooge, „der mit grünem Leib und gelbem Schwanz, da ist er! Der arme Robinson, er rief ihn, als er von seiner Inselumsegelung wieder nach Hause kam ‚Robinson Crusoe, wo bist du gewesen?' Er glaubte, er träume, aber das war der Papagei. Ha, dort läuft Freitag in der kleinen Bucht. Es gilt das Leben. Hallo, hoh, hallo!"

Dann sagte er mit einem schnellen Wechsel der Gefühle, der seinem gewöhnlichen Cha-

rakter sehr fremd war: „Der arme Knabe!" Und er weinte wieder. Dann wischte er sich mit dem Ärmelaufschlag die Augen, steckte die Hand in die Tasche und murmelte: „Ich wünschte – aber es ist jetzt zu spät."

„Was willst du?" fragte der Geist.

„Nichts", sagte Scrooge, „nichts. Gestern abend sang ein Knabe ein Weihnachtslied vor meiner Tür. Ich wünschte, ich hätte ihm etwas gegeben, weiter war es nichts."

Der Geist lächelte gedankenvoll und winkte mit der Hand. Dann sagte er: „Laß uns ein anderes Weihnachtsfest sehen."

Scrooges früheres Selbst wurde bei diesen Worten größer, und das Zimmer etwas finsterer und schwärzer, das Getäfel warf sich, die Fensterscheiben sprangen, Stücke des Kalkbewurfs fielen von der Decke und das bloße Lattenwerk zeigte sich. Aber wie das alles geschah, wußte Scrooge ebensowenig wie ihr. Er wußte nur, daß alles stimmte und sich ganz so zugetragen habe, und daß er's nun wieder sei, der dort allein sitze, während die andern Knaben nach Hause gereist waren zur fröhlichen Weihnachtsfeier.

Er las nicht, sondern ging wie in Verzweiflung im Zimmer auf und ab. Scrooge blickte den Geist an und schaute mit einem traurigen Kopfschütteln und in banger Erwartung nach der Tür.

Da ging sie auf, und ein kleines Mädchen, viel jünger als der Knabe, sprang herein, schlang die Arme um seinen Hals, küßte ihn und begrüßte ihn als ihren „lieben, lieben Bruder".

„Ich komme, um dich mit nach Hause zu nehmen, lieber Bruder!" sagte das Kind, fröhlich mit den Händen klatschend. „Dich mit nach Hause zu nehmen, nach Hause, nach Hause!"

„Nach Hause, liebe Fanny?" fragte der Knabe.

„Ja!" antwortete die Kleine in überströmender Freude. „Nach Hause und für immer! Der Vater ist so viel freundlicher als sonst, daß es bei uns wie im Himmel ist. Eines Abends, als ich zu Bett ging, sprach er so freundlich mit mir, daß ich mir ein Herz faßte und ihn fragte, ob du nicht nach Hause kommen dürftest –, und er sagte ja, und schickte mich im Wagen her, um dich zu holen. Und du sollst jetzt dein freier Herr sein", sagte das Kind und blickte ihn bewundernd an, „und nicht mehr hierher zurückkehren; aber erst sollen wir alle zusammen das Weihnachtsfest feiern und recht lustig sein."

„Du bist ja eine ordentliche Dame geworden, Fanny!" rief der Knabe aus.

Sie klatschte in die Hände und lachte und versuchte, bis an seinen Kopf zu reichen; aber sie war zu klein, und lachte wieder und stellte sich auf die Zehen, um ihn zu umarmen. Dann zog sie ihn in kindlicher Ungeduld zur Tür, und er begleitete sie mit leichtem Herzen.

Eine schreckliche Stimme im Hausflur rief: „Bringt Scrooges Koffer herunter!" Es war der Schullehrer selbst, der Scrooge mit brutal hochnäsiger Herablassung anstarrte und ihn in großen Schrecken setzte, als er ihm die Hand drückte. Dann führte er ihn und seine Schwester in ein unwirtliches, feuchtes Empfangszimmer, an dessen Wänden Landkarten und in dessen Fenster die Erd- und Himmelsgloben vor Kälte glänzten. Er brachte eine Flasche merkwürdig leichten Wein und ein Stück merkwürdig schweren Kuchen herbei und bewirtete die Kinder sparsam mit diesen auserlesenen Leckerbissen.

Auch schickte er eine hungrig aussehende Magd hinaus, um dem Postillon ein Gläschen anzubieten, die dieser aber dankend mit den Worten zurückkwies, wenn es von demselben Faß wie das vorige sei, möchte er lieber nicht kosten. Während dieser Zeit war Scrooges Koffer auf den Wagen gebunden worden, und die Kinder nahmen ohne Rührung von dem Schulmeister Abschied, setzten sich in den Wagen und fuhren so schnell zum Garten hinaus, daß der Reif und der Schnee wie Schaum von den immergrünen Gebüschen hinwegstob.

„Sie war immer ein zartes Wesen, das von einem Hauch hätte verwelken können", sagte der Geist. „Aber sie hatte ein großes Herz."

„Ja, das hatte sie", rief Scrooge. „Ich will nicht widersprechen, Geist. Gott verhüte es."

„Sie starb als Frau", sagte der Geist, „und hatte Kinder, glaube ich."

„Ein Kind", antwortete Scrooge.

„Ja", sagte der Geist. „Dein Neffe."

Scrooge schien unruhig zu werden und antwortete kurz: „Ja."

Obgleich sie die Schule kaum einen Augenblick hinter sich gelassen hatten, befanden sie sich doch plötzlich mitten in den lebendigsten Straßen der Stadt, wo schattenhafte Fußgänger vorübergingen, wo gespenstige Wagen und Kutschen um Platz stritten und wo das ganze wirre Leben einer wirklichen Stadt herrschte. Am Aufputz der Läden sah man, daß auch hier Weihnachten war; aber es war Abend, und die Straßenlaternen brannten.

Der Geist blieb vor dem Eingang eines Lagerhauses stehen und fragte Scrooge, ob er dies kenne.

„Ob ich es kenne?" sagte Scrooge. „Hab ich hier nicht gelernt?"

Sie traten ein. Beim Anblick eines alten Herrn in einer Stutzperücke, der hinter einem so hohen Pult saß, daß er mit dem Kopf hätte an die Decke stoßen müssen, wäre er zwei Zoll größer gewesen, rief Scrooge in großer Aufregung: „Ha, das ist ja der alte Fezziwig, Gott segne ihn, es ist Fezziwig, wie er leibt und lebt!"

Der alte Fezziwig legte seine Feder hin und sah hinauf nach der Uhr, deren Zeiger auf sieben stand. Er rieb die Hände, zog seine geräumige Weste herunter, schüttelte sich vor heimlichem Lachen von Kopf bis Fuß und rief mit einer behäbigen, voll und doch mild tönenden heiteren Stimme: „Hallo, dort! Ebenezer! Dick!"

Scrooges früheres Selbst, jetzt zu einem Jüngling geworden, trat flink herein, begleitet von seinem Mitlehrling.

„Dick Wilkins, wahrhaftig!" sagte Scrooge zu dem Geist. „Wahrhaftig, er ist es. Er war mir sehr zugetan, der Dick. Der arme Dick! Du meine Güte!"

„Hallo, meine Burschen", rief Fezziwig. „Feierabend heute. Weihnachten, Dick! Weihnachten Ebenezer! Macht die Läden zu, schnell! Ehe einer Jack Robinson sagen kann." So rief der alte Fezziwig, munter die Hände zusammenschlagend.

Kaum zu glauben, wie rasch und munter die beiden Jungen darangingen. Sie liefen mit den Läden hinaus – eins, zwei, drei – hatten sie eingesetzt – vier, fünf, sechs – sie zugeriegelt und zugeschraubt – sieben, acht, neun – und kamen zurück, ehe man zwölf sagen konnte, außer Atem, wie Rennpferde.

„Hussahoh!" rief der alte Fezziwig, mit wunderbarer Geschicklichkeit von seinem hohen Sessel herunterspringend. „Aufräumen, Jungens, und macht viel Platz! Hussahoh, Dick! Hallo, Ebenezer!"

Aufräumen! Es gab nichts, was sie nicht wegräumen wollten oder wegräumen konnten, wenn der alte Fezziwig zusah. Es war in einer Minute geschehen. Alles, was nicht niet- und nagelfest war, wurde in die Winkel geschoben, als sei es für immer aus dem öffentlichen Dienste entlassen; der Flur wurde gekehrt und gesprengt, die Lampen geputzt, Kohlen auf das Feuer geschüttet, und der Laden war so behaglich, so warm und hell wie ein Ballsaal und wie man es nur an einem Winterabend verlangen konnte.

Jetzt trat ein Fiedler mit einem Notenbuch herein, er kletterte auf Fezziwigs Pult, machte ihn zum Orchester und begann zu stimmen, als hätte er fürchterliches Bauchweh. Dann kam Mrs. Fezziwig, ein einziges behagliches Lächeln. Dann kamen die drei Miss Fezziwig, freudestrahlend und liebenswürdig. Dann kamen die sechs Jünglinge, deren Herzen sie brachen. Dann kamen die Burschen und Mädchen, die im Haus einen Dienst hatten: das Hausmädchen mit dem Vetter, dem Bäcker, die Köchin mit ihres Bruders vertrautem Freund, dem Milchmann.

Dann kam der Bursche von gegenüber, von dem man sagte, er habe bei seinem Herrn knappe Kost; er versuchte, sich hinter dem Mädchen aus dem Nachbarhaus zu verstecken, dem man nachwies, es sei von der Herrschaft an den Ohren gezogen worden. Sie kamen alle, einer nach dem andern; einige schüchtern, andere keck, einige mit Geschick, andere mit Ungeschick, die zerrend und jene stoßend. Dann ging es los, zwanzig Paare auf einmal, eine halbe Runde hin und zurück, dann die Mitte des Zimmers hinauf und wieder herab, dann in zärtlichen Gruppen sich drehend: das alte erste Paar immer an der falschen Stelle, das nächste erste Paar immer zur falschen Zeit, bis alle Paare erste waren und kein einziges mehr das letzte. Als sie so weit gekommen waren, klatschte der alte Fezziwig zum Zeichen, daß der Tanz aus sei, in die Hände und rief: „Bravo!" Und der Fiedler senkte sein glühendes Gesicht in einen Krug Porter, der extra zu diesem Zweck neben ihm stand. Aber kaum war er wieder heraus, als er, obgleich noch keine Tänzer dastanden, wieder aufzuspielen begann, als sei der alte Fiedler erschöpft nach Hause getragen worden und er ein ganz frischer, entschlossen, den alten vergessen zu machen.

Dann folgten noch mehrere Tänze und Pfänderspiele und wieder Tänze. Dann kam Kuchen und Negus und ein großes Stück kalter Braten, und dann ein großes Stück kaltes Siedfleisch und Fleischpasteten und viel Bier. Aber der Glanzpunkt des Abends kam nach dem Siedfleisch, als der Fiedler (ein heller Kopf, er kannte sein Geschäft besser, als ihr oder ich es hätte lehren können) den Großvatertanz „Sir Roger de Coverley" zu spielen begann. Da trat der alte Fezziwig mit Mrs. Fezziwig an, und zwar als das erste Paar. Sie hatten ein gutes Stück Arbeit vor sich, drei- oder vierundzwanzig Partner, Leute, mit denen nicht zu spaßen war, Leute, die tanzen wollten und keine Lust hatten, zu spazieren.

Aber selbst wenn es zweimal, ja viermal soviel gewesen wären, hätte es der alte Fezziwig mit ihnen aufgenommen und auch Mrs. Fezziwig. Sie war im vollen Sinn des Wortes würdig, seine Tänzerin zu sein. Wenn das kein großes Lob ist, so sagt mir ein größeres, und ich will es aussprechen. Von Fezziwigs Waden schien ein eigener Glanz auszugehen. Sie leuchteten in jedem Teil des Tanzes wie ein Paar Monde. Ihr hättet zu keiner Minute voraussagen können, was aus ihnen in der nächsten wird. Und als der alte Fezziwig und Mrs. Fezziwig alle Touren des Tanzes durchgemacht hatten, sprang Fezziwig so geschickt, als zwinkere er mit den Beinen, und kam, ohne zu wanken, wieder auf die Füße.

Mit dem Glockenschlag elf war dieser häusliche Ball zu Ende. Mr. und Mrs. Fezziwig stellten sich zu beiden Seiten der Tür auf, schüttelten jedem einzelnen der Gäste die Hand zum Abschied und wünschten ihm oder ihr fröhliche Weihnachten.

Als alle, außer den beiden Lehrlingen, fort waren, wünschten sie diesen das gleiche. So waren die heiteren Stimmen verklungen, und die Burschen gingen in ihr Bett, das sich unter einem Ladentisch hinten im Lagerraum befand.

Während dieser ganzen Zeit hatte sich Scrooge wie ein Verrückter benommen. Sein Herz und seine Seele waren bei dem Ball und seinem früheren Selbst. Er bestätigte alles, erinnerte sich an alles, freute sich über alles und befand sich in der seltsamsten Aufregung. Nicht eher als bis die fröhlichen Gesichter seines früheren Selbst und das Antlitz Dicks verschwunden waren, dachte er daran, daß der Geist neben ihm stand und ihn anschaute, während das Licht auf seinem Haupt in voller Klarheit brannte.

„Eine Kleinigkeit war's doch", meinte der Geist, „diesen närrischen Leuten solche Dankbarkeit einzuflößen."

„Eine Kleinigkeit!" gab Scrooge zurück.

Der Geist bedeutete ihm, den beiden Lehrlingen zuzuhören, die sich gegenseitig mit Lobpreisungen Fezziwigs überboten; und als Scrooge das getan hatte, sprach der Geist: „Nun, ist es nicht so? Er hat nur ein paar Pfund irdischen Mammons hingegeben; vielleicht drei oder vier. Ist das so der Rede wert, daß er solches Lob verdient?"

„Das ist's nicht", sagte Scrooge, von dieser Bemerkung gereizt und wie sein früheres, nicht wie sein jetziges Selbst sprechend. „Das ist's nicht, Geist. Er hat die Macht, uns glücklich oder unglücklich, unsern Dienst zu einer Lust oder zu einer Bürde, zu einer Freude oder zu einer Qual zu machen. Du magst sagen, seine Macht liege in Worten und Blicken, in so unbedeutenden und kleinen Dingen, daß

es unmöglich ist, sie herzuzählen: was schadet das? Das Glück, das er bereitet, ist so groß, als wenn es sein ganzes Vermögen kostete."

Er fühlte des Geistes Blick und schwieg.

„Was gibt's?" fragte der Geist.

„Nichts, nichts", sagte Scrooge.

„Aber doch etwas, wie?" drängte der Geist.

„Nein", sagte Scrooge, „nein. Ich möchte nur eben jetzt ein paar Worte mit meinem Gehilfen sprechen. Das ist alles."

Sein früheres Selbst löschte gerade die Lampen aus, als er diesen Wunsch aussprach, und Scrooge und der Geist standen wieder im Freien.

„Meine Zeit geht zu Ende", sagte der Geist. „Schnell!"

Dieses letzte Wort war nicht zu Scrooge oder zu jemand, den er sehen konnte, gesprochen, aber es wirkte sofort. Denn wieder sah Scrooge sich selbst. Er war jetzt älter geworden – ein Mann in der Blüte seiner Jahre. Sein Gesicht hatte noch nicht die schroffen, rauhen Züge der späteren Jahre, aber schon begann es Anzeichen der Sorge und des Geizes anzunehmen. In seinem Auge brannte ein ruheloses, habsüchtiges Feuer, das Zeugnis gab von der Leidenschaft, die dort Wurzeln geschlagen hatte, und zeigte, wohin der Schatten des wachsenden Baumes fallen würde.

Er war nicht allein, sondern saß neben einem schönen jungen Mädchen in Trauerkleidern. In ihren Augen standen Tränen, die in dem Licht glänzten, das von dem Geist vergangener Weihnachten ausströmte.

„Es ist ohne Bedeutung", sagte sie sanft, „und für Sie von gar keiner. Ein anderes Götzenbild hat mich verdrängt; und wenn es Sie in späterer Zeit trösten und aufrecht erhalten kann, wie ich es versucht hätte, so habe ich keine Ursache zu klagen."

„Welches Götzenbild hätte Sie verdrängt?" erwiderte er.

„Ein goldenes."

„Dies ist die Gerechtigkeit der Welt!" sagte er. „Gegen nichts ist sie so hart als gegen die Armut; und nichts tadelt sie unnachsichtiger als das Streben nach Reichtum."

„Sie fürchten das Urteil der Welt zu sehr", antwortete sie sanft. „Alle Ihre andern Hoffnungen sind in der einen aufgegangen, vor diesem engherzigen Vorwurf gesichert zu sein. Ich habe Ihre edleren Bestrebungen eine nach der andern verschwinden sehen, bis Sie ganz die eine Leidenschaft, die Gier nach Gold, erfüllte. Ist es nicht so?"

„Und wenn es so wäre?" antwortete er. „Wenn ich soviel klüger geworden wäre, was dann? Gegen Sie bin ich nie anders geworden."

Sie schüttelte den Kopf

„Bin ich anders?"

„Unser Bund ist alt. Er wurde geschlossen, als wir beide arm und zufrieden waren, unser Los durch ausdauernden Fleiß verbessern zu können. Sie haben sich aber verändert! Damals, als er geschlossen wurde, waren Sie ein anderer Mensch."

„Ich war ein Knabe", sagte er ungeduldig.

„Ihr eigenes Gefühl sagt Ihnen, daß Sie nicht so waren, wie Sie jetzt sind", antwortete sie. „Ich bin noch dieselbe. Das, was uns Glück versprach, als wir noch ein Herz und eine Seele waren, muß uns Unglück bringen, da wir im Geiste nicht mehr eins sind. Wie oft und wie bitter ich dies gefühlt habe, will ich nicht sagen; es ist genug, daß ich es gefühlt habe und daß ich Ihnen Ihr Wort zurückgeben kann."

„Habe ich dies jemals verlangt?"

„In Worten? Nein. Niemals."

„Wie dann?"

„Durch ein verändertes Wesen, durch einen andern Sinn, durch andere Bestrebungen im Leben und durch andere Hoffnungen – in allem, was meiner Liebe in Ihren Augen Wert gab. Wenn alles Frühere nicht zwischen uns geschehen wäre", sagte das Mädchen, ihn mit sanftem, aber festem Blicke ansehend, „würden Sie mich jetzt aufsuchen und um mich werben? Gewiß nicht!"

Er schien die Wahrheit ihrer Worte wider seinen Willen zuzugeben. Aber er tat seinen Gefühlen Gewalt an und sagte: „Sie glauben nicht?"

„Gern glaubte ich es, wenn ich könnte", sagte sie. „Gott weiß es. Wenn ich eine Wahr-heit wie diese erkannt habe, weiß ich, wie unwiderstehlich sie sein muß. Aber soll ich glauben, daß Sie ein armes Mädchen wählen würden, wenn Sie heute oder morgen oder gestern frei wären, Sie, der selbst in den vertrautesten Stunden alles nach dem Gewinn mißt? Oder soll ich mir verhehlen, daß Sie gewiß einst sich getäuscht und bittere Reue fühlen würden, weil Sie für einen Augenblick Ihrem einzigen leitenden Grundsatz untreu werden? Nein, und deswegen gebe ich Ihnen Ihr Wort zurück: willig und um der Liebe dessentwillen, der Sie einst waren."

Er wollte sprechen, aber mit abgewendetem Gesicht fuhr sie fort: „Vielleicht – der Gedanke an die Vergangenheit läßt es mich beinah hoffen – wird es Sie schmerzen. Eine kurze, sehr kurze Zeit, und Sie werden die Erinnerung daran fallenlassen, wie die Gedanken an einen nichtigen Traum, aus dem zu erwachen ein Glück für Sie war. Möge Sie alles Glück auf dem gewählten Lebensweg begleiten!"

Sie schieden.

„Geist", sagte Scrooge, „zeig mir nichts mehr, führ mich nach Hause. Warum hast du Freuden daran, mich zu quälen?"

„Noch einen Schatten", rief der Geist aus.

„Nein", rief Scrooge. „Nein. Ich mag nichts mehr sehen. Zeig mir nichts mehr."

Aber der erbarmungslose Geist hielt ihn mit beiden Händen fest und zwang ihn, zu betrachten, was als nächstes geschah.

Sie befanden sich an einem anderen Ort, in einem Zimmer, nicht besonders groß oder schön, aber voller Behaglichkeit. Neben dem Kamin saß ein schönes junges Mädchen, das der, die Scrooge soeben gesehen hatte, so ähnlich war, daß er glaubte, es sei dieselbe, bis er diese, jetzt eine stattliche Matrone, der Tochter gegenüber sitzen sah. In dem Zimmer war ein wahrer Aufruhr, denn es befanden sich mehr Kinder darin, als Scrooge zählen konnte; und hier führten sich nicht vierzig Kinder wie eins auf, sondern jedes Kind wie vierzig. Die Folge davon war ein Lärm sondergleichen; aber niemand schien sich darüber aufzuregen. im Gegenteil, Mutter und Tochter lachten herzlich und freuten sich darüber, und die letztere, die sich bald in die Spiele mischte, wurde von den kleinen Schelmen gar grausam mitgenommen. Was hätte ich darum gegeben, eines dieser Kinder zu sein, obgleich ich nie so ungezogen gewesen wäre! Nein, nein! Für alle Schätze der Welt hätte ich nicht diese Locken zerdrückt und zerwühlt; und diesen lieben, kleinen Schuh hätte ich nicht entwendet, selbst um mein Leben zu retten. Im Scherz ihre Taille zu messen, wie die dreiste junge Brut tat, hätte ich nicht gewagt aus Furcht, mein Arm würde zur Strafe krumm und nie wieder gerade wachsen. Und doch, wie gern, ich gestehe es, hätte ich ihre Lippen berührt; wie gern sie ausgefragt, damit sie sich geöffnet hätten; wie gern hätte ich die Wimpern dieser niedergeschlagenen Augen betrachtet, ohne ein Erröten hervorzurufen; wie gern dieses wogende Haar gelöst, von dem eine einzige Locke ein unschätzbares Andenken gewesen wäre: kurz, wie gern hätte ich das kleinste Vorrecht eines dieser Kinder gehabt, mit der Bedingung, Manns genug zu bleiben, um seinen Wert zu fühlen.

Aber jetzt war ein Klopfen an der Tür vernehmbar, das einen allgemeinen Ansturm hervorrief, durch den sie mit lachendem Gesicht und zerknülltem Kleid in der Mitte eines lärmenden Haufens nach der Tür gedrängt wurde, dem Vater entgegen, der nach Hause kam in Begleitung eines mit Weihnachtsgeschenken beladenen Mannes. Gab das ein Geschrei und Gedränge und einen Sturm auf den verteidigungsunfähigen Träger! Wie sie auf Stühlen an ihm hinaufstiegen, in seine Taschen guckten, die Papierpäckchen raubten, an seiner Halsbinde zupften, an seinem Halse hingen, ihm auf den Rücken trommelten und an die Beine stießen – alles in unwiderstehlicher Freude! Dann die begeisterten und frohlockenden Ausrufe, mit denen der Inhalt jedes Päckchens begrüßt wurde! Die schreckliche Kunde, daß das Kleinste ertappt worden sei, wie es die Puppenbratpfanne in den Mund gesteckt und wohl gar das hölzerne Huhn samt der Schüssel hinuntergeschluckt habe!

Die große Beruhigung, als man entdeckte, daß es falscher Alarm gewesen war! Die Freude und die Dankbarkeit und das Entzücken! Dies alles übertrifft jede Beschreibung. Es muß genügen, zu wissen, daß die Kinder und ihre Freunde endlich aus dem Zimmer kamen und über eine Treppe in den obersten Stock hinaufgingen, wo sie zu Bett gebracht wurden und blieben.

Und als Scrooge jetzt sah, wie sich der Herr des Hauses, die Tochter zärtlich an seine Seite geschmiegt, mit ihr und ihrer Mutter an seinem eigenen Herd niedersetzte; und wie er dachte, daß ihn ein solches Wesen ebenso lieblich und hoffnungsfroh hätte Vater nennen und wie der Frühling im öden Winter seines Lebens hätte sein können, da wurden seine Augen wirklich trübe.

„Belle", sagte der Mann, sich lächelnd zu seiner Gattin wendend, „ich sah heut nachmittag einen alten Freund von dir."

„Wer war es?"

„Rate mal."

„Wie kann ich das? Ach, jetzt ahne ich es", fügte sie sogleich hinzu, lachend, und auch er lachte. „Mr. Scrooge."

„Ja, Mr. Scrooge. Ich ging an seinem Kontorfenster vorüber; und da kein Laden davor war und Licht brannte, mußte ich ihn sehen. Sein Kompagnon liegt im Sterben, hörte ich, und er war allein. Ganz allein in der weiten Welt, glaube ich."

„Geist", rief Scrooge mit bebender Stimme, „führe mich weg von diesem Ort."

„Ich sagte dir, daß dies Schatten vergangener Dinge sind", sagte der Geist. „Gib nicht mir die Schuld, daß sie sind, wie sie sind."

„Führe mich weg", rief Scrooge aus. „Ich kann es nicht ertragen."

Er wandte sich dem Geist zu, und wie er sah, daß er ihn mit einem Gesicht anblickte, in dem sich auf eine seltsame Weise all die Gesichter zeigten, die er bisher gesehen hatte, rang er mit ihm.

„Verlaß mich, führ mich weg. Verfolge mich nicht länger."

In dem Kampf, wenn es ein Kampf genannt werden kann, wie der Geist, ohne sichtbaren Widerstand seinerseits, von den Angriffen seines Gegners unberührt blieb, bemerkte Scrooge, daß das Licht auf seinem Haupt hoch und hell brannte. Und in einer dunklen Ahnung, daß jenes Licht es sei, mit dem des Geistes Einfluß auf ihn verbunden war, ergriff er den Löschhut und stülpte ihn auf des Geistes Haupt.

Der Geist sank zusammen, so daß der Löschhut seine ganze Gestalt bedeckte; aber obgleich Scrooge ihn mit ganzer Kraft niederdrückte, konnte er das Licht nicht völlig verbergen, das darunter hervor- und mit hellem Schimmer über den Boden floß.

Er fühlte sich erschöpft und von einer unüberwindlichen Schläfrigkeit befallen und wußte, daß er in seinem eigenen Schlafzimmer war. Er gab dem Löschhut einen letzten Druck und fand gerade noch Zeit, in das Bett zu wanken, bevor er in tiefen Schlaf sank.

3. Strophe

Der zweite Geist

Scrooge erwachte mitten in einem tüchtigen Geschnarche und setzte sich im Bett auf, um seine Gedanken zu sammeln. Diesmal mußte ihm niemand sagen, daß es gerade eins sei. Er fühlte, daß er just zu der rechten Zeit und zu dem ausdrücklichen Zweck erwacht sei, um eine Zusammenkunft mit dem zweiten Boten zu haben, der ihm auf Jacob Marleys Vermittlung geschickt wurde.

Aber bei dem Gedanken, welche seiner Bettgardinen das neue Gespenst wohl zurückschlüge, wurde es ihm ganz unheimlich kalt, und so schlug er sie mit seinen eigenen Händen zurück. Dann legte er sich wieder nieder und beschloß, genau aufzupassen, denn er wollte den Geist im Augenblick seiner Erscheinung anrufen und wünschte nicht überrascht und erschreckt zu werden. Leute von keckem Mut, die sich schmeicheln, es mit all und jedem aufnehmen zu können und immer an ihrem Platz zu sein, beschreiben den weiten Bereich ihrer Fähigkeiten mit den Worten: Sie wären gut für alles, vom Brotessen bis zum Menschenverschlingen, ohne

Zweifel Extreme, zwischen denen es reichlich Gelegenheit zur Betätigung ihrer Kräfte gibt. Ohne gerade zu behaupten, daß es Scrooge so weit gebracht hätte, muß ich doch vom Leser den Glauben fordern, daß Scrooge auf eine recht schöne Auswahl von Erscheinungen gefaßt war und daß ihn nichts zwischen einem Wickelkind und einem Rhinozeros sonderlich in Verwunderung gesetzt hätte.

Eben weil er beinahe auf alles gefaßt war, war er nicht vorbereitet, nichts zu sehen; und daher überfiel ihn ein heftiges Zittern, als die Glocke eins schlug und keine Gestalt erschien. Fünf Minuten, zehn Minuten, eine Viertelstunde vergingen, aber es kam nichts. Die ganze Zeit über lag er auf seinem Bett, über das sich der Strom eines rötlichen Lichtes ergoß, als die Glocke die Stunde verkündete. Aber eben weil es nur ein Licht war, schien es ihm viel beunruhigender als ein Dutzend Geister, denn es ließ ihn unmöglich erraten, was es bedeute oder was es wolle. Ja, er fürchtete zuweilen, er könnte in diesem Augenblick ein merkwürdiger Fall von Selbstentzündung sein, ohne den Trost zu haben, es zu wissen. Endlich jedoch fing er an zu begreifen, daß die Quelle dieses geisterhaften Lichtes wohl in dem anliegenden Zimmer lag, aus dem es bei näherer Betrachtung zu strömen schien. Als dieser Gedanke die Herrschaft über seine Seele bekommen hatte, stand er leise auf und schlich in den Pantoffeln zu der Tür.

In demselben Augenblick, in dem sich Scrooges Hand auf die Klinke legte, rief ihn eine fremde Stimme beim Namen und hieß ihn eintreten. Er gehorchte.

Es war sein eigenes Zimmer. Daran war nicht zu zweifeln. Aber eine wunderbare Umwandlung war mit ihm vorgegangen. Wände und Decke waren ganz mit grünen Zweigen bedeckt, daß es aussah wie eine Laube, in der überall glänzende Beeren schimmerten. Die glänzenden, starren Blätter der Stechpalme, der Mistel und des Efeus warfen das Licht zurück und erschienen wie ebenso viele kleine Spiegel. Eine so gewaltige Flamme loderte die Esse hinauf, wie sie dieses Spottbild eines Kamines zu Scrooges oder Marleys Zeit seit

vielen, vielen Wintern nicht gekannt hatte. Auf dem Fußboden waren zu einer Art von Thron Truthähne, Gänse, Wildbret, große Braten, Spanferkel, lange Reihen von Würsten, Pasteten, Plumpuddings, Austernfäßchen, glühende Kastanien, rotbäckige Äpfel, saftige Orangen, appetitliche Birnen, gewaltige Stollen und brodelnde Punschbowlen aufgehäuft, die das Zimmer mit köstlichen Gerüchen erfüllten. Auf diesem Thron saß behaglich und mit fröhlichem Angesicht ein Riese, gar herrlich anzuschauen. In der Hand trug er eine brennende Fackel, fast wie ein Füllhorn gestaltet, und hielt sie steil in die Höhe, um Scrooge damit zu beleuchten, wie er in das Zimmer guckte.

„Nur herein", rief der Geist. „Nur herein, und lerne mich besser kennen."

Scrooge trat schüchtern ein und senkte das Haupt vor dem Geiste. Er war nicht mehr der hartfühlende, nichtsscheuende Scrooge von früher, und obgleich des Geistes Augen hell und mild glänzten, wünschte er, ihm doch nicht zu begegnen.

„Ich bin der Geist der diesjährigen Weihnachtsnacht", sagte die Gestalt. „Sieh mich an."

Scrooge tat es mit ehrfurchtsvollem Blick. Der Geist war gekleidet in ein einfaches, dunkelgrünes Gewand, mit weißem Pelz verbrämt. Die breite Brust war entblößt, als ließ sie nicht zu, versteckt zu werden. Auch die Füße waren bloß und schauten unter den weiten Falten des Gewandes hervor; und das Haupt hatte keine andere Bedeckung, als einen Stechpalmenkranz, in dem hie und da Eiszapfen glänzten. Seine dun-

197

kelbraunen Locken wallten ungebunden auf die Schultern. Sein munteres Gesicht, sein glänzendes Auge, seine fröhliche Stimme, sein ungezwungenes Benehmen, alles sprach von Offenheit und heiterem Sinn. Um den Leib trug er eine alte Degenscheide gegürtet; aber sie war von Rost zerfressen und kein Schwert steckte darin.

„Du hast meinesgleichen nie vorher gesehen", rief der Geist.

„Niemals", entgegnete Scrooge.

„Hast dich nie mit den jüngern Gliedern meiner Familie abgegeben; ich meine (denn ich bin sehr jung) meine älteren Brüder, die in den vergangenen Jahren geboren worden sind?" fuhr das Phantom fort.

„Ich glaube nicht", sagte Scrooge. „Doch es tut mir leid, es nicht getan zu haben. Hast du viele Brüder gehabt, Geist?"

„Mehr als achtzehnhundert", sagte dieser.

„Eine schrecklich große Familie, wenn man für sie zu sorgen hat", murmelte Scrooge.

Der Geist der diesjährigen Weihnacht erhob sich.

„Geist", sagte Scrooge demütig, „führe mich, wohin du willst. Gestern Nacht wurde ich durch Zwang hinausgeführt und mir wurde eine Lehre gegeben, die jetzt Wirkung zeigt. Heute bin ich bereit zu folgen, und wenn du mich etwas zu lehren hast, will ich gern hören."

„Berühre denn mein Gewand."

Scrooge tat, wie ihm geheißen, und hielt es fest.

Stechpalmen, Misteln, rote Beeren, Efeu, Truthähne, Gänse, Spanferkel, Braten, Würste, Austern, Pasteten, Puddings, Früchte und Punsch, alles verschwand blitzschnell. Auch das Zimmer verschwand, das Feuer, der rötliche Schimmer, die nächtliche Stunde, und sie standen in den Straßen der Stadt, am Morgen des Weihnachtstages, wo die Leute – denn es war sehr kalt – eine rauhe, aber fröhliche und nicht unangenehme Musik machten, indem sie den Schnee von dem Straßenpflaster und den Dächern der Häuser zusammenfegten. Und daneben standen die Kinder und freuten sich und kreischten, wenn die Schneelawinen von den Dächern herunterstürzten und in künstliche Schneestürme zerstoben.

Die Häuser erschienen schwarz und die Fenster noch schwärzer, verglichen mit der faltenlosen, weißen Schneedecke auf den Dächern und dem schmutzigeren Schnee auf den Straßen. Dort war er von den schweren Rädern der Wagen und Karren in tiefe Furchen gepflügt; Furchen, die sich hundert- und aberhundertmal kreuzten, wo eine Straße abging, und die in dem dicken, gelben Schmutz und halberstarrten Wasser labyrinthische Gerinnsel bildeten. Der Himmel war trübe, und selbst die kürzesten Straßen schienen sich in einem dicken Nebel zu verlieren, dessen schwerere Teile in einem rußigen Regen niederfielen, als hätten alle Essen von England sich auf einmal entzündet und qualmten jetzt nach Herzenslust. Es war in der ganzen Umgebung nichts Heiteres, und doch lag etwas in der Luft, was die klarste Sommerluft und die hellste Sommersonne nicht hätten verbreiten können.

Denn die Leute, die den Schnee von den Dächern schaufelten, waren lustig und mutwilliger Laune. Sie riefen von den Dächern einander zu und wechselten dann und wann einen Schneeball – ein Pfeil, der harmloser war als manches Wort – und lachten herzlich, wenn er traf, und nicht minder herzlich, wenn er fehlging. Die Läden der Geflügelhändler waren noch halb offen und die der Fruchthändler strahlten in heller Freude. Da sah man – als wären es Westen lustiger alter Herren – große runde, dickbäuchige Körbe mit Kastanien an den Türen lehnen oder in ihrem Überfluß auf die Straße rollen. Da sah man braune, umfängliche spanische Zwiebeln, in ihrer Fettigkeit spanischen Mönchen gleichend und mutwillig den Mädchen winkend, die vorübergingen und verschämt nach dem Mistelzweig schielten. Da sah man Birnen und Äpfel zu Pyramiden aufeinandergepackt: Trauben, die der Kaufmann in seiner Gutmütigkeit recht augenfällig im Gewölbe hängenließ, daß den Vorübergehenden der Mund wäßrig wurde, Haufen von Haselnüssen, bemoost und braun, mit ihrem frischen Duft an vergangene Streifzüge im Wald durch das raschelnde, fußhohe, welke Laub erinnernd, Norfolk-Biffins, fett und kraus, mit ihrer Bräune von den gelben Orangen abstechend und gar dringlich bittend, daß man sie nach Hause trage und nach Tische esse. Ja, selbst die Gold- und Silberfische, die in einem Glase mitten unter den erlesenen Früchten standen, schienen zu wissen, daß etwas Besonderes los sei, obgleich sie von einem dick- und kaltblütigen Geschlecht waren, und schwammen um ihre kleine Welt in langsamer und leidenschaftsloser Bewegung.

Ach die Kolonialwarenläden! Fast geschlossen waren sie, vielleicht ein oder zwei Laden vorgesetzt, aber welche Herrlichkeiten sah man durch diese Öffnungen! Nicht allein, daß die Waagschalen mit fröhlichem Klingklang auf dem Ladentisch rumorten, oder daß der Bindfaden so munter von seiner Rolle schnurrte, oder daß die Büchsen blitzschnell hin und her fuhren wie durch Zauberei, oder daß der Mischgeruch von Kaffee und Tee der Nase so wohl tat, nicht daß die Rosinen so wunderschön, die Mandeln so außerordentlich weiß, die Zimtstengel so lang und gerade, die andern Gewürze so köstlich, die eingemachten Früchte so dick mit geschmolzenem Zucker belegt waren, daß der kälteste Zuschauer entzückt wurde; nicht allein, daß die Feigen so saftig und fleischig waren, oder daß die Brignolen in bescheidener Koketterie in ihren verzierten Büchsen erröteten, oder daß alles so gut zu essen oder so schön in seinem Weihnachtskleid war: das war es nicht allein.

Die Kaufenden waren alle so eifrig und eilig in der Vorfreude auf das Fest, daß sie in der Türe gegeneinanderrannten, wie von Sinnen mit ihren Körben zusammenstießen und ihre Einkäufe vergaßen und wieder zurückliefen, um sie zu holen, und tausend ähnliche Irrtümer in der fröhlichsten Laune begingen, während der Kaufmann und seine Leute so frisch und vergnügt waren, daß die blanken Herzen, die ihre Schürzen hinten zusammenhielten, ihre eigenen hätten sein können.

Aber bald riefen die Glocken nach den Kir-chen und Kapellen, und die Leute gingen in ihren besten Kleidern und mit ihren feiertäglichsten Gesichtern durch die Straßen. Und zu derselben Zeit strömten aus den Nebenstraßen und Gäßchen und namenlosen Winkeln zahllose Leute, die ihr Mittagessen in die Backstuben trugen.

Der Anblick dieser Armen und doch so Glücklichen schien des Geistes Teilnahme am meisten zu erregen, denn er blieb mit Scrooge neben eines Bäckers Tür stehen, und während er die Deckel von den Schüsseln nahm, als die Träger vorübergingen, bestreute er ihr Mahl mit dem Weihrauch seiner Fackel. Und es war eine gar wunderbare Fackel, denn ein paarmal, als einige von den Leuten zusammengerannt waren und darüber heftige Worte fielen, besprengte er sie mit etlichen Tropfen daraus, und ihre gute Laune kehrte augenblicklich wieder. Denn sie sagten, es sei eine Schande, sich am Weihnachtstag zu zanken.

Jetzt schwiegen die Glocken, und die Läden der Bäcker wurden geschlossen. Und doch schwebte noch ein Schatten von allen diesen Mittagessen und dem Fortgang ihrer Zubereitung in dem getauten, nassen Fleck über jedem Ofen; und vor ihnen rauchte das Pflaster, als kochten selbst die Steine.

„Ist eine besondere Kraft in dem, was deine Fackel ausstreut?" fragte Scrooge.

„Ja. Meine eigene."

„Und wirkt sie auf jedes Mittagsmahl an diesem Tag?" fragte Scrooge.

„Auf jedes, sofern es gern gegeben wird. Auf ein ärmliches am meisten."

„Warum auf ein ärmliches am meisten?"

„Weil das meiner Kraft am meisten bedarf."

„Geist", sagte Scrooge nach kurzem Nachdenken, „mich wundert's, daß unter den Wesen auf den vielen Welten um uns herum du es wünschst, diesen Leuten die Gelegenheit eines unschuldigen Genusses zu rauben."

„Ich?" rief der Geist.

„Du willst ihnen die Mittel nehmen, jeden siebten Tag zu Mittag zu essen, und doch ist das der einzige Tag, wo sie überhaupt zu Mittag essen können", sagte Scrooge.

„Ich?" rief der Geist.

„Du willst doch Backstuben und ähnliche Plätze am siebten Tag geschlossen halten – das kommt doch auf dasselbe heraus."

„Ich?" rief der Geist.

„Verzeih mir, wenn ich unrecht habe. Es ist in deinem Namen geschehen oder wenigstens in dem deiner Familie", sprach Scrooge.

„Es gibt Menschen auf Eurer Erde", entgegnete der Geist, „die uns kennen wollen und die ihre Taten des Stolzes, der Mißgunst, des Hasses, des Neides, des Fanatismus und der Selbstsucht in unserm Namen tun; die uns in allem, was zu uns gehört, so fremd sind, als hätten sie nie gelebt. Bedenke dies und schreibe ihre Taten ihnen selbst zu und nicht uns."

Scrooge versprach es, und sie gingen weiter in die Vorstadt, unsichtbar wie bisher. Es war eine wunderbare Eigenschaft des Geistes (Scrooge hatte sie bei dem Bäcker bemerkt), daß er, bei seiner riesenhaften Gestalt, doch überall leicht Platz fand und unter einem niedrigen Dach ebenso schön dastand wie in einem geräumigen Saal.

Vielleicht war es die Freude, die der gute Geist darin fühlte, diese Macht zu zeigen, vielleicht auch seine warmherzige, freundliche Natur und seine Teilnahme mit allen Armen, was ihn gerade zu Scrooges Gehilfen führte: denn er ging wirklich hin und nahm Scrooge mit, der sich an seinem Gewand festhielt. Auf der Schwelle stand der Geist lächelnd still und segnete Bob Cratchits Wohnung mit seiner Fackel. Denkt doch! Bob hatte nur fünfzehn „Bobs" (wie man bei uns den Shilling nennt) die Woche; er steckte sonnabends nur fünfzehn seiner Namensvettern in die Tasche, und doch segnete der Geist der diesjährigen Weihnacht sein Haus.

Im Zimmer stand Mr. Cratchits Frau in einem ärmlichen, zweimal gewendeten Kleid, schön aufgeputzt mit Bändern, die billig sind, aber für sechs Pence hübsch genug aussehen. Sie deckte den Tisch, und Belinda, ihre zweite Tochter, half ihr dabei, während Peter Cratchit mit der Gabel in eine Schüssel voll Kartoffeln stach und die Spitzen seines ungeheuren Hemdkragens (Bobs Privateigentum, seinem Sohn und Erben zu Ehren des Festes geliehen) in den Mund nahm, voller Stolz, so schön angezogen zu sein, und voll Sehnsucht, sein weißes Hemd in den städtischen Parks zur Schau zu tragen. Jetzt kamen die zwei kleinen Cratchits, ein Mädchen und ein Knabe, hereingesprungen und schrien, daß sie an des Bäckers Tür die gebratene Gans gerochen und gewußt hätten, es sei ihre eigene, und in freudigen Träumen von Salbei und Zwiebeln tanzten sie um den Tisch und erhoben Peter Cratchit bis in den Himmel, während er (aber gar nicht stolz, obgleich ihn der Hemdkragen fast erstickte) in das Feuer blies, bis die Kartoffeln aufwallten und an den Topfdeckel klopften, daß man sie herauslassen und schälen möge.

„Wo nur der Vater bleibt?" fragte Mrs. Cratchit, „Und dein Bruder Tiny Tim; und Martha kam vorige Weihnachten eine halbe Stunde früher."

„Hier ist Martha, Mutter", sagte ein Mädchen, zur Tür hereintretend.

„Hier ist Martha, Mutter", riefen die beiden kleinen Cratchits. „Hurra, so eine Gans, Martha!"

„Gott grüß dich, liebes Kind! Wie spät du kommst!" sagte Mrs. Cratchit, sie mehrmals küssend und ihr mit zutraulichem Eifer Schal und Hut abnehmend.

„Wir hatten gestern abend viel vorzubereiten", antwortete das Mädchen, „und mußten heute mit allem fertig werden, Mutter."

„Nun, es schadet nichts, da du nun da bist", sagte Mrs. Cratchit. „Setz dich ans Feuer, liebes Kind, und wärme dich."

„Nein, nein, der Vater kommt", riefen die beiden kleinen Cratchits, die überall zu gleicher Zeit waren. „Versteck dich, Martha, versteck dich!"

Martha versteckte sich, und jetzt trat Bob herein, der Vater. Wenigstens drei Fuß, ungerechnet der Fransen, hing der Schal auf seine Brust herab, und die abgetragenen Kleider waren geflickt und gebürstet, um ihnen ein Ansehen zu geben. Tiny Tim saß auf seiner Schulter. Der arme Tiny Tim! Er trug eine kleine Krücke, und seine Glieder wurden von eisernen Schienen gestützt.

„Nun, wo ist unsere Martha?" rief Bob Cratchit und schaute im Zimmer herum.

„Sie kommt nicht", sagte Mrs. Cratchit.

„Sie kommt nicht?" sagte Bob mit einem plötzlichen Absinken seiner fröhlichen Laune; denn er war den ganzen Weg von der Kirche Tims Pferd gewesen und in vollem Laufe nach Hause gerannt. „Sie kommt nicht zum Weihnachtsabend?"

Martha wollte ihm keinen Schmerz verursachen, selbst nicht aus Scherz, und so trat sie hinter der Tür hervor und schlang die Arme um seinen Hals, während die beiden kleinen Cratchits sich Tiny Tims bemächtigten und ihn nach dem Waschhaus trugen, damit er den Pudding im Kessel singen höre.

„Und wie hat sich der kleine Tim aufgeführt?" fragte Mrs. Cratchit, als sie Bob wegen seiner Leichtgläubigkeit geneckt und er seine Tochter nach Herzenslust geküßt hatte.

„Wie ein Goldkind", sagte Bob, „und noch besser. Ich weiß nicht, wie es kommt, aber er wird jetzt so träumerisch vom Alleinsitzen und sinnt sich die seltsamsten Dinge zurecht. Heute, als wir nach Hause gingen, sagte er, er hoffe, die Leute sähen ihn in der Kirche, denn er sei ein Krüppel, und es wäre vielleicht gut für sie, sich am Christtag an den zu erinnern, der einst Lahme gehen und Blinde sehen machte."

Bobs Stimme zitterte, als er dies sagte, und zitterte noch mehr, als er hinzufügte, daß Tiny Tim stärker und gesünder werden würde.

Man hörte jetzt seine kleine

Krücke auf dem Fußboden, und ehe noch mehr gesprochen ward, war Tim wieder da und wurde von seinem Bruder und seiner Schwester nach seinem Stuhl neben dem Feuer geführt. Während jetzt Bob, seine Rockaufschläge zur Schonung in die Höhe krempelnd – als ob es möglich wäre, sie noch mehr abzutragen –, in einer Bowle aus Gin und Zitronen eine heiße Mischung zubereitete und sie umrührte und wieder an das Feuer setzte, damit sie sich warm halte, gingen Peter Cratchit und die zwei allgegenwärtigen kleinen Cratchits die Gans holen, mit der sie bald in feierlichem Zug zurückkehrten.

Daraufhin erhob sich ein solcher Lärm, als wäre eine Gans der seltenste aller Vögel, ein gefiedertes Wunder, gegen das ein schwarzer Schwan etwas ganz Gewöhnliches ist – und wirklich war sie es auch in diesem Hause. Mrs. Cratchit ließ die Bratenbrühe aufwallen, Mr. Cratchit schmorte die Kartoffeln mit unglaublichem Eifer, Miß Belinda machte die Apfelsauce süß, Martha wischte die gewärmten Teller ab, Bob nahm Tiny Tim neben sich in eine behagliche Ecke am Tisch, die beiden kleinen Cratchits stellten die Stühle zurecht, wobei sie sich nicht vergaßen, und nahmen ihren Posten ein, den Löffel in den Mund steckend, um nicht nach der Gans zu schreien, ehe die Reihe an sie kam.

Endlich wurde das Gericht aufgetragen und das Tischgebet gesprochen. Darauf folgte eine atemlose Pause, als Mrs. Cratchit das Vorschneidemesser langsam von der Spitze bis zum Heft betrachtete und sich anschickte, es der Gans in die Brust zu stoßen. Aber, als sie es tat und sich der langerwartete Strom der Füllung ergoß, ertönte um den ganzen Tisch ein freudiges Gemurmel, und selbst Tiny Tim, durch die beiden kleinen Cratchits in Feuer gebracht, schlug mit dem Heft seines Messers auf den Tisch und rief ein schwaches Hurra.

Nie hatte es so eine Gans gegeben. Bob sagte, er glaube nicht, daß jemals eine solche Gans gebraten worden sei. Ihre Zartheit und ihr Fett, ihre Größe und ihre Billigkeit waren der Gegenstand allgemeiner Bewunderung. Mit Hilfe der Apfelsauce und der geschmor-ten Kartoffeln gab sie ein hinreichendes Mahl für die ganze Familie. Und als Mrs. Cratchit einen einzigen kleinen Knochen noch auf der Schüssel liegen sah, sagte sie mit großer Freude, sie hätten doch nicht alles aufgegessen!

Aber jeder von ihnen hatte genug, und die kleinen Cratchits waren bis an die Augenbrauen mit Salbei und Zwiebeln eingesalbt. Jetzt wurden die Teller von Miß Belinda gewechselt, und Mrs. Cratchit verließ das Zimmer allein (denn sie war zu unruhig, Zeugen dulden zu können), um den Pudding herauszunehmen und hereinzubringen.

Wenn er nicht ausgebacken wäre! Wenn er beim Herausnehmen in Stücke zerfiele! Wenn jemand über die Mauer des Hinterhauses geklettert wäre und ihn gestohlen hätte, während sie sich an der Gans erquickten – ein Gedanke, bei dem die beiden kleinen Cratchits vor Schrecken bleich wurden.

Hallo, eine Dampfwolke! Der Pudding war aus dem Kessel genommen. Ein Geruch, wie an einem Waschtag! Das war die Serviette. Ein Geruch wie in einem Speisehaus, mit einem Pastetenbäcker auf der einen und einer Wäscherin auf der andern Seite! Das war der Pudding. Nach einer halben Minute trat Mrs. Cratchit herein, aufgeregt, aber stolz lächelnd und den Pudding vor sich hertragend, der hart und fest wie eine gefleckte Kanonenkugel in einem Viertelquart Rum flammte und in der Mitte mit der festlichen Stechpalme geschmückt war.

Oh, welch wunderbarer Pudding! Bob Cratchit erklärte mit ruhiger und sicherer Stimme, er halte das für das größte Kochkunststück, das Mrs. Cratchit seit ihrer Heirat geliefert habe. Mrs. Cratchit meinte, da die Last von ihrem Herzen sei, wolle sie nur gestehen, daß sie wegen der Menge des Mehls gar sehr in Angst gewesen sei. Jeder hatte darüber etwas zu sagen, aber keiner sagte oder dachte, es sei doch ein zu kleiner Pudding für eine so große Familie. Das wäre Ketzerei gewesen. Jeder Cratchit würde sich geschämt haben, so etwas auch nur zu denken.

Endlich waren sie mit dem Essen fertig, der Tisch war abgedeckt, der Herd gesäubert und das Feuer geschürt. Das Gemisch im Krug wurde gekostet und für fertig erklärt, Äpfel und Apfelsinen auf den Tisch gesetzt und ein paar Hände voll Kastanien auf das Feuer geschüttet. Dann setzte sich die ganze Familie Cratchit um den Kamin in einem Kreis, wie es Bob Cratchit nannte, obgleich es eigentlich nur ein Halbkreis war, Bob in die Mitte und neben ihm der Gläservorrat der Familie: zwei Biergläser und ein Milchgläschen ohne Henkel.

Diese Gefäße aber hielten das heiße Gemisch aus dem Krug so gut, als wären es goldene Pokale, und Bob schenkte mit strahlenden Blicken ein, während die Kastanien auf dem Feuer spuckten und platzten. Dann schlug Bob den Toast vor.

„Uns allen eine fröhliche Weihnacht, meine Lieben! Gott segne uns!"

Die ganze Familie wiederholte den Toast.

„Gott segne jeden von uns!" sagte Tiny Tim, der letzte von allen.

Er saß dicht neben dem Vater auf seinem Stühlchen, Bob hielt seine kleine welke Hand in der seinigen; man sah, daß er das Kind liebte und wünschte, es bei sich zu behalten, aber fürchtete, es könnte ihm bald genommen werden.

„Geist", sprach Scrooge mit einer Teilnahme, wie er sie noch nie empfunden hatte, „sag mir, wird Tiny Tim am Leben bleiben?"

„Ich sehe einen leeren Stuhl in der Kaminecke", antwortete der Geist, „und eine Krücke ohne Besitzer, sorgfältig aufbewahrt. Wenn die Zukunft diese Schatten nicht ändert, wird das Kind sterben."

„Nein, nein", drängte Scrooge. „Ach nein, guter Geist, sag, daß es am Leben bleiben wird."

„Wenn die Zukunft diese Schatten nicht verändert", antwortete der Geist abermals, „wird kein anderer meines Geschlechtes das Kind noch hier finden. Was tut es auch? Wenn es sterben muß, ist es besser, es tue es gleich und vermindere die überflüssige Bevölkerung."

Scrooge senkte das Haupt, da er seine eigenen Worte von dem Geist hörte, und fühlte sich überwältigt von Reue und Schmerz.

„Mensch", sprach der Geist, „wenn du ein menschliches Herz hast und kein steinernes, so hüte dich, so heuchlerisch zu reden, bis du weißt, was und wo dieser Überfluß ist. Willst du entscheiden, welche Menschen leben, welche Menschen sterben sollen? Vielleicht bist du in den Augen des Himmels unwürdiger und unfähiger zu leben als Millionen gleich dieses armen Mannes Kind. O Gott! Solch Gewürm auf einem Blättlein reden zu hören über zuviel Leben unter seinen hungrigen Brüdern im Staub!"

Scrooge nahm des Geistes Vorwurf demütig hin und schlug die Augen nieder, aber er blickte schnell wieder in die Höhe, als er seinen Namen nennen hörte.

„Es lebe Mr. Scrooge!" sagte Bob. „Mr. Scrooge, der Schöpfer dieses Festes!"

„Der Schöpfer dieses Festes, wahrhaftig!" rief Mrs. Cratchit mit glühendem Gesicht. „Ich wollte, ich hätte ihn hier. Ich wollte ihm ein Stück von meiner Meinung zu kosten geben, und ich hoffe, sie würde ihm schmecken."

„Liebe Frau", sagte Bob beschwichtigend, „die Kinder! – Es ist Weihnachten."

„Freilich muß es Weihnachten sein", sagte sie, „wenn man auf die Gesundheit eines so niederträchtigen, geizigen, fühllosen Menschen, wie Scrooge ist, trinken kann. Und du weißt es, Robert, daß er so ist, niemand weiß es besser als du!"

„Liebe Frau", antwortete Bob mild, „es ist Weihnachten."

„Ich will auf seine Gesundheit trinken, dir und dem Feste zu Gefallen", sagte Mrs. Cratchit, „nicht seinetwegen. Möge er lange leben! Ein fröhliches Weihnachten und ein glückliches neues Jahr! – Er wird sehr fröhlich und sehr glücklich sein, das glaub ich."

Die Kinder tranken nach ihr. Es war das erste, was sie an diesem Abend ohne Herzlichkeit und Wärme taten. Tiny Tim trank zuletzt, aber er gab keinen Pfifferling darum. Scrooge war das Schreckbild der Familie. Die Erwähnung seines Namens warf über alle einen düsteren Schatten, der volle fünf Minuten zum Verschwinden brauchte.

Als er weg war, waren sie zehnmal lustiger

als vorher, schon weil sie Scrooge los waren, den Schrecklichen.

Bob Cratchit erzählte, daß er eine Stelle für Peter in Aussicht habe, die diesem ganze fünf und einen halben Shilling wöchentlich eintragen werde. Die beiden kleinen Cratchits lachten fürchterlich bei dem Gedanken, Peter als Geschäftsmann zu sehen; und Peter selbst blickte gedankenvoll zwischen seinen Kragenenden hervor in das Feuer, als überlege er, in welchen Aktien wohl am besten seine Ersparnisse anzulegen seien, wenn er in Besitz dieser unglaublichen Summe käme.

Martha, die bei einer Putzmacherin Gehilfin war, erzählte ihnen, was für Arbeit sie jetzt mache und wieviel Stunden sie in der guten Zeit arbeiten müsse und wie sie morgen früh auszuschlafen gedenke; denn morgen war für sie ein Feiertag. Auch erzählte sie, wie sie vor einigen Tagen eine Gräfin und einen Lord gesehen, und daß der Lord fast so groß wie Peter gewesen sei; bei diesen Worten zupfte Peter seinen Hemdkragen so in die Höhe, daß sein Kopf darin verschwand. Während dieser ganzen Zeit gingen Punsch und reife Kastanien um, und dazwischen sang Tiny Tim mit seiner klagenden Stimme ein Lied von einem Kind, das sich im Schnee verlaufen; und sang es recht hübsch.

In alledem war nichts Besonderes. Es waren keine hübschen Gesichter in der Familie; sie waren nicht schön angezogen, ihre Schuhe waren nichts weniger als wasserdicht, ihre Kleider waren ärmlich, und Peter mochte wohl das Innere einer Pfandleihe kennen. Aber sie waren glücklich, voller Dank für ihre bescheidenen Freuden, einig untereinander und zufrieden: und als ihre Gestalten verblichen und in dem scheidenden Lichte der Fackel des Geistes noch glücklicher aussahen, verweilte Scrooges Auge immer noch auf ihnen und hing vor allem an Tiny Tim.

Es war jetzt ganz dunkel geworden, und es fiel ein starker Schnee; und als Scrooge und der Geist durch die Straßen gingen, leuchtete der Glanz der lodernden Feuer in Küchen, Putzstuben und Gemächern aller Art über alle Maßen wundervoll. Hier zeigte die flackernde Flamme die Vorbereitungen zu einem traulichen Mahl, die heißen Teller, wie sie sich vor dem Feuer durch und durch wärmten, und die dunkelroten Gardinen, bereit, Kälte und Nacht auszuschließen. Dort liefen alle Kinder des Hauses auf die verschneite Straße hinaus, ihren verheirateten Schwestern, Brüdern, Vettern, Basen, Onkeln und Tanten entgegen, um sie zuerst zu begrüßen.

Hier zeigten sich an den Fenstern Schatten versammelter Gäste; dort eine Gruppe hübscher Mädchen in Pelzkragen und Pelzstiefeln, alle zugleich redend und mit leichten Schritten in eines Nachbars Haus eilend. Wehe dem Junggesellen, der sie dort strahlend eintreten sah – und sie wußten es, die durchtriebenen kleinen Hexen!

Wenn man nach der Zahl der Leute hätte urteilen wollen, die zu freundschaftlichen Besuchen eilten, hätte man glauben mögen, es sei niemand da, sie zu bewillkommnen. Aber statt dessen erwartete jedes Haus Gäste und in jedem Kamin loderte die Flamme. Wie sich der Geist freute! Wie er seine breite Brust entblößte und seine volle Hand auftat und dahinschwebte, freigebig seine heitere und harmlose Fröhlichkeit über alles in seinem Bereich ausschüttend! Selbst der Laternenanzünder, der durch die dunklen Straßen rannte, um ihre trüben Nebel mit Licht zu erhellen, und der bereits herausgeputzt war, um den Abend irgendwo zuzubringen, lachte laut auf, als er den Geist vorüberschweben fühlte.

Und jetzt, ohne daß vorher der Geist etwas gesagt hätte, standen sie auf einer kahlen, öden Heide, wo ungeheure Felsblöcke verstreut lagen, als wäre hier eine Begräbnisstätte von Riesen. Und Wasser breitete sich aus, wo es nur Lust hatte – oder es hätte sich ausgebreitet, wenn es der Frost nicht gefangengehalten hätte; und nichts wuchs dort als Moos und Gestrüpp und hartes, spitzes Gras. Tief im Westen hatte die untergehende Sonne einen Streifen glühenden Rots gelassen, der einen Augenblick auf die öde Steppe niedertauchte, wie ein zürnendes Auge, und immer tiefer und tiefer sank, bis er sich im Dunkel der tiefsten Nacht verlor.

„Was ist das für ein Ort?" fragte Scrooge.

„Ein Ort, wo Bergleute in den Tiefen der Erde arbeiten", antwortete der Geist. „Aber sie kennen mich. Sieh!"

Ein Licht strahlte aus dem Fenster einer Hütte, und sie schwebten schnell darauf zu. Hier fanden sie eine fröhliche Gesellschaft um ein wärmendes Feuer sitzen: ein alter, alter Mann und eine greise Frau mit ihren Kindern und Enkeln und Urenkeln, alle in festlichen Kleidern. Der Alte sang ein Weihnachtslied mit einer Stimme, die nur selten das Heulen des Windes auf der Einöde übertönte; es war schon ein sehr altes Lied gewesen, als er noch ein Knabe war; und von Zeit zu Zeit fielen sie alle im Chor ein. Und stets, wenn ihre Stimmen ertönten, wurde der Alte lebendig und laut; und immer, wenn sie aufhörten, sank seine Kraft wieder. Der Geist verweilte hier nicht, sondern befahl Scrooge, sich an seinem Gewand zu halten. Sie schwebten über die Öde, aber wohin? Doch nicht aufs Meer? Aufs Meer! Zu seinem Schrecken sah Scrooge eine Reihe grausig steiler Klippen und hinter sich das Land verschwinden, und sein Ohr wurde betäubt von dem Donner der Wogen, wie sie unten in den grausenden Höhlen, die sie genagt hatten, heulten und brüllten und wüteten und mit wildem Grimm die Erde zu unterwühlen trachteten.

Auf einer öden, halb im Wasser versunkenen Klippe, gewiß eine Meile vom Land entfernt, stand ein einsamer Leuchtturm. Das ganze trostlose Jahr hindurch umschäumten und umtollten ihn die Wogen. Große Haufen von Seekraut umgaben seinen Fuß, und Sturmvögel – man konnte glauben, daß sie vom Winde geboren waren wie das Seekraut von den Wellen – Sturmvögel hoben und senkten sich um seine Spitze, wie die wogenden Wellen unten.

Aber selbst hier hatten die zwei Turmwächter ein Feuer angezündet, das durch das Guckloch in der dicken, steinernen Mauer einen hellglänzenden Streifen auf die nächtliche See warf. Die harten Hände sich über den Tisch hinreichend, an dem sie saßen, wünschten sie einander fröhliche Weihnachten und stießen mit den Grogbechern darauf an. Und einer der beiden, der Ältere noch dazu, mit einem Gesicht von Sturm und Wetter gebräunt und gefurcht, wie die Galionsfigur eines alten Schiffes, stimmte ein mächtiges Lied an, das wie ein Sturmwind erdröhnte.

Immer noch schwebte der Geist über die dunkelwogende See dahin, immer weiter und weiter, bis sie, wie der Geist zu Scrooge sagte, fern jeder Küste, sich auf einem Schiff niederließen. Sie standen neben dem Steuermann an dem Rad, dem Ausguck vorn, neben den Offizieren, die gerade Wache hatten. Wie dunkle, gespenstige Gestalten standen diese auf ihrem Posten, aber jeder von ihnen summte ein Weihnachtslied, oder hatte einen Weihnachtsgedanken, oder sprach leise zu seinem Kameraden von einem früheren Weihnachtsabend und heimatlichen Hoffnungen, die sich daran knüpften. Und jeder einzelne an Bord, wachend oder schlafend, gut oder schlecht, hatte an diesem Tag ein herzlicheres Wort für seine Kameraden gehabt als an jedem andern Tag des Jahres und ihn wenigstens einigermaßen gefeiert; und hatte an die gedacht, die sich jetzt in der Ferne seiner erinnerten, und hatte gewußt, daß sie jetzt seiner freundlich gedächten.

Eine große Überraschung war es für Scrooge – während er dem Stöhnen des Windes lauschte und darüber nachdachte, wie es doch schauerlich sei, durch die öde Nacht über einen unbekannten Abgrund dahinzugleiten, der Geheimnisse barg, so tief wie der Tod – eine große Überraschung war es für Scrooge, sage ich, plötzlich ein herzliches Lachen zu vernehmen. Noch größer war Scrooges Überraschung, als er darin das Lachen seines eigenen Neffen erkannte und sich in einem hellen, behaglich warmen Zimmer wiederfand, während der Geist an seiner Seite stand und mit beifälligem, mildem Lächeln auf diesen Neffen herabblickte.

„Haha!" lachte Scrooges Neffe. „Hahaha!"

Wenn jemand durch einen sehr unwahrscheinlichen Zufall von einem Menschen weiß, der glücklicher lachen kann als Scrooges Neffe, so kann ich nur sagen, ich möchte ihn auch kennenlernen. Stellt mich ihm vor, und ich werde mit ihm Freundschaft pflegen.

Es ist doch ein gerechter und schöner Ausgleich, daß, wie Krankheit und Kummer ansteckend sind, in der ganzen weiten Welt nichts so unwiderstehlich ansteckend ist wie Lachen und Fröhlichkeit.

Als Scrooges Neffe lachte und sich den Bauch hielt und mit dem Kopf wackelte und die allermerkwürdigsten Gesichter schnitt, lachte Scrooges Nichte so herzlich wie er. Und die versammelten Freunde, nicht faul, fielen in den Lachchor ein.

„Haha! Haha! Haha!"

„Er sagte, Weihnachten sei dummes Zeug, so wahr ich lebe", rief Scrooges Neffe. „Und er glaubt es auch."

„Die Schande ist um so größer für ihn, Fred", sagte Scrooges Nichte entrüstet. Gott segne die Frauen! Sie tun nie etwas halb. Sie sind immer in vollem Ernst.

Sie war hübsch, sehr hübsch. Sie hatte ein liebliches, schelmisches Gesicht, einen frischen vollen Mund, der zum Küssen gemacht schien – wie er es ohne Zweifel auch war; alle Arten lieber kleiner Grübchen um das Kinn, die ineinanderflossen, wenn sie lachte, und das sonnenhellste Paar Augen, das je erblickt werden konnte. Ja, sie war reizend, liebenswürdig, bezaubernd.

„Er ist ein komischer alter Herr", sagte Scrooges Neffe, „das ist wahr, und nicht so angenehm, wie er sein könnte. Doch seine Fehler bestrafen nur ihn selbst, und ich habe keinen Grund, etwas gegen ihn zu sagen."

„Er muß doch sehr reich sein, Fred", meinte Scrooges Nichte. „Wenigstens sagst du es immer."

„Und wenn schon, Liebste!" sprach der Neffe. „Sein Reichtum nützt ihm nichts. Er tut nichts Gutes damit. Er macht sich selbst nicht einmal das Leben damit angenehm. Er hat nicht einmal das Vergnügen zu denken – hahaha –, daß er uns am Ende damit eine Freude machen wird."

„Ich habe keine Geduld mit ihm", bemerkte Scrooges Nichte. Die Schwester von

Scrooges Nichte und alle die andern Damen waren derselben Meinung.

„Oh, ich habe Geduld", sagte Scrooges Neffe. „Mir tut er leid; ich könnte nicht böse auf ihn werden, selbst wenn ich's versuchte. Wer leidet unter seiner bösen Laune? Er selber allein, sonst niemand. Jetzt hat er sich's in den Kopf gesetzt, uns nicht leiden zu können, und will unsere Einladung zum Mittagessen nicht annehmen. Was ist die Folge davon? Er verliert nicht viel an unserm Essen."

„Nun, ich meine, er verliert ein sehr gutes Essen", unterbrach ihn Scrooges Nichte. Die andern sagten dasselbe, und man konnte ihr Urteil darüber nicht bestreiten, weil sie eben zu essen aufgehört hatten und jetzt mit dem Nachtisch bei Lampenlicht um den Kamin saßen.

„Nun, es freut mich, das zu hören", sagte Scrooges Neffe, „weil ich kein großes Vertrauen in diese jungen Hausfrauen setze. Was sagen Sie dazu, Topper?"

Ganz klar war's, Topper hatte ein Auge auf eine der Schwestern von Scrooges Nichte geworfen, denn er antwortete, ein Junggeselle sei ein unglücklicher, heimatloser Mensch, der kein Recht habe, eine Meinung darüber auszusprechen: Worte, bei denen die Schwester von Scrooges Nichte – die Runde mit dem Spitzkragen, nicht die mit der Rose im Haar – rot wurde.

„Weiter, weiter, Fred!" sagte Scrooges Nichte, in die Hände klatschend. „Er bringt nie zu Ende, was er angefangen hat! Er ist ein so närrisches Kerlchen."

Scrooges Neffe schwelgte in einem andern Gelächter, und es war unmöglich, sich von der Ansteckung fern zu halten, obgleich es die runde Schwester sogar mit Riechsalz versuchte; sein Beispiel wurde einstimmig nachgeahmt.

„Ich wollte nur sagen", meinte Scrooges Neffe, „daß die Folge seines Mißfallens an uns und seiner Weigerung, mit uns fröhlich zu sein, die ist, daß er einige angenehme Augenblicke verliert, die ihm nichts schaden würden. Gewiß verliert er angenehmere Unterhaltung, als ihm seine eigenen Gedanken in seinem dumpfigen alten Kontor oder in seiner Wohnung bereiten. Ich versuche, ihm jedes Jahr Gelegenheit dazu zu geben, mag es ihm nun gefallen oder nicht, denn er dauert mich. Er mag auf Weihnachten schimpfen, bis er stirbt, aber er muß doch endlich besser davon denken, wenn er mich jedes Jahr in guter Laune zu ihm kommen sieht, mit den Worten: ,Onkel Scrooge, wie geht es Ihnen?' – Wenn es ihm nur den Gedanken einflößt, seinem armen Gehilfen fünfzig Pfund zu hinterlassen, so ist das doch wenigstens etwas: und ich glaube, ich packte ihn gestern."

Jetzt war an ihnen die Reihe zu lachen bei dem Gedanken, daß er Scrooge gepackt hätte. Aber da er durch und durch gutmütig war und sich nicht viel darum kümmerte, worüber sie lachten, wenn sie überhaupt lachten, so stimmte er in ihre Fröhlichkeit mit ein und ließ die Flasche wacker herumgehen.

Nach dem Tee kam Musik an die Reihe. Denn es war eine musikalische Familie, und sie wußten, was sie taten, wenn sie einen Glee oder Catch sangen, darauf könnt ihr euch verlassen, namentlich Topper, der den Baß nach Noten brummen konnte, ohne daß die großen Adern auf der Stirn anschwollen oder sich sein Gesicht rötete. Scrooges Nichte spielte die Harfe recht gut, und spielte unter anderen Stücken auch ein kleines Liedchen (ein bloßes Nichts, ihr hättet es in zwei Minuten pfeifen gelernt), das jenes Kind oft gesungen hatte, von dem Scrooge aus der Schule geholt worden war, wie ihm der Geist der vergangenen Weihnachten gezeigt hatte. Als Scrooge dies Liedchen hörte, trat alles, was ihm der Geist gezeigt hatte, abermals vor seine Seele: Er wurde weicher und weicher und dachte, wenn er es vor Jahren hätte oft hören können, so hätte er die freundlichen Seiten des Lebens genießen können, ohne erst von Marleys Geist aufgesucht und belehrt werden zu müssen.

Aber sie widmeten nicht den ganzen Abend der Musik. Nach einer Weile fingen sie Pfänderspiele an, denn es ist gut, zuweilen Kind zu sein, und vorzüglich zu Weihnachten, da der Urheber dieses Festes selbst noch ein Kind war. Doch halt, erst spielten sie Blindekuh.

Und ich glaube ebensowenig, daß Topper wirklich blind war, wie ich glaube, er habe Augen in seinen Stiefeln. Ich vermute, die Sache war zwischen ihm und Scrooges Neffen abgekartet, und der Geist der diesjährigen Weihnachten wußte es wohl! Die Art, wie er die runde Schwester in dem Spitzenkragen verfolgte, war eine Verhöhnung aller menschlichen Leichtgläubigkeit. Wo sie ging, ging auch er, die Feuereisen umstoßend, über Stühle stolpernd, an das Piano anrennend, sich in den Gardinen verwickelnd. Immer wußte er, wo die runde Schwester war. Wenn jemand gegen ihn gefallen wäre, wie es einige machten, oder sich vor ihn hingestellt hätte, würde er getan haben, als bemühe er sich, ihn zu ergreifen, wäre aber augenblicklich umgekehrt, der runden Schwester nach. Sie rief oft, das sei nicht ehrlich, und das war es auch in der Tat nicht. Aber endlich hatte er sie gefunden und ungeachtet ihres Sträubens zwängte er sie in eine Ecke, aus der keine Flucht möglich war; und da wurde seine Aufführung ganz abscheulich. Denn sein Vorgeben, er kenne sie nicht, er müsse erst ihren Kopfputz anfassen und, um sie zu erkennen, einen gewissen Ring auf ihrem Finger und eine gewisse Kette um ihren Hals befühlen, war ganz, ganz abscheulich! Und gewiß sagte sie ihm auch tüchtig ihre Meinung darüber, denn als ein anderer Blinder an der Reihe war, tuschelten sie hinter den Gardinen sehr vertraut miteinander.

Scrooges Nichte nahm nicht teil an dem Blindekuhspiel, sondern saß gemütlich in einer traulichen Ecke in einem Lehnstuhl mit einem Fußbänkchen davor, und der Geist und Scrooge standen dicht hinter ihr. Aber bei den Pfänderspielen tat sie mit und liebte ihre Liebe mit allen Buchstaben des Alphabets zur allgemeinen Bewunderung. Auch in dem Spiel „Wie, Wann und Wo" war sie sehr tüchtig und stellte zur geheimen Freude von Scrooges Neffen ihre Schwestern gar sehr in den Schatten, obgleich sie auch ganz gescheite Mädchen waren, wie es uns Topper hätte versichern können. Es mochten ungefähr zwanzig Personen da sein, junge und alte, aber sie spielten alle, und auch Scrooge spielte mit;

denn in seiner Teilnahme an den Vorgängen ganz vergessend, daß ihnen seine Stimme nicht hörbar war, gab er oft seine Antwort auf die Fragen ganz laut und riet auch manches Mal ganz richtig.

Dem Geist gefiel es sehr gut, ihn in dieser Laune zu sehen, und er blickte ihn so freundlich an, daß ihn Scrooge wie ein Knabe bat, noch warten zu dürfen, bis die Gäste fortgingen. Aber der Geist sagte, dies könne nicht geschehen.

„Es fängt ein neues Spiel an", sagte Scrooge. „Nur eine einzige halbe Stunde, Geist."

Es war ein Spiel, das man „Ja und Nein" nennt, wo Scrooges Neffe sich etwas zu denken hatte und die anderen erraten mußten, was; auf ihre Fragen brauchte er dann nur mit Ja oder Nein zu antworten. Die schnell aufeinanderfolgenden Fragen, die ihm vorgelegt wurden, ergaben denn endlich, daß er sich ein Geschöpf vorstellte –, ein lebendiges Wesen, ein häßliches, wildes Geschöpf, das zuweilen brumme und zuweilen spreche und sich in London aufhalte und in den Straßen herumlaufe und nicht für Geld gezeigt und nicht herumgeführt werde und nicht in einer Menagerie sei und nicht geschlachtet werde, und weder ein Pferd, noch ein Esel, noch eine Kuh, noch ein Ochs, noch ein Tiger, noch ein Hund, noch ein Schwein, noch eine Katze, noch ein Bär sei. Bei jeder neuen Frage, die ihm gestellt wurde, brach Scrooges Neffe aufs neue in ein Gelächter aus und konnte gar nicht wieder herauskommen, so daß er vom Sofa aufstehen und mit den Füßen stampfen mußte.

Endlich rief die runde Schwester mit einem ebenso unauslöschlichen Gelächter: „Ich habe es, Fred, ich weiß es, ich weiß es."

„Was ist es?" rief Fred.

„Es ist Onkel Scrooge."

Und der war es auch. Verwunderung war das allgemeine Gefühl, obgleich einige meinten, die Frage: „Ist es ein Bär?" hätte mit Ja beantwortet werden müssen, denn eine verneinende Antwort sei schon hinreichend gewesen, ihre Gedanken von Scrooge abzubringen, selbst wenn sie auf dem Wege zu ihm gewesen wären.

„Nun, er hat uns Freude genug gemacht", sagte Fred, „und so wäre es undankbar, nicht auf seine Gesundheit zu trinken. Hier ist ein Glas Glühwein dazu bereit. Es lebe Onkel Scrooge!"

„Es lebe Onkel Scrooge!" stimmten alle ein.

„Fröhliche Weihnachten und ein glückliches Neujahr dem Alten, sei er, wie er wolle!" sagte Scrooges Neffe. „Er wollte meinen Wunsch nicht annehmen, aber er soll ihn dennoch haben."

Dem Onkel Scrooge war es unmerklich so fröhlich und leicht zu Sinne geworden, daß er der von seiner Gegenwart nichts ahnenden Gesellschaft ihren Toast erwidert und mit einer unhörbaren Rede gedankt haben würde, hätte ihm der Geist Zeit dazu gelassen. Aber alles verschwand im Hauch vom letzten Wort des Neffen, und Scrooge und der Geist waren schon wieder unterwegs. Sie gingen weit und sahen viel und besuchten manchen Herd, aber immer spendeten sie Glück.

Der Geist stand neben Kranken, und sie wurden heiter und hoffend; neben Wanderern in fernen Ländern, und sie träumten von der Heimat; neben solchen, die mit dem Leben rangen, und sie harrten geduldig aus; neben Armen, und sie wurden reich. Im Armenhaus und im Lazarett, im Kerker und in jedem Zufluchtsort des Elends, wo der Mensch in seiner kurzen ärmlichen Herrschaft dem Geiste die Tür verschlossen hatte, spendete er seinen Segen und lehrte Scrooge seine Weise.

Es war eine lange Nacht, wenn es nur eine Nacht war; aber Scrooge zweifelte daran, denn die Weihnachtsfeiertage schienen in die Zeit, in der sie miteinander verrannen, zusammengedrängt zu sein. Es war auch sonderbar, daß der Geist offenbar älter wurde, während Scrooge äußerlich ganz unverändert blieb. Scrooge hatte diese Veränderung zwar bemerkt, sprach aber nie davon, bis sie von einer Kinderweihnachtsgesellschaft weggingen, wo er bemerkte, daß des Geistes Haar schnell grau geworden war.

„Ist das Leben der Geister so kurz?" fragte Scrooge.

„Mein Leben ist sehr kurz auf dieser Erde",

sagte der Geist, „es endet noch in dieser Nacht."

„In dieser Nacht noch!" rief Scrooge.

„Heute um Mitternacht. Horch, die Zeit nahet schon."

Die Glocke schlug drei Viertel auf zwölf.

„Vergib mir, wenn ich nicht recht tue, zu fragen", sagte jetzt Scrooge, scharf auf des Geistes Gewand blickend, „aber ich sehe etwas Seltsames unter deinem Mantel hervorblicken, was nicht zu dir zu gehören scheint. Ist es ein Fuß oder eine Klaue?"

„Nach dem wenigen Fleisch, was darauf sitzt, könnte es schon eine Klaue sein", gab der Geist traurig zur Antwort, und fuhr fort: „Sieh hier."

Aus den weiten Falten seines Gewandes hervor erschienen jetzt zwei Kinder, elend, abgemagert, häßlich und mitleiderregend. Sie knieten vor dem Geiste nieder und hielten sich festgeklammert an dem Saum seines Gewandes.

„O Mensch, sieh hier", rief der Geist. „Sieh hier, sieh hier!"

Es war ein Knabe und ein Mädchen. Fahlen Gesichtes, elend, zerlumpt und mit wildem, tückischem Blicke; aber doch auch ängstlich und gedrückt in ihrer Demut.

Wo die Schönheit der Jugend ihre Züge hätte durchleuchten und mit ihren frischesten Farben kleiden sollen, hatte sie eine runzlige, abgelebte Hand, gleich der des Alters, berührt und versehrt. Wo Engel hätten thronen können, lauerten Teufel mit grimmigem, drohendem Blick. Keine Veränderung, keine Entwürdigung der Menschheit in allen Geheimnissen der Schöpfung hat so schreckliche und grauenerregende Ungeheuer aufzuweisen.

Entsetzt fuhr Scrooge zurück. Da sie ihm der Geist auf solche Weise gezeigt hatte, versuchte er zu sagen, es wären schöne Kinder, aber die Worte erstickten ihm von selber, um nicht teilzuhaben an einer so ungeheuren Lüge.

„Geist, sind das deine Kinder?" Weiter konnte Scrooge nichts sagen.

„Es sind des Menschen Kinder", erwiderte der Geist, auf sie herabschauend. „Und sie hängen sich an mich, vor mir ihre Väter anklagend. Dieses Mädchen ist die Unwissenheit. Dieser Knabe ist der Mangel. Schau sie beide wohl an, und vor allem diesen Knaben; denn auf seiner Stirn seh ich geschrieben, was Verhängnis ist, wenn die Schrift nicht verlöscht wird. Leugnet es", rief der Geist, seine Hand nach der Stadt ausstreckend. „Verleumdet alle, die es Euch sagen! Gebt es zu um Eurer Parteizwecke willen und macht es noch schlimmer! Und erwartet das Ende!"

„Haben sie keine Stütze, keinen Zufluchtsort?" rief Scrooge.

„Gibt es keine Gefängnisse?" sagte der Geist, das letztemal Scrooges eigene Worte gegen ihn gebrauchend. „Gibt es keine Armenhäuser?"

Die Glocke schlug zwölf.

Scrooge sah sich um nach dem Geiste, aber er war verschwunden. Als der letzte Schlag verklungen war, erinnerte er sich an die Vorhersagung des alten Jacob Marley und sah, die Augen erhebend, ein grauenerregendes, tief verhülltes Gespenst auf sich zukommen, wie ein Nebel auf dem Boden dahinzurollen pflegt.

4. Strophe

Der letzte Geist

Die Erscheinung kam langsam, feierlich, schweigend auf ihn zu. Als sie herangekommen war, fiel Scrooge auf die Knie nieder, denn selbst die Luft, durch die sich der Geist bewegte, schien geheimnisvolles Grauen um sich zu verbreiten.

Die Erscheinung war verhüllt in einem schwarzen, weiten Mantel, der nichts von ihr sehen ließ, als eine ausgestreckte Hand. Wäre diese nicht gewesen, es wäre einem schwer angekommen, die Gestalt von der Nacht zu trennen, die sie umgab!

Als sie neben ihm stand, fühlte er, daß sie groß und stattlich war und daß ihn ihre geheimnisvolle Gegenwart mit einem feierlichen Grauen erfüllte. Er wußte weiter nichts, denn der Geist sprach und bewegte sich nicht.

„Ich stehe vor dem Geist der zukünftigen Weihnacht?" fragte Scrooge.

Der Geist antwortete nicht, sondern wies mit der Hand zur Erde hinab.

„Du willst mir die Schatten der Dinge zeigen, die noch nicht geschehen sind, aber noch geschehen werden?" fuhr Scrooge fort. „Willst du das, Geist?"

Der obere Teil der Verhüllung bauschte sich auf einen Augenblick in Falten, als ob der Geist sein Haupt neige; dies war die einzige Antwort, die Scrooge erhielt.

Obgleich schon recht gut an gespenstische Gesellschaft gewöhnt, bangte Scrooge vor der stummen Erscheinung doch so sehr, daß seine Knie wankten und er kaum noch stehen konnte, als er sich ihr zu folgen bereit machte. Der Geist stand für einen Augenblick still, als bemerke er die Furcht seines Begleiters und als wolle er ihm Zeit lassen, sich zu erholen.

Aber Scrooge befand sich dadurch noch schlechter. Ein fremdes, unbestimmtes Grausen durchbebte ihn bei dem Gedanken, daß sich hinter diesem schwarzen Schleier gespenstische Augen fest auf ihn heften könnten, während er, obgleich er seine Augen aufs äußerste anstrengte, doch nichts sehen konnte als die gespenstische Hand und eine große, schwarze Faltenmasse.

„Geist der Zukunft", rief er, „ich fürchte dich mehr als die Geister, die ich schon gesehen habe. Aber da ich weiß, daß es dein Zweck ist, mir Gutes zu tun, und da ich noch zu leben hoffe, um ein anderer Mensch zu werden, als ich bisher war, bin ich willens, dich zu begleiten und tue es mit einem dankerfüllten Herzen. – Willst du nicht zu mir sprechen?"

Die Gestalt gab ihm keine Antwort. Die Hand wies gerade vor ihm hin in die Ferne.

„Führe mich", bat Scrooge. „Führe mich, die Nacht schwindet schnell, und die Zeit ist für mich kostbar. Führe mich, Geist."

Die Erscheinung bewegte sich ebenso von ihm weg, wie sie auf ihn zugekommen war. Scrooge folgte dem Schatten ihres Gewandes, der ihn aufhob und von dannen trug.

Es war kaum, als ob sie in die Stadt träten; eher schien die Stadt rings um sie her in die Höhe zu wachsen und sie zu umdrängen. Aber sie waren doch mitten in ihrem Herzen, auf der Börse unter den Kaufleuten, die geschäftig hin und her eilten, mit dem Geld in ihren Taschen klimperten, in Gruppen miteinander sprachen, nach der Uhr sahen und gedankenvoll mit den großen, goldenen Petschaften an den Uhrketten spielten, wie Scrooge es schon so oft gesehen hatte.

Der Geist blieb bei einer Gruppe von Kaufleuten stehen, und Scrooge sah, daß die Hand der Erscheinung auf sie wies; daher näherte er sich ihnen, um ihr Gespräch zu belauschen.

„Nein, ich weiß nicht viel davon zu sagen", sagte ein großer fetter Mann mit einem ungeheuren Doppelkinn. „Ich weiß nur, daß er tot ist."

„Wann starb er denn?" fragte ein anderer.

„Vorige Nacht, glaub ich."

„Mein Gott, was hat ihm denn gefehlt?" mischte sich ein Dritter ein, der dabei eine große Prise aus einer sehr großen Dose nahm. „Ich dachte, der würde nie sterben."

„Weiß Gott", sagte der erste und gähnte.

„Was hat er mit seinem Geld angefangen?" fragte ein Herr mit einem roten Gesicht und einem Auswuchs an der Nasenspitze, der wie der Lappen eines Truthahns wackelte.

„Ich habe nichts davon gehört", sagte der Mann mit dem fetten Doppelkinn, und gähnte abermals. „Hat es wahrscheinlich seiner Firma hinterlassen. Mir hat er's nicht vermacht. Das weiß ich."

Dieser reizende Scherz wurde mit einem allgemeinen Gelächter begrüßt.

„Es wird wohl ein sehr billiges Begräbnis werden", fuhr der Dicke mit dem Doppelkinn fort; „denn so wahr ich lebe, ich kenne niemanden, der mitgehen sollte. Wenn wir nun zusammenträten und freiwillig mitgingen?"

„Ich tue mit, wenn für einen Lunch gesorgt wird", bemerkte der Herr mit dem Truthahnlappen an der Nasenspitze. „Aber ich muß zu essen haben, wenn ich dabei sein soll."

Ein neues Gelächter.

„Nun, da bin ich doch wohl der Uneigennützigste von euch", meinte der erste Sprecher, „denn ich trage nie schwarze Handschuhe und esse nie Lunch. Aber ich gehe mit, wenn sich noch andere finden. Wenn ich mir's recht überlege, war ich am Ende sein vertrautester Freund; denn wir blieben stehen und sagten einander, wenn wir uns auf der Straße trafen: ‚Guten Morgen, guten Morgen!'"

Sprecher und Zuhörer gingen fort und mischten sich unter andere Gruppen. Scrooge kannte die Leute und sah den Geist mit einem fragenden Blick an.

Die Erscheinung schwebte weiter und hinaus auf die Straße.

Ihre Hand wies auf zwei sich begegnende Personen. Und wieder hörte Scrooge zu, in der Hoffnung, jetzt die Erklärung zu finden.

Denn er kannte auch diese Leute recht gut. Es waren Kaufleute, sehr reich und von großem Ansehen. Er hatte sich immer bestrebt, in ihrer Achtung zu bleiben, das heißt in Geschäftssachen, rein in Geschäftssachen.

„Wie geht's?" sagte der eine.

„Wie geht's Ihnen?" der andere.

„Gut", erwiderte der erste. „Der alte Knauser ist endlich tot, wissen Sie es schon?"

„Ich hörte es", antwortete der zweite. „Es ist kalt heute, nicht wahr?"

„Wie sich's zu Weihnachten schickt. Sie sind wohl kein Schlittschuhläufer?"

„Nein, nein. Habe an andere Sachen zu denken. Guten Morgen!"

Kein Wort weiter. So trafen sie sich, so trennten sie sich.

Scrooge war erst zu staunen geneigt, daß der Geist auf anscheinend so unbedeutende Gespräche ein Gewicht zu legen schien; aber sein Gefühl sagte ihm, daß sie eine verborgene Bedeutung haben müßten, und er zerbrach sich den Kopf, welcher Art diese sein könnte.

Die Gespräche konnten sich nicht auf den Tod Jacobs, seines alten Kompagnons, beziehen, denn der gehörte der Vergangenheit an, und sein Führer war doch der Geist der Zukunft. Auch konnte er sich niemanden von den ihn näher Angehenden vorstellen, auf den er sie hätte beziehen können. Aber in der Gewißheit, daß für ihn doch eine wichtige Lehre darin liege, auf wen sie sich auch beziehen mochten, beschloß er, jedes Wort, das er hörte, und jede Szene, die er sah, treu in seinem Herzen aufzubewahren, und vorzüglich seinen Schatten zu beobachten, wenn er erschien. Denn er erwartete von dem Benehmen seines zukünftigen Selbst die noch fehlende Aufklärung und die Lösung der Rätsel, die ihm jetzt so schwierig vorkam.

Schon auf der Börse sah er sich nach seinem Selbst um; aber ein anderer stand in seiner gewohnten Ecke, und obgleich die Uhr die Stunde zeigte, wo er gewöhnlich dort war, bemerkte er sich doch auch nicht unter den Scharen, die sich durch den Eingang hereindrängten. Das überraschte ihn indessen um so weniger, als er schon lange daran gedacht hatte, sein Geschäft aufzugeben; und nun glaubte und hoffte er, in diesen Erscheinungen schon die einstige Verwirklichung seines Planes zu erblicken.

Regungslos und schwarz stand neben ihm das Gespenst mit seiner starr ausgestreckten Hand. Als er wieder von seiner nachdenklichen Stellung aufblickte, glaubte er (nach der Richtung der Hand zu urteilen), daß sich die unsichtbaren Augen fest auf ihn hefteten. Bei diesem Gedanken überlief ihn ein kalter Schauer.

Sie verließen darauf die geschäftige Umgebung und gingen in einen abgelegenen Teil der Stadt, wo Scrooge nie vorher gewesen war, dessen Lage und schlechten Ruf er aber kannte. Die Straßen waren schmutzig und eng, die Läden und Häuser ärmlich, die Menschen halbnackt, betrunken, barfuß, häßlich. Gäßchen und Torwege strömten, wie ebenso viele Kloaken, abscheuerregende Gerüche und Schmutz und Menschen in die Straßen, und das ganze Viertel schien erfüllt von Verbrechen, Unrat und Elend.

In einem der tiefsten Winkel dieses Zufluchtsorts der Sünde und des Verbrechens befand sich ein niedriger, dunkler Laden unter einem Wetterdach, in dem Eisen, Lumpen, Flaschen, Knochen und Fleischabfälle verkauft wurden. Auf dem Fußboden lag ein Haufen verrosteter Schlüssel, Nägel, Ketten, Türangeln, Feilen, Wagen, Gewichte und altes Eisen aller Art. Geheimnisse, die zu enträtseln wenige verlangen würden, entstanden und verbargen sich in Bergen widerlicher Lumpen, Massen verdorbenen Fettes und ganzen Beinhäusern von Knochen. Mitten unter seinen Waren saß neben einem aus alten Kacheln zusammengesetzten Ofen ein grauhaariger, fast siebzigjähriger Schelm, der sich vor der Kälte draußen durch einen bauschigen Vorhang von allerlei, auf eine Leine gehängten Lumpen geschützt hatte und seine Pfeife voll Behagen rauchte.

Scrooge und die Erscheinung traten neben diesen Mann, als eine Frau mit einem schweren Bündel in den Laden schlich. Kaum war sie eingetreten, als ihr eine zweite Frau, auch mit einem Bündel, folgte, und dieser dicht auf den Fersen ein Mann in einem alten, schwarzen, abgetragenen Anzug, der nicht weniger vor dem Anblick der beiden erschrak, als diese voreinander erschrocken waren. Nach einigen Augenblicken wortlosen Staunens, an dem sich der Alte mit der Pfeife beteiligt hatte, brachen sie alle drei in ein lautes Gelächter aus.

„Sage jemand, die Leichenwäscherin würde die erste sein", rief die Frau, die zuerst eingetreten war. „Sage jemand, die Wärterin würde die zweite sein, und nenne jemand den Sargträger den dritten. He, Joe, wie sich das fügt! Wir treffen uns hier alle drei, ohne daß wir uns verabredet haben."

„Ihr hättet euch an keinem bessern Ort treffen können", sagte der alte Joe, die Pfeife aus dem Mund nehmend. „Kommt in den Salon. Ihr habt schon lange freien Zutritt dort, das wißt Ihr ja, und die anderen zwei sind auch keine Fremden. Wartet, bis ich die Ladentür zugemacht habe. Oh, wie sie knarrt! Ich glaube, es gibt kein so rostiges Stück Eisen in dem ganzen Laden, als die Türangeln; und ich weiß, es gibt keine so alten Knochen hier, wie meine. Haha, wir passen zu unserm Geschäft. Kommt in die gute Stube!"

Die gute Stube war der Raum hinter dem Lumpenvorhang. Der Alte kratzte das Feuer mit einem alten Rouleaustab zusammen, schob den Docht seiner qualmigen Lampe, denn es war Abend, mit dem Pfeifenstiel in die Höhe und steckte diese dann wieder in den Mund.

Während er damit beschäftigt war, warf die zuerst eingetretene Frau ihr Bündel auf den Boden und setzte sich protzig auf einen Stuhl; dann legte sie die Hände auf die Knie und sah die beiden andern herausfordernd an.

„Nun, was ist dabei, was ist schon dabei, Mrs. Dilber? Jeder hat das Recht, für sich zu sorgen. Und er tat es immer."

„Das ist wahr", sagte die Waschfrau. „Keiner tat es eifriger."

„Na, warum gafft ihr da einander an, als hättet ihr Bange, wer der Schlauere sei? Wir wollen doch nicht einander die Augen aushacken, denk ich."

„Nein, gewiß nicht", beteuerten Mrs. Dilber und der Mann wie aus einem Munde. „Wir wollen es nicht hoffen."

„Na, gut denn", rief die Frau, „das ist genug! Wem schadet's, wenn wir so ein paar Sachen mitnehmen wie die hier? Einer Leiche gewiß nicht."

„Nein, gewiß nicht", lachte Mrs. Dilber.

„Wenn er sie noch nach dem Tode behalten wollte, wie ein alter Geizhals", fuhr die Frau fort, „warum war er nicht besser zu seinen Lebzeiten? Wäre er's gewesen, dann hätte er auch jemanden um sich gehabt, als er starb, statt daß er mutterseelenallein seinen letzten Atem fahren lassen mußte."

„Es ist das wahrste Wort, das je gesprochen wurde", bestätigte Mrs. Dilber.

„Es ist ein Gottesgericht."

„Ich wünschte, es wäre ein bißchen schwe-

rer ausgefallen", meinte die Frau, „und es wär's auch, verlaßt euch drauf, wenn ich hätte mehr bekommen können. Mach das Bündel auf, Joe, und sag mir, was es wert ist. Sprich dreist heraus. Ich fürchte mich nicht, die erste zu sein, noch es die hier sehen zu lassen. Wir wußten ganz gut, daß wir für uns sorgten, ehe wir uns hier trafen. Das ist keine Sünde. Mach das Bündel auf, Joe."

Aber die Galanterie ihrer Freunde wollte das nicht erlauben; und der Mann in dem abgetragenen schwarzen Rock brachte seine Beute zuerst. Es war nicht viel los damit: ein oder zwei Petschafte, ein silberner Bleistift, ein Paar Hemdknöpfe und eine Brosche von geringem Wert: das war alles. Die Gegenstände wurden von dem alten Joe untersucht und geschätzt, worauf er die Summe, die er für das einzelne bezahlen wollte, an die Wand schrieb und zusammenrechnete, als er fand, daß nichts mehr nachkam.

„Das ist eure Rechnung", sagte Joe, „und ich gebe keinen Sixpence mehr, und sollte ich in Stücke gehauen werden. Wer kommt jetzt?"

Mrs. Dilber war die nächste. Sie hatte Bett- und Handtücher, einige Kleidungsstücke, zwei altmodische silberne Teelöffel, eine Zuckerzange und einige Paar Stiefel. Ihre Rechnung wurde von Joe auf dieselbe Weise an die Wand geschrieben.

„Damen gebe ich immer zuviel. Es ist meine Schwäche, und ich richte mich damit zugrunde", sagte der alte Joe. „Hier ist Eure Rechnung. Wolltet Ihr einen Pfennig mehr dafür haben und es darauf ankommen lassen, so täte es mir leid, so nobel gewesen zu sein, und ich zöge Euch eine halbe Krone ab."

„Und nun mach mein Bündel auf, Joe", drängte die erste.

Joe kniete nieder, um bequemer das Bündel öffnen zu können, und nachdem er viele viele Knoten aufgemacht hatte, zog er eine große schwere Rolle von einem dunklen Stoff heraus.

„Was ist das?" staunte Joe. „Bettgardinen!"

„Ja", rief das Weib lachend und sich vorbeugend. „Bettgardinen!"

„Ihr wollt doch nicht sagen, Ihr hättet sie

herduntergenommen, wie er dort lag?" sagte Joe.

„Ih, freilich", sagte das Weib. „Warum auch nicht?"

„Ihr seid geboren, Euer Glück zu machen, und Ihr werdet's auch."

„Ich werde doch wahrhaftig meine Hand nicht leer einstecken, wenn ich sie nur auszustrecken brauche, um was zu kriegen, um so eines Mannes willen, wie der war. Wahrhaftig nicht, Joe", antwortete das Weib ruhig. „Laß kein Öl auf die Bettdecken tropfen."

„Seine Bettdecke?" fragte Joe.

„Von wem soll sie denn sonst sein?" entgegnete das Weib. „Er wird auch ohne die nicht frieren, das behaupte ich."

„Er starb doch nicht etwa an etwas Ansteckendem?" fragte der alte Joe bedenklich, seine Beschäftigung unterbrechend und sie anblickend.

„Das braucht Ihr nicht zu befürchten", antwortete die Frau. „Ich hatte ihn nicht so lieb, daß ich dann bei ihm geblieben wäre um solcher Lumpen willen. Ha, Ihr könnt durch das Hemd gucken, bis Euch Eure Augen weh tun: Ihr findet kein Loch darin und keine dünne Stelle. Es ist das beste, was er hatte, und sein ist's auch. Sie hätten's verdorben, wenn ich nicht gewesen wäre."

„Was meint Ihr mit verderben?" fragte der alte Joe.

„Nun, ihm das Hemd in das Grab mitgeben, was sonst?" erwiderte die Frau lachend. „Es war da einer dumm genug, es ihm anzuziehen, aber ich zog's ihm wieder aus. Wenn Kattun zu so etwas nicht gut genug ist, weiß ich nicht, zu was er sonst gut wäre. Er steht einer Leiche ebensogut. Er kann nicht häßlicher aussehen, als er darin aussah."

Scrooge hörte das Gespräch mit Grausen an. Wie sie da um ihren Raub herum in dem kärglichen Lampenlicht des Alten saßen, betrachtete er sie mit einem Ekel und einem Abscheu, der nicht größer hätte sein können, wenn es scheußliche Dämonen gewesen wären, die um die Leiche selbst feilschten.

„Ha, ha!" lachte dieselbe Frau, als der alte Joe, einen alten flanellnen Geldbeutel herauslangte und jedem den Preis des Raubes auf den Fußboden hinzählte. „Das ist das Ende von der Geschichte, seht Ihr! Er scheuchte jeden von sich, solange er lebte, um uns zu nützen, da er tot ist! Hahaha!"

„Geist", sagte Scrooge, vom Fuß bis zum Scheitel zitternd. „Ich verstehe dich. Das Los dieses Unglücklichen könnte das meinige sein. Mein Leben geht jetzt auf dieses Ziel zu. Gnädiger Himmel, was ist das?"

Er fuhr entsetzt zurück, denn die Szene hatte sich verändert, und er stand dicht vor einem Bett, einem einsamen, unverhängten Bett, in dem unter einer groben Decke etwas Verhülltes lag, das, obgleich stumm, in einer grauenerregenden Sprache verkündete, was es war.

Das Zimmer war sehr dunkel, zu dunkel, um etwas sicher erkennen zu können, obgleich sich Scrooge, einem geheimen Gefühl folgend, voll Begier umsah, um zu wissen, was für ein Zimmer es sei. Ein bleiches Licht, das von draußen hereinströmte, fiel gerade aufs Bett; und auf diesem, geplündert und beraubt, unbewacht und unbeweint, lag die Leiche dieses Mannes.

Scrooge blickte die Erscheinung an. Ihre regungslose Hand wies auf das Haupt des Leichnams. Die Decke war so sorglos zurechtgelegt, daß das geringste Verschieben, die leiseste Berührung von Scrooges Fingern das Antlitz enthüllt hätte. Er dachte daran, empfand, wie leicht es geschehen könnte, und sehnte sich, es zu tun; aber er hatte ebensowenig die Kraft, die Hülle wegzuziehen, wie den Geist von seiner Seite zu entlassen.

Oh, kalter, starrer, schrecklicher Tod, hier richte deinen Altar auf und umgib ihn mit den Schrecken, über die du verfügst, denn dies ist dein Reich! Aber dem geliebten und verehrten Haupt kannst du kein Haar krümmen, von ihm kannst du keinen Zug widerlich machen. Auch wenn die Hand schwer ist und herabsinkt, wenn man sie fallen läßt, auch wenn das Herz und der Puls schweigen; die Hand war offen und barmherzig, das Herz war offen und warm und gut und der Puls ein menschlicher. Töte, Schatten, töte! Und sieh, wie seine guten Taten aus der Todeswunde hervorströmen,

um in der Welt ein unsterbliches Leben aus-
zusäen!

Es war nicht etwa eine Stimme, die diese
Worte in Scrooges Ohren flüsterte, aber doch
hörte er sie, während er auf das Bett starrte. Er
dachte, wenn dieser Mann jetzt wieder er-
weckt werden könnte, was würde wohl sein
erster Gedanke sein? Nur Geiz, Hartherzig-
keit, habgierige Sorge. – Ein schönes Ende
haben sie ihm bereitet!

Er lag in dem düstern leeren Haus, und kein
Mann, kein Weib, kein Kind war da, um zu
sagen: „Er war gütig gegen mich in dem und
in jenem, und dieses einen gütigen Wortes
gedenkend will ich seiner warten." Eine
Katze kratzte an der Tür, und die Ratten nag-
ten und raschelten unter dem Kamin. Was sie
in dem Gemach des Todes wollten und warum
sie so unruhig waren, wagte Scrooge nicht
auszudenken.

„Geist", sagte er, „dies ist ein schrecklicher
Ort. Wenn ich ihn verlasse, werde ich nicht
seine Lehre vergessen, glaube mir. Laß uns
gehen."

Immer noch wies der Geist mit regungslo-
sem Finger auf das Haupt der Leiche.

„Ich verstehe dich", antwortete Scrooge,
„und ich täte es, wenn ich könnte. Aber ich
habe die Kraft nicht dazu, Geist. Ich habe die
Kraft nicht dazu."

Wieder schien ihn der Geist anzublicken.

„Wenn irgend jemand in der Stadt ist, der
bei dieses Mannes Tod etwas fühlt", bat
Scrooge ganz erschüttert, „so zeige mir ihn,
Geist, ich flehe dich an."

Die Erscheinung breitete ihren dunklen
Mantel einen Augenblick vor ihm aus wie einen Fittich; und wie sie ihn wieder wegzog,
sah er ein taghelles Zimmer, in dem sich eine
Mutter mit ihren Kindern befand.

Sie wartete auf jemandes Kommen in
ängstlicher Hoffnung, denn sie ging im Zimmer auf und ab, erschrak bei jedem Geräusch,
sah zum Fenster hinaus, blickte nach der Uhr,
versuchte umsonst, sich zu beschäftigen und
konnte kaum die Stimmen der spielenden
Kinder ertragen.

Endlich vernahm sie das langersehnte
Klopfen an der Haustür, und als sie hinausge-
hen wollte, kam ihr der Gatte entgegen. Sein
Gesicht war abgehärmt und bekümmert, obgleich er noch jung war! Es zeigte sich jetzt
ein merkwürdiger Ausdruck darin: eine Art
ernster Freude, deren er sich schämte und die
er zu verbergen bestrebt war.

Er setzte sich zum Essen nieder, das man
ihm am Feuer aufgehoben hatte; und als die
Gattin ihn erst nach langem Schweigen fragte,
was er für Nachrichten bringe, schien er um
Antwort verlegen zu sein.

„Sind es gute", fragte sie, „oder schlechte?"

„Schlechte", gab er zur Antwort.

„Sind wir ganz zugrundegerichtet?"

„Nein, noch ist Hoffnung vorhanden, Caroline."

„Wenn er sich erweichen läßt", rief sie erstaunt, „dann ist noch Hoffnung da! Nichts ist
hoffnungslos, wenn ein solches Wunder geschehen ist."

„Für ihn ist es zu spät, Erbarmen zu zeigen", sagte der Gatte. „Er ist tot."

Wenn ihr Gesicht Wahrheit sprach, so war
sie ein mildes und geduldiges Wesen; aber sie
war doch dankbar dafür in ihrem Herzen und
sprach es mit gefalteten Händen aus. Doch
schon im nächsten Augenblick bat sie Gott,
daß er ihr verzeihen möge, und bereute es;
aber das erste Gefühl war die Stimme ihres
Herzens gewesen.

„Was mir die halbbetrunkene Frau gestern
abend meldete, als ich ihn sprechen und um
eine Woche Aufschub bitten wollte, und was
ich nur für einen bloßen Vorwand hielt, um
mich abzuweisen, erweist sich jetzt als die
reine Wahrheit. Er war nicht nur sehr krank, er
lag schon im Sterben."

„Auf wen wird unsere Schuld übergehen?"

„Ich weiß es nicht. Aber noch vor dieser
Zeit werden wir das Geld haben; und selbst,
wenn dies nicht einträfe, wär' es fast unwahr-
scheinlich großes Pech, in seinem Erben
einen ebenso unbarmherzigen Gläubiger zu
finden. Wir können heut nacht leichteren Herzens schlafen, Caroline."

Ja, sie mochten es verhehlen, wie sie wollten: ihre Herzen waren leichter. Die Gesichter

der Kinder, die sich still um die Eltern drängten, um zu hören, was sie so wenig verstanden, erhellten sich, und alle wurden glücklicher durch dieses Mannes Tod. Das einzige
von diesem Ereignis hervorgerufene Gefühl,
das ihm der Geist zeigen konnte, war also eins
der Freude.

„Laß mich ein mitleidiges, bei einem
Todesfall empfundenes Gefühl sehen", bat
Scrooge, „oder mir wird dies dunkle Zimmer,
das wir soeben verlassen haben, immer vor
Augen bleiben."

Nun führte ihn der Geist durch mehrere
Straßen, die er oft gegangen war; und indem
sie vorüberschwebten, hoffte Scrooge sich
hier und da zu erblicken, aber nirgends war er
zu sehen. Sie traten in Bob Cratchits Haus,
dessen Wohnung sie schon früher besucht hatten, und fanden dort die Mutter mit den Kindern um das Feuer sitzen.

Alles war ruhig, alles war still, sehr still.
Die lärmenden kleinen Cratchits saßen
stumm, wie steinerne Bilder, in einer Ecke
und sahen auf Peter, der ein Buch vor sich
hatte. Mutter und Töchter nähten. Aber auch
sie waren still, sehr still.

„Und er nahm ein Kind und stellte es in
ihre Mitte."

Wo hatte Scrooge diese Worte gehört? Der
Knabe mußte sie gelesen haben, als er und der
Geist über die Schwelle traten. Warum fuhr
der Leser nicht fort?

Die Mutter legte ihre Arbeit auf den Tisch
und führte die Hand gegen die Augen.

„Die Farbe tut mir weh", sagte sie.

Die Farbe? Ach, der arme Tiny Tim!

„Es geht jetzt wieder besser", sagte Cratchits Frau.

„Die Farbe tut mir weh bei Licht, und ich
möchte nicht, daß Vater, wenn er heimkommt,
meine roten Augen sieht. Es muß bald Zeit
sein."

„Fast schon vorüber", erwiderte Peter, das
Buch schließend. „Aber ich glaube, Mutter, er
geht jetzt etwas langsamer als früher."

Sie waren wieder sehr still. Endlich sagte
sie mit einer ruhigen, heiteren Stimme, die
nur ein einziges Mal zitterte: „Ich weiß, daß er

mit – ich weiß, daß er mit Tiny Tim auf der
Schulter sehr schnell ging."

„Ich auch", rief Peter. „Oft."

„Ich auch", stimmten die andern ein.

„Aber er war sehr leicht zu tragen", fing sie
wieder an, den Blick fest auf ihre Arbeit gerichtet, „und der Vater liebte ihn so, daß es
keine Last für ihn war – keine Last. Doch
horch: Da kommt der Vater."

Sie eilten ihm entgegen und Bob mit dem
Schal – der arme Kerl hatte ihn nötig – trat
herein. Sein Tee stand bereit, und sie drängten
sich alle herbei, und jeder wollte ihn am meisten bedienen. Dann kletterten die beiden
kleinen Cratchits auf seine Knie, und jedes
Kind legte eine kleine Wange an die seine, als
wollten sie sagen: „Gräm dich nicht, lieber
Vater, sei nicht traurig."

Bob war sehr heiter und sprach sehr munter
mit der ganzen Familie. Er besah die Arbeit
auf dem Tisch und lobte den Fleiß und den
Eifer seiner Frau und Töchter. Sie würden lange vor Sonntag fertig sein, meinte er.

„Sonntag!" wiederholte die Frau. „Du
warst also heute dort, Robert?"

„Ja, meine Liebe", antwortete Bob. „Ich
wollte, du hättest auch hingehen können. Es
würde dein Herz erfreut haben, zu sehen, wie
grün es dort ist. Aber du wirst es oft sehen. Ich
versprach ihm, sonntags hinzugehen. Mein
liebes, liebes Kind!" meinte Bob. „Mein liebes Kind!"

Er brach auf einmal zusammen. Er konnte
nicht anders. Hätte er anders gekonnt, so wären er und sein Kind einander wohl weniger
nahe gewesen.

Er verließ die Stube und ging die Treppe
hinauf in ein Zimmer, das hell erleuchtet und
weihnachtsmäßig aufgeputzt war. Ein Stuhl
stand dicht neben dem Kind und man sah, daß
vor kurzem jemand dagewesen war. Der arme
Bob setzte sich nieder, und als er ein wenig
nachgedacht und sich gefaßt hatte, küßte er
das kleine kalte Gesicht. Er war versöhnt mit
dem Geschehenen und ging wieder hinunter
ganz heiter.

Sie setzten sich um das Feuer und unter-
hielten sich; die Mädchen und Mutter arbeite-

ten fort. Bob erzählte ihnen von Scrooges Neffen und seiner außerordentlichen Freundlichkeit, obwohl er ihn nur ein einziges Mal gesehen habe. Er habe ihn heute auf der Straße getroffen, und als er bemerkt, daß er ein wenig niedergeschlagen aussähe, habe er ihn gefragt, was ihn bekümmere. „Hierauf", sagte Bob, „erzählte ich es ihm, denn er ist der freundlichste junge Herr, den ich kenne. ‚Ich bedaure Sie herzlich, Mr. Cratchit', sagte er, ‚und auch Ihre gute Frau.' – Übrigens, wie er das wissen kann, möchte ich wissen."

„Was soll er wissen, mein Lieber."

„Nun, daß du eine gute Frau bist", antwortete Bob.

„Jedermann weiß das", meinte Peter.

„Sehr gut bemerkt, mein Junge", rief Bob. „Ich hoffe, es ist so. ‚Herzlich bedaure ich Ihre gute Frau', sagte er. ‚Wenn ich Ihnen auf irgendeine Weise behilflich sein kann', setzte er hinzu, indem er mir seine Karte gab, ‚hier ist meine Adresse. Kommen Sie nur zu mir.' Nun ist es nicht gerade darum", sprach Bob, „weil er etwas für uns tun könnte, sondern mehr wegen seiner herzlichen Weise, daß ich mich darüber so freute. Es schien wirklich, als habe er unsern Tiny Tim gekannt und fühle mit uns."

„Er ist gewiß eine gute Seele", sagte Mrs. Cratchit.

„Du würdest das noch eher erkennen, meine Liebe", antwortete Bob, „wenn du ihn sähest und mit ihm sprächest. Es sollte mich nicht wundern, wenn er Peter eine bessere Stelle verschaffte. Denkt an meine Worte."

„Nun höre nur, Peter", sagte Mrs. Cratchit.

„Und dann", rief eines der Mädchen, „wird sich Peter nach einer Frau umsehen."

„Ach, sei still", antwortete Peter lachend.

„Nun, das kann schon kommen", sagte Bob, „doch bis dahin hat er noch eine Menge Zeit. Aber wie und wann wir uns auch voneinander trennen sollten, so bin ich doch überzeugt, daß keiner von uns den armen Tiny Tim vergessen wird oder diese erste Trennung, die wir erfuhren."

„Niemals, Vater", riefen alle.

„Und ich weiß", sagte Bob, „ich weiß, meine Lieben, wenn wir daran denken, wie geduldig und wie sanft er war, obgleich er nur ein kleines Kind war, werden wir uns nicht so leicht zanken und den guten Tiny Tim vergessen, indem wir's tun."

„Nein, niemals, Vater", riefen wieder alle.

„Ich bin sehr glücklich", sagte Bob, „sehr glücklich."

Mrs. Cratchit küßte ihn, seine Töchter küßten ihn, die beiden kleinen Cratchits küßten ihn, und Peter und er drückten sich die Hand. Seele Tiny Tims, du warst ein Hauch von Gott.

„Geist", sprach Scrooge, „etwas sagt mir, daß wir uns bald trennen werden. Ich weiß es, aber ich weiß nicht wie. Sag mir, wer war es, den wir auf dem Totenbett sahen?"

Der Geist der zukünftigen Weihnacht führte ihn wie zuvor – doch zu verschiedener Zeit, wie es ihm vorkam, und überhaupt schien in den letzten abwechselnden Gesichtern keine Zeitfolge stattzufinden – an die Zusammenkunftsorte der Geschäftsleute, aber er sah sich selber nicht. Der Geist hielt sich nirgends auf, sondern schwebte immer weiter, wie nach dem Ort zu, wo Scrooge die gewünschte Lösung des Rätsels finden würde, bis ihn dieser bat, einen Augenblick zu verweilen.

„Ja, dieser Hof, durch den wir jetzt eilen", sagte Scrooge, „war einst mein Geschäft und war es lange Jahre hindurch. Ich erkenne das Haus. Laß mich sehen, was ich in den kommenden Tagen sein werde."

Der Geist stand still; die Hand zeigte anderswohin.

„Das Haus ist dort", rief Scrooge. „Warum zeigst du anderswohin?"

Der unerbittliche Finger nahm keine andere Richtung an.

Scrooge eilte nach dem Fenster seines Kontors und schaute hinein. Es war noch ein Kontor, aber nicht das seinige. Die Möbel waren nicht dieselben, und die Gestalt in dem Stuhl war nicht die seine. Die Erscheinung zeigte nach derselben Richtung wie vorher.

Er trat wieder zu ihr hin und nachsinnend, warum und wohin sie gingen, begleitete er sie, bis sie eine eiserne Pforte erreichten. Er stand still, um sich vor dem Eintreten umzusehen.

Es war ein Kirchhof. Hier also lag der Unglückliche unter der Erde, dessen Namen er noch erfahren sollte. Der Ort war seiner würdig. Rings von hohen Häusern umgeben, überwuchert von Unkraut, entsprossen dem Tod, nicht dem Leben der Vegetation, vollgepfropft von zu vielen Leichen, genährt von übersättigtem Genuß.

Der Geist stand inmitten der Gräber still und deutete auf eins hinab. Scrooge näherte sich ihm bebend. Die Erscheinung war noch ganz so wie früher, aber ihm war es immer, als sähe er eine neue Bedeutung in der düsteren Gestalt.

„Ehe ich mich dem Stein nähere, den du mir zeigst", sagte Scrooge, „beantworte mir eine Frage. Sind dies die Schatten der Dinge, die sein werden, oder nur deren, die sein können ?"

Immer noch wies der Geist auf das Grab hin, vor dem sie standen.

„Die Wege des Menschen tragen ihr Ziel in sich", murmelte Scrooge. „Aber schlägt er einen andern Weg ein, so ändert sich das Ziel. Sag, ist es so mit dem, was du mir zeigen wirst?"

Der Geist blieb so unbeweglich wie immer.

Scrooge näherte sich schlotternd dem Grabe, und wie er der Richtung des Fingers folgte, las er auf dem Stein seinen eigenen Namen.

EBENEZER SCROOGE

„Bin ich es, der auf jenem Bett lag?" rief er, in die Knie sinkend.

Der Finger zeigte von dem Grabe fort auf ihn und wieder zurück.

„Nein, Geist, o nein!"

Der Finger wies unveränderlich dorthin.

„Geist", rief Scrooge, sich fest an sein Gewand klammernd, „ich bin nicht mehr der Mensch, der ich ehedem war. Ich will ein anderer Mensch werden, als ich vor diesen Tagen gewesen bin. Warum zeigst du mir dies, wenn alle Hoffnung geschwunden ist?"

Zum ersten Male schien des Geistes Hand zu zittern.

„Guter Geist", fuhr er fort, „dein eigenes Herz legt bittend für mich ein Wort ein und bedauert mich. Sag mir, daß ich durch ein verändertes Leben die Schattenbilder, die du mir gezeigt hast, ändern kann!"

Die gütige Hand zitterte.

„Ich will Weihnachten in meinem Herzen ehren, ich will versuchen, es zu feiern. Ich will in der Vergangenheit, in der Gegenwart und in der Zukunft leben. Die Geister von allen dreien sollen in mir lebendig sein. Ich will ihren Lehren mein Herz nicht verschließen. O sage mir, daß ich die Schrift auf diesem Stein tilgen kann!"

In seiner Angst ergriff Scrooge die gespenstige Hand. Sie versuchte, sich von ihm loszumachen, aber er war stark in seinem Flehen und hielt sie fest. Der Geist, noch stärker, stieß ihn zurück.

Wie Scrooge die bebenden Hände zu einem letzten Flehen um Änderung seines Schicksals in die Höhe hielt, sah er die Erscheinung sich verändern. Sie wurde kleiner und kleiner und schwand zu einem Bettpfosten zusammen.

5. Strophe

Das Ende

Ja, und es war sein eigener Bettpfosten. Es war sein Bett und sein Zimmer. Und was das Glücklichste und Beste war: die Zukunft gehörte ihm, um sich zu bessern.

„Ich will in der Vergangenheit, in der Gegenwart und in der Zukunft leben", wiederholte Scrooge, als er aus dem Bett kletterte. „Die Geister von allen dreien sollen in mir lebendig sein. Oh, Jacob Marley! Der Himmel sei dafür gepriesen und die Weihnachtszeit!

Ich sage es auf meinen Knien, alter Jacob, auf meinen Knien."

Er war von seinen guten Vorsätzen so durchflammt und außer sich, daß seine bebende Stimme auf seinen Ruf kaum antworten wollte. Während seines Ringens mit dem Geist hatte er bitterlich geweint, und sein Gesicht war noch naß von den Tränen.

„Sie sind nicht herabgerissen", rief Scrooge, eine der Bettgardinen an die Brust drückend, „sie sind nicht herabgerissen. Sie sind da, ich bin da, die Schatten der Dinge, die da kommen, können vertrieben werden. Ja, ich weiß es, ich weiß es gewiß."

Während dieser ganzen Zeit beschäftigten sich seine Hände mit den Kleidungsstücken: er zog sie verkehrt an, zerriß sie, verlegte sie und machte damit allerhand tolle Sprünge.

„Ich weiß nicht, was ich tue", rief Scrooge in einem Atem weinend und lachend und mit seinen Strümpfen einen wahren Laokoon aus sich machend. – „Ich bin leicht wie eine Feder, selig wie ein Engel, vergnügt wie ein Schulknabe, schwindlig wie ein Trunkener. Fröhliche Weihnachten allen Menschen! Ein glückliches Neujahr der ganzen Welt! Hallo! Hussa! Hurra!"

Er war in das Wohnzimmer gesprungen und blieb jetzt drin ganz außer Atem stehen.

„Da ist die Schüssel, in der der Haferschleim war!" rief Scrooge, indem er um den Kamin herumhüpfte.

„Da ist die Tür, durch die Jacob Marleys Geist hereinkam, da ist die Ecke, wo der Geist der diesjährigen Weihnacht saß, da ist das Fenster, wo ich die ruhelosen Geister sah! Es ist alles richtig, es ist alles wahr, es ist alles geschehen. Hahahaha!"

Für einen Mann, der so lange Jahre aus der Gewohnheit war, mußte man es wirklich ein vortreffliches Lachen nennen, ein herrliches Lachen. Es war der Vater einer langen, langen Reihe herrlicher Lachsalven!

„Ich weiß nicht, den Wievielten wir heute haben", rief Scrooge. „Ich weiß nicht, wie lange ich unter den Geistern gewesen bin. Ich weiß gar nichts. Ich bin wie ein neugeborenes Kind. Es schadet nichts. Ist mir einerlei. Ich will lieber ein Kind sein. Hallo! Hussa! Hurra!"

Er wurde in seinen Freudenausbrüchen von dem Geläut der Kirchenglocken unterbrochen, die ihm so fröhlich zu klingen schienen, wie nie vorher. Bimbam, kling-klang, bimbam. Nein, es war zu herrlich, zu herrlich!

Er lief zum Fenster, öffnete es und steckte den Kopf hinaus. Kein Nebel: ein klarer, lustig-heller, frischfroher Morgen, eine Kälte, die dem Blut einen Tanz vorpfiff, goldenes Sonnenlicht, ein himmlischer Himmel, lieblich-erquickende Luft, fröhliche Glocken. O wie herrlich, wie herrlich!

„Was ist denn heute für ein Tag?" rief Scrooge einem Knaben in Sonntagskleidern zu, der unterm Fenster stand.

„Wie?" fragte der Knabe mit der allergrößten Verwunderung.

„Was ist heut für ein Tag, mein Junge?" fragte Scrooge.

„Heute?" antwortete der Knabe. „Nun, Weihnachten."

„Es ist Weihnachten", sagte Scrooge zu sich selber. „Ich habe es also nicht versäumt. Die Geister haben alles in einer Nacht erledigt. Sie können alles, was sie wollen. Natürlich, natürlich. – Heda, mein Junge!"

„Was denn!" antwortete der Knabe.

„Kennst du des Geflügelhändlers Laden in der zweitnächsten Straße an der Ecke?" fragte Scrooge.

„I, warum denn nicht?" antwortete der Junge.

„Ein gescheiter Junge", nickte Scrooge. „Ein merkwürdiger Junge! Weißt du nicht, ob der Riesentruthahn, der dort hing, verkauft ist? Nicht der kleine Truthahn, sondern der große."

„Was, der so groß ist wie ich?" entgegnete der Junge.

„Was für ein lieber Junge!" lächelte Scrooge. „Es ist eine Freude, mit ihm zu sprechen. Freilich wohl, mein Prachtjunge."

„Der hängt noch dort", antwortete der Junge.

„Ist's wahr?" sagte Scrooge. „Na, dann lauf und kaufe ihn."

„Hat sich was", spottete der Junge.

„Nein, nein", sagte Scrooge, „es ist mein Ernst. Geh hin und kaufe ihn und sag, sie sollen ihn hierher bringen, daß ich ihnen die Adresse geben kann, wohin sie ihn tragen sollen. Komm mit dem Träger wieder her, und ich gebe dir einen Shilling. Kommst du rascher als in fünf Minuten zurück, bekommst du eine halbe Krone."

Der Bengel verschwand wie ein Blitz.

„Ich will ihn Bob Cratchit schicken", flüsterte Scrooge, sich die Hände reibend und fast vor Lachen platzend. „Er soll nicht wissen, wer ihn schickt. Er ist zweimal so groß wie Tiny Tim. Einen Witz wie den hat's noch nie gegeben."

Als er die Adresse schrieb, zitterte seine Hand, aber er schrieb so gut es ging und stieg die Treppe hinab, um die Haustür zu öffnen und den Truthahn zu erwarten. Wie er dastand, fiel sein Auge auf den Türklopfer.

„Ich werde ihn liebhaben, solange ich lebe", rief Scrooge, ihn streichelnd. „Früher habe ich ihn kaum angesehen. Was er für ein ehrliches Gesicht hat! Es ist ein wunderbarer Türklopfer! – Da ist der Truthahn. Hallo! Hussa! Wie geht's? Fröhliche Weihnachten!"

Das war ein Truthahn! Er hätte nicht mehr lang lebendig auf seinen Füßen stehen können. Sie wären – knix – zerbrochen wie eine Stange Siegellack.

„Was, das ist ja fast unmöglich, den nach Camden Town zu tragen!" sagte Scrooge. „Ihr müßt einen Wagen nehmen."

Das Lachen, mit dem er dies sagte, und das Lachen, mit dem er den Truthahn bezahlte, und das Lachen, mit dem er den Wagen bezahlte, und das Lachen, mit dem er dem Jungen ein Trinkgeld gab, wurde nur von dem Lachen übertroffen, mit dem er sich atemlos in seinen Stuhl niedersetzte und lachte, bis ihm die Tränen die Backen herunterliefen.

Das Rasieren war keine Kleinigkeit, denn seine Hand zitterte immer noch sehr, und Rasieren verlangt große Aufmerksamkeit, auch wenn man nicht gerade währenddessen tanzt. Aber selbst wenn er sich die Nasenspitze weggeschnitten hätte, würde er ein Stück-

chen Pflaster daraufgeklebt und sich damit zufrieden gegeben haben.

Er zog seine besten Kleider an und trat endlich auf die Straße. Die Leute strömten gerade aus ihren Häusern, wie er es gesehen hatte, als er den Geist der diesjährigen Weihnacht begleitete; und mit auf dem Rücken verschränkten Händen durch die Straßen gehend, blickte Scrooge jeden mit einem freundlichen Lächeln an. Er sah so unwiderstehlich freundlich aus, daß drei oder vier lustige Leute zu ihm sagten: „Guten Morgen, Sir, fröhliche Weihnachten!" Und Scrooge sagte oft nachher, daß von allen lieblichen Klängen, die er je gehört, dieser seinem Ohr am lieblichsten geklungen hätte.

Er war nicht weit gegangen, als er denselben stattlichen Herrn auf sich zukommen sah, der am Tage vorher in sein Kontor getreten war mit den Worten: „Scrooge und Marley, glaube ich." Es gab ihm förmlich einen Stich ins Herz, als er dachte, wie ihn wohl der alte Herr beim Vorübergehen ansehen würde; aber er wußte, welchen Weg er zu gehen hatte, und er ging ihn.

„Lieber Herr", rief Scrooge, schneller laufend und den alten Herrn an beiden Händen ergreifend. „Wie geht es Ihnen? Ich hoffe, Sie hatten gestern einen guten Tag? Es war sehr freundlich von Ihnen. Ich wünsche Ihnen fröhliche Weihnachten, Sir."

„Mr. Scrooge?"

„Ja", sagte Scrooge. „So ist mein Name, und ich fürchte, er klingt Ihnen nicht sehr angenehm. Erlauben Sie, daß ich Sie um Verzeihung bitte! Und wollen Sie die

Güte haben ..." Hier flüsterte ihm Scrooge etwas ins Ohr.

„Himmel!" rief der Herr, als ob ihm der Atem ausgeblieben wäre. „Mein lieber Mr. Scrooge, ist das Ihr Ernst?"

„Wenn es Ihnen beliebt", sagte Scrooge. „Keinen Penny weniger. Es sind viele Rückstände dabei, ich versichere es Ihnen. Wollen Sie die Güte haben?"

„Bester Herr", sagte der andere, ihm die Hand schüttelnd. „Ich weiß nicht, was ich zu einer solchen Freigebigkeit sagen soll."

„Ich bitte, sagen Sie gar nichts dazu", antwortete Scrooge. „Besuchen Sie mich. – Wollen Sie mich besuchen?"

„Herzlich gern", rief der alte Herr. Und man sah, es war ihm Ernst mit dieser Versicherung.

„Ich danke Ihnen sehr", sagte Scrooge. „Ach ich bin Ihnen sehr verbunden. Ich danke Ihnen tausendmal. Leben Sie recht wohl!"

Er ging in die Kirche, ging durch die Straßen, sah die Leute hin und her laufen, klopfte Kindern die Wange, sprach mit Bettlern, spähte hinab in die Küchen und lugte hinauf zu den Fenstern der Häuser: und er fand, daß ihm alles das Vergnügen bereiten könne. Er hätte es sich nie träumen lassen, daß ihn ein Spaziergang oder sonst etwas so glücklich machen könnte.

Nachmittags lenkte er seine Schritte nach der Wohnung seines Neffen.

Er ging wohl ein dutzendmal an der Tür vorüber, ehe er den Mut hatte anzuklopfen. Endlich faßte er sich ein Herz und klopfte.

„Ist dein Herr zu Hause, liebes Kind?" sagte Scrooge zu dem Mädchen. Ein nettes Mädchen, wahrhaftig!

„Ja, Sir."

„Wo ist er, liebes Kind?" sagte Scrooge.

„Er ist in dem Speisezimmer, Sir, mit Madame. Ich will Sie hinaufführen, wenn Sie erlauben."

„Danke, danke. Er kennt mich", sagte Scrooge, mit der Hand schon auf der Türklinke. „Ich will gleich eintreten, liebes Kind."

Er machte die Tür leise auf und steckte den Kopf hinein. Sie betrachteten gerade den Speisetisch (der mit großem Aufwand gedeckt war); denn junge Hausfrauen sind immer sehr bedacht darauf und sehen gern alles in hübschester Ordnung.

„Fred", rief Scrooge.

Heiliger Himmel, wie seine Nichte erschrak! Scrooge hatte in dem Augenblick vergessen, daß sie mit dem Fußbänkchen in der Ecke gesessen hatte, sonst hätte er es um keinen Preis getan.

„Potztausend!" rief Fred, „wer kommt da?"

„Ich bin's. Dein Onkel Scrooge. Ich komme zum Essen. Willst du mich hereinlassen, Fred?"

Ihn hereinlassen! Es war nur gut, daß er ihm nicht den Arm abriß. Er war in fünf Minuten wie zu Hause. Nichts konnte herzlicher sein, als die Begrüßung seines Neffen.

Und auch seine Nichte empfing ihn nicht minder herzlich.

Auch Topper, als er kam.

Auch die runde Schwester, als sie kam.

Und alle, wie sie nach der Reihe kamen.

Wundervolle Gesellschaft, wundervolle Spiele, wundervolle Eintracht, wundervolle Glückseligkeit!

Aber am andern Morgen war Scrooge früh in seinem Kontor. Oh, er war gar früh da. Zuerst dort zu sein und Bob Cratchit beim Zuspätkommen zu erwischen! Das war's, worauf sein Sinn stand. Und es gelang ihm wahrhaftig! Die Uhr schlug neun. Kein Bob. Ein Viertel nach neun. Kein Bob. Er kam volle achtzehn und eine halbe Minute zu spät. Scrooge hatte seine Türe weit offen stehen lassen, damit er ihn in das Verlies eintreten sähe.

Bobs Hut war vom Kopf, ehe er die Tür öffnete, auch der Schal von seinem Hals. Im Nu saß er auf seinem Stuhl und jagte mit der Feder über das Papier, als wollte er versuchen, neun Uhr einzuholen.

„Heda", rief Scrooge, so gut es ging seine gewohnte Stimme nachahmend. „Was soll das heißen, daß Sie so spät kommen?"

„Es tut mir sehr leid, Sir", sagte Bob. „Ich habe mich verspätet."

„So?" sagte Scrooge. „Ja. Das kommt mir

auch ganz so vor. Hier herein, wenn's gefällig ist."

„Es ist nur einmal im Jahr, Sir", sagte Bob, aus dem Verlies hereintretend. „Es soll nicht wieder vorkommen. Ich war ein bißchen lustig gestern, Sir."

„Nun, ich will Ihnen etwas sagen, Freundchen", sagte Scrooge, „ich kann das nicht länger mit ansehen. Und daher", fuhr er fort, von seinem Stuhl springend und Bob einen solchen Stoß vor die Brust gebend, daß er wieder in das Verlies zurückstolperte, „und daher will ich Ihr Salär erhöhen!"

Bob zitterte und trat dem Lineal etwas näher. Er hatte einen kurzen Gedanken, Scrooge damit eins auf den Kopf zu geben, ihn festzuhalten und die Leute im Hof um Beistand und um eine Zwangsjacke anzurufen.

„Fröhliche Weihnachten, Bob!" sagte Scrooge mit einem Ernst, der nicht mißverstanden werden konnte, indem er ihm auf die Achsel klopfte. „Fröhlichere Weihnachten, Bob, als ich Sie so manches Jahr habe feiern lassen. Ich will Ihr Salär erhöhen und mich bemühen, Ihrer Familie unter die Arme zu greifen. Wir wollen heut nachmittag bei einem dampfenden Weihnachtspunsch über Ihre Angelegenheiten sprechen, Bob! Schüren Sie das Feuer an und kaufen Sie eine andere Kohlenschaufel, ehe Sie wieder einen Punkt auf ein i machen, Bob Cratchit!"

Scrooge war besser als sein Wort. Er tat nicht nur alles, was er versprochen hatte, sondern noch mehr, und für Tiny Tim, der nicht starb, wurde er ein zweiter Vater.

Er wurde ein so guter Freund und ein so guter Mensch, wie nur das liebe alte London oder jedes andere liebe alte Städtchen oder Dorf in der lieben alten Welt je einen Freund und Menschen gesehen hat.

Einige Leute lachten, als sie ihn so verändert sahen; aber er ließ sie lachen und kümmerte sich wenig darum, denn er war klug genug zu wissen, daß nichts Gutes in dieser Welt geschehen kann, worüber nicht von vornherein einige Leute lachen müssen. Und da er wußte, daß solche Leute doch blind bleiben würden, so dachte er bei sich, es wäre

besser, sie legten ihre Gesichter durch Lachen in Falten, als daß sie es auf weniger anziehende Weise täten. Sein eigenes Herz lachte, und damit war er vollauf zufrieden.

Er hatte keinen ferneren Verkehr mit Geistern, sondern lebte von jetzt an nach dem Grundsatz gänzlicher Enthaltsamkeit; und immer sagte man von ihm, er wisse Weihnachten recht zu feiern, wenn es überhaupt ein Mensch wisse.

Möge dies auch in Wahrheit von uns allen gesagt werden können. Und so schließen wir mit Tiny Tims Worten: „Gott segne jeden von uns."

Aus dem Englischen, überarbeitet nach einer alten Übersetzung

Weihnachtsquiz

Die richtigen Antworten:

1 B – 2 C – 3 D – 4 B – 5 A – 6 C – 7 B – 8 C – 9 B – 10 C – 11 A – 12 B – 13 A – 14 D – 15 A – 16 C – 17 A – 18 D – 19 A – 20 B – 21 D – 22 A – 23 B – 24 C – 25 B – 26 D – 27 B – 28 C – 29 A – 30 C

Für die freundliche Genehmigung zum Abdruck danken wir:

Bertolt Brecht aus: Werke. Große kommentierte Berliner und Frankfurter Ausgabe, Band 13, © Suhrkamp Verlag Frankfurt 1993 (*Die gute Nacht*); dito Band 19, 1997 (*Das Paket des lieben Gottes*)
Heinz Erhardt: © Lappan Verlag, Oldenburg
Günter Herburger, *Birne erlebt die Weihnachtszeit* aus: Frohes Fest noch, Eulenspiegel Verlag 1992
Hans Fallada, *Weihnachten der Pechvögel* aus: Hans Fallada, Christkind verkehrt. Weihnachtsgeschichten. © Aufbau-Verlag GmbH, Berlin 1994
James Krüss, *Die lustige Weihnacht* aus: James Krüss, Weihnachten auf den Hummerklippen, © Carlsen Verlag GmbH Hamburg 2001; *Ladislaus und Annabella* © James Krüss Erben; *Tannengeflüster* aus: James Krüss, Der wohltemperierte Leierkasten, © 2001, erschienen im C. Bertelsmann Jugendbuchverlag München, einem Unternehmen der Verlagsgruppe Random House GmbH; *Die lustige Weihnacht* © Oetinger Verlag, Hamburg
Joachim Ringelnatz (*Einsiedlers Heiliger Abend, Vorfreude auf Weihnachten*) aus: Joachim Ringelnatz, Das Gesamtwerk in sieben Bänden © 1994 Diogenes Verlag AG Zürich

Gianni Rodari, *Ein Spielzeug für Weihnachten (Un giocattolo per natale)* aus: Die Sirenenbraut, 1987 © Gianni Rodari, Il gioco dei quattro cantoni, 1980, 1995 Edizioni El s.r.l., San Dorligo della valle / Italy
Françoise Sagan, *Die Hundenacht*, Originalrechte © Groupe Flammarion, Paris; Übersetzung: © 1977 Ullstein Buchverlag
Erwin Strittmatter, *Der Weihnachtsmann in der Lumpenkiste* aus: *Erwin Strittmatter,* 3/4 Hundert Kleingeschichten, © Aufbau-Verlag Berlin und Weimar 1971
Anton Tschechow, *Wanka* aus: Anton Tschechow, Das schwedische Zündholz, © Rütten & Loening, Berlin 1965
Karl Heinrich Waggerl, *Die stillste Zeit im Jahr* aus: Karl Heinrich Waggerl, Das ist die stillste Zeit im Jahr © Otto Müller Verlag, Salzburg, 1997, 7. Auflage
Kurt Tucholsky, *Himmlische Nothilfe* aus: Kurt Tucholsky, Gesammelte Werke, © 1960 by Rowohlt Verlag GmbH, Reinbek bei Hamburg
Friedrich Wolf, *Die Weihnachtsgans Auguste* aus: Friedrich Wolf, Bummi, Tiergeschichten für große und kleine Kinder, © Aufbau-Verlag GmbH, Berlin 1951
Für die Genehmigung zum Abdruck der Geschichten, deren Rechte bei den Autoren liegen, danken wir selbigen. Nicht alle Inhaber der Urheberrechte ließen sich ermitteln; berechtigte Honoraransprüche bleiben erhalten.